THE LIVES OF
ERICH FROMM:
LOVE'S PROPHET

爱的先知
弗洛姆传

[美]劳伦斯·弗里德曼（Lawrence Friedman）——著
郑世彦 计羚——译

中国友谊出版公司

图书在版编目（CIP）数据

爱的先知：弗洛姆传 /（美）劳伦斯·弗里德曼著；郑世彦，计羚译 . -- 北京：中国友谊出版公司，2019.6

书名原文：The Lives of Erich Fromm：Love's Prophet

ISBN 978-7-5057-4634-3

Ⅰ . ①爱… Ⅱ . ①劳… ②郑… ③计… Ⅲ . ①弗洛姆 (Fromm, Erich 1900-1980) – 传记 Ⅳ . ① B712.59

中国版本图书馆 CIP 数据核字（2019）第 040407 号

著作权合同登记号　图字：01-2019-1717

THE LIVES OF ERICH FROMM：Love's Prophet
by Lawrence J. Friedman
Copyright © 2013 Columbia University Press
Chinese Simplified translation copyright © 2019
by Beijing Standway Books Co., Ltd.
Published by arrangement with Columbia University Press
through Bardon-Chinese Media Agency
博達著作權代理有限公司
All RIGHT RESERVED

书名	爱的先知——弗洛姆传
作者	［美］劳伦斯·弗里德曼
译者	郑世彦　计羚
出版	中国友谊出版公司
发行	中国友谊出版公司
经销	新华书店
印刷	大厂回族自治县益利印刷有限公司
规格	710×1000 毫米　16 开 26 印张　346 千字
版次	2019 年 6 月第 1 版
印次	2019 年 6 月第 1 次印刷
书号	ISBN 978-7-5057-4634-3
定价	79.00 元
地址	北京市朝阳区西坝河南里 17 号楼
邮编	100028
电话	（010）64678009

爱是解决人类生存问题的唯一令人满意的答案。

——埃里希·弗洛姆

他（人类）面临的选择，要么是逃避自由的重担，进入新的依赖和服从；要么是基于人的独特性和个体性，充分实现一种积极的自由。

——埃里希·弗洛姆

序　言

20世纪40年代后期，我作为纽约城市大学的学生，参加了一门社会科学的荣誉课程[1]。我们被要求阅读40到50本自希腊时代起对社会有影响力的作品。其中包括埃里希·弗洛姆的《逃避自由》（*Escape from Freedom*）。我被这本书深深地吸引，于是接着又阅读了他的《健全的社会》（*The Sane Society*）。在随后的几十年里，我一直是弗洛姆的热心读者。最令我印象深刻的是他的写作手法，既避免了晦涩的专业术语，同时却清晰有条理地呈现了重要且复杂的观念。同样，劳伦斯·弗里德曼（Lawrence Friedman）也具有这种天赋，这部重要且杰出的学术传记就是证明。它是我近年来读过的最激动人心的作品之一。

弗洛姆的作品对我的吸引力源自于我的成长背景。我的父母从东欧移民而来，我曾在希伯来语学校学习多年，接触过《犹太法典》，尤其是犹太教的先知传统。弗里德曼的这本书清晰且细致入微地向我们展示了弗洛姆是如何例证这种先知传统的。弗里德曼虽然是一名社会批评家，但他对于美好未来的可能性同样抱持希望。生活在那个核危机时代，弗洛姆没有将自己的使命局限于学术写作、思考或精神分析实践。弗里德曼发现，在冷战的高峰时期，弗洛姆已经引起了肯尼迪总统的注意，并且可能帮助总统修正了好战言论。确实，肯尼迪随后开始使用类似弗洛姆的语言和逻辑来呼吁和平共处与核裁军。在那个危险的年代，弗洛姆

---

[1] 一个给优秀学生的特殊的学习机会，或称资优课程。——译者注

与诸如阿德莱·史蒂文森（Adlai Stevenson）和威廉·富布赖特（William Fulbright）等重要政策的制定者保持着定期联系，并且经常在国会委员会上就战后德国的发展问题发挥他在国际关系上的专长。弗洛姆也乐于与一些国家的元首打交道。这些都是他为了消除高级政府官员和人权与和平主义者之间的隔阂所做努力的一部分。事实上，他正是国家理智核政策委员会（National Committee for a Sane Nuclear Policy）以及后来的国际特赦组织（Amnesty International）的创始人和主要资助人。弗里德曼基于对所掌握的材料的深入研究，在这部传记中第一次揭示了这些重要的人际关系和机构关系。

　　弗洛姆早年的生活对他后来的思想有重要影响。对于弗洛姆复杂的早年生活相关文献的详尽分析，是这部卓越传记的另一个"第一次"。他的父亲性情急躁，母亲郁郁寡欢，这促使他尝试摆脱功能失调的家庭。这些经历最终引导他成年后聚焦于"社会性格"的研究。弗洛伊德强调力比多能量塑造个体性格的作用，与其不同的是，弗洛姆越来越强调，人是社会性存在，受到社会结构与文化的影响。这些观点在正统的精神分析圈子里被视为异端，尽管弗洛伊德有时也发现它们是值得考虑的。然而，20世纪30年代中后期，在弗洛姆努力将受到迫害的法兰克福社会研究所的同事从纳粹德国转移到安全的哥伦比亚大学后，他与弗洛伊德的学术分歧越来越大，尽管从未完全背离。弗洛姆从弗洛伊德正统精神分析学派的视角中脱离得太快，走得太远。在20世纪50年代中期，他受到法兰克福研究所的朋友赫伯特·马尔库塞[1]（Herbert Marcuse）的指责，说他打算抛弃弗洛伊德的基本观点而阉割精神分析。作者弗里德曼也在传记中解释了为何马尔库塞会做出这样的批评。更通俗地说，他比其他任何学者都更详尽地描绘了弗洛姆与弗洛伊德之间的关系，展现了他们偶尔一致的重要观点——即使从长远来看理论分歧逐渐增长。与其

---

[1] 赫伯特·马尔库塞，德裔美籍哲学家和社会理论家，法兰克福学派的一员。——译者注

说他们互相轻视与排斥，不如说是在观念上进行着你来我往的"舞蹈"。实际上，他们俩可能在巴登－巴登[1]（Baden Baden）有过直接接触，一起讨论他们的理论观点。这些让我们又一次看到了这部传记非凡的深度与成熟度。伴随着许多新发现的证据，令人兴奋的解释也大量涌现。

纵观弗洛姆的一生，除了吸引了像大卫·里斯曼[2]（David Riesman）、小亚瑟·施莱辛格[3]（Arthur Schlesinger Jr.）和罗伯特·林德[4]（Robert Lynd）等几个人之外，他在学术圈的人气并不高。尽管弗洛姆很少提及他遭到美国学术圈的排斥，但他感受到了那里狭隘的视野、局限而特定的兴趣领域，甚至是使用的词汇也与人类社会面临的巨大问题不甚相干。因此，他将自己的作品创作面向普罗大众，正如弗里德曼所说，它们受到的欢迎简直就是惊人的。这些书的销售额不是数以千计，而是数以百万计。事实上，只有一本书的销量在一百万以下。最高纪录是由《爱的艺术》（The Art of Loving）创造的，这本书自从半个多世纪前出版以来，已经卖出了 2500 万本，至今仍然畅销。弗洛姆对于爱的珍视，对于战争的仇恨，对于民主社会主义价值观的投入，对于消费主义和物质主义的批判，以及对于人道主义的倡导，使他成了 20 世纪读者数量最多、最受钦佩的人物之一。弗里德曼运用艺术散文的写作手法，加上他洞悉万事的敏锐眼光，塑造了一个伟大的故事——它是一部令人叫绝的学术传记。

虽然弗洛姆受到公众极大的欢迎，对政界要人有着决定性的影响，其中还包括三位总统候选人，但他的书籍却从未引发过美国教授们的共

---

[1] 巴登－巴登，德国西部的一座小城。——译者注
[2] 大卫·里斯曼，美国社会学家，其代表作《孤独的人群》（The Lonely Crowd）探讨了美国人社会性格的形成及演变。——译者注
[3] 亚瑟·施莱辛格，美国著名历史学家。因其父也为著名历史学家，为有所区别，人称小施莱辛格。曾先后担任过肯尼迪和约翰逊总统的特别顾问。——译者注
[4] 罗伯特·林德，美国哥伦比亚大学社会学教授，代表作《米德尔敦：当代美国文化研究》。——译者注

鸣。后来，这些书几乎持续畅销于世界的每一个角落，受到许多国家元首甚至是教皇的褒奖，也是各地学生群体的最爱。尽管如此，它们仍然没有引起美国教授们的兴趣。个中原因一直有几分神秘，毕竟他受到了德国、意大利、瑞士、墨西哥等大多数东欧国家学者的称赞。

  弗里德曼教授的这部杰出著作，文笔优美，观察入微，如此生动有趣且发人深思，必将唤起人们对弗洛姆生平的关注。本书基于对多个国家和多种语言的大量原始手稿和印刷品的广泛研究，从弗洛姆在一个虔诚的犹太家庭中的童年开始，追溯了他的一生。在某种程度上，弗洛姆所受的宗教教育为他以后的人生方向埋下了伏笔。弗里德曼演示了文化与环境如何塑造了他的思想和性格以及后来引导他走上一条道路，这条道路使人想起《希伯来圣经》里的先知。这部传记如此生动有趣、构思精妙且公平公正，以致于将会有许多读者愿意像弗洛姆一样去战胜生活中的困难。我很清楚弗洛姆对于现代社会有很多话要说，而弗里德曼的这部传记将有助于社会重新燃起对这位传奇人物的兴趣。弗洛姆应该会很高兴看到自己的生平被如此详尽且公正地公诸于世。不得不说，弗里德曼用这部作品向人们证明了他作为一名传记作家和曾获殊荣的历史学家的卓越才能。

杰拉尔德·格劳博（Gerald Grob）

前　言

1958年的夏末，我正准备离开洛杉矶我父母和祖父母的家。不久之后，我将成为加州大学河滨分校的一名新生。我与来自东欧的移民祖父一起观看了一档名为《迈克·华莱士秀》(*The Mike Wallace Show*)的电视节目，它是节目《60分钟》(*Sixty Minutes*)的前身。华莱士与弗洛姆进行了一个一小时的访谈，介绍他是一个拥有两种"生活"的人——其一，是弗洛伊德之后最重要的精神分析家；其二，是与俄罗斯人和平共处的主要拥护者。在访谈期间，弗洛姆别有风味地扩展了华莱士对他两种生活的描述：首先，他将自己定义为一个精神分析取向的临床医生；其次，他将自己定义为一位政治活动家；再次，他是一位社会批评家；最后，他是一位致力于指导社会的作家。弗洛姆强调，这些角色并不是相互排斥的或不相干的，而是联系在一起的——通过他在面对人类看似无法超越的敌意、暴力和战争时，将自己视为一位热爱生活的先知而实现整合。

在接下来的52年中，特别是从2008年开始，在安克·施赖伯（Anke Schreiber）的大力帮助下，我开始与弗洛姆这位文艺复兴者进行概念化，有时是个人化的对话——关于他的思想，他的"生活"和他的内在冲突。这些冲突的出现在一定程度上因为他是一个敏感的人道主义者，他需要碰触生活的各种可能性——从精神到审美，但他同时需要将存在的方方面面放入限定的内容（他的"生活"），从而处理日常经验中的必要方面。反过来，弗洛姆的这两个方面——个人化与概念化——又猛烈碰撞。

一个例子足以说明问题。我认为，弗洛姆与弗洛伊德的概念分歧与其说是对弗洛伊德精神分析架构的反叛性拒绝，不如说是两个文明的欧洲人在心理和精神生活领域进行的一场礼貌的自由舞蹈，这两人都因为希特勒残忍和暴力的独裁主义而背井离乡。他们俩都被迫离开自己的祖国，在海外重新界定日常存在的各种角色与需求。此外，他们都以相似或不同的方式去寻找一个分水岭，试图将文明社会的礼仪与野蛮和大屠杀区分开来。在某种程度上，弗洛伊德的《文明及其缺憾》（*Civilization and Its Discontent*, 1930）和弗洛姆的《逃避自由》都是这种概念性与精神性研究的代表。这是一场涉及两位实践派精神分析家的思维与情感的"舞蹈"，他们都以自己的方式，基于特定的环境去解释20世纪的破坏性潮流。弗洛姆得出结论：爱就是解药。而弗洛伊德则没那么乐观。

在他作为政治活动家的生活中，弗洛姆从来没有实现他的主要政治理想，即由爱封存的永久的国际和平和正义。尽管其间有一些神奇的时刻——他对于世界无战事的先知愿景引起政府高官的重视，最好的例证就是在冷战期间最危险的时刻他对肯尼迪总统的影响。

1960年秋天，弗洛姆在《代达罗斯》[1]（*Daedalus*）杂志上发表了一篇关于武器控制和裁军的文章，引起了总统候选人肯尼迪的注意。在这篇文章中，弗洛姆建议美国向苏联政府提出一连串的武器削减要求，最终目的是消除所有的核武器。他也呼吁美国政府建立一个强有力的联邦裁军署。就职总统的10个月内，肯尼迪便提议国会建立军备控制和裁军署。肯尼迪还要求他的顾问考虑弗洛姆持续向苏联政府施压的建议。作为回应，肯尼迪的国家安全顾问——麦乔治·邦迪[2]（McGeorge Bundy）收集了弗洛姆关于苏联和德国政治的数篇文章，放入总统办公室的作战指示材料中。这种间接的接触一直持续到1962年，那时古巴导弹危机差一点导致了核战争。我们有理由相信在这次危机之后，肯尼迪很快就与弗洛姆通电话了。后来在1963年6月，在美国大学的一次重要演讲中，这位总统明显放弃了他一贯的鹰派冷战言论，并且强调与苏联和平共处以及核裁军的必要性，以此作为避免全球性毁灭的手段。显而易见，许多作战指示文件和与"局内人"的私人对话促成了这些演讲。但是，肯

---

[1]《代达罗斯》，创办于1955年的同行评议学术期刊，以替代美国艺术与科学院的会议记录，1958年开始作为《美国艺术与科学院学报》的季刊发行。——译者注

[2] 麦乔治·邦迪，美国外交和国防政策专家，曾担任美国总统约翰·F. 肯尼迪和林登·约翰逊的国家安全顾问。——译者注

尼迪的推理论证、他呈现的道德价值，甚至演讲当中一些特定的语言，都与弗洛姆的部分文章有些接近，特别是《代达罗斯》中的那篇文章。

在冷战期间最危险的时刻，全球性的核毁灭随时都可能发生。其间美军派兵越南遭遇惨重的损失、民权运动和对于人性尊严的全球呼声渐长、弗洛姆的公开演讲和出版书籍以及他慷慨的捐赠，这些都大大鼓励了和平与人权活动家为世界无战事而大声疾呼。在此，像弗洛姆在不那么政治化的生活中一样，他经常使用先知性的语言描述自己——一个对全球人类肩负使命的人。为了这个目的，他帮助建立并资助国家理智核政策委员会和国际特赦组织，而且积极领导这两个组织。

在他那些有影响力的官员朋友中，弗洛姆的地位举足轻重。阿德莱·史蒂文森、威廉·富布赖特、菲利普·哈特（Philip Hart）经常在国际事务上求教于他。他与资深的国会议员、联合国官员和肯尼迪政府的要员进行谈话。虽然他对全球问题的新信息进行了令人信服的分析，但他的先知倾向有时限制了他与政治家的沟通效果，这些政治家习惯于政治进程中所特有的妥协和逃避。尽管如此，在他所建立的联系中，弗洛姆帮助建立了一座时有畅通的桥梁，一头是和平与人权主义人士及其盟友，另一头是高级政府官员的审议意见。在20世纪60年代，我确认了弗洛姆作为活动家和理论家的身份。当然，我不赞同他关于弗洛伊德和马克思的某些观点。但是他在美国和平运动中所做的工作，在冷战最危险的时期拒绝严惩被称为"恶魔"的俄罗斯人，深深地影响了我的学术研究和激进主义倾向。事实上，它激励了我参与1964年的"密西西比自由之夏"[1]，以及努力扭转美国对越南的军事介入。这种激进主义的延展有助于我形成从那时起所有著作的主题架构，并且推进了那些似乎没有尽头的政治冒险。那种政治实践主义的精神——我的和弗洛姆的，在《爱的先知——

---

[1] 1964年，美国国会的种族平等组织和学生非暴力协调委员会联合举办的选民登记运动，旨在大幅提高密西西比州的黑人选民登记数量。但在媒体看不到的地方，对"自由之夏"志愿者的殴打、暗杀和关押持续了整个夏天。——译者注

弗洛姆传》(*The Lives of Erich Fromm : Love's Prophet*)这本书中显露无遗。

弗洛姆作为社会批评家和"公共知识分子"的"生活"受益于他卓越的写作能力，他能以简单而直接的著作传达精神分析学、伦理学、神学、政治学理论、社会哲学、文化创作等领域复杂的思想，而这些著作抓住了他那个时代潜在的理想和恐惧。那些从来没有听说过亚里士多德、歌德、席勒、托尔斯泰、赫尔曼·黑塞[1]、爱因斯坦、罗素和其他知识巨人的读者，在弗洛姆那清晰明了的著作中接触到了他们的思想，而且这些著作将他们置于当代世界的特定问题和焦点的背景之中。例如，弗洛姆通过这些令人敬畏的思想家来批评消费主义文化、企业资本主义、军国主义和独裁主义。换言之，他在某种程度上成为恋生欲（biophilia）——对生命的热爱和充满爱的生命——的一位先知。

弗洛姆 1956 年出版的《爱的艺术》在全球销量超过 2500 万册，这本书深受我的哈佛大学本科生的喜爱，就像半个世纪前深受我和加州大学同学们的喜爱一样。这本著作紧密联系着好几代读者的个人和社会生活。弗洛姆最深刻和最重要的作品是《逃避自由》（1941），这本书剖析了希特勒时代独裁主义的社会心理，被翻译为 28 种语言，销售量超过 500 万册。

弗洛姆是一位卓有成效的全球性教育家——这是一个巨大的成就，在任何一代，几乎没几个知识分子或学者可以当之无愧。这个事实对这本传记的主题结构贡献重大，因为在弗洛姆的生活中，我们可以发现他的经验与他所在社会的恐惧和希望有明确的联系。在 20 世纪 60 年代末尤其如此，当时欧洲和拉丁美洲的学生抗议运动与美国的学生运动趋同。弗洛姆的书籍和公开演讲反映了当时的问题，并在全球层次上提供基本的指导。

在犹太人大屠杀、广岛原子弹和越南战争之后，一小部分社会评论

---

[1] 赫尔曼·黑塞，德国作家，诗人。出生在德国，1919 年迁居瑞士，1923 年 46 岁时入瑞士籍。黑塞被誉为德国浪漫主义的"最后骑士"，也是 20 世纪最具透视心理和灵性创意的作家。他是 1946 年诺贝尔文学奖的得主，也曾是荣格心理分析的"病人"。——译者注

家、学者和公职人员像弗洛姆一样在公共论坛上宣布：国家和民族主义造成的伤害多于带来的益处。他们呼吁"一个世界"和"人类家庭"，但他们当中没有几个人像弗洛姆一样清晰合理地提出这个号召，也没有人能够说服数百万的听众去重新思考他们对国家的忠诚。

弗洛姆在国内和国际公共领域的重要性，使他在许多美国学术圈中有几分失宠。在某种程度上，这是因为他倾向于远离教授职位，远离专业图书馆和数据库，远离美国所进行的学术研究和写作方式。弗洛姆站在局外，窥视着他的朋友——著名的社会学家大卫·里斯曼所谓的"学术革命"。在那里，社会科学中的单元变得高度具体化，每个单元都有自己的"语言"、专业领域、子领域和严格的研究与写作标准。

弗洛姆难以作为一个令人敬畏的学者获得认可还有一些其他因素。1955 年，他与赫伯特·马尔库塞偶遇。马尔库塞是他在法兰克福研究所的朋友，也是一名声誉良好的哲学家和学者。他阅读了弗洛伊德抽象的理论书籍，熟悉精神分析，但他缺乏临床实践或者对治疗经验的了解。这两个人在某几期的《异议》（Dissent）杂志上唇枪舌剑，这是纽约一本对于战后知识分子和文化话语而言非常重要的杂志。与 18 年前法兰克福研究所的同事西奥多·阿多诺[1]（Theodor Adorno）和马克斯·霍克海默[2]（Max Horkheimer）对弗洛姆的抨击相呼应，马尔库塞也指责弗洛姆已经掏空了精神分析的革命性内容，抛弃了弗洛伊德理论的基本前提——性驱力根植于生物实体，为人类人格提供能量。换句话说，马尔库塞指责弗洛姆绕过了一些学者所谓的"现代主义"议程——对于从社会的操纵和压抑（即超我的约束）之下解放人类内在性的"弗洛伊德式"探索。一些有影响力的美国左派思想家（其中一些人被称为"纽约知识分子"）认同了马尔库塞的指责。这在一些学者中持续了一段时间，并

---

[1] 西奥多·阿多诺，德国哲学家、社会学家、音乐理论家，法兰克福学派第一代的主要代表人物，社会批判理论的理论奠基者。——译者注
[2] 马克斯·霍克海默，德国第一位社会哲学教授，法兰克福学派的创始人。——译者注

且在那些顽固分子当中长期存在。

但是,马尔库塞的指控并不妨碍其他人对弗洛姆作为政治活动家和全球教育家的大力支持。马尔库塞的指控也不能说服里斯曼放弃将弗洛姆的理论作为弗洛伊德的替代——一个模糊的"社会性格"的概念:外在的社会结构重塑个人的内在冲动并为其提供人生的方向。事实上,在大卫·里斯曼那本经典且富有启发性的著作——《孤独的人群》中,对于其主题框架的构建,里斯曼便大量借鉴了社会性格的概念。此外,自20世纪40年代初,本杰明·斯伯克[1](Benjamin Spock)在教育父母要避免他们对其孩子强加过度的控制时,就对弗洛姆的"权威主义性格"的观点大加利用。教皇若望·保禄二世[2](John Paul II)谈到弗洛姆是人类的一位伟大老师,评价他的《占有还是存在》(*To Have or to Be ?*)是一本非凡的精神著作,他还邀请弗洛姆到梵蒂冈讨论精神指导的问题。这些例子均强调了弗洛姆在学术界之外重大和持续的影响。如果他在作为学者的冒险活动中遇到困难,他的其他生活并不会受影响。

另外,在他作为社会评论家和知识分子的生活中,弗洛姆在一代又一代的人中扮演了重要的角色,其中包括卡伦·霍妮[3](Karen Horney)、保罗·拉扎斯菲尔德[4](Paul Lazarsfeld)和保罗·蒂利希[5](Paul Tillich)。他们的著作和公共话语是夹缝中的产物——一方面是20世纪30年代兴起的独裁主义的欧洲政府,另一方面是冷战时期的核战争的前景。像弗洛姆一样,这一代人当中许多人都是世俗的犹太人,经历过法西斯主义的可怕遭遇;同时他们提出了许多棘手的话题,包括原始的偏执、大量

---

[1] 本杰明·斯伯克,美国著名儿科医生。——译者注
[2] 若望·保禄二世,罗马天主教第264任教宗,梵蒂冈城国国家元首。——译者注
[3] 卡伦·霍妮,德裔美国心理学家,精神分析社会文化学派的主要代表人物,主要著作有:《我们时代的神经症人格》《精神分析新法》《我们的内心冲突》《自我分析》《神经症与人的成长》等,她曾与弗洛姆有过一段恋情。——译者注
[4] 保罗·拉扎斯菲尔德,美籍奥地利人,著名社会学家。——译者注
[5] 保罗·蒂利希,美国神学家,宗教哲学家。——译者注

的异化、粗暴的民族主义以及人类消灭数百万同胞的潜力。大多数思想家从一个普世主义者的角度慢慢转向了多元主义,这种多元主义在20世纪60年代承认了人们的共同性,同时也不否认他们之间的差异性。

现在,这些思想家被统称为"公共知识分子"。然而,在20世纪80年代末之前,这个称呼还没有被普遍接受,因此选择了其他被认可和被调用的术语——"社会评论员",甚至是"社会哲学家"。虽然这些人也身处学术界,但他们的写作范围比专业化的同事更为广泛。他们对学术专业领域、同行评议的要求和仅限于"专家"的会议表示不屑。相反,他们研究跨学科的重要问题并处理普遍的人文关怀。像弗洛姆一样,许多人在避开系统性研究、跳过专业知识和原始文献的关联时,他们的写作速度很快而且很吸引人。通常,他们反复论述自己的观点,甚至在数十年后以有趣的方式重述它们。

对于一个和平、宽容和不断全球化的文明社会的愿景,将弗洛姆那个时代的"公共知识分子"聚集在一起。在某种程度上,以前残酷的战争和核战争爆发的可能性对这样的愿景像是诅咒,因此弗洛姆与许多著名知识分子和活动家结成了同盟。他与汉娜·阿伦特[1](Hannah Arendt)合作,对新的以色列国家及其对阿拉伯邻邦的默默容忍采取行动。弗洛姆还与爱因斯坦建立了直接联系,参与和平与裁军的活动,特别是那些致力于缓减中东地区紧张气氛的活动。他与玛格丽特·米德[2](Margaret Mead)及其跨学科圈子中的人一起工作,将新的文化理论应用于世界各地的动荡地区。在哥伦比亚大学期间,弗洛姆促进了备受重视的社会学系与迁至此处的法兰克福研究所之间关于宏观公共问题的学术合作。某个

---

[1] 汉娜·阿伦特,20世纪最伟大、最具原创性的哲学家和政治理论家之一。早年在马堡和弗莱堡大学攻读哲学、神学和古希腊语,后转至海德堡大学雅斯贝尔斯的门下,获哲学博士学位。1933年纳粹上台后,流亡巴黎,1941年到了美国。——译者注
[2] 玛格丽特·米德,美国人类学家,曾担任美国自然史博物馆馆长、美国人类学会主席,美国现代人类学最重要的学者之一,被誉为"人类学之母"。——译者注

时刻,他曾说服西奥多·阿多诺、历史学家理查德·霍夫施塔特(Richard Hofstadter)、社会学家罗伯特·林德和C.赖特·米尔斯[1](C. Wright Mills)聚在一起,分享他们对于战后人们的恐惧、偏见和偏执的政治作风的看法。

尽管将弗洛姆的全部"生活"悉数描述很难,但并非不可能。学者们的焦点——从弗洛姆公开发表的文章中显露出的观点——不断被用于思想传记中。他们当中有一些作品很好。但是,他们没有考虑到弗洛姆的个人生活与他的思想贡献是相互塑造的。我们可以理解其中的原因——弗洛姆曾告诉他的第三任妻子,在他逝世之后毁掉他所有的私人信件。幸运的是,我们仍有办法来解决这一问题。

请看这样一个例子。我们所知道的弗洛姆的线索性概念——社会性格,在他的大部分出版物中都有所呈现。最清晰的三个解释分别出现于:一篇1932年的文章《精神分析性格学及其与社会心理学的联系》(*Psychoanalytic Charaterology and Its Relevance for Social Psychology*)、《逃避自由》(1941)和《为自己的人》(*Man for Himself*, 1947)。在一段关于社会性格本质的解释性陈述中,弗洛姆写道:"性格可以被界定为人类能量在社会化和同化过程中的活动方式……性格系统可以被视为人类身上与动物本能类似的东西。"为了澄清社会性格的本质,区别于弗洛伊德学派或现代主义关于本能与约束的范式,弗洛姆写道:"社会生产的驱力是人类所特有的,它必须被解释为对于特定的社会条件的适应的反应,而不是作为本能的'升华'。"这是弗洛姆对社会性格最清楚的解释。那么这一概念的背景是什么呢?

在20世纪30年代末期——他在法兰克福研究所的最后几年——弗洛姆在信件中向同事解释,他倾向于抛弃弗洛伊德关于力比多能量位于个体人格核心的假设。早在十年前,也就是希特勒爬升到总理的位置之前,他对德国工人的社会与经济生活进行研究时就形成了这些保留意见。尽

---

[1] C.赖特·米尔斯,美国社会学家,哥伦比亚大学社会学教授。——译者注

管应该给予弗洛伊德公正的评价,但弗洛姆在这项研究中还是发现必须寻求性欲理论的替代选项。弗洛姆在法兰克福研究所的同事们紧紧抓住弗洛伊德早期作品的字面意思,甚至在弗洛伊德抛弃了它们之后仍是如此,这些同事感到弗洛姆背叛了他们,并要求弗洛姆结束他的研究。

在1939年霍克海默让他离开之后,弗洛姆通过收入颇丰的私人精神分析实践来支持自己,这使他可以自由地充实他正在形成的社会性格的概念。在写作《逃避自由》的时候,他再次质疑弗洛伊德的性欲冲动中心论。首先,他推断自我生来并不是约翰·洛克[1](John Locke)所谓的白板——一块没有独特的经验特质的白板。弗洛姆观察到在出生时和出生之后,人类立即就形成一个社会化的个体。从那时起,一个人的自我就形成了,并且通过个人独特的人格和情感与周围的社会环境之间的互动不断被塑造。弗洛姆正在思考他的社会性格的概念,但仍然还没有形成定论。

弗洛姆在其余生中不断修改这个概念,有时将其更加钝化,有时使其更加清晰。自始至终,关键问题是在他的社会性格这一概念中,弗洛姆有多愿意承认性驱力的重要性(它仍是弗洛伊德追随者,现代主义议程的中心)。有时,他认为性驱力仅在社会性格形成中起到次要作用,特别是在他于法兰克福研究所工作时发展的早期构想中。但另一些时候,他认为性驱力和更普遍的人类能量绝对处于社会化过程的中心位置。也就是说,从他20世纪40年代的著作开始,他仍然经常(但不是一直)把性驱力放在重要的位置。为什么他变得如此之快呢?而且在这个问题上如此果断和坚决?当问及此事时,他认为,他的治疗技术和病人身上的变化在很大程度上使他改变了构想,而且在他反复思考社会性格的元素时,他的病人经常是他的老师。随着他的临床经验的变化,这个概念也就改变了。简单地说,弗洛姆强调他作为执业精神分析师的生活,与他作为人格理论家的生活不是分离的。这两种生活总是相互关联的。

---

[1] 约翰·洛克,英国哲学家。在知识论上,与乔治·贝克莱、大卫·休谟三人被列为英国经验主义的代表人物,洛克提出了心灵是一块"白板"的假设。——译者注

在没有传记信息的情况下，我们无法理解弗洛姆是如何完成了社会性格的构想，这就是一个恰当的例子。要理解弗洛姆的生命中和贡献中的动机和行为，需要对他的私人生活有更多的了解。他大量的通信对于理解他的个人生活十分关键。但是在他逝世之前，他要求妻子毁掉他的所有信件。当他的遗稿保护人雷纳·方克（Rainer Funk）反对销毁他的通信时，弗洛姆缓和了下来，同意冯克保存他的专业信件，毁掉所有其他信件。弗洛姆没有做出说明的是，他的许多包含私人信息的专业信件以及他所有的信件，无论是个人的还是专业的，比如写给富布赖特和里斯曼的信件，最终将被存储在不同的大学档案馆里。此外，尽管他要求毁掉所有私人信件，但他的妻子却将其中很大一部分保留了下来。

尽管重新发现了一些信件，但再也无法找回1934年以前的信件了，因此必须通过其他途径追溯他的早年经历。在其人生晚年，弗洛姆同意录制一些访谈录像；再加上他的著作《在幻想锁链的彼岸》（Beyond the Chains of Illusion）（1962）中的一篇文章。这些都展示了年轻时期的弗洛姆。他这样描述自己的成长："作为独生子，他有一个焦虑的父亲，一个抑郁的母亲。"他的父母都依赖于他将这个家庭凝聚在一起，有时甚至是以无意识的方式。弗洛姆在这样的家庭中产生了边缘感和疏远感，他需要逃离。他解释了他如何通过与平静而友好的导师一起研究《旧约》经文而寻求安慰，这为他提供了一条进入学术生活的路径。从本质上来讲，他描绘疏远感———一种社会的和情绪的品质，这在很大程度上揭露了他自己的社会性格。事实上，这种疏远感正说明了社会环境如何塑造了他的情感和他的全部内在。弗洛姆的疏远感促使他走向更幸福的环境，这一模式在他余生中不断重复，即使在不同的情境之中。

弗洛姆在墨西哥生活的23年（1950—1973），从他第二任妻子——赫妮·格兰德（Henny Gurland）的自杀开始。他很快从这场悲剧中恢复过来，因为他深深地爱上了安妮斯·弗里曼（Annis Freeman），这是他的第三任妻子。他们之间长长短短的信件充满了激情和欢乐，弗洛姆利用它们架构了《爱的艺术》一书。他对这本书的叙述根植于一段激动人心、可信和真切的个人爱情故事，它呼应了数百万读者的梦想、希望和抱负。这位令人叹服的热情而欢乐的作者是一位爱的先知，他身陷爱情，变得具有感染力。

当弗洛姆和安妮斯在墨西哥城和附近的库埃纳瓦卡享受甜蜜的婚姻生活时，弗洛姆基本上将精神分析引入了这个国家，他构造了一种以新弗洛伊德主义前提为基础的精神分析文化，并且培训了一大批不同背景的墨西哥人成为精神分析师。他所有的受训者都加入了他所主持的墨西哥精神分析研究所（Mexican Psychoanalytic Institute）。与此同时，他还发起了一个大规模的关于一座贫困的墨西哥村庄的研究项目。在这两个活动中，他有时展现出一种控制他人的冲动。这与弗洛伊德在精神分析初始阶段的自恋非常相似。他们都将自己视为独特的精神分析观点、体系和传统的创建人。

在墨西哥精神分析的形成阶段，弗洛姆对于使用自己的权力和影响力并没有节制。他利用了许多墨西哥人对一位强大而坚决的男性领导的尊重。弗洛姆倾向于使他关于社会性格的观点成为墨西哥精神分析研究所大多数讨论、教学和实践的基线。他有时会对那些不同意这个概念或者没有使其成为临床工作中心的学生感到苦恼。在这个研究所中，几位忠诚于他的学者被委任以重要的职位。那些没有忠诚于他的人则发现自己在影响力和权力上受到限制。在理论上，弗洛姆是反对任何接近权威主义的事物最突出和最坚决的敌人之一。因此，他有时倾向于将自己的看法和价值观强加于整个研究所，这是十分令人震惊的。随着他性情的成熟和健康的恶化，弗洛姆渐渐地放弃了他的控制，而且他想要更加专注于他的作家生活。

弗洛姆在墨西哥的第二个项目中表现类似，这是一个研究墨西哥贫困村庄的项目。最初，他雇用了两位文化人类学家——西奥多·施瓦茨（Theodore Schwartz）和劳拉·施瓦茨（Lola Schwartz）收集关于村庄的背景数据，同时帮助弗洛姆开发更大的研究项目。他的目的在于通过一份冗长的基于精神分析的问卷调查测量乡村居民对于多个主题的态度。

这份问卷其实是复制了弗洛姆在魏玛德国晚期参与设计的用来测量工人的权威主义态度的问卷。施瓦茨告诉弗洛姆，一份详细的问卷很显然起不到作用，因为他所面对的是半文盲和贫困的农民，而德国的项目面对的是受过教育的、现世的劳动者。他们注意到，这个项目所需要的正是像他们这样的人类学家对村民的直接田野观察。弗洛姆并没有被劝服，但是施瓦茨仍然坚持他们的观点，直到他们理解继续这场争论毫无意义，然后离开了。他们最后明白了，这是弗洛姆的项目，他不会接受关于如何执行它的建议。

弗洛姆后来让迈克尔·麦科比[1]（Michael Maccoby）代替了他们，麦科比是一位有才华的青年社会科学研究者，他决定以任何可能的方式去适应弗洛姆。弗洛姆通过允诺对麦科比进行分析来进一步支配他，这样弗洛姆凭借对麦科比内在生活的了解而获得了某种权力。同时作为麦科比的专业督导和精神分析师，这违反了或者至少是不符合精神分析专业的伦理。然而，与施瓦茨不同，麦科比总认为他与弗洛姆一起工作仍然收获颇丰，而且他们最后合著了一本关于村庄项目的书。

这并不是在说弗洛姆接受了他曾经论述和憎恨的独裁主义或"极权主义"。在他一生的大部分时间中，他心怀强烈的对于美好社会的愿景——实际上是一种先知性愿景，并努力使这些愿景成为现实。有时，他看到"美好社会"体现了他所谓的"社会主义人道主义"。另一些时候，他想起了"健全社会"的说法——一种避开消费主义和军国主义的政体。但是，无论他在墨西哥的先知性愿景和目标是什么，弗洛姆都希望有人跟他合作，帮助他，从而使他可以去实现它们。阿尔贝·加缪[2]（Albert Gamus）1951年的经典作品《反抗者》（*The Rebel*）在此是具有启发意义的。他一生中的大部分时间，弗洛姆扮演着加缪所谓的"反抗者"的

---

[1] 迈克尔·麦科比，美国画家和小说家，著有《治疗师》（*The Therapist*）。——译者注
[2] 阿尔贝·加缪，法国作家、哲学家，存在主义文学、"荒诞哲学"的代表人物。主要作品有《局外人》《鼠疫》等。——译者注

角色——一个批判现有社会与政治局面并呼吁扩大自由范围的局外人，或者说是一只"牛虻"。对于加缪而言，个人与社会不应该遵循限制人类自由的传统——这是弗洛姆著作中永恒的主题。但是，在墨西哥精神分析研究所和村庄项目的困难时期，弗洛姆有时倾向于效仿加缪的"革命者"角色——对其周围的人们和组织进行实质性控制。我们应该牢记心中，《逃避自由》的作者尽管通常作为加缪所谓的"背叛者"，但有时也会表现出类似"革命者"的性格。他是一个拥有许多不同的愿景、性情和"生活"的复杂之人。

弗洛姆一生中大多数时候，都以强烈的反应去回击失望与逆境，从一个地方跳到另一个地方，放弃一个专业组织，然后加入或创建另一个组织，改变他的概念与临床方法，从一段亲密的友谊（爱情）换到另一段友谊（爱情）。这其中存在着一种执拗。弗洛姆很少允许困难的处境使他动弹不得。他通常最终会为自己建立一个功能更多、更具生产性和适应性的环境设置，即使他可能会因此变得轻率、自恋和古怪。这种双重性是他生命中的一个中心主题。举个例子，大卫·里斯曼谈到弗洛姆身患重病仍然奋力进取，他总是迎难而上，"继续前进——如果有什么演讲或写作任务，可能会在某种程度上真实地促进和平事业"。里斯曼强调说，无论任务多么困难，他总是可以信赖的，即使他的方式有时生硬且令人不悦。

弗洛姆不断变化的性情和行为可以通过一些变化的元素来解释，这些元素可以隐喻地和非诊断性地被描述为情感三角。这三个角分别代表着激情、抑郁和边缘感。这三者对于解释弗洛姆的童年抗争十分关键，它们在其余生中以不同的方式和背景不断重现。类似于一些临床医生在家庭或其他组织中发现的三角结构，其中两角联合对抗第三角，这是自我内部的三角化。

对弗洛姆和他身边的人来说，很难预测这三个角中哪两个角会支配一个既定情境，哪一个角会联合第二个角去制约第三个角。第一个角——激情，包括了医生容易贴标签的"轻度狂躁"——一种精力无限、无法自我约束、出现不得体的话语与行为的状态。这一诊断无法帮助我们理解弗洛姆。他的激情反映了一种放纵的欢快，却很难说是一种危险的气质。在他举办的许多聚会中，那种无节制的幸福和快乐是很明显的，它围绕着刺激性的讨论、美食以及无限供应的笑话和美酒。弗洛姆写给他第三任妻子安妮斯热情的、频繁的、自发的并且爱意十足的信件，也是这种强烈的激情的表达，但这些不是因为临床问题的原因。当弗洛姆听到他最喜欢的古典唱片，喝着白兰地，抽着雪茄时，这种深刻的快乐和满足就随之而来。在他的一封信中，弗洛姆告诉安妮斯，真正的生活应该是一种激情的存在状态，有时候必须放弃谨慎。

危险的是，他的激情偶尔会超出安全的界限。例如，尽管弗洛姆身患严重的冠心病，但他无视心脏病专家的建议，拼命地吃高胆固醇的食物。此外，他对正统弗洛伊德派精神分析协会的愤慨也超出了审慎的范畴。在霍克海默拒绝发表他对德国工人进行的研究结果之后，弗洛姆似乎也对法兰克福研究所充满了愤怒。尽管为弗洛姆的这些情感和行为贴上轻度狂躁的标签并没有什么用，但他确实在某些时候依稀展现出了狂躁倾向。

弗洛姆情感三角的第二个角是他的抑郁情绪，这也是他妈妈的特征。那不时打断他的生活的自杀事件严重影响了弗洛姆——从一位很有前途的女画家的早逝到他的几个病人自己造成的死亡，再到他的第二任妻子过世带来的极端个人痛苦。他自己一生中的重大疾病也令人十分沮丧；直到 20 世纪 60 年代早期，弗洛姆还确信将会爆发全球性核战争，这使他非常绝望。

边缘感占据了弗洛姆内心三角的第三个角。强烈的激情和压抑通常是个人化的，并且携带着强大的遗传成分，但是边缘感和疏远感在很大程度上源于社交情境。当他的父母在情绪上紧紧依赖他以求缓和痛苦的婚姻时，弗洛姆感到了他与这个家庭的疏远。在 20 世纪 30 年代末期，当弗洛姆被法兰克福研究所辞退时，他感到了被拒绝的痛苦。当他不仅被正统的精神分析协会驱逐，而且还被新弗洛伊德主义者协会驱逐的时候，这种感觉再次出现了。在这些情况下，弗洛姆觉得自己处于消费主义与好战分子盛行的世界的边缘。

如果这三个角在各自的轨迹上相对稳定且可预测，那么这个情感三角可能不会造成重大的不幸。但就弗洛姆而言，它们并不是如此。某一天，他可能感到抑郁和边缘化。另一天，激情状态又可能被疏远感所削减。然而有时，这些不可预测的互动可能运行良好——当他和里斯曼或富布赖特一起吃饭，或者与安妮斯在一起时，通常就是这样。

此外，当弗洛姆感到痛苦或沮丧的时候，他可能会依赖于他围绕情感三角而建构的许多"安定剂"。他至少有四种相互关联的长期的安定剂。

第一，他的日常安排有规律而且可以预测。就像他对刘易斯·芒福德[1]（Lewis Mumford）所说的："事实上，我每天生活得几乎和过去一样。"他每天首先要走30分钟，然后写作4个小时，再冥想1个小时。在匆忙地吃过午饭之后，整个下午会完成几项不同的任务——给病人看病，查阅与写作有关的资料，口述信件。

第二，一旦弗洛姆确定了主题之后，他就会积极地展开每一个写作项目，这也表明他在努力使自己保持平静。他开始撰写新书或者文章时，总是先考虑弗洛伊德是怎样论述处理这个主题的，有时也考虑马克思是什么观点。然后，他会回顾并整合自己对这个主题所写过的内容。弗洛姆经常会自我参照。他更多地利用自己以前的构想，而非引证其他批评家的反馈或者新的证据；他可以写得很快，但在深度和细微之处必然有所局限。幸运的是，弗洛姆的早期构想意义深远。正是他在法兰克福研究所拟定的那些精彩而深入的文章，促发了他的社会性格的概念以及《逃避自由》的核心观点。

弗洛姆通常以二分法作为文章结构——自由与专制、爱与恨、恋生欲和恋尸癖、"占有"消费品或者"成为"生产性自我。这些二分法赋予他的文章以稳定性和结构性。在一定程度上，他是在追随他以前的导

---

[1] 刘易斯·芒福德，美国历史学家、科学哲学家、著名文学评论家。——译者注

师铃木大拙（D. T. Suzuki）的教诲。在其禅宗理论中，铃木大拙假设人类思维是二元化的——将所有现象分为对立的两面。弗洛姆将这些主题一分为二，并用一种使复杂事物简化的方式进行部署。二分法不鼓励对一个连续体上的点进行考查，并且将其焦点通过辩证法而展开。无论他的二分法与铃木大拙是否同源，它们都使弗洛姆的书籍内容变得通俗化，并使其获得了数百万的读者。因此，弗洛姆的学者生活中的弱点加强了他导师——作为严肃主题的全球性导师——生活中的优点。

第三，弗洛姆总是寻找知识分子和艺术家的欢乐团体，在某种程度上类似于玛拜·道杰·鲁汉[1]（Mable Dodge Luhan）在陶斯城举办的聚会。这些活动也是安定剂，为他提供了一些安慰，一丝幽默，一种活泼的且具有支持性的社交生活，它们还是一个可以检验新的概念、直觉和临床观点的有益的论坛。他将这些组织称为"人道主义的"集体。在1916年至1921年间，弗洛姆在一个小组织中积极地研究了关于《希伯来圣经》的主题，这个组织由法兰克福的拉比尼希米·诺贝尔（Nehemia Nobel）领导，其成员包括马丁·布伯[2]（Martin Buber）、利奥·拜克[3]（Leo Baeck）和格舒姆·索罗姆[4]（Gershom Scholem）。在20世纪30年代，弗洛姆曾是新弗洛伊德学派集会中的中心人物，主要成员有卡伦·霍妮、

---

[1] 玛拜·道杰·鲁汉，美国艺术赞助人，20世纪20年代，她使陶斯成了众多创作者的目的地，其中包括伟大的英国小说家D.H.劳伦斯。——译者注
[2] 马丁·布伯，德国宗教哲学家、翻译家，宗教存在主义的代表人物，其代表作《我与你》对现代西方思想产生了巨大影响，已深入到哲学、神学、心理学、教育学以及各门社会科学之中。——译者注
[3] 利奥·拜克，犹太教改革派拉比、神学家，纳粹统治时期德国犹太人组织的领导人和德国犹太人的精神领袖，20世纪重要的自由犹太宗教思想家。——译者注
[4] 格舒姆·索罗姆，20世纪最为深刻的犹太哲学家，当代喀巴拉哲学研究的奠基者，希伯来大学第一位犹太神秘主义学教授，著有回忆录《从柏林到耶路撒冷》，记叙了他如何痴迷于希伯来语和犹太教传统，潜心于数学和哲学的学习，直至走上喀巴拉研究的学术道路。——译者注

哈里·斯塔克·沙利文[1]（Harry Stack Sullivan）和克拉拉·汤普森[2]（Clara Thompson）。弗洛姆在瑞士洛迦诺城（Locarno）的那段时间，他参加了一个团体，其中包括社会批评家伊凡·伊里奇（Ivan Illich）、利奥·拜克研究所的退休主任马克斯·克路兹伯格（Max Kreutzberger）和意大利精神分析家鲍里斯·路班-普利斯（Boris Luban-Plozza）。这个团体在一起讨论了佛教、以色列作为犹太国家的问题以及弗洛姆最新的二分法——"占有"和"存在"。弗洛姆意识到这些讨论的潜在主题通常是"人道主义"社会的本质。他在这些拥有欢乐的和有思想的同事的团体中茁壮成长。

从最笼统的意义来讲，弗洛姆的"人道主义"是指一种友好而体贴的关联性，可以延伸到他与对病人进行的治疗。他认为，如果治疗关系可以促进医生和病人之间的默契和亲密，那么这种治疗关系就是有益的。最初，他将这种亲密关系称为"中心关联性"——一种医生与病人都在情感上进入对方"中心"的状态。后来，弗洛姆将这种关系描述为一种医生与病人之间的"舞动"。这两种说法都指代了一种友好的和人道主义的医患关系。弗洛姆惊奇地发现，他的临床工作同样为自己提供了能量和稳定性，与其在写作中所体验到的一样。

从精神上来说，第四种安定剂也许是最重要的。弗洛姆对精神的追求来源于他对先知犹太教、基督教神秘主义和禅宗佛教的了解。他认为，精神性是某种位于自我内部但同时超出自我和社会的东西。然而，它并不需要上帝存在这样的前提。对于弗洛姆而言，一个人精神的性质和深度决定了他对这个世界的全部倾向，塑造了他的行为举止和人际关系。

---

[1] 哈里·斯塔克·沙利文，美国著名精神病学家和精神分析社会文化学派代表人物之一，被称为"美国精神病学最具创造性的人物"，纽约威廉·阿兰森·怀特精神病学、心理学和精神分析研究院的创建者之一。——译者注
[2] 克拉拉·汤普森，曾在约翰·霍普金斯大学学习医学，最后一年开始研究精神分析学。精神分析社会文化学派代表人物之一，与弗洛姆、沙利文等人共同为纽约威廉·阿兰森·怀特精神病学、心理学和精神分析研究院的创建者。——译者注

弗洛姆的精神性与其先知倾向结合，激励了他对自由、公正和生命之爱的先知召唤。最重要的是，这是一种发自内心的呼吁。弗洛姆发现，精神性之最强烈和最基础的形式在于母亲对新生儿无条件的爱。当务之急是将这种精神延伸到所有的人类关系中。弗洛姆所考虑的精神性超出了人类，同时也在人类范畴之内——是一个人内在因素的整合。最重要的是，一种真挚的精神追求包裹、保护并支撑了自我，稳定了一个人的生活，肯定了一个人的倾向与价值。弗洛姆曾经承认，凭借这些安定剂，"我尽己所能修复了（来自原生家庭的）伤害"。如果不是这些基本的元素，他的创造性、学术生产力以及他的政治活动可能微乎其微；我们也可能从来没有听说过埃里希·弗洛姆。弗洛姆是他自己最好的医生。

这种抑制内在骚乱的安定剂或应对性社会策略的部署很难说是弗洛姆独有的。一些被诊断为急性抑郁、各种精神病、过度自恋或其他心理疾病的人，都曾尝试围绕稳定性策略来建构他们的生命，从而使他们的存在更具功能性。弗洛姆的策略对他而言很奏效，在一定程度上促成了他那伴随着快乐与激情的成功而丰收的事业。

这些安定剂或社会策略战胜了折磨弗洛姆的恐惧和不确定性。在20世纪50年代中后期，当恐惧和不确定性仍然存在时，朋友和同事就观察到了他性情上的变化。他变得成熟、更少伤人、更少自恋、更易满足并且更容易相处。两次艰难的婚姻之后，他发现了最适合自己的那个人。但是，这种内在的平静和满足是要付出代价的。弗洛姆的韧性和坚持离不开他愿意去承受那些重大而困难的问题——权威主义、精神分析的正统性、战争的可能性和人类境遇中的恶魔性。他的能量供给在一定程度上基于他对现实的不满。既然他现在更少地焦虑且更加自在，他似乎有时更愿意去冒险。例如，为了写出一本教育大众的畅销书，他能够打破精神分析师和学者狭隘的生活。而且，他发现在人类生存这个问题上，他能够得到美国总统的认真对待。在本质上，弗洛姆在征服他过去的心魔时，经历了一系列复杂的权衡。尽管他仍然很成功——也许变得更加成功——但他的代价是失去了更早的和更深刻的概念智力。我们原本无法期望一个人拥有如此多的"生活"。

总的来说，弗洛姆偏爱更加轻松的、充实的且充满爱的自我，这种自我出现在他发展出了稳定的技巧之后。我们大多数人也想要这种结果。如果这里有一个经验教训的话，那就是，如果在内部情绪障碍的周围建立支持性的社会因素，那么精神上的"异常"和"病理"有时可以被减少，甚至偶尔会消失掉。

大体上，弗洛姆并不是完美之人，他创造了许多应对机制和多样的"生活"，他在超脱自己艰难的家庭环境之外，也给他的时代——以及我们的时代做出了巨大贡献。在 20 世纪中期，他热情地向大众解释战争解决不了什么问题，而且核战争会毁灭人类。这一问题在当今仍然存在，战争仍然是用来处理冲突的主要手段。核武器仍然在扩散。超级大国、流氓国家和恐怖组织，全都准备好了诉诸武力而实现生存。

弗洛姆为他的时代，也为我们的时代铺平了道路，围绕着这条道路的是爱和他称作的"人道主义"。他的目标在于推动建立一个充满欢乐和关怀的社区，在那里，对于生活的热爱和每个人创造潜能的实现抑制住了那些压制、顺从和破坏性的力量。弗洛姆非常到位地描述道：

> 这是一个培养人类——他的成长、正直、尊严和自由——的思想和情感的系统。在此，每个人都将这些品质作为他自己的目标，而不是获得某种东西的手段；这些品质培养他的积极主动的能力，让他意识到自己不是作为一个个体而是历史中的一位参与者，每个人的心中都怀揣着全人类。

目 录

第 1 部分 德国

第 1 章 心性未定的学徒 / 003

第 2 章 法兰克福学者 / 031

第 2 部分 美洲

第 3 章 一位欧洲知识分子的美国化 / 071

第 4 章 《逃避自由》 / 106

第 5 章 临床医师和伦理学家 / 128

第 6 章 爱与启蒙 / 168

第 7 章 政治与文章 / 197

第 3 部分 世界公民

第 8 章 为乱世预言 / 229

第 9 章 人生得意须尽欢 / 245

第 10 章 爱与死 / 261

相关书目 / 309

致谢 / 316

注释 / 321

索引 / 362

译后记 / 378

第 1 部分

德国

埃里希·弗洛姆出生于世纪之交，那时许多德国人正经历着他们人生中的剧变。作为法兰克福文科中学的一名学生，他目睹了第一次世界大战的爆发和德意志帝国的最后岁月。当魏玛共和国从战争的废墟中建立时，他还是一个学生。民主社会主义的实验遍及魏玛，尤其是在新的社会服务方面，比如免费医疗诊所和心理咨询机构。但是，共产主义与法西斯主义之间也发生了意识形态和政治方面的斗争，这加剧了使国民经济损伤的通货膨胀。同时，这也是德国艺术、戏剧、建筑和电影等表现出巨大创造力的时期。一部1930年的电影，名叫《蓝天使》(The Blue Angel)，由玛琳·黛德丽（Marlene Dietrich）担任女主角，反映了这个时期的不稳定性。在这部电影中，伊曼纽尔·拉斯（Immanuel Rath），一个著名的大学预科教授，爱上了一个美丽而虚伪的歌舞表演者劳拉·劳拉（Lola Lola）。影片的结尾，拉斯抱着曾经代表自己学识和地位的课桌，耻辱且羞愧地倒在了他以前的同事面前。简而言之，《蓝天使》这部电影记录了德国文化中的冲突——古老的传统和价值观与魏玛更加自由的精神之间的对立。当希特勒掌权之后，劳拉的世界被推到了一边，魏玛的文化与社会制度也被颠覆。弗洛姆出生之时，那个曾经的世界科学创新和学术研究中心，现在变成了一个粗野和好战的国家。这一发展促成了他的经典著作——《逃避自由》。

第1章 心性未定的学徒

20世纪初期,埃里希·弗洛姆出生于法兰克福。那时,法兰克福是德国的经济中心。它坐落在美因河(Main River)上,靠近美因河与莱茵河的交汇处,是欧洲主要的交通枢纽与商业中心之一,在历史上对于犹太人的商业和智力投资颇具吸引力。歌德也出生于法兰克福。1848年,理想主义的自由派聚集在那里,试图建立一个民主和统一的国家。简而言之,德国重大的经济、政治和知识改革都率先发生在法兰克福。

弗洛姆的大部分人生都与这座城市紧密地联系在一起。在这里,他第一次开始了解《犹太法典》、犹太伦理传统和新的社会主义思想。第一次世界大战期间,作为当地一所高中的学生,他对极端的民族主义大失所望,他追求世界和平,并向他最终的称号"人本主义者"迈进。战争之后,年轻的弗洛姆被一个年长女性弗里达·里奇曼[1](Frieda Reichmann)深深吸引,那时他在她那里接受分析。对弗洛姆来说,里奇曼是如此优秀、令人兴奋,甚至像天使一样。他们结婚了,她帮助弗洛姆开始了解弗洛伊德所创立的新"心灵科学"的临床和理论知识。后来,弗洛姆加入了著名的法兰克福社会研究所,并在其理论批判工作方面做出重要贡献,他提出了运用马克思理论去探讨弗洛伊德研究成果的新思路。这一点成为他作为一个社会评论家的工作基础,人们开始称他为"公共知识分子"。尽管年轻的弗洛姆有时居住在法兰克福之外——海德堡、慕尼黑以及柏林,但是作为他出生的地方,法兰克福就是他的"家"。无论何时,当他想起作为德国犹太人——在心理上,在智力上,在历史

---

[1] 弗里达·里奇曼,早期的德裔美籍精神分析师,比弗洛姆大11岁,后成为弗洛姆的第一任妻子。——译者注

上——意味着什么时，他就会想起法兰克福。事实上，弗洛姆关于权威主义的经典著作——《逃避自由》，就是在法兰克福构思而成的。

1900年弗洛姆出生之时，法兰克福的犹太人还没有完全被中产阶级文化同化。一些人坚守着过去的宗教仪式，即使他们接受了现代化的金融和市场。弗洛姆体验到这种双重拉力造成的不适："不论在我所生活的世界，还是在传统的旧世界，我都无法感到自在。"但是，如果要他在现代资本主义和正统犹太教之间做出选择，他更倾向于后者。他描述自己在法兰克福犹太社区的早年生活，有一种隐遁的"中世纪氛围，在那里一切都致力于传统式的学习"。弗洛姆终其一生都在寻求和推广这种犹太社区。[1]

与他接受"中世纪"犹太教法典研究传统而非商业市场一致，弗洛姆描绘了他的外曾祖父——塞利格曼·班贝格尔（Seligmann Bamberger）的公认"理想化的"形象，后者是19世纪中期最为杰出和博学的德国犹太拉比[1]之一。事实上，班贝格尔建立了一个摩西律法研究中心，他被认为是研究《希伯来圣经》各种议题的杰出权威。他希望自己的作品能被女性读者阅读学习，他也因作品对哈拉卡[2]的解读以及对日常生活伦理的关注而闻名。班贝格尔敦促犹太人坚持正统教义，抵制以改革为主导的教会。最重要的是，他呼吁用更传统的思想去抵制德国犹太人生活和教义的现代化趋势。作为拉比的班贝格尔对弗洛姆这种"中世纪"过去的视角影响是根本性的，以至于他几乎忽略了班贝格尔著作中关于19世纪生物种族主义的元素。[2]

班贝格尔的女儿拉赫尔（Rahel），与一位拉比——塞利格曼·平卡斯·弗洛姆（Seligmann Pinchas Fromm）结为夫妇，丈夫后来成为法兰克福犹太社区的领导者。他们共有10个孩子。6个女孩中的5个都嫁

---

[1] 拉比，犹太人中一个特别的阶层，接受过正规的犹太教育，担任犹太人社团或犹太教教会的精神领袖。——译者注

[2] 哈拉卡（Halacha），对犹太教中口传律法的统称。——译者注

给了专业人士——主要是教师。儿子们个个雄心勃勃，一个是成功的商人，一个是医生，一个是杰出的律师，还有一个是伦理学家。纳夫塔利（Naphtali），弗洛姆的父亲，认为他自己是家庭中最边缘的一个儿子——一个平庸的葡萄酒商人，他后悔自己没有成为一个拉比。像他们的父母一样，这些孩子都是正统的犹太教徒，并且定期地参加犹太教徒的集会。拉赫尔聪明、幽默，对艺术感兴趣，她与所有的孩子都很亲近，并且为了撑起这个家庭付出了很多；而她的丈夫将大部分时间都投入到《犹太法典》的学习中。[3]

克劳斯（Krause）家族——弗洛姆母系家族的关系——并没有那么著名。最初，克劳斯家族从俄罗斯移民到芬兰，在那里他们改信了犹太教。我们并不知道这种改变信仰的原因。克劳斯家族从芬兰搬迁到了波兹南，波兹南那时是德意志帝国的一部分（1918年后被划分给波兰），他们在那里生活的经济条件十分艰苦。莫里茨·克劳斯（Moritz Krause），也就是弗洛姆的外祖父，创办了一家卷烟厂，但他过早地离世了，没有给妻子安娜（Anna）留下钱财，却有六个孩子等待喂养。莫里茨的兄弟路德维格（Ludwig）试图用他作为塔木德学者的微薄收入帮助安娜。莫里茨和安娜的某个儿子拼命地维持卷烟厂的生意，却没有成功；而他的大多数兄弟姐妹的信息很少。一个儿子留在波兹南，死于第一次世界大战期间。女儿索菲（Sophie）嫁给了高中英语教师大卫·恩兰德（David Englander），居住在柏林。另一个女儿玛莎（Martha），同样嫁给了一个专业人士伯恩哈德·斯坦（Bernhard Stein），他们也定居在柏林。罗莎·克劳斯（Rosa Krause），也被亲切地称呼为罗塞塔（Rosita），她皮肤白皙，有着蓝色的眼睛、金色的头发，是一个漂亮的孩子（这揭示了她家族的芬兰血统）。她很讨人喜欢，是她母亲和兄弟姐妹欢乐的源泉。为了不加重苦苦挣扎的母亲的经济负担，她出于生计和安全而不是爱情去寻找一位丈夫。她与当地一位成功的葡萄酒商人纳夫塔利·弗洛姆勉强结婚，后者并没有得到大克劳斯家族的器重。这段婚姻似乎耗尽了她大部分的欢乐。[4]

罗莎和纳夫塔利的关系紧张,弗洛姆有时猜测,他的存在可能维系了这段糟糕的婚姻。1900年3月23日,婚礼后不到9个月,弗洛姆出生了,他没有兄弟姐妹。罗莎将弗洛姆看作自己生活的骄傲和快乐之源,把自己理想化的愿景投射到弗洛姆的身上。她开始与抑郁症进行斗争,体重大幅度增加,经常哭泣。"我时常感到自己是母亲的守护者,她常常哭泣。"弗洛姆回忆道,"我感觉我不得不为了保护她而去对抗我的父亲。"罗莎为了寻求慰藉,经常带着弗洛姆去拜访她的姐妹及其家人。在他们的陪伴下,那个开朗快乐的她似乎被重新唤醒了。在这些拜访的期间,她把弗洛姆当作克劳斯家族而不是弗洛姆家族中的一员,而且她经常说纳夫塔利他们家族的坏话。这使得弗洛姆非常不舒服,并且可能造成了他与克劳斯家族大多数亲戚之间的终生不快。罗莎把儿子当作她自己不可分割的一部分,而且她暴露出偏爱女儿的迹象,因此在同龄男孩开始穿着男性化服装时,她还让弗洛姆留长发,穿女孩的衣服。罗莎还坚持认为弗洛姆擅长钢琴,尽管他对小提琴有强烈兴趣,她希望弗洛姆以后成为另一个帕代雷夫斯基(Paderewski)——波兰著名的钢琴家和政治家。弗洛姆回忆起,在他童年的大部分时间里,罗莎更多将他看作一份珍贵的财产而不是一个人。他从罗莎身上感到一种轻微压抑的束缚感,这种感觉在他后来与相当年长的恋人们相处时,又重新燃起。[5]

年轻的弗洛姆感到与父亲纳夫塔利更亲近一些。他是一个卖果酒的商人,生意欣欣向荣,但他却对这份职业感到难堪;他经常去法兰克福方圆124英里[1]的地方贩卖商品,即使他只离开了一个晚上,也会寄明信片给罗莎和弗洛姆。他所有的商业交易都力求与《完备之席》(*Shulhan Arukh*)相一致,后者是一部关于道德行为准则的著作。纳夫塔利在当地犹太教会中表现活跃,并且担任了领唱人,一丝不苟地奉行所有的犹太假日和习俗。他遵守了正统犹太教所有正式的规则,即使他的儿子认为他缺乏内在灵性和伦理反思。事实上,弗洛姆形容他的父亲"非常神经

---

[1] 1英里约等于1.6千米。

质、强迫且焦虑",这反映了他投射在弗洛姆身上的深深的个人不安全感:"我饱受这位焦虑的父亲的影响,他病理性的焦虑淹没了我,与此同时,他没有给我任何指引,对我的教育没有任何积极影响。"有时候,他会说纳夫塔利是"一个病人""一个衰老的人",甚至是"一个(精神病)案例"。纳夫塔利常常为弗洛姆担忧,但他从未超越以看待一个孩子的眼光来看待他。因此,他渐渐地失去了一个孩子对于父亲的期待。虽然弗洛姆已经长大,但纳夫塔利仍坚持不让他在恶劣天气外出,因为他担心弗洛姆会感冒。他经常试图将弗洛姆与其他同龄人隔离,并且还否定了他作为一个年轻人想要出国学习《犹太法典》的梦想。弗洛姆有时把纳夫塔利的强迫和紧张情绪解释为冷漠——父亲"对我的个人发展毫无兴趣"。但是,这对父子的关系也有较为可爱的另一面。当弗洛姆坐在纳夫塔利的膝盖上时——尽管他已经远远超过学步期的年龄——父亲和儿子之间的密切关系看似暂时复燃了。弗洛姆还试图效仿纳夫塔利的举止和说话风格,不顾一切地尝试以他的父亲作为参照榜样。6

诚然,罗莎和纳大塔利深深关爱着弗洛姆,即使在他们的婚姻出现麻烦之时。但是,家庭中缺失了始终如一的爱意与欢乐气氛,这使得弗洛姆去寻找替代品。回顾过去,弗洛姆描述他曾经身陷纳夫塔利神经质般的不稳定和罗莎那令人窒息的占有欲,这是他诸多的"苦难"之一,而这造就了一个"难以忍受的、神经过敏的"孩子。为了摆脱这种有问题的、无同理心的教养方式,弗洛姆成了他叔叔伊曼纽尔·弗洛姆(Emmanuel Fromm)家里的常客。弗洛姆向他的堂妹格特鲁德·亨齐克·弗洛姆(Gertrud Hunziker Fromm,她是弗洛姆终生的红颜知己,就像妹妹一样。后来,她也成了一位著名的精神分析师)透露,自己更喜欢她的父亲。伊曼纽尔也许代表了在男孩成长中作为稳定剂的部分,他比纳夫塔利更温和,更易相处。伊曼纽尔还是一位著名的律师和伦理学家,他因只接待那些具有操守和正义的客户而为人所知。他拥有将法律和道德巧妙结合的天赋,弗洛姆十分钦佩这一点。伊曼纽尔在格特鲁德和弗洛姆的生活中既当父亲也当母亲,我们对他的妻子克拉拉(Clara)所知甚少。罗莎与纳夫塔利将他们的儿子置身于小资产阶级的贫瘠文化，而伊曼纽尔则将弗洛姆引入有着歌德、席勒、贝多芬和其他德国与欧洲杰出人物的高雅文化。他注意到弗洛姆对复杂音乐有着一种天赋——这是他父母所没有的，并且鼓励他去培养这种才能。在弗洛姆后来的生涯中，他来回穿梭于市井文化与高雅文化之间。也许在情绪上，他认为前者是更加舒适的，但他又感到接受伊曼纽尔叔叔带给他的文化财富是更合适的。[7]

另一个在弗洛姆童年期有影响的人——一个促使他坚强、怀旧、拥抱"中世纪环境"的人——是他伟大的叔公路德维格·克劳斯，一位来自波兹南的杰出塔木德学者。路德维格是一位平静且欢乐的人，他喜欢符合犹太教规的家庭生活，但他也接受妻子苏菲在饮食上的差异。他经常拜访住在德国的克劳斯家族的成员，第一次世界大战后，波兹南不再属于德国，它的居民被要求成为波兰公民，他最终在法兰克福附近定居下来。路德维格叔公对弗洛姆的影响远超过他的父母以及伊曼纽尔叔叔，他将这个男孩带入了《犹太法典》研究的世界，并使他更加了解外曾祖父班贝格尔的贡献。弗洛姆开始对《希伯来圣经》着迷，尤其是关于《以赛亚书》《阿摩司书》和《何西阿书》的预言性著作，以及它们关于各民族之间和平与和谐的愿景。在路德维格来访期间，他会与弗洛姆整日在一起研究《犹太法典》的内容。弗洛姆很快沉浸于《圣经》研究的世界，摆脱了对市场的关注，将此作为在法兰克福日渐盛行的充满商贸和利益的现代世界的理想替代物。实际上，路德维格叔公对这个男孩产生了革命性的影响，他使弗洛姆产生了关于未来想成为谁的想法。追随路德维格的步伐，弗洛姆很可能会成为一名"老犹太教徒"——慷慨、虔诚且精通《希伯来圣经》。弗洛姆在一家当地学校（沃勒中心）上学，体验到法兰克福中产阶级更为世俗的市场趋势，而路德维格叔公向他展示了一个令人欣慰的替代选项：一个被隐藏的研究与沉思的世界。[8]

随着弗洛姆日渐成熟，他发现他的母亲越来越关注克劳斯家族的事务，这一习惯增加了她的幸福，但使她疏远了她的丈夫以及弗洛姆家族的其他人。罗莎开始与她住在柏林的姐姐（玛莎和索菲）特别亲近,计划与她们进行家族聚会,有时也会邀请纳夫塔利的未婚妹妹泽林(Zerline)。在这些聚会中,弗洛姆开始与玛莎的女儿夏洛特(Charlotte)特别亲近,将她看作一位姐姐以及成人世界里的伙伴。他们俩喜欢一起度过暑期。当罗莎没有与她的家族在一起时,她会安排与纳夫塔利、弗洛姆一起去附近的度假胜地做短途旅行,比如巴登-巴登、达沃斯和蒙特勒等地,她希望旅行可以为他们阴郁的家庭生活增添更多的幸福。然而,不论是在家里还是度假中,他们三个人的合照都很少,而且几乎不能描画出欢乐的关系。罗莎和纳夫塔利也几乎没有单独的照片。数十年之后,弗洛姆写信给他外甥女安尼莉·勃兰特(Annelie Brandt),回忆道:"当我们还是孩子时,我们经历了许多苦难"。[9]

第一次世界大战和《犹太法典》研究

在弗洛姆12岁的时候,他的父亲雇用了一名年轻的加利西亚犹太教徒——奥斯瓦尔德·苏斯曼(Oswald Sussman)帮助他打理葡萄酒业务。苏斯曼在弗洛姆家里住了两年,弗洛姆发现他是一个令人惊奇的伙伴,并且对自己的幸福有着直接的个人影响。苏斯曼带弗洛姆第一次去法兰克福博物馆,向他介绍马克思的作品及其他社会主义著作,与他进行严肃的政治讨论。弗洛姆现在清楚地意识到,他与叔叔伊曼纽尔的讨论依稀说明:外在世界存在迫切的当代问题,它们需要一些大胆的应对措施;而苏斯曼"是一个极为正直、勇敢且诚实的人,我欠了他很多"。如果说苏斯曼培养了弗洛姆对公共领域和马克思著作的兴趣,那么他的家人和朋友却使这个12岁的少年开始关注个人情绪体验,这些思考使他最终走向弗洛伊德的理论。弗洛姆家族的一位朋友——一个美丽的25岁女画家,取消了婚约以求多花些时间陪伴她鳏居的父亲。当她父亲死后,她竟然也自杀了,并在遗嘱中写道:她想与父亲合葬。"这怎么可能?"

弗洛姆非常震惊，"这位漂亮的女士宁愿与父亲一同死去，也不愿享受生活和绘画所带来的乐趣？"最终，弗洛姆在弗洛伊德关于俄狄浦斯情结和父女乱伦关系的概念中，以及在他自己后来修正的弗洛伊德学说的恋尸癖概念中找到了答案。实际上，自杀行为与他的"生产性社会性格"（热爱生命）的概念是对立的。但是现在，在这个家族背景下的年轻女士自杀的新闻，对这个相当不快乐的青少年来说不仅仅是一件令人震惊的事情。[10]

弗洛姆后来将第一次世界大战形容为"我人生中最为重要的体验"，这个事件加速了他的个人成熟，类似于在人生经历中插入了一段血腥的和创伤性的片段。这场战争爆发时，他才14岁，是法兰克福市沃勒中学的一名学生。他的拉丁文老师曾认为德国军队的强大将会维护和平，现在这位老师叫道："从那时起，我发现难以相信军备维护和平的说法了。"尽管沃勒中学声称重视古典著作中的人道主义，但是随着战争爆发，几乎所有学生和老师都丧失了他们关于个体尊严与人类团结的信仰。大多数人变成"狂热的民族主义者和反动分子"，他们将战争归因于英国的欺骗和德国的无知。只有在英语课堂上，弗洛姆听到了一种更为冷静的观点。在英语课上，他深为尊敬的老师以一种基于史实但夸张的说法，警告那些预想德国军队会立即获胜的学生："别欺骗你们自己了，到目前为止，英国从未打过败仗！"[11]

随着战火的蔓延，这一预言越发显得正确，弗洛姆开始将那些话语视作"疯狂敌意中一个理智和现实的声音"。在英语老师事件之后，他开始抵制这种过分概括的描述：无辜的德国受到好战的英国的攻击。他知道，德国和奥匈帝国在很大程度上促成了这场战争的爆发。数名反战的社会主义者代表在德意志国会大厦投票反对战争，并提出了具有说服力的原因——这些原因也是弗洛姆曾经深思熟虑的。法国的许多著作也宣扬同样的观点。很快，弗洛姆看到了战争的伤员与报告，"这场战争成了我思想和情感的中心。人们怎么可能不断地杀人与被杀呢？"他的一些叔伯、堂兄弟以及年长的校友都死了——而结局又如何呢？从此以后,他开始努力避免"党派偏见和不客观性",并且永远不会再像1914年那样"受到情绪掌控"了。他将永远不信任那些由"当权派"提出的官方教条,并成为一个反对所有这些正统观念的反动异见者。这场战争结束于1918年,弗洛姆发现他成了"一个深受困扰的年轻人,他被'为什么会发生战争'这个问题所困扰,他希望了解人类群体行为的非理性,他渴望和平和国际间的相互谅解。"带着这一新的、更加批判性的反战观点,弗洛姆感到他正在走出青春期,并成为一个反思的、严肃的和独立的年轻人。他对政治和公共事务的终生兴趣开始浮现。虽然苏斯曼死于战争期间,但他肯定会为此感到骄傲。[12]

在战争的过程中,弗洛姆受到伯恩广场犹太教堂的拉比——尼希米·诺贝尔的影响,他是法兰克福正统犹太社区的领导人。诺贝尔曾在柏林的希尔德斯海默施恩(Hildesheimerschen)研讨班接受希伯来语培训,并在马尔堡跟随著名的新康德主义者、社会学家赫尔曼·科恩(Hermann Cohen)学习。科恩教导诺贝尔:伦理学并不是流行的规范与传统之下的同感效应(consensual validation)问题。相反,我们是通过应用于所有人类——不管时间和地点——的理性、伦理法而发现它们的。在他们关系的早期阶段,诺贝尔在伯恩广场犹太教堂任职一段时间后,他和弗洛姆一起阅读了科恩的著作,并把这个年轻人引荐给他的导师。科恩关于普遍性伦理规范的观点成为弗洛姆思想的基石,尤其是在他阅读了科恩的《理性宗教》[1](*Religion of Reason out of the Sources of Judaism*)之后。[13]

很快,弗洛姆发现,诺贝尔有"强烈的哈西德派[2]倾向",接受犹

---

[1] 此书为著名犹太哲学经典之一,也是作者最为重要和代表性的哲学著作,对近代犹太哲学影响甚巨。中文版名为《理性宗教》,为《汉译犹太文化名著丛书》中的一种,山东大学出版社2013年出版。——译者注
[2] 哈西德派,该派虔信律法,受到犹太神秘主义的影响,由18世纪东欧拉比巴尔·谢姆·托夫创立,是现代犹太教极端正统派的一部分。哈西德,希伯来文含义为"虔诚"。——译者注

太教神秘主义并传播科恩的理念。弗洛姆被诺贝尔朴素、谦逊,但激动人心和具有理性渗透力的布道所吸引,这种布道经常脱离德国启蒙运动的主题。他开始与诺贝尔在法兰克福的郊外散步,他们在那里讨论拉比的布道。事实上,弗洛姆不满足与诺贝尔的短暂相处,他经常拜访诺贝尔的公寓与他进行讨论。通过诺贝尔,弗洛姆加深了他关于先知弥赛亚理念的理解。之后,他能够对诺贝尔所认同的伦理规范进行综合,将其总结为三个要点:第一,那些支持进步性变革理想的人有必要在其日常生活中进行实践;第二,一个人必须严肃考虑他人的问题与需求,并帮助他们发现问题的答案、满足他们的需求;第三,通过原始力量无法实现任何理想。相反,爱、谦逊和正义才能制定出正确的道路。通过诺贝尔,弗洛姆还成了一名犹太复国主义者,他帮助建立了法兰克福的卡特尔犹太人联盟(Kartel Jüdischer Verbindungen)——一个坚持犹太复国主义理念的犹太人组织。然而,由于科恩坚持"先知的普遍主义和人道主义不包含对于犹太国家的忠诚",弗洛姆的复国主义情结被冲淡了。1923年,弗洛姆退出了卡特尔组织。之后,他公开挑战诺贝尔的假设,这个假设认为宗教、民族主义与犹太教之间存在有机联系。[14]

当弗洛姆把他两位亲密的法兰克福朋友——利奥·洛文塔尔(Leo Löwenthal)和恩斯特·西蒙(Ernst Simon)介绍给诺贝尔时,他们也发现了他的犹太教中混杂着神秘主义,而且在某种程度上启蒙运动似乎与他们的生活极其相关。很快,一个小型的年轻狂热者的诺贝尔圈子形成了。其中包括弗兰茨·罗森茨威格(Franz Rosenzweig),一名刚崭露头角的年轻宗教哲学家;乔治·沙尔兹博格(George Salzberger),一名来自法兰克福的自由主义拉比,定期地与这个圈子进行联系,而且他与弗洛姆之间建立了特殊的友谊。从某种意义上说,这个圈子代表了弗洛姆与一小群快乐的同事交往的首次经历,这种类型的团体促进了他未来数十年的稳定性和舒适性。[15]

沙尔兹博格特别关注的是,补救法兰克福当地犹太人对于他们的宗教及其历史的忽视。弗洛姆十分赞成这一目标。1919年底,他与弗洛姆建立了一个当地的"犹太人教育协会";诺贝尔阅读了卡巴拉[1](Kabbala),其中一章内容作为这一课程项目的开幕仪式。这个协会促进了"自由犹太人教育机构"的成立,该机构由罗森茨威格进行管理,并且它成了协会的关注重点。[16]

"自由犹太人教育机构"很快发展成为德国成年犹太人教育的先锋世俗中心。这个机构的人员包括:马丁·布伯,一名犹太人哲学家和神学家,因其长篇论文《我与你》(*I and Thou*)而知名;格舒姆·索罗姆,一名哲学家与历史学家,他开创了对于卡巴拉的现代翻译;还有利奥·拜克,一名重要的哲学家和拉比。事实上,诺贝尔的圈子、上面的协会和这个机构组合成了犹太知识分子话语的一个强大中心。弗洛姆人生第一次与这么多创造性的思想进行定期沟通,分享他对宗教和思想生活的热情。拜克后来成为他的亲密朋友和支持者,长达50年之久。

1922年,诺贝尔突然死亡,享年51岁。罗森茨威格写信给布伯说:他们的圈子受到了强烈的打击,"生活的基本部分已经脱离了我的世界"。弗洛姆在法兰克福的《新犹太人报刊》(*New Jewish Press*)上撰写讣告,他强调,诺贝尔"言行一致,毫无浮夸,他教导我们,爱把人联系在一起,并且(他的学生)因为他爱(他们)而理解知识。"[17]

---

[1] 卡巴拉,是古犹太人的哲学,相传是上帝传授给摩西的一种人与人之间相互合作、提升精神力量的学问。——译者注

阿尔弗雷德·韦伯与萨尔曼·拉比诺

1918 年，弗洛姆在沃勒中学完成了他的期末考试。受到叔叔伊曼纽尔的影响，他开始考虑成为一名律师，并随后在法兰克福大学读了两个学期的法学。弗洛姆很快意识到，他更深的热爱在于细致研究《希伯来圣经》。为了挣脱他那令人窒息的家庭并接受培训，他准备前往立陶宛深造，那里有一家新型的犹太教法典的学术与培训中心。他的父母（尤其是母亲）允许他学习深造，但要求最远不要超过附近的海德堡。因此，1919 年 5 月，他进入海德堡大学试学一学期。由于海德堡大学没有《希伯来圣经》研究专业，他选了法学作为专业。然而，他发现他的学术兴趣不止于此，他选取了中世纪德国历史、马克思主义理论、社会运动以及心理学史等课程。他还对佛教思想有浓厚的兴趣，并开始私下练习太极和冥想。他的试验学期延长至一年，此时弗洛姆转入海德堡大学的国民经济系，跟随阿尔弗雷德·韦伯（Alfred Weber）学习社会学专业。[18]

阿尔弗雷德·韦伯，马克斯·韦伯（Max Weber）[1]的弟弟，是他的第一位也是唯一的非犹太人导师。弗洛姆参加了阿尔弗雷德·韦伯的课程与研讨会，他对这位教授在"普遍人道主义高于民族主义"的理念与承诺中表达出的勇气与正直印象深刻，弗洛姆认为这种理念与承诺来源于他的哥哥。然而，某种羞怯——也许可能是第一次与非犹太人形成密切关系时的笨拙感——使弗洛姆与韦伯的密切关系受到限制："我尽可能避免与他单独见面。"但是，弗洛姆在几十年后写道："跟随您学习是我人生中最宝贵的经验之一；不仅在于我所学的东西，还在于您的人格榜样。"随着弗洛姆从他与路德维格·克劳斯和诺贝尔的交往中获益，他与韦伯的关系似乎变得与其观念内容同等重要。韦伯教导弗洛姆：尽

---

[1] 马克斯·韦伯，德国著名的社会学家，政治学家、经济学家、哲学家、是现代一位最具生命力和影响力的思想家。——译者注

管社会学家必须关注个体,但必须认识到个体不可避免地根植于集体生活。这一教诲依稀预示了弗洛姆关于社会性格的概念。尽管韦伯否认古斯塔夫·勒庞[1](Gustave Le Bon)关于集体或群体心理学的观念,但他的观点仍让弗洛姆印象深刻,即文化是历史时空中相互协调和联系的个体的创造物。而且,任何信念系统,只要它适用于某一特定时间和地点的迫切情况,它就是合乎情理的;但这个信念系统之后可能会被认为是不合理的。在韦伯看来,语言和司法的标准以及审美和音乐的形态均是有助于社会学家识别集体生活属性的现象。韦伯展现了德国社会思想中的一个重要传统,这个传统观念与威廉·狄尔泰[2](Wilhelm Dilthey)和格奥尔格·齐美尔[3](Georg Simmel)的理念是一致的。[19]

尽管韦伯不是犹太律法、神学或历史方面的专家,但他知道年轻的弗洛姆几乎不会写其他主题的论文。诚然,韦伯坚持让弗洛姆钻研他自己的作品以及狄尔泰和齐美尔的著作。但是,他意识到弗洛姆还想研究一些重要的犹太神学家和哲学家。他们同意弗洛姆撰写关于犹太律法之功能的论义,它维持了三个离散的犹太群体——卡拉派信徒、犹太教改革派和哈西德主义——的社会凝聚力和连续性。弗洛姆拟定的论文题目是《犹太律法:对于研究离散的犹太教徒的贡献》(*Jewish Law: A Contribution to the Study of Diaspora Judaism*)。在没有国家,没有共同的俗世语言,甚至也没有机会建立礼拜场所的情况下,弗洛姆认为如果一个犹太人社群有着奉公守法的民族精神,那么就能够保持并延续它的信念系统和独特文化。关于"律法"一词,弗洛姆是指应用于某一民族的宗教和道德准则。事实上,在犹太律法里面有一个"灵魂",这个灵魂建立了犹太民族的道德—伦理联合体。犹太律法内部的集合性内容很

---

[1] 古斯塔夫·勒庞,法国社会心理学家、社会学家,群体心理学的创始人,代表作《乌合之众》。——译者注
[2] 威廉·狄尔泰,德国哲学家、历史学家、心理学家、社会学家。——译者注
[3] 格奥尔格·齐美尔,德国社会学家、哲学家。——译者注

有弹性，允许个体进行解释并执行其要求；解释的自由内含于犹太群体的民族精神之中。[20]

诚然，犹太人在8世纪的巴比伦所经历的经济混乱过程中，就已经形成了卡拉派信徒。他们在阿拉伯帝国早期开始从事贸易，并调整他们的法律观念，使其与商业贸易中的伦理要求一致。欧洲犹太人的解放开始于18世纪。随着与时俱进地进入19世纪，犹太人也经历了"民间资本主义文化的胜利"，它为集聚私人财富提供了越来越多的机会。此时此刻，社会又发生了另一项变革。欧洲的犹太教革新派把律法塑造成一个亟需的精神与伦理之锚，起到配合市场文化的作用。律法还被调用作为不断消亡的社会凝聚力的一个源泉。然而，在弗洛姆看来，哈西德主义才代表了对被广泛诠释的律法理想的遵守。[21]

在这三个离散的犹太人群体中，哈西德主义提供了理想的"社会黏合剂"，将犹太人传统的许多本质特征联合在一起。弗洛姆着迷于哈西德主义，因为哈西德主义强调感觉优于学识，沉思优于经济活动。事实上，他们倡导一种完整、正直、欢乐与真诚的内在感受，反对积累财富。在接下来的几年中，接触了马克思学说之后，他将这种感受描述为"存在"优于"占有"；而且在他的余生中，哈西德主义所强调的欢乐和喜庆精神使他过着一种感情洋溢并追求欢乐的生活，即使在面对极权主义、官僚主义和核战威胁时仍然如此。事实上，法兰克福的正统犹太群体（弗洛姆的成长环境）轻视哈西德派，将其视为无纪律和不稳定的群体。或许是因为他母亲的东部血统，弗洛姆赞美哈西德派经验中内在的"奢侈"品质——虔诚、欢乐并充满对"美好生活"的感激。此外，萨尔曼·巴鲁克·拉比诺（Salman Baruch Rabinkow），弗洛姆在1912年认识的一名塔木德学者，目前正在对弗洛姆的论文写作提供帮助。拉比诺增强了弗洛姆对于哈西德主义的偏爱倾向。弗洛姆在他的论文中阐述道，通过哈西德主义及其与犹太律法的联系，"犹太人的历史主体事实上完好地保存了它自己的生活"，并且成为"犹太教的文化与社会秩序的全部问题"。[22]

弗洛姆的论文是社会心理学领域中一篇重要的文章。这篇论文对于犹太律法的强调大多数被哈西德派传统所例证，弗洛姆寻求一个概念单位将个体尤其是集体的"灵魂"的道德与更大的社会历程联系起来。弗洛姆试图确定如何将（个体的与群体的）道德与集体的生活方式相结合。在之后的十年中，随着他对弗洛伊德的无意识概念以及马克思的经济和阶级结构的深入了解，弗洛姆将这个"灵魂"等同于"社会实体的力比多结构或组织"，后来他将其命名为：社会性格。

韦伯对弗洛姆的作品印象深刻。与此相反，在弗洛姆到学院委员会面前论文答辩那天，父亲纳夫塔利出现在海德堡大学，他害怕弗洛姆不能通过答辩然后在失败后自杀。弗洛姆在论文答辩后被评为第二等（"非常好"），并且他认识到纳夫塔利将"他对自己强烈的自卑感"转移至儿子身上。他学会了与父亲的神经症保持距离。由于不了解这个家庭负担，韦伯骄傲地建议弗洛姆展开他的学术生涯。但是，鉴于他新生的兴趣，弗洛姆感到"这样的生涯可能会限制我"。他认为没有哪所大学会在未来的几十年为他提供职位，让他在一个拥有专家学者和图书资源的学术团体中去研究和写作。[23]

除了感到学术生涯会限制他的发展之外，弗洛姆决定不留在大学的一部分原因在于萨尔曼·拉比诺对他的影响。萨尔曼·拉比诺是一位来自俄罗斯的热忱的社会主义者，作为哈巴德哈西德主义的一名信徒在一家犹太高等学校学习，并且受命成为一名拉比（但未曾实践）。拉比诺曾是季秋克·斯坦伯格（Jizchok Steinberg）的导师，后者是一位参与1905和1917俄国革命的活动家。他支持斯坦伯格的革命性马克思社会主义，并积极为来自东欧的贫困犹太学生筹集资金。[24]

弗洛姆几乎每天都会拜访拉比诺简朴的公寓，有时会发现拉比诺在那里辅导其他人。拉比诺在《犹太法典》方面指导弗洛姆——通过立陶宛人对其统一主题所内含的深层心理与精神真理的强调（与匈牙利人有所不同——他们强调正式掌握具体的《犹太法典》文本以及对文本内部矛盾的描绘）。弗洛姆跟随拉比诺研究了摩西·迈蒙尼德（Moses

Maimonides)的哲学作品,后者是伟大的中世纪哲学家和律法学者;他还研究了19世纪早期关于哈巴德哈西德主义的重要著作——《坦亚》(Tanya)。弗洛姆逐渐成为司秋尼·泽曼(Schneur Zalman)语录的研究专家,后者是18世纪哈巴德哈西德主义创始人。在拉比诺的指导下,弗洛姆了解到哈巴德哈西德主义是一种民粹主义者的反应——对抗正统犹太教的守法主义和理性主义。[25]

拉比诺拥有一个诀窍,将马克思主义和社会主义的抗议政治与传统犹太教的虔信主义很好地结合起来。拉比诺很可能向弗洛姆介绍了马克思。他教导弗洛姆以"激进的人道主义"精神(个体与其社会培养了他们所有的革命潜力)来解读犹太传统,尽管他本人仍然是一个学者而非政治活跃分子。在弗洛姆的学生时代,他也认为自己不适合政治活动。然而,拉比诺的"激进的人道主义"概念很快便成为弗洛姆"生产性社会性格"概念的基础,并激发了他从精神分析角度解读马克思主义的兴趣。弗洛姆认为,他不仅向拉比诺学习了知识,还将他视为一个理想自我——拉比诺展现出了弗洛姆想要拥有的大部分品质。[26]

弗洛姆的人生对拉比诺的模仿程度是惊人的,这位老师"对我人生的影响超过了任何其他人"。拉比诺的观点给弗洛姆留下了深刻印象:专业或政治地位、财富和权力并不能衡量一个人的价值,确切地说,一个人讨人喜爱的品质和思想的深度才是衡量价值的因素。拉比诺似乎是靠鲱鱼和茶而生存的。对他来说,生理上的舒适是次要的。虽然弗洛姆在学生时代饮食不是那么稀少,但他声称并不看重消费这一方面。弗洛姆记得拉比诺在卫生和整体外观方面十分挑剔,并且努力仿效他。作为一个早起的人,拉比诺要求自己花一整天的时间来学习。在弗洛姆的余生中,他也将清晨的时间用于坚持阅读和写作。在拉比诺不做研究的时候,他欢迎学生们与他一起参与温暖的、开放的讨论,提出问题但很少给出答案,而且不常收费,即使是最低限度的辅导费。弗洛姆特别喜欢与拉比诺一起唱哈西德派的歌曲,并且在他的余生中经常哼唱这些歌曲。他注意到,拉比诺有"一种源源不断的幽默感",它似乎植根于犹太人生活的共同性；这种幽默感也成为弗洛姆最显著的个人特征之一。拉比诺强调《希伯来圣经》中先知的普遍性人道主义，他（像之前的赫尔曼·科恩一样）向弗洛姆明确表示：智慧并不在于对一个犹太国家的忠诚。尽管拉比诺起初是一名热心的犹太复国主义者，但他在认识弗洛姆时正重新审视犹太复国主义的前提。到1923年，弗洛姆也修改了他对这个问题的看法，并且成为一名终身的犹太复国主义和民族主义的批评家。[27]

尽管弗洛姆设法效仿拉比诺，但他还是在两个重要方面与拉比诺不同。第一，弗洛姆并不避世隐居，他更注重自己在社会中的地位。他赞同拉比诺的观点：社会地位和头衔没有热爱生活、关心人格和追求知识重要。他也敬佩拉比诺的谦卑、内敛；敬佩拉比诺对其意第绪语[1]（Yiddish）之根的忠诚，超过了中产阶级和受过大学教育的德国犹太人的同化倾向。然而，弗洛姆也雄心勃勃。他决心在海德堡和法兰克福的学术界以及知名犹太人士的知识界崭露头角。

第二，弗洛姆认为拉比诺的内敛和隐居阻碍了他的写作，并把它看成是一个悲剧。弗洛姆认为，拉比诺很少能够将他巨大的知识储备转化为文本而造福后代，这使他虽然伟大却不能被人如此认识。当弗洛姆完成他的论文时，他知道他没有分享拉比诺的文学缺点。写作对他来说轻而易举。拉比诺的一生仅发表了一篇文章《犹太人生活与知识中的个人和社会》（*The Individual and Society in Jewish Life and Lore*，1929）。他的写作风格怪异，文章组织松散，而且经常赘述，有时内容也不够明确。在他与弗洛姆认识的这些年里，拉比诺一直在努力写这篇文章，他试图在文章中把他向学生展示的基本的哲学、历史学和神学观点系统化。这篇文章和弗洛姆1922年关于犹太律法的论文之间存在惊人的相似。

---

[1] 意第绪语，属于日耳曼语族。全球大约有300万人在使用，大部分使用者是犹太人。——译者注

这些相似之处说明了拉比诺对弗洛姆的影响多么深刻。通过将弗洛姆的论文与这篇文章进行比较，似乎有可能弗洛姆论文的章节反而帮助了拉比诺找到合适的词汇和短语甚至是组织框架，从而使他能够完成他唯一的出版物。[28]

在这篇文章中，拉比诺解释说，犹太人生活中的组织原则和犹太律法的核心是与上帝的契约。这个契约决定了社区的"伦理最大限度"以及它的文化和宗教生活，并成为其政治制度的基础。"根据与上帝的有效契约"，拉比诺假设，随着社群所要求的条件，"没有一成不变的概念构想，只有不断变化的文化任务"。与弗洛姆的论文类似，拉比诺的文章也认为，犹太律法和伦理适应于不断演变的人类需求。但是，弗洛姆的论文（可能反映了韦伯对于社会结构和集体生活的强调）融合了个人的"灵魂"需求与社群的"灵魂"需求，拉比诺却突出个人方面："个人的道德自律是基本条件"。实际上，"每个人都有权利、有义务说'世界是为我创造的'"。虽然个人的尊严来自社群，但拉比诺坚持认为——比弗洛姆强烈得多——社群的完美需要每个人完全的自治。宗教和伦理的职责只能通过"自治的个体"才能执行，生活的乐趣也只有通过"自治的个人"才能充分体验。最后，拉比诺认为，犹太人生活的伦理法律核心虽然是基于与上帝的契约，但它仅在"特殊的犹太教群体"中有效，并不适用于其他的群体。弗洛姆却在其论文中持不同观点。他在论文中讨论了犹太律法和伦理，将其作为普遍的人类需求和经验的例证。[29]

20世纪20年代中后期，弗洛姆在犹太教方面的研究开始消退，他逐渐超越了拉比诺设定的限制。换言之，他将拉比诺对于犹太人生活的愿景应用于全人类，但是更侧重于个体的需求。在弗洛姆看来，随着他不再是一个恪守教规的犹太人，人类会成为一个齐心协力的道德群体，它根植于个体的道德自律以及在人类社会中实现个体生产与幸福需求的自由。拉比诺并没有对弗洛姆偏离犹太教的研究表示失望。事实上，他理解这一点：当弗洛姆谈到一个积极向上的人格结构时，这个年轻人非常接近他个人的犹太人本主义——"这个世界已经为我创造"。弗洛姆在 1964 年写道："拉比诺对我一生的影响远超过任何其他人,并且……他的思想……仍然存在我的心里。"[30]

弗里达·里奇曼

在海德堡大学学习期间,弗洛姆对好几位年轻女性产生了恋爱兴趣。他曾与一名哥尼斯堡的女人戈尔德·金斯伯格(Golde Ginsburg)订婚,直到他的朋友利奥·洛文塔尔赢得了她的芳心并与她结婚。弗里达·里奇曼是金斯伯格的一位闺蜜,她差不多比弗洛姆大 11 岁,而弗洛姆也曾被她的养女吸引。[31]

里奇曼出生在卡尔斯鲁厄的一个中产阶级家庭,他们是正统的犹太教信徒并且在政治上秉持进步的价值观。作为三个女儿中最大的一个,里奇曼的母亲接受过教师培训但从来没有在外就业,她在家里十分专横且占有欲强。里奇曼的母亲不尊重她的丈夫,这位丈夫像纳夫塔利一样没有接受过拉比训练,但他却成为当地犹太社区的领导人,他在银行业方面的商业生涯也乏善可陈。父亲的建议与母亲的相反,他建议女儿应该学医,里奇曼受到这一想法的启发并开始在哥尼斯堡大学学习医学,那时她只有 17 岁。她选择了精神病专业,并在慕尼黑大学度过一个学期,跟随临床心理学教授埃米尔·克雷佩林(Emil Kraepelin)学习。1912 年,她从哥尼斯堡医学院毕业,发表了关于"精神分裂症患者瞳孔变化"的论文。此时,里奇曼在哥尼斯堡和法兰克福生活了几年,在精神病学家库尔特·戈尔茨坦(Kurt Goldstein)新开业的诊所工作,专门为脑损伤的士兵提供治疗。就像战争影响了弗洛姆一样,第一次世界大战也对里奇曼产生了革命性影响,她在病人身上亲眼目睹了战争带来的影响。之后,她在哥尼斯堡大学医院为脑部受伤的士兵进行治疗,并根据她的临床观察与戈尔茨坦共同撰写关于神经外伤学的论文。在战争快结束时,里奇曼在法兰克福第一次遇见弗洛姆，但他们两人都非常害羞，这次相识之后并没有什么故事发生。里奇曼从法兰克福前往德累斯顿，1920至1923年间，她成为魏瑟尔·赫希（Weisser Hirsch）疗养院的一名助理内科医生兼精神科医生。在那里，她决定成为一名心理治疗师。当时，魏瑟尔·赫希疗养院是德国唯一一家有拥有结构化心理治疗项目的机构。当弗洛姆去那里拜访她时，他们的关系才变得认真起来。[32]

在她学医期间的某个时刻，里奇曼遭受了残忍的强暴，这使她对婚姻前景变得悲观，还可能损害了她生育的兴趣或能力。她在魏瑟尔·赫希的最后两年，无疑是被这一强暴经历所激发，她对精神分析学越来越感兴趣；此间，或者弗洛姆来访，或者里奇曼定期前往慕尼黑。她安排接受威廉·威腾伯格（Wilhelm Wittenberg）的分析，后者是一个喜欢交际的家伙，是不那么正统的弗洛伊德学派学者。威腾伯格隶属于德国精神分析协会。他并没有给里奇曼留下太多印象。之后，她在柏林接受弗洛伊德核心圈子成员汉斯·萨克斯（Hanns Sachs）的训练分析，并成为一名从业的精神分析学家和精神病学家。自始至终，里奇曼与弗洛姆之间的吸引日益强烈。他们两有一个重要的共同点：即他们都是严格意义上的精神分析从业者，并且都担心德国犹太人普遍被同化得太快，从而丧失他们的独特身份。

里奇曼欣赏弗洛姆对宏大理论的兴趣以及他对人类存在的宏观问题的热情，即使他在引航人生的日常需求方面似乎没什么天赋。弗洛姆被她对智力话题的热情和她更加务实的一面所吸引，他感觉里奇曼就像他的母亲，可以照顾他。她开始对弗洛姆进行治疗性分析，正如里奇曼所承认的，这在专业上可能是不恰当的："后来我们相爱了，因此停止了分析。我们产生了那么多感觉。"随后他们发生了性关系——这可能是里奇曼自强暴后第一次与男人亲密接触。这或许不是弗洛姆的第一次性行为，但很显然，里奇曼的传记作者盖尔·霍恩斯坦（Gail Hornstein）在这个时间点上将他描述为一个"讨女士喜欢的男人"是偏离现实的。[33]

1923年，里奇曼和弗洛姆决定在海德堡开设一家为犹太病人服务的治疗机构。他们的使命是乌托邦式的：几年之后，创造出一个所谓的治疗社区。里奇曼将其理念基于这一感觉之上：心理治疗是一种慈善（tzeda-kah），一种犹太宗教对于社会正义的承诺。其目标是：在沿着准社会主义路线前进的同时，培养犹太人的身份认同和精神健康。正如里奇曼所说的："我们先分析民众，然后让他们意识到自己的传统并生活在这个传统之中。"在可怕的德国通货膨胀期间，她设法从朋友和家人那里借了 2.5 万马克，购置了一所大房子并进行了适当装修。这个机构囊括了犹太人生活的基本要素——安息日和其他节日、仪式的庆祝活动、符合犹太教规的食物、传统犹太文学的稳定供给、共同祈祷以及弗洛姆的学术讲座。在这个机构里居住着 10~15 个病人，他们支付承担得起的费用或者奉献自己的劳动来交换。其他前来预订餐食和治疗的人也基于他们的能力来支付。与德国和维也纳其他几位忠诚于社会主义的分析师一样，他们"不想继续只为有钱人提供治疗"。每位病人都接受精神分析或者以精神分析为基础的治疗。最初，里奇曼是唯一的治疗师，但随着弗洛姆的精神分析训练的进展，他开始与她并肩作战。他们俩都是马丁·布伯的朋友；像布伯一样，他们确信治疗是亲密的人与人之间的一种"我-你"关系，同时它也是一种缓解深度心灵压抑的方法。他们并不太了解移情问题（即，那些涉及将想象中的人物投射到"中立的"临床医生身上的人际关系风险），他们对朋友进行分析，比如利奥·洛文塔尔、恩斯特·西蒙、拉比诺，甚至家庭成员进行分析。在晚上，他们开展一种早期形式的团体治疗——关于个人冲突的开放式团体讨论。"这是一件疯狂的事情，"其中充满了热情和欢乐，里奇曼回忆道；这时"弗洛姆（与她）已经有了恋情。但（他们）还没有结婚，而且应该没人知道这件事"。[34]

随着这个治疗社区的发展，里奇曼和弗洛姆越来越亲密，即使她仍然认为他是"被宠坏的"。根据中产阶级的性别礼节和正统犹太教的假设，像里奇曼这样的女性——36 岁，已步入中年——应该结婚嫁人，而这些与他们的决定是息息相关的。她不得不敦促 26 岁的弗洛姆同意一个确定的婚礼日期：他父母的结婚纪念日，1926年6月的某天。"我得到了我想要的。"里奇曼回忆说，"他是一个非常聪明、非常温暖、受过良好教育的人，他很了解我的另一面。"她不在乎他们之间的年龄差距，也许是因为强奸事件大大降低了她的婚姻预期。婚礼在她母亲的家里举行，里奇曼回忆，她差点因为扁桃体炎错过了这场婚礼。在仪式结束时，纳夫塔利感到如释重负并告诉里奇曼："现在，你可以照顾他了。"他知道里奇曼会照顾弗洛姆个人的需要，也许还有父母的需要。正如她后来写道的，纳夫塔利"如此高兴，因为我可以照顾好他的唯一的儿子，老天爷，他难道不对吗！"[35]

在结婚之前，也就是1925年，弗洛姆搬到了慕尼黑，为了完成与威廉·威腾伯格的分析，并参加埃米尔·克雷佩林的讲座，就像里奇曼先前做的一样。从克雷佩林那里，弗洛姆学习了后来被称为精神病药理学的基础知识，这使他日后为同事和病人提供药物治疗的建议时处于有利地位。克雷佩林还使他对神经科学的兴趣日渐浓厚，而且这一兴趣从未消退。威腾伯格对弗洛姆的分析，结果显示意义不大。尽管弗洛姆发现他是一个健谈的人，但他认为威腾伯格是一个无效的精神分析师。话虽如此，威腾伯格很不幸在分析的头一年内就去世了。里奇曼为弗洛姆支付每个月600马克的费用。

那时，他们两个人都清楚，造成他们新成立的治疗社区失败的原因有二。第一，乌托邦式的治疗目标无法达到。许多病人渴望犹太洁食和犹太式社会生活，但摒弃了治疗社区内精神分析的功效，并且不愿意继续下去。这一情况对于拉比和拉比学生尤其明显。第二，随着他们分析训练的深化，弗洛姆和里奇曼发现，他们对正统犹太教及其仪式的坚持已有所松懈。正如她所说的："四年之后，我们决定不能再维持这家疗养院了，因为我们的良知和内心都不在这里了。"在某个逾越节[1]上，

---

[1] 逾越节，犹太人最重要的上帝的节期。人们在欢度逾越节的时候，不能吃任何经谷物发酵过的食物，比如面包和馒头。——译者注

他们进了一个公园并且吃了发酵的面包——一个公开声称会导致无子女的严重罪行。但是他们"有点惊讶，什么事都没发生"，里奇曼回忆道。他们继续吃着明确禁止的食物，包括火腿、龙虾和牡蛎。这是弗洛姆生活中第一次违背正统犹太教的饮食教规，即使这不是完全的物质上的放肆之举，那也必然是对社会规范的冒犯之举。尽管他们故意违背饮食教规的情况对治疗社区的病人和员工保密，但是他们俩基本上都在1927年的精神分析期刊《意象》（*Imago*）的文章中公开了这一情况。这些文章中的内容后来成为他们的病人茶余饭后的八卦话题。最终，这个治疗社区关闭了，弗洛姆成为一个塔木德学者的计划也流产了。他又一次开始迷茫了，里奇曼也是如此。

　　随着两个人在治疗社区的工作平淡下来，他们的婚姻开始出现一种悲伤或缺乏热情的状态；这段关系最初的自发性和反叛的实验主义随着他们共同投资的解散而衰退。巨大的年龄差异也许助长了这种不舒适的状态。到如今，里奇曼出现了一些婚外情状况，其中一例很可能是和拉比诺。而弗洛姆也开始对其他女性产生兴趣，特别是卡伦·霍妮。但是，尽管在20世纪20年代，婚外情和调情取乐在欧洲精神分析领域中并不少见，但这里还有更深层次的原因在起作用。他们的婚姻中没有生育子女。尽管弗洛姆有时告诉别人里奇曼无法怀孕，但证据表明还有其他原因。由于快到更年期了，里奇曼想要一个孩子，并且在其婚姻早期就向弗洛姆坦诚说明了这一点。他嘲弄地回答她，流露出某种傲慢和不在意："生孩子没什么的，甚至一头母牛也能做到。"弗洛姆还认为，孩子的出现会降低他的职业创造力，同时增加他的压力使他顺应流行的社会价值观，这一观点在魏玛的知识分子和文化圈中并不罕见。他关于自己童年的记忆是不幸福的、麻烦的，这也可能使他不想成为一个孩子的父亲。1932年7月中旬，里奇曼在巴塞尔医院进行了手术。两天之后，她的医生给她看了一个貌似死胎的尸体。它有一个大头、躯干和四肢，看起来像一个死胎。但是，在她与乔治·格罗代克（George Groddeck）的通信中，里奇曼声称它不是一个死胎，而是一个看起来像已发育胎儿的子宫肌瘤（良性肿瘤）。如果那样的话，她并没有怀上弗洛姆或者另一个男人的孩子。第三种可能是，那是一个胎儿兼肿瘤，而且肿瘤破坏了胎儿的生存力，导致了一个死胎。不管发生了什么，它都导致他们的婚姻关系越发紧张。弗洛姆的研究助理雷纳·方克曾在其生命后期问过他是否会后悔没有孩子——无论是和里奇曼还是和后来的妻子。方克唯一可以回忆起来的是，弗洛姆的脸上表现出深深的痛苦，他无法回答这一问题。这个问题在他生命的大部分时间里不断被想起——他将后继无人。[37]

随着他们的婚姻关系日益恶化，里奇曼要求弗洛姆陪她拜访格罗代克以获得可能的帮助。格罗代克出生于1866年，是一名精神分析师，他在巴登-巴登温泉区附近主持玛丽霍赫疗养院。他将治疗按摩作为分析治疗的一部分，而且弗洛伊德支持他的观点。事实上，弗洛伊德还蛮欣赏他那本1921年的叛逆小说《灵魂探求者》（Der Seelensucher），其中描述了一个退休的单身汉，他发疯了，然后变得能够对特殊的人类情境进行非凡的心理解释，有时会通过非常幽默然而又令人尴尬的充满性意味的言论来解释他的观点。格罗代克的《它者之书》（The Book of It, 1923）更为深刻，该作品通过一系列信件阐述了他的基本思想。他的"它者"（it，德语das Es）概念与弗洛伊德的本我概念有重叠，获得了弗洛伊德的公开认同。然而，格罗代克比弗洛伊德更愿意保持心理和身体之间的统一。他的"它"在很大程度上来自德国的浪漫传统，代表了无意识，宽泛地进行解释，也代表了自我（ego）——人类潜能的整体（器官的和精神的）。相比之下，在《自我与本我》（The Ego and the Id, 1923）中，弗洛伊德将自我、本我和超我进行区分，将其作为分离的力量而形成他的结构理论。简而言之，在格罗代克看来，"它"既象征着内心患病的希望，又象征着健康的希望。这个"它"以特定的疾病来表现自己，而精神分析师对此疾病做出这样的反应——提供一种母性的慈爱和关心嘱咐病人通过孩子般的信任和纯真去探寻潜在的、受压抑的病源。这个已经导致身体疾病的"它"，因此可能会被暗中破坏并消失。格罗代克因此塑造了一种早期的心身治疗的视角。举个例子，柏林精神分析师恩斯特·希梅尔（Ernst Simmel）之前只能戴着眼镜看东西，在格罗代克的帮助下，他突然能够不戴眼镜而看到一个非常远的时钟。但是，当希梅尔回到柏林恢复他旧式的生活习惯时，他获得改善的远距视力又消退了。[38]

格罗代克的治疗方式和个人风格——温暖、开放、谦逊和直接——给桑多尔·费伦齐（Sandor Ferenczi）、卡伦·霍妮和其他来自巴登-巴登的不那么正统的精神分析师留下了深刻的印象。他们拜访格罗代克的时刻经常与弗洛姆和里奇曼不期而遇，这让这对夫妇有一种加入格罗代克领导的精神分析社区的感觉，就像他们曾经解散的治疗社区一样。尽管证据并不充足，但弗洛姆很可能就是在巴登-巴登的这些聚会上遇到弗洛伊德的，如果是这样，那么他们的对话无疑会涉及弗洛伊德的"心灵科学"。与里奇曼一起拜访了几次之后，弗洛姆开始着迷于格罗代克，尽管后者对严格科学持蔑视态度，对社会问题也持保守立场。鉴于格罗代克理论上的灵活性、不带偏见的真诚、对母系制的欣赏和非凡的心理直觉能力，弗洛姆感到可以自由地思考他那新出现的、混合着对正统弗洛伊德主义有所肯定的保留观点。在格罗代克和他的圈子里，弗洛姆感觉他可以公开、独立地发表言论，表达他日渐增长的对弗洛伊德机械的力比多理论、俄狄浦斯情结的普遍性以及强烈的父权假设的怀疑态度，即使他从来没有完全否认过这些理论。如果没有格罗代克对心身治疗的强调，弗洛姆就不会有他的第一次公开演讲——"在精神分析过程中对一个肺结核案例的治愈"。由于弗洛姆和里奇曼在格罗代克的圈子里越来越舒适，他们发现可以更好地沟通他们那仓促的婚姻的优缺点，以及它是否注定如此。[39]

弗洛姆总结说，格罗代克并不聪明，但他有一种迷人的个性，一种永远吸引弗洛姆的品质。目前，弗洛姆正在受训成为一位精神分析师，他需要一个具有治疗性人格的导师来整合他的精神生活和其他个人素质。弗洛姆可能找不到比格罗代克更好的加以模仿的临床医生了，格罗代克是一个完美的治疗师和善良的人，他能够感受病人内在的主观世界并向病人学习。医生和病人之间的关系的性质是治疗的关键因素。格罗代克教导弗洛姆要去感受病人的情绪,并解决病人的问题直至其内在情绪问题的外在症状全部消退。同样,临床医生要去探索病人的全部品质——弗洛姆后来称之为"全人"——的发展。在他遇到的所有德国精神分析师中,弗洛姆总结道,格罗代克最不适合临床案例的抽象化或理论化,却是"真理、创意、勇气和非凡善良"的首要实践者。他进入病人的无意识但从不对病人造成伤害。事实上,弗洛姆回忆道,在很大程度上,是格罗代克的存在和技巧将他和里奇曼吸引到一个德国西南部的精神分析研究小组,这个小组在1929年成立了法兰克福精神分析研究所。[40]

这对夫妇很可能在1927年加入了法兰克福的德国西南精神分析研究小组。在维也纳受训的精神分析师海因里希·孟(Heinrich Meng)利用格罗代克的帮助建立了这个小组,孟是一个坚定的社会主义者,他秉持心身治疗取向并渴望以一种可理解的方式向大众呈现精神分析的观点。卡尔·兰道尔(Karl Landauer)同样在维也纳接受训练,他专注于治疗自恋障碍和自我压抑导致的思维和情感扭曲,他也很快成为这个小组的核心人物。弗洛姆和里奇曼也加入这一个小组,弗洛姆与兰道尔在法兰克福有一些治疗性接触(也许是一些督导),即使威腾伯格在慕尼黑对他进行分析。[41]

随着他们的治疗社区在1927~1928年间解散,而且弗洛姆需要在德国西南部以外获得额外的精神分析训练,这对夫妇搬到了柏林。里奇曼在那里建立了一家私人的精神分析实践机构,并继续作为主要的负担家计的人,而弗洛姆继续作为实践较少的学生。

在柏林精神分析研究所,弗洛姆接受了汉斯·萨克斯和西奥多·赖克(Theodor Reik)的训练分析,萨克斯是弗洛伊德核心圈子中的一员。弗洛姆认为萨克斯无条件地忠于弗洛伊德——这是一个准确的评价。事实上,萨克斯是弗洛伊德最亲密的同事中最没有异议和好奇心的,他响应弗洛伊德的所有观点,除了他在临床环境之外的一个兴趣:对艺术的精神分析解读。萨克斯坚持认为,弗洛姆经历了一个向他靠拢的"积极转变",因为弗洛姆总是在每次会谈之前将他的外套挂在小前厅中萨克斯的外套旁边。弗洛姆认为这完全是废话。赖克与弗洛姆在宗教心理学上兴趣相投,并且比萨克斯更富活力和探索性的心态,但他对于年轻气盛的弗洛姆来说似乎也过于正统。

尽管弗洛姆的性情仍不稳定并且对他的分析师感到失望,但是他似乎在柏林的精神分析环境中茁壮成长,柏林比维也纳更具创新气息。事实上,资深分析师和他们的候选人一起坐在咖啡馆里直至清晨,这种情况并不罕见,他们不仅讨论弗洛伊德,还讨论哲学、政治和艺术。魏玛文化的丰富性在柏林得到充分的展示。弗洛姆遇见了奥托·费尼谢尔(Otto Fenichel),他那时已经开始为年轻的左派分析师提供所谓的青年研讨会,致力于马克思主义-弗洛伊德主义的理论整合以及进步性的社会和经济改革。弗洛姆还在巴登-巴登第一次认识了卡伦·霍妮,她是柏林精神分析研究所的创始人兼核心人物,并且发表了自己的案例反对弗洛伊德对于女性的假设。弗洛姆发现她十分有趣且令人兴奋。威廉·赖希[1](Wilhelm Reich)是一名富有创造性的和折衷的马克思主义-弗洛伊德派学者,他扩展了弗洛姆对性格模式以及社会和政治环境如何影响分析治疗的兴趣。作为一名有所保留的、混杂着对正统精神分析理论有所肯定的弗洛伊德派学者,弗洛姆发现自己正在演变为一个马克思主义者。事实上,他在1928年发表了一篇关于"小资产阶级的精神分析"(The Psychoanalysis of the Petty Bourgeoisie)的演讲。早在那时,他就已经怀疑德国中产阶级下层的某种危险的权威主义倾向,但他很快就会将自己的兴趣转向积极的研究项目。[42]

1929年,弗洛姆完成了他的训练分析,并在柏林开始精神分析实践。然而这个时候,把他当作一位社会心理学家是更合适的,他开始关注社会无意识这个概念——一种潜在的将人们凝聚起来并促进集体精神的驱力。在获得两门学科的证书之后,他于1929年向法兰克福精神分析团体

---

[1] 威廉·赖希,美国心理学家,精神分析家。——译者注

提交了一篇关于"精神分析和社会学"的论文。这篇文章的主旨是鼓励分析师对那些可以凭借经济学、政治学或社会学解释得到有效处理的问题，避免给出精神分析式的答案。但是，弗洛姆也敦促社会学家和其他社会科学家认识到，"社会"是一个抽象概念，其底层的单位是具体的个人。最后，精神分析学和社会科学团体都必须承认"社会化的人"是关注的焦点，他既是社会的产物也是独一无二的个体。[43]

同年，德国西南精神分析研究小组变身为法兰克福精神分析研究所，弗洛姆被认为是研究所的创始人之一。这个小组与马克思主义导向的社会研究所在同一栋建筑物内，后者由马克斯·霍克海默担任主管。卡尔·兰道尔曾为霍克海默提供分析，这激发了霍克海默将精神分析的观点整合进研究所议程的兴趣。兰道尔建议由雄心勃勃的弗洛姆来完成这一任务。因此，除了他在柏林的精神分析实践和在柏林和法兰克福精神分析研究所的工作之外，弗洛姆还受邀在这个社会研究所的成长期担任其访问学者兼职研究员。他的不稳定的生涯正在发生新的转向，他开始了一个研究型学者的生活。

同时，他和里奇曼的婚姻也出现了转折点。1931年，弗洛姆感染了结核病，搬出家门，在瑞士达沃斯接受治疗。格罗代克向这对夫妇解释说，这个疾病是一种身心妥协的表现，是弗洛姆在否认他最好与里奇曼分开这一事实。这个结核病是他们令人困扰的关系表现出的症状。尽管里奇曼在他疗养期间有去看望他，并且他们经常写信，但是他们再也没有同住一个屋檐下。弗洛姆必须学会自己做饭和打扫卫生，并用少量的精神分析实践来维持生计。由于他的母亲和里奇曼都没有照顾到他的现实需要，他觉得他最终准备好了去自力更生——直到他得到另一个比他年长多岁的女人的呵护，她就是卡伦·霍妮。[44]

第 2 章 法兰克福学者

到 1929 年，弗洛姆的治疗社区实验已经结束，他与里奇曼的婚姻深陷困境，他与汉斯·萨克斯的分析也似乎停滞不前。满心沮丧的弗洛姆来到了法兰克福社会研究所，那里有一群折衷的但持怀疑论的马克思主义学者。他们当中许多人既是社会评论家，也倾向于在他们的方法中使用哲学。在研究所里，弗洛姆重新认识了他儿时的伙伴利奥·洛文塔尔；而且他也很喜欢这里的核心智力人物马克斯·霍克海默，喜欢与他一起共事。

在这几年里，弗洛姆认为，自己的职业与其说是一个社会学家、社会心理学家或精神分析家，不如说是一名社会评论家，也就是我们后来称呼的公共知识分子。与法兰克福研究所的大部分同事一样，弗洛姆对苏联和东欧对马克思著作所提倡的"官方"解释，那种死板和教条的描述，表示厌恶。研究所的同事们偏爱的是，对马克思理论进行更灵活的、在心理上更敏感的阐释，这在西欧和德国的许多地区是很常见的。弗洛姆将精神分析和马克思主义联系起来，并开始将主题移向他后来的标志性概念——社会性格。他在研究所还主持了一个重要的调查研究项目，研究许多德国工人身上令人惊讶的权威主义倾向，此时德国右翼正在夯实它的权力基础。到 20 世纪 30 年代中期，弗洛姆已经清楚地表达了《逃避自由》（1941）的理论轮廓，这是他在社会批判方面最经典的著作。

弗洛姆继续遭受肺结核之苦，这耗尽了他的能量，并使他开始寻求海洋微风的宜人气候，而这与他在法兰克福研究所的事务和职责相去甚远。可以预见，弗洛姆的影响力在 20 世纪 30 年代变得越来越边缘化。作为从纳粹社会实验中移民的知识分子，弗洛姆与研究所的许多其他学者和社会批评家一样，在哥伦比亚大学和纽约附近的晨边高地

（Morningside Heights）寻求避难所。然而，与他的同事不同，弗洛姆几乎没有选择避世隐居。事实上，他对美国文化和流行风俗的各个方面都很感兴趣，尤其是对纽约。

法兰克福研究所：怀疑论者的圈子

法兰克福研究所始建于1923年，当时得到一名富有的德裔阿根廷谷物商人的捐助，他想支持他儿子费历克斯·韦尔（Felix Weil）的学术事业。该研究所的第一任主任卡尔·格林伯格（Carl Grünberg），与德国共产党成员来往密切，并且认同他们以苏维埃为中心的、机械化的马列主义观点。卡尔·格林伯格和同事们将其研究聚焦于德国的工人运动。根据马克思"科学的"历史发展规律，德国工人应该显示出巨大的革命热情，比他们面临第一次世界大战失利和随后的大规模通货膨胀时要多得多。马克斯·霍克海默和研究所其他年轻成员认为，格林伯格对于马克思理论的机械化和决定论的理解有失偏颇，这种理解强调了非个人的经济力量而忽略了主体个性。

另一方面，霍克海默和他的同事们被新的"马克思主义人本主义"（Marxist Humanism）吸引，它是由格奥尔格·卢卡奇[1]（Georg Lukács）和卡尔·科尔施[2]（Karl Korsch）于20世纪20年代早期提出的，他们在解释人们缺乏革命的热情时，强调这个辩证过程中的意识元素以及工人阶级在劳动过程中的异化。由于拒绝聚焦于社会之经济基础

---

[1] 格奥尔格·卢卡奇，匈牙利著名的哲学家和文学批评家，在20世纪马克思主义的演进中占据十分重要的地位。——译者注
[2] 卡尔·科尔施，西方马克思主义早期代表人物之一。——译者注

的一元论唯物主义，研究所里的年轻成员转向研究跨学科的马克思主义。他们的研究范围囊括了更为广泛的社会、心理和文化整体。1927年，格林伯格不幸中风，这个年轻的圈子里的一名成员——弗里德里希·波洛克[1]（Friedrich Pollock）担任临时主管，直到1930年，更适应于马克思主义人本主义的霍克海默成为研究所的长期领导。1

20世纪20年代后期，马克思的《经济学哲学手稿》（Economic and Philosophic Manuscripts）（即《巴黎手稿》[Paris Manuscripts]）的重新发现，对于霍克海默和研究所的许多同事来说非常重要。在这部手稿中，年轻的、更为灵活的马克思论述了工人异化的问题，并指出了社会心理学的重要性。马克思提到，剥削与人类的自然需要是相对立的，它会产生一种阶级意识的革命观。但是，马克思警告道，通过人类成长和幸福的可能性与日益紧缩的社会条件之间形成巨大的差距，剥削也可能使工人觉醒并罢工。在霍克海默看来，这个"全新的"、更加灵活的和"人本主义的"马克思符合卢卡奇和科尔施的修正主义方向。个体的意识和对于满足感的需求，不会再通过"结构"或外部"力量"的解释而被抹除。霍克海默发现这个观点特别有吸引力，因为他在与卡尔·兰道尔的个人分析中对弗洛伊德和精神分析的兴趣愈发浓厚。凭借个人分析经验和对人类主体性的深刻兴趣，霍克海默希望将弗洛伊德的洞见引入马克思的思想。因为想着将这两个德国犹太知识巨人的思想融合起来，霍克海默寻求一个能在这个方向上领导研究所的人选。2

在这个时候，兰道尔向霍克海默谈起弗洛姆，当时他是德国西南精神分析研究小组和法兰克福精神分析研究所的创建成员。后来，弗洛姆完成了他在柏林的精神分析训练。据兰道尔描述，这个年轻人可能会成为一个合适的同事，为霍克海默和同事们引入精神分析学说，更概括地说是社会心理学的研究。毕竟，正如兰道尔向霍克海默所解释的，弗洛

---

[1] 弗里德里希·波洛克，德国社会科学家和哲学家。——译者注

姆深刻理解弗洛伊德的"现代主义"议题,以及它在面对社会制约的情况下,对于一种更自由的本能生活的呼吁。但是,弗洛姆还是更倾向于在社会环境中观察个体。1929年,利奥·洛文塔尔将弗洛姆引荐给霍克海默,后者阅读过弗洛姆在法兰克福精神分析研究所开幕会议上提交的一篇论文——《精神分析与社会学》(*Psychoanalysis and Sociology*),这篇论文已经在研究所的杂志上发表。在文章中,弗洛姆效仿了威廉·赖希和齐格弗里德·贝恩菲尔德[1](Siegfried Bernfeld)的做法,提出了一个统一的社会理论,既适应于弗洛伊德的性心理发展的结构,又顾及了马克思对于塑造个体的经济与科技发展的社会关怀。弗洛姆对于马克思和弗洛伊德的初步看法是,这两个人所意识到的——马克思强调的社会经济条件和弗洛伊德对内心世界的关注——必须进行融合。最终,弗洛姆认为如果要形成共同的理论和经验的关注点,就必须同时考虑集体性社会态度、审美感、认知风格和个人行为的心理需求。尽管弗洛姆可能已经发现马克思的《巴黎手稿》会对整体论提供支持,但他还是直到20世纪60年代初才开始系统地使用它们。³

在探索性的协商过程中,霍克海默邀请弗洛姆参加研究所的一些聚会,并支付他从柏林到法兰克福的路费。随着弗洛姆加入研究所的讨论会,霍克海默开始钦佩他对于马克思主义人本主义的解释,尤其是当弗洛姆强调转型的社会关系的重要性,这使一个人潜在的社会性和充分的生产力能够获得表达。作为他任职期间的第一个重大研究项目,霍克海默提出了一项全面的研究,这项研究涉及对德国工人阶级态度进行系统的调查研究。他认为弗洛姆接受过社会学的博士培养,这应该有助于开展这项研究。如果这件事可行的话,并且如果弗洛姆向研究所的同事介绍精神分析和心理治疗的观点,霍克海默就打算将他纳为全职成员,给他发固定薪水。对弗洛姆而言,霍克海默迷人的性格和他广泛的跨学科

---

[1] 齐格弗里德·贝恩菲尔德,德国心理分析专家,师从弗洛伊德。——译者注

的兴趣使他印象深刻。由于弗洛姆没有寻求全职的学术教授职位，他对完全成为执业精神分析师的生活也没有兴趣，所以他发现在研究所进行社会研究的工作可以为其提供经济保障。他的工作将他引入了一个知识分子的网络，这与他作为一名学生所享受的不同。这并没有妨碍适度的私人精神分析实践。事实上，他对研究所的工作前景感到兴奋，感觉他已经找到了自己的使命——作为社会研究者和评论家以及精神分析师。这是他获得经济保障的机会，它将有助于他发展自己对社会心理学的独特观点。可以肯定，他将参加研究所的合作项目。但从一开始，弗洛姆就认为，他会形成与这个团队有所不同的个人理论。[4]

早期写作

在法兰克福研究所，弗洛姆发现他可以轻松自如地写作。他启动了研究所对于德国工人阶级态度和潜在心理倾向的大规模社会科学调查。此外，他还撰写了大量的文章。霍克海默、波洛克和研究所的其他同事发现，这些文章对他们发展一种准马克思主义批评理论有极大的帮助，这一理论将揭示出资本主义社会的矛盾，并找到人本社会主义社会的出路。这些文章带着探索性的语气，偶尔兼容矛盾，通过不断修正马克思与弗洛伊德的观点而将其融合，似乎形成了弗洛姆的风格。通过这种融合，弗洛姆越来越靠近他日后最重要的理论构想：社会性格的概念。随着这个概念在他的头脑中慢慢稳固，它反过来给德国工人阶级的调查项目带来更大的凝聚性和意义。这个新概念还帮助弗洛姆在许多受人尊敬的、具有开创性的弗洛伊德学派马克思主义者，也就是活跃的左翼精神分析学家当中树立了自己独特的地位，比如威廉·赖希、保罗·费德恩（Paul Federn）、齐格弗里德·贝恩菲尔德和奥托·费尼谢尔。这些人使弗洛伊德对他们的精神分析修正主义感到不安，同时也使正统的苏维埃导向的马克思主义者感到苦恼——因为他们对人类境遇中的"主观因素"的开放性。弗洛姆在他的精神分析训练过程中认识了以上所有人,并把他们看作自己的智慧导师。但是随着他的文章接连不断地发表,社会性格的概念开始成型,弗洛姆越来越确信他自己对于弗洛伊德和马克思的独特融合。

最明显的迹象是,弗洛姆为了扩展马克思主义和弗洛伊德理论之间的共同基础,在1930年发表了一篇名为《基督的教义》(The Dogma of Christ)的文章,为此他准备了将近一年。弗洛姆在柏林精神分析研究所的老师之一,西奥多·赖克发表过一篇相当正统的弗洛伊德学派文章,解释了被钉在十字架上的上帝之子耶稣的教义,是如何植根于儿子对父亲的俄狄浦斯式仇恨。在给予赖克的观点一些信任的同时,弗洛姆专注于第一代基督教信徒的社会和经济状况,贫穷者和受压迫者最先援引了受难的耶稣的教义来揭示他们对其统治者与父权(上帝圣父)的仇恨。

在弗洛姆看来,下层阶级的物质贫乏增强了俄狄浦斯情结的戏剧性。这些早期的基督徒追求一个共同体,通过将耶稣变成一个革命的正义之神来提高群众的社会和经济福祉,这一愿景将在审判日那天显化。然而,弗洛姆指出,受过良好教育和富裕的人们开始渗透进基督教社区并改变教义,遏制大众对于社会变革的需求。对于富人来说,一个新的公正日(审判日)不再是近在眼前,耶稣的显现已经成为过去的奇迹,因此社会结构也不再需要进行改变。弗洛姆认为,基督教的救赎论已经转变为一种信仰耶稣所担保的精神信念。总而言之:"基督教社团的经济状况和社会构成的变化改变了信仰者的心理态度。"由于基督教内部统治阶级的霸权,那些受压迫者丧失了希望。此时此地,为了阶级战争和社会转型的目的,基督的教条已经不再为人所用。通过改变法则,富裕阶层加速了无产者对于社会变革的失望,并将他们的情绪攻击转向自己。外部的阶级结构(马克思主义)与内在的情感驱力(弗洛伊德学说)相互作用。[5]

弗洛姆撰写了《基督的教义》之后，他对自己掌握马克思主义的程度感到满意，并且与同事分享了他的发现。在1930年发表这篇论文的时候，霍克海默已经将弗洛姆提升为研究所的全职终身和受薪的成员。（弗洛姆获得了大量的月薪和费用，此外还有他作为执业精神分析师的收入。）霍克海默主持董事会并制定基本制度，经济学家弗里德里希·波洛克则是第二把手，管理财务和行政事务。利奥·洛文塔尔负责研究所的期刊——《社会研究学刊》（Zeitschrift für Sozialforschung）。著名的年轻学者如赫伯特·马尔库塞以及后来的弗朗茨·诺伊曼（Franz Neumann）被聘为合作者；杰出的文学评论家和哲学家瓦尔特·本杰明（Walter Benjamin）、马克思主义经济学家和哲学家阿尔弗雷德·索恩-雷切尔（Alfred Sohn-Rethel）和其他人被聘为兼职受薪的或"自由投稿的"研究者。弗洛姆被定位在洛文塔尔和年轻学者之间的位置，并被指派负责社会心理学。尽管弗洛姆在结核病康复期间长期缺席，霍克海默和波洛克仍然把他当作同事，继续给他发工资，并一直告知他研究所的重大变化。其中一个变化发生在1932年，研究所的资金和行政办公室被转移到了日内瓦。弗洛姆警告他的同事们说，如果希特勒上台，他们的资产将被没收，所以从德国搬离是至关重要的。

在20世纪30年代初，研究所里几乎所有的参与者都是犹太人，但只有弗洛姆和本杰明持续关注宗教或反犹太主义。尽管他们追求"现代化"，但他们拒绝缩减对犹太思想和文化的兴趣。然而，弗洛姆和本杰明却分享了同事们对垄断资本主义和阶级冲突的关注。在霍克海默的领导下，他们希望自己的研究将吸引魏玛政客的注意，并帮助推动进步的社会变革。然而，与弗洛姆不同，他们对自己的政治参与普遍感到厌恶。

早在1932年，霍克海默给弗洛伊德写过一封信，这是霍克海默为了在研究所和主流精神分析之间搭建一种非正式关系而迈出的第一步。他概述了研究所各个方面的研究项目，并强调了在研究所第一位受训分析师弗洛姆的协助下，精神分析的前提如何被整合所有的研究项目。霍克海默没有承认的是，有迹象表明，即使在弗洛姆到研究所的第一年里，他也没有对弗洛伊德的现代主义概念化路线感到完全满意。[6]

有两篇关于刑事司法系统的文章——《教育家的角色》(*The State as Educator*, 1930)和《罪犯的心理》(*On the Psychology of the Criminal*, 1931)说明了这种不满意,并表明弗洛姆正在演变为一个相当独立的社会评论家——以他自己的独特方式对马克思主义和精神分析进行自由的融合。这两篇文章表明,与大多数同事不同,他对于解决自己不擅长的紧迫话题几乎没有任何不安。弗洛姆认为,在表面上,国家创造了刑事司法制度,不仅改变了人的行为,鼓励人们成为正直的公民,而且也遏制了犯罪行为。然而,在更基础的和心理的层面上,国家处理犯罪和制造威慑力,是为了在潜意识层面将自己树立为"父亲"的形象。孩子知道他对父亲的权力是毫无防备力的,特别是父亲阉割孩子的能力。弗洛姆指出,通过利用这种对于父母惩罚的潜意识恐惧,国家试图促使人们服从其命令。[7]

弗洛姆声称,国家还利用刑事司法制度来巩固自身——通过将罪犯视为替罪羊,而不去面对深层的社会问题。在处理犯罪和惩罚方面,国家操纵社会变得越来越不注意日常生活中社会和经济方面的缺陷和压制。也就是说,国家采用了惩罚性的刑事司法制度,将群众来自压迫性社会情境的愤怒进行转移,而这种情境本来是需要政府救济的。简而言之,罪犯成为社会弊病、经济不平等和政府腐败即麻木不仁的替罪羊,而国家逃脱了罪名。[8]

刑事司法制度在最低程度上阻止了犯罪吗?弗洛姆的回答是否定的。可靠证据一致表明,监禁、严厉制裁甚至死刑对于犯罪率都没有积极的影响,因此它并不能保护民众。[9]

弗洛姆的最终观点是刑事司法系统具有明显的阶级偏见,这与其他人的观点是一致的。虽然资产阶级有机会将其侵略性倾向升华进入社会可接受的渠道,但是弱势群体缺乏这些渠道,因此更有可能犯下罪行。所以,比起对公众几乎不提供保护的监禁和惩罚的严厉制度,通过财富再分配来改革社会不平等构成了打击犯罪更为有效的计划。从本质上讲,这些文章反映了弗洛姆对于精神分析评论和马克思主义分析相当折中性的融合，从而提供了一个超越他所在时代的刑事司法观点。[10]

《政治与精神分析》（Politics and Psychoanalysis, 1931）是弗洛姆作为研究所正式成员发表的第一篇文章。这篇文章说明了随着弗洛姆致力于进一步阐明自己的理论立场，他的写作如何变得越来越精确，即使仍然明显带有探索性。尽管个体的神经症根植于生命早期的一个固定位置，其中个体的驱力不能适应新的生活条件，但弗洛姆坚持认为这对整个社会而言是不正确的。通过帮助个体处理所谓在固定位置的幻觉，精神分析治疗可以治愈他的神经症症状。但是，社会并不仅仅是一群有着情绪问题的神经症患者的集合，它有着各式各样政治的、经济的、意识形态的和社会的结构。

毕竟，战争、反抗和其他社会不满的迹象并不是植根于婴儿期的固着，而在于外部的经济结构、具体的社会条件以及共享的意识形态和情感。只有通过政治行动改变这些集体性结构，社会健全或者社会改革才会发生。诚然，弗洛姆承认，在社会、经济和意识形态的结构改变之后，一些个体可能仍然保留基于以前社会条件的幻想。只有在这个时候，精神分析才能作为一种集体治疗形式发挥作用，这种治疗可以帮助消解人们的共同幻想，使他们能够更好地适应新的现实结构。[11]

在弗洛姆发表《政治与精神分析》之后不到一年，鉴于这篇文章对社会结构和个体心理采取了突兀的二分法，所以他为《社会研究学刊》又写了一篇文章来修订之前的观点。这个年轻人的头脑一直在超时工作，以求尽可能令人信服地将马克思主义与精神分析的观点联系起来——前者主要对社会结构进行挖掘，后者则对个体心理进行挖掘。在他的新文章《分析社会心理学的方法与功能》（The Method and Function of an Analytic Social Psychology）中，弗洛姆坚持认为，马克思主义和精神分析都是唯物主义的科学，它们都聚焦于抽象观点而非具体的、世俗的生活条件和需要。精神分析关注的是个体的本能生物装置，特别是力比多结构。马克思主义则着重于维持本能结构的经济结构和社会结构。然而，人类的本能装置"在很大程度上是可修改的,经济条件就是最主要的修改因子"。随着基本的社会经济结构被集体行动所改变,旧有的渠道无法再满足本能需求的释放:"力比多驱力由于新的利用形式而变得自由,并因此改变了它们的社会功能。现在它们不再作为社会中的顽固势力,而是促成建立新的社会形态;他们不再是水泥,相反,变成了炸药。"因此,就像新的社会结构托管新的本能需求一样,新的本能需求也会进一步修改社会结构。此时,弗洛姆将要形成一个关于历史连续性和变化性的复杂理论。弗洛姆假设,变化的本能和变化的社会形态之间的整个互动在家庭内部是最引人注目的,家庭是个人心理与广泛的社会结构之间的主要调解机构。在弗洛姆看来,基于这些精神分析学和马克思主义前提的"分析社会心理学",为挖掘家庭生活中基本的本能和社会过程提供了方法。在几年之内,这个观点将会成为研究所重要的"权威和家庭"研究项目的概念基础。[12]

弗洛姆以《精神分析性格学及其与社会心理学的联系》(以下简称《精神分析性格学》)一文将这一系列探索性文章进行了归纳总结。在这篇文章中,他几乎抵达了社会性格的概念,这个概念将结合他的社会学和精神分析学思想,成为他学术生涯中的标志性理论建树。从这篇文章的开头来看,弗洛姆并没有说明这篇文章将会揭示什么。他枯燥地概括了弗洛伊德的正统观念:"精神分析性格学的普遍基础是将某种性格特征看作某些本能驱力的升华或反向形成,这些本能驱力本质上是关于性欲的,弗洛伊德为'性欲'这个词赋予了引申的意义。"然后,他乏味地注释了弗洛伊德的发展理论,这种理论认为,个体在他或她的力比多组织中经历三个渐进的阶段——口欲期、肛欲期和最后的生殖期。通常,一个个体会固着在这三个阶段中的某一个,而且这会成为一种"性格特征";随着这种固着成为一个人的性格特征,它会限制一个人的发展和普遍的生产力。[13]

这个时候,弗洛姆这篇《精神分析性格学》的文章发生了一个重要的转变,远离了弗洛伊德的正统理论。根据弗洛姆的说法,人们必须不能只考虑"性格特征的力比多基础",因为性格特征也会受到个体生活于其中的"独特社会性质的制约"。弗洛姆援引社会心理学作为理解社会如何塑造"大多数成员共同性格特征"的学科。通过追踪个体的力比多结构首先在家庭中如何被调整,然后在更大的社会中如何被调整,社会心理学可以促进人们了解一个人更广泛的社会性格。但是,弗洛姆警告道:"这些性格特征得以发展的力比多结构具有一定的惯性,需要对新的经济环境进行长时间的适应,才能相应地改变力比多结构及随之而来的性格特征。"弗洛姆还没有准备好断言,特定的社会经济结构会产生并奖赏某些特征,同时消除其他特征。相反,他假设一个人的性格从力比多特质开始发展,然后随着他或她适应周围的社会逐渐承担社会特质。随着这篇文章的发表,弗洛姆脱离弗洛伊德关于力比多发展的理论指日可待了,这是他现在明确提出的"社会性格"的必要先行。[14]

《精神分析性格学》这篇文章最后一部分表明,随着弗洛姆重构弗洛伊德关于个体力比多造就"性格特征"的理论,他此刻正全神贯注于自己的社会性格概念("某一阶层或社会中个人的精神特质"),即使这个概念仍然有些含糊不清。实际上,弗洛姆接近断言:性格的社会化始于婴儿期,与其说根植于个体本能,不如说来源于人际关系。弗洛姆引用了丹尼尔·笛福(Daniel Defoe)的《施舍不是慈善》(*Giving Alms No Charity*)和本杰明·富兰克林(Benjamin Franklin)的自传中的文字作为新兴资产阶级心态的例子。他借此讨论了资产阶级资本主义社会如何通过推行一种社会性格结构而开始存在,通过这种结构,纪律、节俭、延迟满足和责任成为主要的特质,而感官享受、快乐、乐趣、善良、同情、分享和爱情遭受贬值。马克斯·韦伯将此定义为早期资本主义"铁笼子"的出现,弗洛姆对此表示认同。[15]

在这篇文章的最后几页,弗洛姆提出了关于社会性格的历史性观点;到1941年,这个观点建构了他的经典著作《逃避自由》。在描绘中世纪的社会时,他援引了一个关于天主教会和教皇的有问题的观点,这一观点对广泛的社会哲学家更有用,而不是致力于历史精确性的历史学家。

据称中世纪的人们追求幸福高于一切,并享受生活中所有的事情。他们在教会所承诺的"福音"中享受欢乐,并从斋日、服装、节日、美丽的画、华丽的建筑和类似现象中获得世俗的乐趣。然而,通过加尔文主义和新兴的资本主义,自我管理和对工作的专心奉献取代了此时此地的享受。努力工作和自律节俭对于最大限度地增加一个人的财富(即获取或占有)至关重要。在新兴的资产阶级资本主义背景下,更为有害的是社群意识的下降——"对许多其他人来说,没有任何个人责任的痕迹,也没有任何无条件地爱同胞的迹象。"[16]

弗洛姆指出,个人拥有并管理自己生意的早期资本主义逐渐被19世纪末的垄断资本主义所取代。大多数社会阶层的社会性格都因为这种新兴的事态而改变,但在德国尤其如此,下层中产阶级的社会性格显得十分不合时宜。尽管其成员已经变得"在经济上和政治上毫无权力",尽管他们节俭、负责的特质与现代企业资本主义生产不相容,但他们表现出一种叛逆的权威主义品质,这正是弗洛姆所担忧的:"对权力的渴望被引向强大的领导者,而其他特定的父性人物则成为反叛的对象。"当然,弗洛姆指的是希特勒和那些小资产阶级者的崛起,他假设纳粹运动对他们具有强烈的吸引力。[17]

当弗洛姆跟随阿尔弗雷德·韦伯学习时,他对其兄长马克斯·韦伯的《新教伦理与资本主义精神》(*The Protestant Ethic and the Spirit of Capitalism*)一书没有十分细致地研究。然而,到了1932年,韦伯的研究逐渐成为弗洛姆历史观点的一大部分,即使这在很大程度上没有得到承认。事实上,《新教伦理与资本主义精神》构建了弗洛姆关于"资产阶级资本家性格特质"的观点。然而,卡尔·马克斯也塑造了弗洛姆对于资本主义市场的情绪贫瘠和悲惨异化的看法。最终,弗洛姆还援引了弗洛伊德的力比多理论,注意到了弗洛伊德论述的肛欲期性格的固着与早期资本家对于职责和收获的固执认知之间显著的相似性。事实上,弗洛姆仍然不得不确定"肛欲的"资本主义社会性格在何种程度上代表了"对于资本主义经济结构要求的适应,另一方面,潜在的肛欲本身在何种程度上在资本主义经济的发展中充当了一种生产力"。这个年轻人投入了他的全部精力,尤其当他试图理解20世纪垄断资本主义和小资产阶级的权威主义特质时。通过联结马克斯·韦伯、马克思、弗洛伊德和其他知识巨人,他正在摆脱驱力理论,并通过社会性格的概念形成他自己的综合观点。在他30岁出头时,弗洛姆所谓的社会性格到底是什么仍然是模糊的。它与本能更多通过具体的社会环境,而不是通过升华而发展有很大关系。1929年至1932年,他的思维以非常快速和创造性的节奏在工作,那时他写了一系列文章,预示了他职业生涯中一些主要的智力贡献。作为法兰克福研究所最有创造性的学者之一(就打破旧俗和不受约束来说是这样的),尽管婚姻失败并且不时地与肺结核斗争,但弗洛姆在智力事业上繁荣兴旺。

德国工人研究

在霍克海默正式成为法兰克福研究所的主管之前,他就希望批评理论(Critical Theory)成为研究所的独特标志。他期望借此从一种关注非人性经济因素的永远乐观和教条的马克思主义,转向一种对现代资本主义文化的无情批判式否定。在某种程度上,这一取向响应了黑格尔的辩证唯物主义——尽管它不具备后者的神秘主义、神学内容或者进步的发展逻辑,它将对社会理论领域的重要作品进行持续的批评。在本质上,霍克海默认为,批评理论就是一种无休止的、无情的智力交火,它以持续的但不均衡的方式暴露了资本主义社会的断层线。精神分析思想是为了使马克思主义更具批判性、更加锋利,或者是保留其批判性和先锋性。[18]

霍克海默还认为,在批判理论的发展中,重要的是通过实证数据测试与验证所提出的假设。1929年,他的同事费历克斯·韦尔写信给德国科学、艺术及教育部，说明法兰克福研究所试图开展一项关于德国工人的思想和物质条件的实证调查。在初到研究所的几个月中，弗洛姆从柏林往返上下班，他帮助整理这个项目的大纲。到1930年，霍克海默指示弗洛姆作为这个项目的主要责任人。在这个时候，大多数研究所的参与者都与社会民主党和共产党人达成政治联盟，他们对德国日益增强的国家社会主义选举势力感到不安。他们把大部分责任归咎于那些资助希特勒的实业家和银行家。如果民族社会主义的趋势能够被扭转，霍克海默和他的同事们都幻想着英勇的德国工人将加入抵抗的队伍。他们希望，这些工人们有决心和勇气去反对希特勒。但是希望并不是实验性证据。事实上，在德国因一战战败和和平解决而蒙羞之后，很少有德国工人接受进步性的社会活动。在面对20世纪20年代破坏性的通货膨胀压力时，工人们也没有被调动起来。鉴于这种意气消沉的情况以及他自己的担忧，霍克海默指派弗洛姆负责系统地调查德国工人自1918年以来的态度，以确定人们在纳粹势力日益彰显的过程中对工人群体能够有何期望。

因为这项德国工人研究是研究所第一个详尽的实证研究项目，也是对弗洛姆是否真能适应研究所工作议程的一个考验，因此弗洛姆认为有必要采取调查研究法，即使这并不是他的社会学博士训练的主要内容。他意识到自己不得不"重组"自己，使自己不仅仅作为一个社会理论家。在这个项目中，他聘请保罗·拉扎斯菲尔德担任统计顾问，恩斯特·撒哈特（Ernst Schachtel）、赫尔塔·赫佐格（Herta Herzog）和安娜·哈托格（Anna Hartoch）等人作为研究助理。最后发现，希尔达·韦斯（Hilde Weiss）是这一项目中最有价值的助理，她负责分发调查问卷并采取必要措施以保证高回收率。韦斯研究了德国早期的调查研究项目，尤其是马克斯·韦伯关于收集德国工人社会心理和情感资料的首创方案。通过韦斯，弗洛姆开始熟悉韦伯的调查研究方法。或许是在韦斯的建议下，弗洛姆重新认识了他的导师阿尔弗雷德·韦伯在1910至1915年间出版的关于德国重工业工人的态度的六卷本报告。[19]

或许是通过韦斯，弗洛姆发现，在1912年社会学家阿道夫·莱文斯坦（Adolf Levenstein）已经受到马克斯·韦伯的启发，对德国产业工人进行了第一次全面的社会心理的诠释性调查。莱文斯坦关注的是工业技术与工人的"内心生活"之间的联系。莱文斯坦以前就是一名产业工人，他怀疑常规和单一的工业劳动增加了工人的精神上和心理上的贫瘠。虽然莱文斯坦的调查没有被重复，但弗洛姆和韦斯对此调查印象深刻，并将其视为自己调查的重要参考资料。莱文斯坦提出的工人的三种"心理类型"（革命型、矛盾型和保守－顺从型）对弗洛姆的影响尤其深刻。他也很欣赏莱文斯坦的调查方案，即将工人的答案与他的政治取向和经济状况相关联。弗洛姆想知道，阶级定位、党派属性和"心理类型"之间是否存在关联？弗洛姆认为莱文斯坦的方案必须进行调整，要从精神分析角度来了解这个问题，以便他们能够区分工人表面的态度与他们内心深处的态度。最后，弗洛姆希望，他对莱文斯坦的调查研究的重新调整能够"对体力劳动者和白领工作者的心理结构提供深刻理解"。通过进行一项类似的调查，他可以回应霍克海默要求他回答的基本问题：是否可以依靠德国工人去抵抗魏玛晚期危险的纳粹运动？[20]

在一份异常详尽的问卷中，弗洛姆的研究团队决定设置271个开放式问题。莱文斯坦的调查完成率是63%，而弗洛姆的调查完成率只有33%，这说明了这份调查问卷的复杂性。即使在回收的33%的问卷中，仍然有很多人对某些问题没有回答。其中有156个问题明确涉及了工人的态度且没有预设的答案，它们是这项研究的核心部分，弗洛姆想要获得工人们口头的回答。他希望受访者能够向采访者提供答案，就好像他们正在和精神分析师交流一样；这样他们的回答可以得到解释，就好像他们在参与精神分析的治疗会谈一样。因为韦斯确定口头采访的费用过高，弗洛姆不得不设置书面的回答。然而，根据开放式心理调查的精神，弗洛姆坚持认为所有回答都应该保留其完整性，而不是按类别对它们进行概括。他希望每一个完整的调查可以至少传达一些精神分析会谈的味道。在每一个书面回答中，受访者冲动的细微差别和迹象都应该被"听到"，就像精神分析师倾听患者的联想一样。关键词语和反复的表达将会被解释为受访者基本人格倾向潜在内容的线索。[21]

从这种独特的治疗角度出发，弗洛姆并没有把对回答进行评分和制表的统计学精确度作为基本目标。除了记录每个受访者的独特和深层的心理品质之外，他还试图发现德国工人思维和情感的一般倾向。最重要的是，他想就这些工人的人格结构做出一般性的说明。在设计和分发调查问卷的时候，弗洛姆和他的项目组员都没有意识到他们参与了一项关于权威主义的调查。因此，他们并没有提出任何关于纳粹哲学或实践的问题——而这一问题会在之后出现。这些问题也没有反映反犹太主义或民族优越感的内容，工作人员还没有发现这些感情对于希特勒的吸引力多么重要。[22]

这个项目一共分发了3300份问卷，但样本并不是很有代表性。大多数受访者来自法兰克福和柏林之间的市中心区，而且大多数是社会主义者。工厂工人占样本的64%，白领工人占29%。在所有受访者中，53%属于社会民主党，29%属于共产党。纳粹党员人数在总体样本中仅占"微不足道"的比重。在这个样本中，93%的工会成员参加了工会会议，而71%的工会成员承担了正式的工会责任。女性受访者的比例不足9%，60岁以上的受访者仅占3%，21岁以下的受访者仅有6%。在宗教分布方面，57%的受访者公开宣布自己是无神论者，25%为新教徒，11%为天主教徒，7%为"其他"。[23]

截至1931年底，这个项目的外勤人员已经完成并回收了1100份问卷。当然，其中有些问卷可能在后来被丢失或错放了。尽管如此，弗洛姆、韦斯和全体员工仍然年复一年地在纽约（就像他们在德国一样）继续工作，致力于完成这个项目。每份问卷都会被当作受访者人格一样被详细考察。即使绝大多数德国工人在1929-1930年期间都表现出反纳粹，但是弗洛姆质疑，他们潜在的特质结构或"心理类型"是否表明他们足以成为反权威主义者，能够在紧要关头反对民族社会主义者并把更多顽固的工人动员起来。[24]

在某种程度上，这份问卷探求已成立的魏玛政党、受访者经济地位和莱文斯坦的三种"心理类型"之间的关联性,这一模式可能反映了魏玛左派的观点——他们和他们的社会党受到革命工人阶级人格类型的支持。但是,这一偏差打开了"弄虚作假"的大门,因为它探测到了"公开的政治忠诚"与"潜在的人格类型"之间的差异(弗洛姆称之为"明显"信仰和"潜在"信仰)。

在统计回收问卷时,这一偏差就显现出来了。弗洛姆的研究团队受到了巨大的震惊,虽然有82%的受访者认为他们与左派(社会民主党和共产党)及其社会主义口号和政府理想有关,但只有很少的受访者可以被描述为左派政党所承认的典型非权威主义革命型性格。只有15%的受访者在其潜在的性格结构(心理类型)和深层情感中呈现出一致的反权威主义。另一方面,25%的社会主义政党的支持者表现出含糊的权威主义(20%)或一贯的权威主义(5%)的倾向,例如偏爱惩罚性政策(如肉刑)。大多数受访的共产主义者和社会民主党工人都在这两者之间。正如弗洛姆所做的回顾性的但也许过于简单的总结:"(工人的)左派政治观点与潜在的人格结构之间存在明显矛盾,这一矛盾可能(已经)是(后来)德国工人党派崩塌的原因。"弗洛姆从来没有解释为什么他的研究团队没有采取合乎逻辑的后续步骤,尝试去解释这种矛盾缘何而起。[25]

尽管存在这一缺点,并且这一调查的细节倾向于使宽泛的结论变得模糊,但是这项关于德国工人的研究就其广度和重要性来说都是史无前例的。尽管弗洛姆在《权威与家庭研究》(*Studies on Authority and the Family*, 1936)中报告了初步的结果,但就在那时,他决定将这个项目的资料写成一本书。现在,就德国工人对纳粹运动做出反应背后的心理而言,人们比一开始更加意识到理解这一点的重要性。然而,就在最近也有学者强调魏玛工人无法阻止希特勒上台,所以弗洛姆这个项目的结论并不十分引人注意。此外,弗洛姆和那些与霍克海默走得近的同事们开始出现吹毛求疵的争论,他们想知道研究所在1934年搬离欧洲办事处时究竟丢失了多少份问卷。霍克海默声称丢失了近一半的问卷,但这个说法并未得到证实。他质疑是否要继续这个项目。

弗洛姆和他的团队坚持不懈。他声称,谣传的问卷丢失只是霍克海默编造的一个幌子。据称,霍克海默希望隐瞒他真正的担忧:这个项目对许多德国工人的负面描述对研究所而言是潜在的"危险"。研究所的一些左派支持者可能会不高兴。无论如何,团队成员坚持认为,他们对这个项目投入了大量的时间和精力,回收问卷的统计和解释过程一直持续到1938年。在总结整个项目时,弗洛姆指出:"最重要的结果是,一小部分左派人士认同社会主义路线的思想和情感"。只有15%的人"有勇气、做好了牺牲的准备,拥有动员不积极分子和战胜敌人所需的自发性"。因此,反纳粹党派的左派人士的实力远不及眼睛所看到的。不过,这15%的人代表了"可靠战士"当中的"中坚力量"。借助对政治形势"正确的评估"和更加坚定的领导,他们可能鼓舞了另外一部分社会民主党人和共产主义者(他们潜在人格中的反权威主义倾向没有那么坚定),使他们提出统一战线并且更顽强地反抗希特勒。这反映了弗洛姆对"历史必然性"这一概念的不耐烦,也许对细致的实证研究所要求的限定性条件略微不适,他沉溺于预言性。他声称左倾的反权威党派本来可以更有效率。[26]

如果我们将弗洛姆与威廉·赖希进行比较,这项关于德国工人的研究的意义就会被放大。他们两人都是纳粹以及其他威胁欧洲统治的权威主义运动的最初和深刻解读者。弗洛姆的德国工人研究和赖希的《法西斯主义群众心理学》(*The Mass Psychology of Fascism*,1933)都源于魏玛精神分析左派在意识形态和智力方面的担忧。赖希构建了自己的主题,而弗洛姆仍正在继续德国工人的项目。在那个时候,他们两人都是柏林精神分析团体的边缘人物。他们都认为,德国民众的党派忠诚性体现了一种内在的性格结构,他们都试图将马克思主义理论与社会心理学观点结合起来,其中包括了弗洛伊德的理论,但排除了他关于死亡愿望或攻击本能的概念。可以肯定,赖希感觉弗洛姆忽视了德国人生活中的性压抑,而弗洛姆认为赖希过度强调了性驱力并且缺乏实证研究,而这些是他们之间唯一的实质性差异。到1932年6月，赖希将弗洛姆作为马克思主义取向融入弗洛伊德精神分析学说阵营中的盟友，并对他表示祝福："我们迫切地需要你。"赖希的《法西斯主义群众心理学》和弗洛姆的《德国魏玛的工人阶级》（*The Working Class in Weimar Germany*）一起奠定了权威主义研究的一个重要传统。[27]

构建理论基础

1933年秋天，弗洛姆和卡伦·霍妮前往美国，在弗兰茨·亚历山大（Franz Alexander）的芝加哥精神分析研究所举办了几次讲座。霍克海默委托弗洛姆去探探路，看看法兰克福研究所能否在美国建立一个分部以及如何建立，甚至是搬迁到美国也行。因此，弗洛姆（他的英文比研究所的大多数同事都要流利）联系了在美国的许多学者和精神分析学家，包括：约翰·多拉德（John Dollard）、哈罗德·拉斯韦尔[1]（Harold Laswell）和桑多尔·雷达（Sandor Rado）。弗洛姆曾建议将研究所从日内瓦搬到费城，但这一建议并未实现。哥伦比亚大学的量化和实证社会学系试图聘请弗洛姆，因为一位备受尊敬的高级同事罗伯特·林德认为，弗洛姆关于德国工人的研究是一项开创性的实证社会科学事业。林德并没有透露弗洛姆只是这个项目的理论家，而哥伦比亚大学特别感兴趣的这个实证研究实则有许多研究同事参与其中。当弗洛姆解释说，他不会放弃法兰克福研究所的同事们，哥伦比亚大学社会学系默许了；通常情况下较为节俭的校长尼古拉斯·默里·巴特勒（Nicholas Murray Butler）

---

[1] 哈罗德·拉斯韦尔，美国政治学家、社会学家、传播学家，美国行为主义政治学创始人之一。他最先向美国学界引介了弗洛伊德的精神分析理论，其《世界政治与个人不安全感》一书也深受弗氏理论的影响。　　译者注

也发出了慷慨的邀请。在反犹太主义（包括常春藤盟校）四处盛行的年代，哥伦比亚大学社会学系向一群德国犹太移民发出了邀请。霍克海默前往纽约签署合同，并发现巴特勒迅速提供了晨边高地的办公室、薪水和后勤服务，这种感觉就像在做梦一样。[28]

因此，尽管弗洛姆患有肺结核，但他对法兰克福研究所的贡献是巨大的。他在研究所迁往哥伦比亚大学的事件中起到了关键作用，确保了研究所在欧洲环境恶化的情况下得以生存下去。而且随着弗洛姆理论的成熟，他在研究所起到了一种带头作用，尽管研究所的同事们经常不承认这一点。他正在融合马克思和弗洛伊德的观点，借此发展他关于"社会性格"的概念，这一概念认为外部社会结构塑造了个体的本能生活。虽然本能是存在的，但它们是以社会为基础的。就此而言，他正在脱离正统的弗洛伊德学派或"现代主义的"范畴，它们认为本能是内在自我所特有的（即使升华），是人类人格的决定因素。

弗洛姆也开始感觉他需要一个关于性别的全新视角。20世纪20年代的某个时刻，他开始怀疑弗洛伊德关于俄狄浦斯情结的假设，以及父权社会是普遍存在的这个潜在假设，即它是人类社会的一个特征。事实上，他已经被格罗代克关于男性羡慕女性生育能力的观点所吸引。格罗代克的推论是，虽然基于母权制的普遍秩序在史前时期就已存在，但它在《旧约全书》中并没有被提及。为了支持他的观点，格罗代克详细阐述了著名瑞士路德教会法学家约翰·雅各布·巴霍芬（Johann Jakob Bachofen）的《母权和宗教起源》（*Mother Right and the Origins of Religion*，1861）。巴霍芬极有可能与卡尔·荣格相识。巴霍芬曾在巴塞尔大学担任罗马法教授，是一位狂热的古典主义者、语言学家、神话学家，他援引民间习俗、雕刻品和神话来支持自己的理论。在第一次世界大战后，人们重新对巴霍芬产生兴趣，格罗代克大概就是此时开始熟悉《母权和宗教起源》。格罗代克在巴登-巴登的温泉浴场第一次与弗洛姆谈起巴霍芬时，弗洛姆已经专注于他的精神分析训练，但是格罗代克坚持不懈。20世纪30年代初，弗洛姆的结核病大体消退的时候，《母权和宗教起源》成了他阅读计划的一部分。他深深地受到这本书的影响并阅读了巴霍芬的其他作品,还与霍妮进行了讨论,她也在开始重新思考自己对于"性别"问题的观点,这些问题是后来的学者热衷于分析的。弗洛姆原来认为父权社会代表了事情的一种自然状态,因此资本主义、压迫和男性霸权具有合理性,但巴霍芬对这个假设提出了第一个实质性的挑战。他很快成为研究巴霍芬思想的专家,其中包括这些观点:社会生活根植于一种强有力的母子纽带,与自然和本能的一种联系,以及"女性特质"中所固有的神圣的存在感。巴霍芬告诉弗洛姆,在母系氏族的秩序中,没有冲突、矛盾甚至私人财产。巴霍芬还为弗洛姆后来所谓的"社会主义人本主义"提供了第一个清晰的景象,引导他考虑社会主义与"性别"之间的关系。巴霍芬的著作使弗洛姆比格罗代克更加怀疑德弗洛伊德的父权制观点。他变得尊重由女性担任领导角色的社会团体。与巴霍芬的乌托邦史前时期相呼应,弗洛姆看到了欧洲中世纪母权秩序的踪迹。霍妮认识到,弗洛姆开始倡导女性在社会上更为广泛的影响力与力量,超越了她所遇到的情况。弗洛姆在他发展的社会性格概念中详细阐述了巴霍芬提出的观点。在本质上,巴霍芬使弗洛姆将精神分析和马克思主义的概念(这两者顺从于他的社会性格结构)与一种基本的历史导向结合了起来。

在巴霍芬对母系氏族的描述中,人们心态开放,其乐融融。根据弗洛姆的描述,在群婚制的"原始社会主义民主"中,财产是被共享的。然而,这种原始社会实行惩罚司法制度,对他人造成身体伤害应追究特定罪责。在这种原始社会中,一种社会性、宗教性、温情、平等和亲情的精神普遍存在。对于弱者和无助者,有一种本能的民主温情和自我理想的母亲般的怜悯。而平衡罪恶感的超我压力没有那么强烈。人们以一颗敬畏之心赞颂出生、死亡和再生之神秘。[29]

弗洛姆在他关于巴霍芬的论述中说道,在"史前"时期相当长一段时间之后,女性才发明了一夫一妻制婚姻,才让她们自己从多个性伴侣和放纵的感官快乐中解放出来。不久之后,基于父权制的等级制度出现了;

社会形成了不同的阶层,男人为了获取财富、支配女人和穷人而拼搏奋斗。在父权制的背景下,父亲与儿子之间的俄狄浦斯情结冲突便出现了。母亲对新生儿的爱是免费的、无条件的,它增强了孩子的自信心,但父权制的体系使父亲的爱依赖于孩子履行职责的情况。因为孩子不可避免地达不到标准,因此他在精神上变得没有安全感。父权制提升了理性和抽象的法学概念,抬高了私有制和国家权力,它们取代了感官快乐、情绪、愉悦和幸福的优先地位。在父权制的统治下,思想变得更加精细且微妙,替代了母权制的直观性。最后,新的技术使工人与自然疏离,它们旨在于使生产力最大化并征服弱者。社会开始充满了冲突以及罪疚和赎罪的概念,人们的情绪生活也受到抑制。在弗洛姆新的历史视角下,新教教义和资本主义是改革的双重罪恶,它们通过强调父权制和竞争,促进了这种令人不幸的新秩序,从而取代了母权制与民主社会主义。[30]

随着研究巴霍芬的作品和生活,弗洛姆发现尽管巴霍芬对母权制进行了讨人喜欢的描绘,但他是一个带着有限民主观念的贵族,也是一个坚决的资产阶级新教道德父权制度的支持者。巴霍芬呈现出的这些矛盾使他更加人性化,他也是一个具有时间和地点特性的生物,弗洛姆也许为这一事实找了个借口。而更为重要的事实是,巴霍芬填补了弗洛姆对古代史的认知缺口,并增强了他对整个历史过程的见解。巴霍芬强调宗教情感深深根植于女性和她们平等主义和乐于分享的倾向,弗洛姆尤其深受这一观点的吸引。因此,人们将人性等同于家长式制度、资本主义、权威主义和剥削是愚蠢的。[31]

显然,弗洛姆对巴霍芬观点的倾心,使他开始脱离弗洛伊德的正统理论,包括父权制的假设,尤其是俄狄浦斯冲突的假设。在弗洛姆看来,弗洛伊德深刻地解释了父权社会,但没有说明早期的母权社会。根据《旧约全书》,弗洛伊德的历史观开始并结束于父权制。弗洛姆开始感觉到,孩子对母亲的早期依恋、母亲所提供的安全感以及与母亲分离产生的创伤,在孩子的生命发展中变得更为重要。巴霍芬鼓励了弗洛姆反抗弗洛伊德的父权制,《母权和宗教起源》还使他成为一个更加坚定的马克思主义社会主义者。弗洛姆了解到,恩格斯在论述家庭的起源和性质时,深深受到巴霍芬的母权制理论的影响;而且马克思和许多其他社会主义者也受到母权制理论的影响。例如,母权制可以允许革命性的变革。弗洛姆确信,"在不同的社会条件下,不同的驱力结构是存在的,并且可以作为生产力有效运行"。通过扩展个体的满意感和幸福感,通过让个体人格得到创造性发展,而不是去"支配群众",一种经济富裕和平等的社会主义秩序可能会出现,就像它在母权制史前时期的存在一样。[32]

通过巴霍芬,弗洛姆以自己独特的方式整合了马克思和弗洛伊德,他的观点带有明显的女权主义的视角,并且认为有一个从母权史前时期到父权和剥削的资本主义时期的历史变迁。在他阅读《旧约:先知书》时,弗洛姆已经形成了对于乌托邦主义的松散认同,而巴霍芬的母权制观点强化了他的认同。到20世纪30年代后期,乌托邦主义成了弗洛姆与霍克海默和研究所新同事西奥多·阿多诺意见相左的若干因素之一。

如果母权论(theory of Mother Right)没有被当代学者进行详细阐述和证明确认,巴霍芬不太可能对弗洛姆的观点产生这样明确的影响。尽管巴霍芬博览群书,但他不是一个严谨的学者。事实上,他引用了神话和民间习俗来支持他的观点。此外,弗洛姆怀疑巴霍芬的母权制观点部分来源于他对自己母亲的崇拜。

重要的是,弗洛姆在罗伯特·伯瑞弗尔特(Robert Briffault)1928年出版的《母性:情感与制度起源研究》(*The Mothers : A Study of the Origins of Sentiments and Institutions*)中发现了严谨且有说服力的知识,这些知识增强了他对巴霍芬的描述的认可。在弗洛姆看来,伯瑞弗尔特的著作是一部意义非凡的研究性作品,它不仅基于比较民族学,而且基于社会心理学和经济学。伯瑞弗尔特的著作涵盖了最早的母权社会、婚姻制度以及向父权制的转变,他展示了人类情感和制度方面的变化如何植根于日常社会生活的变化,特别是有形的经济变化。也就是说,以生物学为基础的本能在社会经济的影响下逐渐发生转变。

因此，在某个特定的时期，心理意义上的"男性"和"女性"并不是源于"人性"，而是源于两种性别在社会生活中被允许发挥功能的不同方式。举个例子，母亲的爱植根于母亲对需求者的长期照顾。最终，母权制扩展为母亲的利他性社会情感。照料关系的所有社会演化均源自母爱，特别是母权制家庭和"所有持久的社会群体"。弗洛姆发现伯瑞弗尔特的描述令人信服，不仅因为他为巴霍芬的观点提供了大量的证据基础，而且伯瑞弗尔特援引的证据与马克思和恩格斯关于"情感的社会决定"的论述一致。有趣的是，弗洛姆并不是唯一接受弗洛伊德学派训练继而受到巴霍芬与伯瑞弗尔特影响的人格理论家，还有许多人从弗洛伊德的父权制假设中横生枝节，探索了与"女性养育和创造性倾向""与女性分离产生创伤"等观念更为一致的理论。在他还活着的时候，这将成为后来所谓"依恋理论"的核心内容。一代杰出的女权主义临床医生和学者，如玛丽·简·谢菲（Mary Jane Sherfrey）、伊莱恩·肖瓦尔特（Elaine Showalter）和卡罗尔·吉利根（Carol Gilligan），进入了后弗洛伊德主义的方向。[33]

"社会心理因素"

弗洛姆发现，在法兰克福研究所内部，只有瓦尔特·本杰明和霍克海默（在更有限的程度上）与他一样对巴霍芬感兴趣。弗洛姆开始发现，他对弗洛伊德的力比多理论感到不那么舒服，而霍克海默则开始信奉弗洛伊德的理论。尽管弗洛姆的德国工人研究临近十年才成为一件完整的工作，但一些研究所的同事担心研究所搬迁期间丢失了一半的调查表，他们认为这会导致研究结论在方法论上站不住脚。

尽管如此，弗洛姆仍以附录的形式呈现了德国工人研究的结果，将其附在一项由整个法兰克福研究所开展的大型综合研究——《权威与家庭研究》（1936）之后。这项研究生成了一份厚重的上千页的两卷本研究报告，探讨了家庭与权威主义之间的关系，作为对希特勒极权主义统治出现的回应。这项研究的出版时间在1934至1935年，恰好与研究所迁往哥伦比亚大学晨边高地校区的时间一致，因此该项目成为外来移民知识分子的一项成果。由于假设家庭向个人传递了社会的价值观，所以研究人员探讨了已沾染权威主义规则的德国家庭生活中的社会与心理因素。这项研究探讨了"导致人们服从权威的心理冲动，以及人们不顾命令的性质而对服从感到愉悦的心理"。霍克海默编辑了这项研究的第一部分，包括弗洛姆、马尔库塞和他本人撰写的长篇理论文章。弗洛姆编辑了第二部分，包含对不同阶层、青年和失业家庭的社会化的研究。洛文塔尔编辑了第三部分，这些文章探讨了不同国家的家庭和权威这一话题。确实，这三个部分没有很好地整合到一起来，虽然所有的撰稿者都将权威主义的兴起与资本主义的危机联系起来，但是没有人论述德国人的反犹太主义。[34]

弗洛姆在理论部分的长篇论文——《社会心理因素》（Social-Psychological Aspects）通过为权威主义的心理诉求提供一个清晰、合乎逻辑和细致的解释，从而赋予了整个项目一定程度的连贯性。法兰克福研究所的历史学家罗尔夫·魏格豪斯（Rolf Wiggershaus）声称，这篇文章是"他写过的最好的文章"；在这篇文章中，弗洛姆把他加入法兰克福研究所之后的大部分工作进行了明确和整合。（作为一篇有凝聚力和成熟的文章，它可能超过了他1932年的作品——《精神分析性格学》，其中最具创新性的见解几乎都是事后想法。）弗洛姆关于性格结构（以前称为"力比多结构"）的基本概念得到了更充分的发展，而且他列举了好几种类型的性格：肛门型性格、父权制性格、母权制性格和革命型性格。这篇文章的重点在于权威主义性格，它预示了弗洛姆一生中最重要的著作——《逃避自由》（1941）一书基本理论的概念化，因此有着不可估量的重要性。[35]

弗洛姆在《社会心理因素》开篇就强调了权威性格的主要促成因素——现代人自我力量的减弱，正如它在当代资本主义社会的父权制家庭中的表现。弗洛姆强调，如果一个人拥有强大的自我，那么他就会拥有丰富的心理能量，并且会设法根据个人追求协调和满意的欲望而塑造自己的生活与社交。因此，一个人可以进行合乎逻辑的思考，并且积极主动地制定决策。与巴霍芬不同，弗洛姆强调，当社会为个人和集体的福祉而推动"理性、积极和系统的规则"时，人们的选择和自主能力就会增强。这些规则旨在促进欢乐和希望，增强个人的选择和自主权，培养一种有同情心的公共精神。随着自我的理论增强，它就"更有可能阻挡本能驱力，而不需要与超我或权威建立情感联系；也因此能够独立建构自己"。[36]

弗洛姆假设，由精英群体掌控的垄断资本主义社会危及了健康、强大和自行指导的自我，部分原因在于"统治阶层满足欲望的机会远多于被压迫的阶层"。尤其在下层阶级中，无能为力和无关紧要的感觉会促使个体的自我瓦解和耗尽。随着个体及其家庭不再拥有自主感，成员们越来越容易认同并服从"上级权威"的命令。统治阶层通过颁布减少选择的紧缩性社会政策而促成这种动力，而下层阶级受到超我的约束将这些规则维持下来。[37]

弗洛姆认为，这种超我内化——自我消耗的过程——的主要机构是家庭这个父权制权威结构。在一个越来越专制的社会秩序中，再加上严格的父权制和超我约束，个体感到缺乏内部的精神资源；他越来越感到孤立和疏远。随着自我因欲望压制和超我禁忌增强而被分解，受虐就变成一种突出的人格特质。一个人放弃了个人幸福，越来越感到罪恶深重，并使自己服从外在社会和内心权威的命令："这个接受命令并执行的愿望，使自己服从于更高权力的愿望，事实上就是让自己丧失其中，让权威主义者享受来自更高权力的惩罚和虐待。"在弗洛姆看来，受虐狂的思想是权威主义的思想，它满足了个人补偿无助感、内疚感和自我消耗感的需求。受虐狂通过促进认同提供规则和方向的更高力量，惩罚自我表现出的任何反抗，从而填补了这种空虚。随着时间的流逝，一个人会完全失去自我感知。个体的爱和选择将会被恐惧和盲目的顺服所替代：

"谁惩罚他,他就爱谁。"弗洛姆坚持认为,受虐狂的核心是防御焦虑的安全感和权力荣耀的参与感。革命型性格是唯一可行的替代选择。[38]

弗洛姆的《社会心理因素》一文借鉴了他的德国工人研究,引用了其中的"革命型"性格结构。一个拥有丰富的自我力量并寻求改变命运的人就是"革命者"。"革命者"与受虐者是对立的,后者服从于命运:"人的无助感是这种受虐哲学的基本主题"。与革命者不同,受虐者恭敬地服从于表面上历史或命运的判决——实际上是由领导者定义的命运。这样一来,受虐狂者就可以分享统治者,分享他的国家和种族的荣耀。[39]

就像弗洛伊德在他之前所坚持的一样,弗洛姆认为,对弱者的施虐攻击代表了受虐狂的另一面。受虐狂将虚弱的自我转交给更高力量所下达的指令。施虐狂则将没有安全感的自我用来对抗那些表现出无力感或社会层次较低的人。有了服从的愿望,就有了在分层级和家长式的家庭和社会中的支配冲动。因此,施虐受虐狂是权威主义的核心——对上层人士表现爱和尊重,对下层人士表现蔑视和攻击。弗洛姆还假设,虐待与受虐者对异性生殖器的认同较弱,而追求肛欲期(生殖器前期)的秩序、守时和节俭。因为女性看起来是奇怪而神秘的,所以施虐受虐狂贬低她们,以保持他自己对弱者的优越感。[40]

如果施虐受虐狂是权威主义社会性格的核心,那么弗洛姆认定父权制就是其中心要素。在这个背景下,他对于父权制是否会导致或者影响施虐受虐狂尚不清楚。在家庭和更大的社会环境中,我们总是不得不满足父权制关于顺从和职责的要求。只有这样,我们才可能受到领导的喜爱,因为领导要求人们"自我牺牲"——放弃个人的幸福感并履行个人的职责。虽然权威主义的领导者许诺提供保护和安全,但他们也会通过不可预测的恐怖事件使社会受到创伤,以此维持他的追随者。追随者总是害怕随机的惩罚,不得不无条件地服从。这使得领导者和追随者之间的距离永远存在,并且抹去了最终弥合差距的希望。[41]

弗洛姆在《社会心理因素》一文中详细描述了对权威主义性格的

心理学解释。弗洛姆认为,这种施虐受虐狂以及强烈的罪疚感的根源在于父权制家庭和垄断资本主义的社会与情感的交织(即社会结构因素),因此他拒绝了弗洛伊德认为罪疚感是一种"古老继承"的观念。为了支持他的观点,弗洛姆引用了威廉·赖希的《性格分析》(*Character Analysis*,1933)和霍妮1935年的一篇文章,他们两人都将受虐性格纳入社会病理学的前沿。[42]

在《社会心理因素》一文中,弗洛姆认为,在垄断资本主义的背景下,比起增强个人的自我力量和恢复自主权,在某种程度上,减少税收更能使人在情感上臣服权威。虽然他的大多数同事都不看好企业市场社会中的人类热情和内在精神力量,但弗洛姆对此仍然抱有希望。即使面临着垄断资本主义、严格的父权制家庭和日益盛行的权威政治结构,弗洛姆相信还是有机会的。根植于精神性与自发性的多样化社会环境在西方资本主义文化中仍然很明显;而且它们可能会联合起来缩短领导者和追随者之间的距离,恢复公民的自我力量和热情,提升更为欢乐的母权制价值观,扭转退化至施虐受虐狂的趋势。即使弗洛姆以清晰和引人注目的方式描绘了权威主义的心理特征,但他没有排除平缓并最终征服这种邪恶的可能性。面对权威主义,他勉强同意"不进行革命"的社会转型。弗洛姆总结道,某些形式的资本主义比其他形式对自我产生了更猛烈的冲击。比如支持左翼政党的魏玛工人显现出潜在的权威主义倾向,而身处第三帝国[1]某些表面上的权威主义者可能最终追求更大的自由、自主和幸福。在20世纪30年代的一系列文章中,弗洛姆在本质上已经将"逃避自由"概念化了。[43]

---

[1] 第三帝国,指希特勒统治下的德国。——译者注

结　局

就研究和写作来说，在这十年中，弗洛姆比法兰克福研究所的许多学者都要多产。他的《社会心理因素》文章可能是最具创造性和引人注目的，即使在很大程度上未被公开承认，但它对《权威与家庭研究》做出了贡献。这篇文章和其他文章使他被贴上了"社会心理学家"的标签，脱离了霍克海默和洛文塔尔所认同的基于本能生活的弗洛伊德正统理论。他用社会性格的概念取代了弗洛伊德的正统理论，根据这一概念，"特定的社会条件"塑造了我们内在的心理、本能和所有事物。

弗洛姆的结核病本来在1932年夏天有所缓解，但在1934年5月迁往哥伦比亚的新研究所总部之后再次发作。他在新墨西哥州的疗养院中度过了3个月，在返回纽约的时候，他发现只能短暂地访问研究所的办公室。1934年的冬天，他安排了海上巡游以促进自己肺部的康复。之后，他远行至阿尔伯塔省附近的山脉和三个沿海城市——旧金山、圣巴巴拉和洛杉矶。在1936年年中，他前往墨西哥的百慕大群岛和塔克斯科之后，弗洛姆的病情终于有所缓解，并重新加入同事当中。1938年9月，在遭遇第二次复发和持续的肾脏问题之后，弗洛姆被迫返回达沃斯。直到1939年2月，他被提供了新型抗结核药物之后，医生才宣布他被治愈了。事实上，这些药物可能只是帮助他进入了另一个（可能更持久的）缓解期。在1946年之前，都没有一种可以永久消除肺结核的药物（抗菌的链霉素）。[44]

霍克海默同情弗洛姆以及他与疾病的抗争，即使他与研究所同事的关系出现了问题。既然他是研究所里一位多产且富有创造力的成员，霍克海默愿意以全薪的方式继续聘用弗洛姆，并且为弗洛姆报销了许多医药费。例如，在1935年年末，他向弗洛姆保证研究所会为其提供支持，并敦促他保留精力。1936年，霍克海默又起草了一份特别的合同以保证弗洛姆在65岁之前每月拥有400美元的全薪（65岁之后薪水减少）。一年以后，这份合同提供了更为慷慨的条款，允许弗洛姆在主管同意的情况下进行研究所之外的工作，而且薪水不减。弗洛姆还向研究所提供常规的费用清单，包括各种费用：大量的医疗账单、公寓租金费用、女佣服务、书籍和报纸发票以及旅行期间的酒店账单。弗洛姆写信给霍克海默，感谢研究所提供的强大财政支持，并且为他的医疗账单导致了研究所的财力紧张表示抱歉。他向霍克海默承诺要写一本重要的关于"资产阶级性格"的新书（即《逃避自由》），并指出，如果没有这本书，霍克海默对他的慷慨投资以及他自己的生命都将被浪费掉。弗洛姆在他给朋友库尔特·罗森菲尔德（Kurt Rosenfeld）的便笺中总结道："理论上讲，就个人层面以及研究所的相关事务而言，我们的关系是非常密切的，霍克海默博士经常和我讨论……他表现出完全的信任"。[45]

然而，在1938年年末，弗洛姆与研究所之间障碍的第一个公开信号开始出现。在水晶之夜（Kristallnacht）事件[1]之后，他的母亲罗莎最终承认了纳粹分子的危险性并愿意离开德国。而此时，德国当局要求交付大额保证金才能获批离境，弗洛姆则希望霍克海默能够承担大部分的费用。霍克海默回答说，研究所无法承担这笔费用。尽管弗洛姆能够从其他来源（尤其是霍妮）获得资金，但这是霍克海默第一次拒绝他的财务要求。这一拒绝强调研究所出现了严重的财务问题。在美国出版《社会研究杂志》的费用要远高于在法兰克福和日内瓦的费用。此外，由于股票熊市和纽约州北部房地产投资的损失惨重，研究所的捐赠面临着巨大的困难。劳动力成本也明显上升。霍克海默与掌管研究所财务的波洛克，花费了相当多的资金为欧洲移民学者提供工作。弗洛姆从研究所的资产负债表中意识到了浮现的危机，这份负债表中包含了他2000多美元的医疗费用，这是他在瑞士疗养期间所花费的。他提出要支付这笔款项的一半金额，以帮助减轻研究所的财务负担。波洛克指出这不是必要的，更大的问题在于研究所是否能继续兑现弗洛姆的薪水。[46]

---

[1] 水晶之夜事件，指1938年11月9日至10日凌晨，纳粹党员与党卫队袭击德国全境犹太人的事件。它被认为是对犹太人有组织的屠杀的开始。——译者注

1939年5月，波洛克和霍克海默违背了弗洛姆的终身协议，并且不愿向他支付薪水。研究所的资金到了异常紧缺的程度。他们要求弗洛姆从10月份开始自愿放弃工资，并指出弗洛姆可以通过更多的精神分析实践来维持生活，而工资名单上的其他人则做不到。他们强调在其患病期间一直给他支持，所以要求弗洛姆继续无偿参加研究所的工作。弗洛姆大声抗议他们公然违约的行为，声称他拒绝了其他工作而继续留在研究所，并减少了精神分析实践以履行研究所的职务。他认为自己本质上是被解雇了，这一事件加重了他与同事之间的疏离感。波洛克提出，如果弗洛姆死了，研究所可以为其母亲或遗孀提供一笔抚恤金，试图以此解决争端。弗洛姆拒绝了。当他10月1日没有收到薪水支票时，弗洛姆私下联系了霍克海默。霍克海默重申他尊重弗洛姆，将他视为同事。据称这里有一个误会，弗洛姆并没有被解聘。事实上，霍克海默向他提供了10月份和11月份的薪水支票。因为担心可能会削弱他对合同违约的合法权利，弗洛姆并没有将这些支票存入账户。他还向霍克海默和波洛克提出，因为他们无视签订的合同，所以他不能再为研究所工作了，他要求获得一笔遣散费。波洛克提出支付给他一年的工资，但是弗洛姆坚决要求更多，并指出他对研究所仍然保留法律诉讼理由。最后，弗洛姆获得2万美元的遣散费，并解除了这份合同。虽然他极力讨价还价——大约得到了4年的薪水——但他仍然拥有临床实践作为退路。[47]

关于弗洛姆薪水的争议显然是他离开的主要原因。可以肯定它与金钱有关，但它也可能碰触了来自他童年时期的疏离感。但是，还有其他的重要因素加强了弗洛姆对于自己被解雇的感受。他认为研究所将会拿出750美元资助他发表关于德国工人的研究，但是霍克海默以财务资金紧缺为由拒绝了。弗洛姆愤怒了，他指出研究所将资金用于资助不那么重要的出版物。此时，虽然弗洛姆没有提及那些丢失的工人问卷——它会损害这项研究的数量效度，但这事并非无关紧要。而且，自从发表《权威与家庭研究》（1936）之后，弗洛姆只在《社会研究杂志》上发表了一篇文章，并且正在为自己寻找其他用武之地。由于他长期边缘化的社会角色，在研究所迁往晨边高地后，他的作品对研究所的影响大不如前了。[48]

在某种程度上，弗洛姆在研究所的地位不断下降，原因在于他与其他成员之间逐渐增长的个人差异。霍克海默和他的大多数同事反对匆匆忙忙地美国化。当他们抵达纽约时，他们仍然将自己看作欧洲知识分子，固执地只为专门的学术读者写作，并且偏爱用德文进行交流。相比之下，弗洛姆从熟悉英语到逐渐掌握英语，并将英语当作他的主要语言。他培养了书写优美英语散文的能力，并且以更容易被美国普通读者所接受的方式工作。他学习重要的美国思想家的著作并变得对其精通，特别是超验主义诗人兼散文家拉尔夫·沃尔多·爱默生（Ralph Waldo Emerson）和亨利·戴维·梭罗（Henry David Thoreau）、心理学家兼哲学家威廉·詹姆斯（William James）以及哲学家和教育改革家约翰·杜威（John Dewey）等人的著作。他与新朋友，比如语言学家爱德华·萨丕尔[1]（Edward Sapir）、著名人类学家鲁思·本尼迪克特[2]（Ruth Benedict）和玛格丽特·米德参与美国的文化和人格运动。他与哈里·斯塔克·沙利文和其他对人际社会精神病学感兴趣的美国医生建立了友谊。他也对大众文化感兴趣，并开始为那些关心政治和社会心理学的美国读者写作。（美国知识分子和学者似乎比他法兰克福研究所的同事们对宗教更感兴趣，弗洛姆对此也感到很高兴。）尽管该研究所位于哥伦比亚大学的一角，但只有弗洛姆试图与校园内的其他教师建立联系和交往，尤其是社会学家和政治学家。[49]

早在1934年6月，霍克海默就曾私下写信给波洛克，说他对弗洛姆的这些状况感到不适，担心弗洛姆的兴趣会超出传统欧洲学者所关注

---

[1] 爱德华·萨丕尔，美国语言学家、人类学家，曾任美国语言学会会长、美国人类学协会会长，其代表作为《语言论》。——译者注
[2] 鲁思·本尼迪克特，美国人类学家，20世纪初少数的女性学者，其代表作有《文化模式》《菊与刀》。——译者注。

的领域。在20世纪30年代中期，住在英国的西奥多·阿多诺，从牛津大学写信过来，这加剧了霍克海默对弗洛姆的担忧。阿多诺是魏玛时期的一位音乐评论家，他来自一个富裕的家庭，不需要研究所为他支付薪水。他不仅将自己定位为进入研究所的"以结婚为目的的女朋友"，而且还成为霍克海默的第二把手。根据他写给霍克海默的信，阿多诺本能地不喜欢弗洛姆，他强化了研究所里其他成员的感觉，即弗洛姆缺乏文雅的美学感知，他似乎在自己的作品中误入歧途，并且过分享受流行文化。[50]

当弗洛姆提交了他作为研究所出版物的"种子文章"——《分析社会心理学的方法与目的》（*A Contribution to the Method and Purpose of an Analytical Social Psychology*）时，阿多诺所暗示的知识分子异端邪说进一步被强化。1936年年末，弗洛姆向他的朋友卡尔·魏特夫[1]（Karl Wittfogel）描述了这篇新文章的中心主题。弗洛姆的"社会性格具有塑造力量"的概念，与弗洛伊德的"本能生活具有首要地位"的信条形成鲜明对比："我试图表明，激发社会行为的驱动力并不像弗洛伊德假定的那样，并不是性本能的升华。相反，它们是社会过程的产物，或者更确切地说是对某些社会因素的反应，个人必须在此框架下满足他/她的本能"。1937年，当弗洛姆把这篇文章提交发表时，并没有赢得研究所的赞同；而且霍克海默对弗洛伊德正统理论越来越认可，基于此，他还写了一篇严厉的批评文章。弗洛姆回应道："我所拟定的基本观点是正确的，但我确实发现我没有充分阐释它。"他大幅度地修改了这篇文章，把它从58页增加到83页，但研究所再次拒绝发表它。如果你仍然质疑弗洛姆在20世纪30年代末是否成为法兰克福研究所的边缘人物，那么这两次拒绝无疑给出了明确的答案。[51]

---

[1] 卡尔·魏特夫，汉名魏复古，德裔美国历史学家、汉学家，犹太裔，撰写了一系列研究中国的著述。——译者注

基本上,《分析社会心理学的方法与目的》无疑彰显了过去十年中越来越明显的情况:弗洛姆与他的同事对待弗洛伊德的态度存在基本差异,弗洛姆试图打造一个不同的精神分析视角,他称之为"社会典型性格"(socially typical character)。具有讽刺意味的是,与那些正统的追随者有所不同,到这个时候,弗洛伊德本人已经谦虚地接受了这些观点。然而,在这篇文章中,弗洛姆对弗洛伊德的批评既直率又严厉,但他对弗洛伊德的实际文本进行了打压。弗洛伊德描述的"人类本性"特有的心理结构,其核心在于俄狄浦斯情结,而弗洛姆认为这一情结并不具有普遍性,而是扎根于弗洛伊德所生活的父权制中产阶级社会具备的特殊性。举个例子,弗洛伊德曾经描述,女性受限于她们解剖学的特征而嫉妒男性阴茎。根据巴霍芬、霍妮等人观点,弗洛姆坚持认为,女性在不同的时代和地域有着非常不同的自我形象。弗洛姆还批评了弗洛伊德的这一观点:"他在我们社会中发现的疏离个体,是人性的必然产物。"没有相应证据表明,在所有的时代和环境下,这种原初自恋和社交隔离都是人类特有的。弗洛伊德还错误地将死亡驱力与社会环境分离开来,死亡驱力必须与性驱力相结合来中和自身。否则,弗洛姆指出,死亡驱力会对自我或社会产生破坏性的影响。最后,他指责弗洛伊德错误地将许多精神现象和心灵现象归结为性冲动的释放或压抑。总而言之,弗洛姆认为,弗洛伊德所谓的普遍性大多数源于中产阶级家庭结构和价值观的演变。[52]

弗洛姆详细说明了弗洛伊德所谓的普遍性事实上是19世纪末和20世纪初中产阶级的特征,他十分关注自己1937年的文章——《分析社会心理学的方法与目的》,准备以此取代弗洛伊德的正统理论。他打算用他基于历史和社会的"社会性格结构"概念替代力比多理论,后者是弗洛伊德正统理论的基石。弗洛姆坚持认为,生理冲动只是一个人"社会性格结构"当中许多动力因素之一。人们也可以通过具体的、基于历史的社会因素获得力量:"性格是大部分人类能量表达自己的一种方式,可以说是个体装载了冲动能量的工具,个体借此在特定的生活条件下满足自己的需求并保护自己免遭危险"。本质上,"性格结构"是"在特定的自然社会条件下,为了满足个体生理和历史创造的需求而进行的个人调整"。性格结构是一个人在满足自己心理、历史和社会需求的过程中,冲动能量、宗教、意识形态和(最基本的)社会经济组织在个体身上的相互作用。克思是一位年轻的、非教条的致力于社会心理学领域的人本主义者,通过援引他的观点,弗洛姆提出了自己的人格结构概念——"比弗洛伊德的理论更接近历史唯物主义的立场,人的精神结构被认为是他的活动和生活方式的产物,而不是由他的身体组织(即力比多)建造出来的。个人生活实践决定了社会方面的典型性格"。弗洛伊德关注的是个人内在的主体性,尽管不会全盘否定,但他不会赞同这个概念。[53]

在霍克海默、洛文塔尔和马尔库塞拒绝发表弗洛姆的《分析社会心理学的方法与目的》之后,霍克海默好像把这篇文章发给了阿多诺。一年前,阿多诺已经写信给霍克海默表示他极度怀疑弗洛姆关于心理治疗的观点,尽管当时弗洛姆几乎没有就这个议题写什么东西,也没有给出大量的概念性构想。阿多诺指责弗洛姆的治疗观点完全来源于乔治·格罗代克和桑多尔·费伦齐的方法,他们的方法强调使用友善和同理心,温柔地鼓励患者体验心情愉悦的生活是什么样子。相比之下,出于他在某种程度上对美学理论的兴趣,阿多诺提出了一种非常不同的方法。临床医生应该借助现实原则,迫使患者进入生活的情绪黑暗面,以便他们能够开始看到希望之光。阿多诺还描述弗洛姆是一个"专业的犹太人",因为他对犹太人预言传统的长期兴趣,以及对哈西德文化的热爱。最后,阿多诺认为弗洛姆是一个"多愁善感的"社会民主主义者,他并不能与马克思进行深刻的辩论,而只能过于松散地整合马克思和弗洛伊德的观点。此时,弗洛姆仍然有一种不安全感,他打破了一贯的礼仪规矩,称阿多诺是"一个没有坚定信念的、自高自大的夸夸其谈者,跟他没什么好谈的"。阿多诺则强辩到底,他认为弗洛姆对他自己和霍克海默的理论建构存在威胁。[54]

他们的理论建构根植于弗洛伊德正统理论的核心信念,几乎完全排除了马克思主义者的人本主义。与洛文塔尔、马尔库塞和其他靠近霍克海默的人一样，阿多诺并不相信，在工人阶级当中将会爆发民主革命，并以社会主义的自由以及幸福和有创造性的劳动力，取代日益疏离的资本主义劳动环境。魏玛民主政治的失败以及纳粹的胜利，很难证明人道的民主社会主义具有可行性。因此，霍克海默核心集团对弗洛姆关于社会性格演变那几乎热情洋溢的想象持严重怀疑的态度。霍克海默和他的同事宣称，无论我们对人类持有什么希望，它都在弗洛伊德所描述的人类性格的生物本能结构之中。[55]

1938年，当阿多诺抵达晨边高地的办公室时，霍克海默依靠他来协助确定这一组织的构想和研究议程。在运用批评理论应该使用的大量哲学和美学观点时，阿多诺特别强调弗洛伊德的超心理学（metapsychology），尤其是他基于生物学的本能理论。虽然弗洛姆坚持认为，个人的能力和资源来源于他所在社会特殊的社会经济特征，但是阿多诺认为弗洛姆的社会性格概念只是一个程序而已，社会借此对自我进行调整或驯服以符合主流的价值观。由于强调弗洛伊德的生物本能的观点，阿多诺坚持认为人类天生是自私的，对其周围社会持敌视态度。也就是说，人的本能实质使其与他的社会化自我的各个方面并不对等。因此，与弗洛姆的观点相反，阿多诺认为人永远不会获得一个统一的社会性格。主体与客体、本质和外表、特殊与普遍之间将永远存在分离。与弗洛姆迥然不同，阿多诺假定了一种"消极辩证法"，其中个人的自由存在于对"外在的"现有社会和政治秩序的本能反抗中。研究所里的霍克海默、洛文塔尔、波洛克、马尔库塞和其他人，越来越认同阿多诺对弗洛伊德正统理论的坚定拥护。阿多诺写信给他的父母说，弗洛姆处在"边缘状态"，因为他"与其他人存在重大的科学差异，首先是与我，还有他与马克思之间的差异，导致无法进行进一步合作"。[56]

当然在1938年，《社会研究学刊》明确表示不会发表哪怕是修改版的《分析社会心理学的方法与目的》，弗洛姆意识到，他必须找到自己作为一个独立思想家的存在方式。这场辩论的知识基础将在1956年重新浮现,当赫伯特·马尔库塞与弗洛姆进行尖锐的沟通时,前者重申了阿多诺的立场。

弗洛姆越来越靠近非正统的精神分析学家,比如沙利文和霍妮,这些人发现弗洛姆的方向与自己的方向是一致的。他们鼓励弗洛姆扩展他的临床实践,从患者身上学习,帮助他们改革美国精神分析行业,并以强有力的和引人注目的方式就人类在这个岌岌可危的世界中的命运与公众进行交流。《逃避自由》一书就是我们看到的成果。它以如此强有力和引人入胜的风格进行叙述,以至于迅速成为描绘自由和权威主义之间冲突的最深刻和迷人的书籍之一。尽管纳粹恐怖行动刚开始时的个人经历对他有所触动,但是撰写《逃避自由》一书也帮助弗洛姆进入内心并发觉个人资源,包括深刻且持久的欢乐的可能性,而这是他此前从未曾发现的。一个全新的弗洛姆诞生了,他为人类创作了一部关于自由及其不满的经典著作。

第 2 部分

美洲

1934年，弗洛姆抵达美国时，富兰克林·罗斯福领导下的美国，虽然不像纳粹德国那么动荡不安，却也正在遭受严重的经济萧条。大多数流离失所的犹太学者跑到美国大学或其他专业机构中谋求职位，但并非人人如愿以偿，弗洛姆在这方面占有优势。在将法兰克福研究所搬迁到哥伦比亚大学的过程中，他起到了关键作用，所以自然继续担任研究所的高级研究员。和许多流亡学者一样，他认识到学术界和整个社会的反犹太主义都在步步攀升。但是，他和其他逃离希特勒的学者（他们当中大多数至少在纽约生活过一段时间）都很清楚，尽管存在一些地方主义和偏见，但是拥有百老汇、格林威治村、现代艺术博物馆的纽约远胜过饱受战争蹂躏的柏林、遭到空袭的伦敦以及曾经闪烁着文学、文化和知识光芒的巴黎。

不过，1945年8月，当美国战斗机在广岛和长崎投下毁灭性的原子弹时，美国迎来了核时代，很明显战后的世界将依旧动荡不安。投放原子弹起到了双重作用，在迫使日本军阀投降的同时，也向俄罗斯展示了美国的军事优势。冷战在这些有利于美国的情况下拉开序幕，尽管它的危害并没有阻止消费文化，也没有阻止人们逃向田园郊区。因此，黑名单上的一些作家和艺术家开始到墨西哥城和库埃纳瓦卡寻求庇护。在1950年南迁之后，他们当中少数人成为弗洛姆的朋友。但大多数仍然集中在美国。当美国北部边境出现民权与和平运动时，他们获得了新的希望。许多流亡者开始返回美国。一些学者（包括弗洛姆在内）成为美国的政治活动家，并在进步事业中起到了领导作用。

第 3 章　一位欧洲知识分子的美国化

1935 年，弗洛姆告诉马克斯·霍克海默，他想写一本书，研究普遍的权威主义尤其是纳粹威胁带来的危险。威廉·赖希也注意到希特勒的极端危险性，并在数年前（1932 年）向柏林精神分析研究所提交了一篇论文，弗洛姆就是赖希这篇论文的读者之一。赖希的《法西斯主义群众心理学》详细阐述了同一主题，并且比《逃避自由》的发表早了 8 年。在某种程度上，《逃避自由》详细阐明了赖希书中的观点。赖希认为，强烈的父权传统使德国的父亲成为其家庭或家族的粗暴统治者，但他们在公共领域却成为独裁领袖的追随者，这一观点之后也得到了弗洛姆的认同。赖希坚持认为，这种父权传统是纳粹的核心，而德国中产阶级偏爱于此。简而言之，父权制将中产阶级男性变成了施虐受虐狂。一方面，他们以虐待的方式对待对弱者、残障者和犹太人。另一方面，在独裁者推崇优等民族的概念时，他们又如同受虐狂一般，服从于独裁者的权威。相对于赖希，弗洛姆提出了更多的（如果不是压倒性的）证据，而且他的论述更具学术性，他拓宽了赖希分析的范畴，指出独裁主义并不仅仅是德国所独有的问题。在 20 世纪，独裁主义成为人类的核心问题。[1]

《逃避自由》最初被命名为《权威主义国家中的个体》（The Individual in the Authoritarian State）。然而，在寻找这本书的聚焦点时，他还打算将其定位为一项更广泛的关于"性格与文化"的研究。1936 年末，他在给玛格丽特·米德的信中说道，他将在这本书中提出"社会生产驱力是人类特有的，必须被解释为针对某一组社会条件的反应"，这种驱力"不是本能的'升华'"，他意图以此取代弗洛伊德的驱力理论对于人类动机的解释。弗洛姆在法兰克福研究所撰写的关于社会性格概念的文章需要详细阐述，他告诉米德："我觉得我必须写一份完整的文稿以使我的观点变得足够清晰。"弗洛姆与米德以及文化和人格运动中的其他人士进行了深刻的交流,除此之外,他还寻求与精神分析群体的同仁进行丰富的智性对话。1936年10月,弗洛姆开始与他在苏黎世的密友——精神分析师古斯塔夫·巴利(Gustav Bally)频繁通信,讨论这书本的大纲。他告诉巴利,作为对社会性格的后弗洛伊德式研究,这本书主要关注权威主义这种社会心理状态。[2]

弗洛姆1937年的文章——《分析社会心理学的方法与目的》代表了此书完整手稿的第一部分。这篇论文严厉地批判了弗洛伊德的观点,无条件地假定"社会性格"的概念具有更少的还原主义倾向,并且比弗洛伊德的驱动理论更具有启发性。随后,他又可能写了一两篇关于伦理和社会性格的理论文章。他决定要完成一本书,通过分析新兴的权威主义来平衡他的理论假设。[3]

1939年3月初,《逃避自由》的关注点再次转变,这次转向了更加抽象的层面。与弗洛姆一直很亲密的堂妹格特鲁德·亨齐克·弗洛姆使他想起了一件事:弗洛姆在堂妹7岁生日时曾送给她一只关在笼子里的金丝雀,但她打开了笼子,给予这只小鸟放飞的自由。这段记忆现在对于他理解自由的性质有了新的价值。弗洛姆写信给罗伯特·林德,说他打算把手稿的焦点从当时的纳粹转向"关于自由和焦虑的问题,或者说对自由的恐惧或逃避"。弗洛姆指出,从文艺复兴时期开始,个体享受富裕、友爱、自主和生产性的生活的自由和机会大大增加。然而,更大的自由经常会带来关于一个人如何塑造自我命运的巨大焦虑和不确定性。将新的自由交付给权威人物并接受他们承诺的虚假的安全感(即,简单地服从于外部社会的压力),似乎比相信自己有能力做出理性的决策更少令人烦恼。法国人亚历西斯·德·托克维尔[1](Alexis de Tocqueville)在《美国的民主》(*Democracy in America*)一书中提出人们如何"惧怕他

---

[1] 亚历西斯·德·托克维尔,法国政治思想家和历史学家,《论美国的民主》一书的作者。
——译者注

们的自由能动性（并且）害怕他们自己"，尽管弗洛姆并没有研究过这本书中的观点，但它确实与弗洛姆和林德的通信内容颇为相似。于是，一个新兴的自由世界及其不满成为弗洛姆这本书的写作主题。林德为弗洛姆的文本编写提供了具体且系统的建议，并建议弗洛姆将"逃避自由"作为标题。1939年是第二次世界大战在欧洲爆发的一年。也就是在这一年，新研发的药物使弗洛姆与肺结核的痛苦斗争得到了长期缓解，这使他能够以更充沛的精力来写作。他在两年内完成了这本书，而且它很快成为西方思想中的经典作品。尽管这本书在资料和论据方面都有一些明显缺陷，但它仍然赢得了大量读者的共鸣。在战争期间，这本书一共印刷了五次。1941至1964年，这本书的精装版印刷了24次之多，并且有多种译本，销售达数百万册。[4]

除了权威主义危及整个欧洲和社会顺从的压力威胁西方民主，以及弗洛姆的健康状况变得糟糕之外，是什么使得他如此难以找到《逃避自由》的最终主题呢？为什么他在权威主义和自由两个主题徘徊不定之后，最后决定将这两个主题都囊括进来呢？他与专业人士和知识分子同僚之间的关系是如何发挥作用的？在弗洛姆的直接个人经历中，哪些因素能够诠释他在最终著书时所秉持的坚定与明确，以及他的行文所具有的活力？在构思《逃避自由》的过程中，他的个人生活的细节又是如何凸显的？

这些问题均说明了《逃避自由》那复杂和变化的背景包含了历久不衰的信息。因为弗洛姆痛切阐述的顺从压力在21世纪仍然占支配地位，而且权威主义和半权威主义政府仍明显享有权力，所以《逃避自由》这本书在出版将近70年之后，仍然对我们的生活具有极其重要的意义。鉴于弗洛姆自己对社会影响的强调，我们彻底了解那些促成这一结果的传记细节将具有指导性意义。

移民出境

尽管《逃避自由》更为关注顺从和权威主义的威胁，以及自由这一社会心理状态，而不是希特勒政权的细节，但是弗洛姆对德国政治的状态深感忧虑。十年间，他的身心不断遭受到纳粹的折磨。为了安抚纳粹政权，柏林的德国精神分析协会迫使犹太会员引咎辞职。作为德国精神分析协会中的一员，弗洛姆愤怒地向卡尔·缪勒-布伦瑞克（Karl Müller-Braunschweig）——被留下的两名非犹太负责人之一——提出抗议，但没有取得任何效果。在他搬到纽约之后，弗洛姆每次聚会的讨论几乎都离不开纳粹主义的恐怖。1938年，他在达沃斯遇到了堂妹格特鲁德·亨齐克·弗洛姆，堂妹担心他们的德国亲戚可能遭受到威胁，而弗洛姆努力帮助她平息这种恐惧。一般人很少知道，弗洛姆花费了大量的时间和金钱帮助德国的犹太人（特别是他的朋友和家人），帮助他们逃离已经迫近的大屠杀。他并没有考虑将《逃避自由》作为一个公开讨论个人经历的地方。然而，这个维度可以使他的作者立场更具活力和紧迫性，或许也可以使这本书更具吸引力。事实上，《逃避自由》一书后面章节的力量逐渐彰显，因为弗洛姆强调了将个体自我的自由交付给独裁政体（比如希特勒政权）或者屈服于政治民主的顺从压力所具有的危险性。[5]

1934年5月，弗洛姆决定移居国外——当时希特勒已经上台，但离开德国还没有那么困难，而且费用也不会过于昂贵——他到瑞士生活了一段时间。然后他从瑞士出发，经过巴黎到达英国的南安普敦，又从南安普敦到了纽约。弗洛姆前一年曾在美国呆了几个星期，熟悉了东北部城市和芝加哥，并多次接触纽约的精神分析和学术群体。1940年，他理所当然地被授予了美国公民身份。也许是因为他的移民过程并不特别艰难，弗洛姆从来没有将自己定性为希特勒政权下的德国难民，尽管在纳粹统治结束之前他一直未能返乡。即便如此，即便他不得不将许多书籍和财产留在德国，但弗洛姆还是认为移居美国是他自己的选择，而不是因为他的生存受到直接威胁。[6]

1933年末,弗洛姆的父亲纳夫塔利因心脏病发作意外死亡,这时罗莎一个人被留在法兰克福的家中。弗洛姆敦促她与他一起移民,但她宁愿留在法兰克福,她在那里还有朋友,而且在柏林和德国其他地方还有家人。像许多德国犹太人一样,她不相信纳粹主义会带来多严重的威胁。1936年5月,弗洛姆将他在法兰克福银行的储蓄账户兑现,将这笔资金转移给罗莎;因为她自己的钱很快所剩无几,也没有丈夫为她带来收入。在同年夏天,弗洛姆又给罗莎汇了一笔款,以便她能在秋天来到他在纽约的公寓。弗洛姆希望劝服她不要再回德国,但在纽约呆了两个月后,她还是在11月回到了法兰克福。[7]

根据他在20世纪30年代的美国联邦税收报表,弗洛姆的收入达到了中产阶级水平。他每年可从法兰克福研究所拿到5000~6000美元的薪水,外加他通过少量精神分析实践获得的2000多美元,如果换算成2012年的货币,他的总收入大约是12.5万美元。在税务报表上,弗洛姆将他的母亲列为被赡养人,并通过汇款到法兰克福银行定期给她寄送100美元。为了确保不会中断,1936年底,他还在查尔斯·索姆罗公司(Charles Somlo & Company)——一家在德国有良好关系的纽约金融公司——开设了一个账户。他要求索姆罗公司每个月另外从他的账户转75美元给他的母亲,并且在1937年底将转账金额增加至105美元。因此,在这个时候,罗莎每个月会收到205美元。以20世纪30年代的标准来算,这已经是相当一大笔钱了。[8]

尽管在提到罗莎的母亲身份时,弗洛姆偶尔会带着蔑视的态度,但是他一定会给她汇去足够的钱,这笔钱在他的个人资产中并不是无足轻重。弗洛姆在人生中的这段时期努力理财,他想在德国形势不断恶化的情况下,拥有足够的金钱以过上舒适的生活并且能够帮助他的母亲及其他人。

即使罗莎能够收到法律许可的最大额度的金钱,但弗洛姆还是越来越担心她的安全。1938年3月,德国军队入侵奥地利,并通过1938年9月的慕尼黑协定,希特勒迫使捷克斯洛伐克放弃苏台德地区。此时,弗洛姆极力敦促他的母亲来美国和他待在一起,并准备了一份担保书——承诺他将赡养她,如果她移民的话。不过,罗莎拒绝离开——直到"水晶之夜"事件发生。那是1938年11月初的两天,当时德国与奥地利部分地区(包括维也纳)的犹太人遭受了有组织的暴力攻击。犹太人的村庄、家园、公司和犹太教堂都遭到了严重破坏。到这个时候,纳粹政权已经对移民事项收取高额费用并附加其他要求,同时美国也收缩了针对德国犹太人的移民政策。在罗莎移民至美国之前,英国愿为罗莎提供18个月的庇护。然而,要想获得庇护,她必须交付1000美元的保证金。1938年12月初,尽管他与法兰克福研究所的关系比较冷淡,但弗洛姆还是请求霍克海默支付给他500美元的现金贷款。他告诉霍克海默,卡伦·霍妮已经保证借给他500美元。尽管弗洛姆与他分居的妻子里奇曼仍然保持着良好的关系,但她已经支付了5000美元来营救她自己的兄弟姐妹,因而也面临着财政困境。弗洛姆写信给霍克海默,"万一要是不可能"获得需要的500美金,"请给我打个电报,以免我对营救母亲产生不现实的期望"。霍克海默立即回复:研究所正面临财务危机,无法安排贷款。尽管细节不得而知,但弗洛姆还是筹到了钱——可能是他自己的再加上一些朋友的资助,也可能是援助德国难民和移民的国家统筹委员会(National Coordinating Committee)的一名亲戚提供了帮助。弗洛姆最终将母亲送到了英国,并为她提供了足够的资金,直到她在1941年获批移民美国。[9]

痛苦与繁荣:索菲姨妈的选择

随着希特勒扩大他对欧洲大部分地区的控制,弗洛姆开始思考人类在这些恐怖的环境下艰难的未来。而且尽管他能够让他的母亲离开德国,但他还不得不考虑其他不幸的家人和朋友的求助。海因茨·勃兰特（Heinz Brandt）是他母亲这边的远房表弟。海因茨的祖父路德维格·克劳斯在弗洛姆的童年期扮演了非常重要的角色，并鼓励他走向学术之路。在叔公路德维格去世之前，弗洛姆承诺"只要他的孙子们有需要，我将尽我所能帮助他们。"到20世纪30年代中后期，路德维格·克劳斯最大的孙子海因茨无疑是需要帮助的。[10]

希特勒上台后，海因茨·勃兰特是社会学和经济学专业的学生，也算是一名知识分子。作为德国共产党中的一员，他加入了反纳粹的地下组织。由于他反对纳粹政权，海因茨和几名共产主义同事于1934年12月被捕，被宣判为叛国罪，在普鲁士监狱关押了6年。在1940年12月服刑期满之后，海因茨的非犹太人同伴被释放，但他仍被留在监狱中。1941年，他被转移到萨克森豪森（Sachsenhausen）——一个位于柏林郊区小镇奥拉宁堡的早期集中营。这个集中营成立之初是为了处理政治犯。1942年10月，他再次被放逐——这次是奥斯威辛集中营。在奥斯威辛待了两年多之后，海因茨被要求参加臭名昭著的"死亡之旅"——从奥斯威辛集中营前往布痕瓦尔德（Buchenwald）集中营，而他竟然奇迹般地生存下来了。[11]

弗洛姆在20世纪30年代中期获悉海因茨·勃兰特最初的监禁情况，并开始与海因茨·勃兰特的母亲格特鲁德（Gertrud）通信，为她寄送了很多钱。在德国人占领波兹南时，她和她的丈夫以及最小的孩子沃尔夫冈（Wolfgang），被驱逐到卢布林附近的奥斯特罗夫-卢贝勒斯（Ostrow-Lubelski）的一个犹太人安置区。随着新地区经济条件越发艰难，她开始活跃于一个被驱逐同胞的互助组织。她的丈夫在1940年去世，弗洛姆愿意为格特鲁德做任何他能做的事情，但是他能做的也很有限。[12]

弗洛姆曾借助自己所依赖的一些渠道（包括索姆罗金融公司）来支持和救助他的母亲，并每月向波兹南转寄大约75美元以帮助勃兰特一家。1938年，格特鲁德告诉弗洛姆，海因茨安危未定，并敦促他向德国政府请求赦免海因茨，并为他获取离开德国的签证。弗洛姆写信给霍克海默，询问他是否能通过法兰克福研究所与哥伦比亚大学的关系，为海因茨弄到一张学生签证。这一途径失败之后,弗洛姆联系了在伦敦公谊会的德国紧急委员会(German Emergency Committee)工作的赫米娅·尼尔德(Hermia Neild),并与她一起研究如何才能使海因茨被释放并进入英国领地。尽管因为波兰移民英国的名额有限,海因茨很晚才登记上,但弗洛姆还是弄到了合适的签证。然而,当德国和英国之间爆发战争后,纳粹政权拒绝向犹太共产主义者颁发英国签证,所以海因茨仍被留在监狱中。[13]

1940年年初,弗洛姆联系了日内瓦法兰克福研究所办公室的法韦夫人(Madame Favez),并汇钱给她,让她关注海因茨的行踪并确保格特鲁德及其家人不会挨饿。之后,法韦和弗洛姆试图为海因茨弄一张去往拉丁美洲国家的签证。格特鲁德发现,如果海因茨转移到上海,就可能会被释放;弗洛姆立刻联系柏林的犹太难民组织(Jüdische Hilfsverein)(一个成立于1841年为犹太学生提供经济援助的组织),捐赠了280美元,并让勃兰特家在西雅图和波士顿的亲戚捐献了300美元——这已经超过了他被告知所需的交通费用。在德国当局拒绝将海因茨送往中国之后,弗洛姆又提交了几份宣誓书,请求美国领事向海因茨颁发美国签证:"因为这个年轻人已经失去了他的父亲,既然他的母亲无法帮助他,那么我就是唯一一个能够帮助他的人,因此我感到有强烈的道德责任去这样做。"[14]

纳粹反复拒绝释放海因茨。1942年秋天,他被送往奥斯威辛集中营时,弗洛姆预计他会被处决。尽管如此,弗洛姆仍在不断尝试解救他。海因茨在前往布痕瓦尔德集中营的死亡之旅中存活下来,这个地方后来由美军解放了。全都是"运气、运气、运气",海因茨这样解释他的幸存,但他感谢弗洛姆促成了这种"运气"。[15]

弗洛姆和勃兰特成了终生的朋友。弗洛姆从未停止鼓励他去参与他的政治活动和学术兴趣,并在资金上为他提供支持。每当弗洛姆写下自由是道德行为的一种责任时,他对海因茨·勃兰特事件的反思帮助他更好地组织了文字。对于这件事的思考,在弗洛姆日后几乎所有关于权威主义的阐述中都起到了重要作用。[16]

在构思并完成《逃避自由》的这些年中，除了帮助格特鲁德和海因茨之外，弗洛姆还被卷入了克劳斯家族成员之间的通信网络。这个通信网络对于理解《逃避自由》有着不可估量的重要性。更概括地说，它像是一座无名宝藏，可以帮助我们理解德国犹太人在应对纳粹时做出的选择。

索菲·克劳斯·恩兰德（Sophie Krause Engländer）与她的女儿伊娃·克拉考尔（Eva Krakauer）以及其他克劳斯家族成员相互之间的通信揭示了一种情况：当一个德国犹太人家庭在一个不欢迎犹太移民的世界中被迫分离时，他们是如何疯狂地努力维持情感上的联结。伊娃在逃往玻利维亚的拉巴斯之后倍感孤单，她写信给克劳斯家族所有的直属亲戚，用了大段的内容叙述她从索菲的长信中收到的信息（有时还会直接把原始的信件装进信封）。家族成员，包括伦敦的罗莎和纽约的弗洛姆在内，被要求补充整个家族的信息，并催促收件人也这么做，尤其是他们收到索菲的直接来信时，以此创造一种连锁信件的效应。当索菲和她的丈夫大卫最终在特莱西恩施塔特（Theresienstadt）集中营被处决时，她留下了大量的信件，这些信件揭示出弗洛姆在家族安抚和营救工作中的重要位置。这些信件的意义远大于其他资源，它们揭示了《逃避自由》中强烈的个人维度。事实上，如果克劳斯家族的悲剧不是他人生中的一个核心经历，弗洛姆可能很难表达出如此深刻、热情和强烈的言论。然而，尽管弗洛姆在家族安抚和营救中扮演了重要的角色，但是这些信件反复暗示：鉴于他的资源和关系，他本可以为危难中的家庭成员做得更多。正是这个事实导致了弗洛姆不仅与这个大家庭决裂，最终还与犹太宗教断绝了关系。[17]

1939年3月，索菲·克劳斯·恩兰德开始每周写信给在拉巴斯的伊娃家人，当时她65岁，她丈夫76岁。与许多其他德国犹太人不同，索菲和大卫发现他们自己陷入了水晶之夜事件后的德国。除了就业限制以及对他们赚钱能力的限制之外，纳粹政权开始针对移民收取高额的费用。

犹太难民组织让年轻一代的犹太人先行离开,索菲和大卫拿出他们的钱财帮助伊娃和她的丈夫伯恩哈德（Bernhard）搬到拉巴斯。在拉巴斯,伊娃和伯恩哈德试图筹集更多的钱帮助他们的父母离开德国,并在很大程度上依赖于弗洛姆的捐赠。然而,1939年下半年战争爆发了,这意味着索菲和大卫不大可能离开德国了,因为现在德国对于签证和航运有了更为严格的限制。[18]

尽管如此,索菲和大卫·恩兰德仍决心逃走,而逃亡所需的钱财远比他们预期的要多。他们必须支付特别费用以及向纳粹官员提供高额贿赂。这对夫妇向克劳斯大家族发出请求,尽管他们预计大部分资金将来自纽约的亲戚。这些亲戚已经掌握了水晶之夜事件后救援工作的一些程序,并且已经取到了相当突出的成果。[19]

"不幸的是,我们在选择我们的美国亲戚时不够谨慎。"索菲在1940年1月写信给伊娃时,含蓄地指责弗洛姆。弗洛姆确实捐助了一些钱,但索菲知道,他捐助的钱远少于送给勃兰特家庭的总数。在营救勃兰特家庭的过程中,弗洛姆与丽莎·雅各布（Lisa Jacob）——一名犹太人救援工作的老手——谨慎地合作,但弗洛姆并没有联系她来解救索菲和大卫·恩兰德。伊娃暗示,因为弗洛姆没有孩子,所以他缺乏一种家庭责任感。索菲试图刺激她的姐妹罗莎,让她说服儿子多为他们做一点事。[20]

除了记录他们自己的逃避经历之外,索菲给伊娃及其家人的信件还描述了这个家族在世界各地的逃亡路线和落脚点。除了罗莎之外,索菲的信件还报告大姐安娜·鲁思（Anna Ruth）设法逃离德国的情况,她和她的丈夫——一名外国记者威廉·布雷斯劳尔（Wilhelm Breslauer）最终在1939年移居智利（给德国犹太人颁发签证的最后几个国家之一）。弗洛姆的表妹夏洛特在1937年与她的丈夫利奥·赫希菲尔德（Leo Hirschfeld）——曾经是柏林的一名审判员,一起去了巴西的圣保罗。而夏洛特的弟弟,建筑师弗里茨·斯坦（Fritz Stein）和他的妻子罗特·蒙特（Lotte Munthe）也跟随着来到了圣保罗。夏洛特和弗里茨救出了他们的父母玛莎和伯恩哈德·斯坦,同样将他们带到了圣保罗。[21]

索菲的信件还仓促地提到：其他人最后去了巴勒斯坦，而一些犹太朋友去了古巴，然后又从古巴前往别的地方。弗洛姆以他能做到的方式为这些逃亡提供了支持。例如，他于1941年5月在纽约提交了一份担保书以保证支持他的姨丈和姨妈——马丁（Martin）和乔安娜·克劳斯（Johanna Krause），但是他们的最终命运不得而知。[22]

索菲的信件总是充满了乐观的情绪。这些信件通过伊娃流向克劳斯大家族，它们像是积极向上的情感胶水，把整个大家族凝聚在一起；并使资讯在玻利维亚、智利、巴西、英国、北美和其他地方的家族成员之间流通。索菲描述了她如何将家人的照片放在她的书桌或墙上，就好像她正在和它们交谈："你们的脸庞正在对我微笑。请不要抱怨我们不能再来看你……当你写信给斯坦家（the Steins）、赫希菲尔德（Hirschfelds）家族的所有成员——罗莎阿姨、弗洛姆、阿尔特曼（Altmanns）、梅塔（Meta）、义塔（Ita）、姨妈欧玛和格雷迪的时候，请代我向他们问好。"当索菲和她的丈夫即将离开特莱西恩施塔特时，她仍保持乐观："我们曾拥有一个美好、和平的生活，因为我们有让我们感到骄傲的子孙，我们有和谐共处的兄弟姐妹。当我们在一起时，我们心爱的霍恩贝格（Hohenberge）是多么的美丽。"还有一次，索菲通过伊娃向她的家人表达："一个人曾经拥有的欢乐和对一切事物的感恩，使他的生活如此充实。""我们是如此幸运，能够在生命中认识这么多善良和亲爱的人们。"索菲在她最后一封信中总结道："我必须一次又一次地告诉你们，这些信对我们而言意味着什么"。尽管他们面临纳粹的暴行，但是温暖且充满希望的通信维持了一种家庭的感觉。如果你好奇为什么弗洛姆的生活经常充满欢乐，即使他遭遇了家庭的破碎和其他重大的麻烦，那么可以告诉你，索菲的来信与之不无关系。[23]

因为罗莎也与整个克劳斯家族保持了大量的通信（她的通信更为简单且几乎没有透露重要信息），所以弗洛姆越发被卷入克劳斯家族的通信网络。由于德国当局会审查罗莎和索菲信件的内容，因此她们均通过代码使用微妙的暗示来描述德国犹太人的危险局势。例如，"H先生"

或"第1号"代表希特勒,"M先生"代表墨索里尼,而"旅行者"表示最近被处决的人。

除了发明这种代码和管理大多数的家庭通信之外,当索菲怀疑她寄给某个家庭成员的信件没有送达时,她会写信给弗洛姆寻求帮助。当她与伊娃之间珍贵的通信似乎在寄送过程中"遗失"时,索菲把信中的信息转述给弗洛姆,要求他必须以某种方式传达给伊娃。索菲和伊娃也指望通过弗洛姆了解海因茨·勃兰特的困难处境。也许具体而言,尽管索菲暗示弗洛姆未能在财务方面给予他们足够的帮助,但家族成员仍认为弗洛姆体现了犹太人的"上帝"内涵,这种内涵在本质上代表着伦理行为。他们提到了弗洛姆寄送给他们的许多书籍和物品。这些实实在在的礼物促使索菲将弗洛姆视为这个大家族所得援助的最"安全的"来源。[24]

尽管弗洛姆为亲戚们做了一些事,但是他在协助索菲和大卫·恩兰德方面的作用很有限,这暗示着弗洛姆和克劳斯大家族之间出现了家庭裂痕。弗洛姆认为,海因茨·勃兰特和他的母亲以及兄弟姐妹都积极地追求自由,但是索菲和大卫·恩兰德缺乏这种积极性。即使发生水晶之夜事件时,恩兰德仍然期望希特勒将会下台,这在弗洛姆看来是很荒谬的。他没有认识到恩兰德要比海因茨·勃兰特年长许多,并且因为希特勒在考虑"最终方案",柏林的犹太人想要逃离变得限制重重。[25]

如果索菲因为弗洛姆未能给她提供足够的帮助而感到不满,这说明她还不理解许多其他德国犹太人的生活和福利已经牵制了他的注意力,其中包括他的导师萨尔曼·拉比诺和彼得·格鲁特(Peter Glück)——一位杰出的德国经济与政治评论家。事实上,他帮助了相当多的犹太知识分子、宗教领袖和政治活动家。关键在于,当弗洛姆正在撰写《逃避自由》的时候,他也正在积极地帮助移民者逃离希特勒政权,以便他们能够享受自己的自由。他对移民者的日常援助无疑影响了这本书的清晰性和影响力。[26]

文化与人格运动

弗洛姆的法兰克福同事们迁移到纽约市之后,大多数人仍然使用德语交流和写作,这使他们的活动局限在晨边高地的研究所大楼里。相比之下,弗洛姆很快与哥伦比亚大学的同僚打成一片,并与纽约的许多精神分析师取得了联系。在各种活动中,他尽量使用熟练的英语进行交流和写作。这个掌握英语的过程开始于他在柏林精神分析研究所与其美国病人之间的交流。弗洛姆最初的几篇英语论文出现在1937年和1938年。当法兰克福研究所拒绝发表《分析社会心理学的方法与目的》(1937)之后,他便自己将它翻译成英语以便美国读者能够阅读。当弗洛姆撰写《逃避自由》的前几章时,他邀请耶鲁大学杰出的社会心理学家约翰·多拉德审阅他的文章,以确保美国读者能够理解这些内容。除了少数的语法错误和用词不当之外,多拉德向弗洛姆保证他的英语文章叙述清晰且引人注目。事实上,这份手稿已经接近文学上的"优雅"。尽管如此,弗洛姆仍然在他的改写稿中努力完善文章叙事。他还试图增加自己对美国文化知识的掌控(至少是谨慎地),特别是心理学和哲学期刊中的最新材料。弗洛姆还认为,熟悉这个新国家的流行文化具有重要的意义,能够使《逃避自由》更有效地警示美国读者:即使在声称拥有自由的民主社会中,顺从的压力也是内含其中的。[27]

随着弗洛姆逐渐脱离法兰克福研究所,他发现了一个新的"社会与智性之家",这里有一群新弗洛伊德主义者,包括著名的哈里·斯塔克·沙利文、克拉拉·汤普森和卡伦·霍妮。这些人又与一群"文化主义"人类学家建立了联系,包括玛格丽特·米德、鲁思·本尼迪克特和爱德华·萨丕尔。他们发起了令人兴奋和富有创造性的"文化和人格"运动。弗洛姆的兴趣逐渐超出了周一晚上与黄道小组(Zodiac group)的聚会,这是一个非正式的新弗洛伊德主义者的讨论小组,由沙利文领导,时常有一些其他人加入,比如艾布拉姆·卡迪纳[1](Abram Kardiner)和弗洛姆已经分居的妻子里奇曼。他还参加了在霍妮的公寓里举行的令人兴奋和欢乐的每周聚会,这个聚会关注文化和人格,并在20世纪30年代后期取代了黄道小组。弗洛姆与这个团体分享了他对格罗代克和费伦齐的人本主义治疗方法的敬仰,以及他对华盛顿精神病院怀抱的希望。尽管这个团体对弗洛伊德的正统理论有所抵触,并且拒绝(在不同程度上)性驱力的概念,但他们还没有完全被说服去接受这一假设:社会对个体的心理具有决定性的影响。

弗洛姆的这个新"家庭"基本上体现了一群"文化主义"精神分析先驱者的创造力高峰。约翰·多拉德和爱德华·萨丕尔邀请这些分析师去他们家里,去参加他们由洛克菲勒基金会资助的耶鲁大学"文化和人格"研讨会。作为跨学科运动的杰出促进者,米德邀请他们参与各种各样专业的和非正式的聚会。作为华盛顿-巴尔的摩精神分析研究所的负责人,汤普森和沙利文邀请这些人类学家参加他们的聚会。而霍妮试图将他们拉进正统的纽约精神分析协会(New York Psychoanalytic Society)的论坛,但没有成功。

在弗洛姆撰写《逃避自由》时,文化与人格运动为他提供了一个重要的背景。他与这群不拘一格、思想自由的人类学家和新弗洛伊德学派的心理学家之间的互动,使他自己融入了这群充分拥抱个人与知识自由的学者当中。这些人与正统的制度和主流的规范针锋相对,尤其是他们声称文化比生物学更能解释人类行为。[28]

这个团体在当时几乎没有一个学术正统的代表,相反,这些成员代表了许多不同的种族、性别和性取向。在尝试解释文化对个体的影响时,他们整合了心理学和人类学这两门学科。他们不是通过生物学来解释个体之间的差异,而是相信个体的差异可以由文化条件来解释,尤其是儿

---

[1] 艾布拉姆·卡迪纳,美国人类学家、精神分析学家、新精神分析社会文化学派的代表人物之一。——译者注

童早期的差异。虽然在构思《逃避自由》的过程中，这些社会建构主义者思想的影响无疑至关重要，但是他们的生活方式也发挥着重要作用。弗洛姆发现，他自己和这些学者就是自主行使自由的一个例证，尤其是在性方面。有些学者描述他们是广义上的"现代主义者"，是亲身实践弗洛伊德理论认可的智力和社会生活的特立独行者，是性欲压抑的突破者。这个团体的成员之间存在许多婚外恋情况，尤其是米德和本尼迪克特，还包括沙利文和他许多不同的男性室友。弗洛姆猜测，这个团体例证了他在书中概括的摆脱了权威的生产性。在这些学者当中，有几个人对弗洛姆具有特别的影响：霍妮、沙利文和米德。[29]

卡伦·霍妮

弗洛姆与卡伦·霍妮的长期友谊对他理解和接触美国人起到了作用，也有助于他熟悉这个新国家以及同事们。当他和里奇曼拜访位于巴登-巴登的乔治·格罗代克时，弗洛姆便对霍妮产生了兴趣。霍妮比他年长15岁，是一名医生，也是柏林精神分析研究所的第一个女性成员，她在研究所中担任高级培训分析师。到20世纪30年代初，弗洛姆与霍妮的友谊更上一层楼。她引导弗洛姆度过了柏林精神分析研究所的政治风波，这个研究所摆脱了弗洛伊德的压倒性优势。弗洛姆发现，在柏林精神分析研究所，奥托·费尼谢尔、威廉·赖希、弗兰茨·亚历山大和其他人可以进行理论和技术上的创新，并且可以从魏玛的政治和文化氛围中汲取灵感。[30]

在研究所的那几年，弗洛姆经常拜访卡伦·霍妮位于柏林的家，而霍妮那3个十几岁的女儿将他视为她们家庭的一分子。在一定程度上，他似乎取代了她们的父亲奥斯卡·霍妮——奥斯卡与卡伦已于1926年离婚。在1934年之前，并没有证据显示弗洛姆与霍妮已经存在性关系，但弗洛姆与里奇曼的婚姻实际上在他1931年搬到疗养院之时已经结束，尽管他们直到20世纪40年代才最终离婚。通过格罗代克，通过他们一起阅读巴霍芬，通过柏林灵活多变的精神分析氛围，弗洛姆和霍妮都开始对弗洛伊德所强调的父权制、俄狄浦斯情结和女性性器自卑感产生怀疑，当然他们多少有点将其过分简单化了。弗洛伊德的亲密弟子海伦妮·多伊奇[1]（Helene Deutsch）认为，弗洛伊德在性别问题上越来越不那么教条，而且对这个问题越来越有发言权，但她很少在弗洛伊德拥护者的核心圈子外传达这一观察结果。霍妮对那个圈子内部的讨论毫不知情，她在早期工作中直接表达了自己对弗洛伊德学派正统观念的看法。她坚持认为，女性的心理与嫉妒男性阴茎并没什么关系；相反，女性心理的基础是缺乏自信和过分强调恋爱关系。弗洛姆同意霍妮的这一观点：弗洛伊德敷衍了母系氏族的传统，以及男性对于女性的创造和维持生命的能力感到的不安。更概括地说，他们两个不仅从内在角度解释人类动机，而且还开始从文化和社会角度进行解释。[31]

1932年，霍妮移民到美国，成为弗兰茨·亚历山大新建立的芝加哥精神分析研究所（Chicago Psychoanalytic Institute）的副主管。这是一种令人不自在的关系，因为在柏林时弗兰茨曾是她的下属。随着霍妮越来越了解德国和美国文化以及语言之间的显著区别，她越来越偏离弗洛伊德的正统理论；并且越来越信任这个观点，即文化的特性强化了遗传所影响的性格特质。霍妮知道，弗洛姆与她秉持共同的文化观点，并且具备英语读说能力；所以，她在1933年邀请弗洛姆作为芝加哥精神分析研究所的讲师，当时他正在访问美国并且不久被委托为法兰克福研究所寻找一个容身之处。当纳夫塔利在法兰克福去世时，弗洛姆正在芝加哥，没有返回德国参加葬礼或纪念仪式。除去时间、距离和航运费用等因素外，弗洛姆的缺席强调了他在努力避免重燃痛苦的童年记忆。相反，他

---

[1] 海伦妮·多伊奇，美籍波兰裔著名精神分析学家和教育家，女性精神分析的先驱者，弗洛伊德的追随者之一。——译者注

选择留在美国,并在第二年跟随霍妮到了纽约。霍妮因为一个更加独立和重要的职位而离开芝加哥,尽管她在纽约精神分析研究所与正统的弗洛伊德主义者也有冲突。弗洛姆则与他法兰克福研究所的同事们定居在晨边高地。[32]

尽管弗洛姆在法律上仍与里奇曼保持着婚姻关系,他帮助她离开欧洲,协助她在美国建立了她自己的专业,但是他和霍妮之间变得越来越亲密。当然,弗洛姆知道霍妮与许多年轻男性有过一系列的风流韵事,她曾经是其中许多人的督导师或培训分析师。显然,这些男性让她感到青春焕发。从童年开始,消极的自我形象和不安全感便折磨着霍妮。性征服让霍妮保持活力与欲望,而年轻的精神分析学员经常在其中(与一位杰出的高级分析师发生性关系)看到职业利益。霍妮在芝加哥的许多风流韵事在专业伦理上是有问题的,因此当她离开芝加哥精神分析研究所前往纽约时,亚历山大感到如释重负。弗洛姆欣赏霍妮的直率、朴实以及她的激情。她似乎以内在的能量和率直在"熊熊燃烧",这掩盖了她不那么出色的外貌以及她在性方面的多伴侣癖好。弗洛姆还认为霍妮是"一个勇敢的直抒胸臆的人"。尽管他们的年龄差距很大,但霍妮认为年轻的弗洛姆有几分理想化的父亲形象,或许替代了她与自己父亲的不良关系。显而易见,这使得他们两人的性关系更为复杂,甚至拖累了这种关系。弗洛姆是她的"魔幻帮手"(magic helper),他在白天赞成她对精神分析的挑战,在晚上又与她同眠。从弗洛姆的角度来看,与霍妮之间的关系可能满足了他对女性友谊的稳定需求,这种友谊在他的一生中一系列严肃和有时偶然的关系中十分突出。[33]

霍妮对正统弗洛伊德学派的攻击远远超过了弗洛伊德对女性心理学的误解。到1935年,霍妮开始提出关于神经症根源的论断,这最终形成了她极受欢迎的著作——《我们时代的神经症人格》(*The Neurotic Personality of Our Time*, 1937)。弗洛伊德在《文明及其缺憾》明确表达,神经症根源在于人类需要通过抑制本能而获得制度稳定,而霍妮认为神经症的原因在于文化束缚。如果父母对他们的孩子具有同理心,增强孩子的安全感,培养孩子独特的积极向上的个性,减少环境中的竞争性和动乱不定,那么孩子就可以免于神经症并过上幸福且具有生产性的生活。然而,霍妮忽视了弗洛姆和弗洛伊德不时强调的:文明可以是一种抑制力量,但它也可能是一种社会团结的力量。[34]

霍妮之后的两本书《精神分析新法》(*New Ways in Psychoanalysis*,1939)和《自我分析》(*Self-Analysis*,1942)似乎更加乐观。事实上,它们强调了一个"积极向上的"视角,它不同于弗洛姆后来所谓的"生产性性格"。即使一个人本来未必健康,因为天生的建设性和可塑造性的"体质",个体长大后也能克服这些缺点。除了积极的养育之外,一位"善良友好的"分析师,一种支持性且相对非竞争性的环境,可以(在任何年龄阶段)释放一个人被压抑的神经质性格防御(通常根源在于异化),并为个体充分的自我实现带来空间。[35]

霍妮和弗洛姆都对美国充满好奇,他们因不断讨论个人和社会问题而茁壮成长。由于知道在今后一段时间内无法回到德国,他们便决定安心待在美国。就像她曾经在柏林做过的一样,在美国,霍妮也提升了弗洛姆对美国精神分析理论和精神分析政治学的了解。他们发现,在新环境中,他们能够更好地作为一个"文化主义者"取代正统的弗洛伊德学说。霍妮增加了她对以下议题的认识:母亲养育和女性心理问题,治疗过程中温暖和共情的重要性,人类性格的巨大潜力和弹性。随着弗洛姆开始了解霍妮关于神经症根植于基本焦虑的概念,他将这一概念等同于个体内在的无力感和痛苦,并越来越多地称之为"异化"。她的"积极向上"这一目标非常接近于他的"生产性社会性格"的目标。反过来,他教授霍妮关于社会经济结构和社会阶级的知识,帮助她熟悉经典的社会学理论,并使她能够更清楚地理解竞争性的资本主义社会对其公民的有害影响。

霍妮还帮助弗洛姆结识了一群修正主义的精神分析师,这些人赞同他经常言过其实的与弗洛伊德的差异,并且受到他不断演进的社会性格这一概念的影响,他们当中包括了哈里·斯塔克·沙利文、克拉拉·汤普森和威廉·西尔弗伯格（William Silverberg）。这些人称他们自己为黄道圈子（Zodiac circle）。有时候，霍妮还会邀请有所重叠的文化和人格运动中的其他人前来她的公寓；在这里，弗洛姆认识了约翰·多拉德、鲁思·本尼迪克特、玛格丽特·米德、哈罗德·拉斯韦尔、艾布拉姆·卡迪纳。他们在一起玩轮盘赌的游戏并激发彼此的活力，而弗洛姆有时会唱几首哈西德教派的歌曲来取悦大家。在弗洛姆努力确立《逃避自由》的焦点时，正是这些朋友组成了他主要的智力支持团体。在他分析当代权威主义的悲剧性时，他们为他的生活带来了欢乐的元素，并让他能够清晰地阐述纳粹对德国公众产生吸引力的心理基础。[36]

尽管弗洛姆和霍妮之间的关系非常亲密，但这段关系也有其局限性。霍妮在她的自传体作品《自我分析》中明确地提到了这些朋友，她半虚构地记叙了克莱尔（Clare）与彼得（Peter）之间的关系。像霍妮一样，克莱尔也受到过度的不安全感和强迫症的困扰，并极为依赖于彼得（即弗洛姆）的力量，将其视为她的"魔幻帮手"。霍妮概括性地写道，神经病患者需要一个"伙伴"指导他或她的生活，并且不会将他或她独自丢弃；克莱尔确实有这些需求。尽管彼得很善良并且很关心克莱尔，表达了他"深刻而永恒的爱"，并且经常送给她礼物，但她在自我分析的过程中意识到，他是极度疏离的、自我封闭的和遥不可及的。他怨恨克莱尔过度占据他的时间和精力，并且希望摆脱苛刻的且长期的个人承诺。彼得还有一种自以为是的救世主或先知的品质，这种品质使他难以与克莱尔产生深刻的情感共鸣。[37]

正如彼得不会娶克莱尔一样，霍妮越来越清楚地认识到，尽管弗洛姆可能是一个严谨且聪明的同事，是一个令人兴奋的情人，但是他不会同意娶她。他不想成为她的"魔幻帮手"，并担心霍妮对他的依赖会威胁到他的自主权。他告诉她，他需要集中精力完成这本关于权威与自由的著作。霍妮感到愤恨，弗洛姆的断然拒绝重新点燃了她的自卑感。[38]

另外一个破坏他们关系的因素是，1937年弗洛姆答应对卡伦·霍妮的二女儿玛丽安（Marianne）进行三年的培训分析，当时玛丽安是纽约佩恩－惠特尼门诊部（Payne-Whitney Clinic）的一名精神病科住院医师。尽管让她的伙伴和情人担任女儿的分析师存在情感上的风险，但是卡伦仍然把弗洛姆推荐给玛丽安。弗洛姆缺乏拒绝分析玛丽安的职业性和理解力。在分析的过程中，玛丽安告诉他霍妮作为母亲的缺陷，他把这当作事实，使得弗洛姆与卡伦的关系恶化。[39]

1940年，弗洛姆和霍妮之间的关系结束了。弗洛姆感觉这是一种解放，他可以集中精力去完成《逃避自由》了。事实上，他还与年轻的黑人舞蹈家和编舞家凯瑟琳·邓翰（Katherine Dunham）有了性关系，从而进一步拉大他与霍妮的情感距离。尽管这种快速地过渡到一段新关系的行为似乎违背了他自称的需要时间来写书，但是它强调了弗洛姆对于女性陪伴的自恋式需要，他需要这种陪伴来安定他忙碌的生活。在接下来的几年中，霍妮的自卑感重新浮出水面，她通过与保罗·蒂利希、埃里希·玛利亚·雷马克[1]（Erich Maria Remarque）以及其他人发生性关系来寻找安慰，有时她会向弗洛姆直接展示她的痛苦和愤怒。[40]

1941年4月，纽约精神分析协会指控霍妮在分析培训中"骚扰学生"，取消了她作为培训分析师的资格，并把她从导师降级为讲师。霍妮对弗洛伊德正统理论的公然批评以及她直言不讳的态度，在很大程度上促成了这一结果。目前还不清楚她的性习惯是否也一样直接。霍妮从纽约精神分析协会辞职，然后创立了精神分析进步协会（Association for the Advancement of Psychoanalysis，AAP）。这个精神分析进步协会反映了弗洛姆、沙利文以及最重要的是她自己作为"文化主义者"或新弗洛伊德学派精神分析的观点，尤其是反映了霍妮想要领导一个属于她自己的机构和运动的愿望。在之后几年里，弗洛姆和霍妮仍然维持着一种专业关系；在1943年之前，他们偶尔还会一起旅行。1943年，霍妮剥夺了弗洛姆在临床工作中督导精神分析进步协会学生的权利，并将他降级，

---

[1] 埃里希·玛利亚·雷马克，德裔美国作家，主要因著有《西线无战事》一书而知名。——译者注

要求他去讲授一门关于精神分析技术的研讨课（就像纽约精神分析学会曾经剥夺了她的职责一样）。霍妮声称，因为弗洛姆不是一位受过医学训练的分析师，所以他作为精神分析进步协会的教员将会损害它与纽约医学院建立的友好关系。作为弗洛姆的分析对象兼朋友，克拉拉·汤普森坚持认为，无医学学位精神分析家这个问题只是一个借口，纽约医学院很可能会将弗洛姆的情况当作一个例外。通过削减弗洛姆的职责范围，霍妮在精神分析的内部政治斗争中打败了他，表明了精神分析进步协会只需要一位杰出的和无争议的领导者。这一事件有效地结束了他们之间的关系。[41]

弗洛姆与霍妮之间纷乱的关系影响了《逃避自由》的主题方向。弗洛姆认为，自由要求个体积聚能量和勇气，以自发的、有成效的、被尊重的、积极的方式使用他的自主权。一个人不可以将选择权交付给权威人物，这些人有施虐与受虐的诉求，要求社会顺从一致。当弗洛姆与霍妮在一起时，他确定了自己第一本书的这个主题。她捍卫弗洛姆的理论观点并帮助他坚定立场。霍妮强调她的基本焦虑的概念与弗洛姆的异化密切相关，并强调弗洛姆的施虐与受虐的概念是一种神经质的应对策略。基本上，霍妮帮助弗洛姆摆脱了法兰克福研究所和精神分析群体内部正统观点的束缚。但是，当他们的亲密关系变得磕磕绊绊时，弗洛姆感到这也许不是一件坏事——这段关系限制了他自己的自由。[42]

哈里·斯塔克·沙利文

除了霍妮之外，在弗洛姆构思、重构并完成《逃避自由》的那些年，没有谁的重要性超过了哈里·斯塔克·沙利文。弗洛姆与沙利文详细地讨论这本书的内容，并且借鉴了沙利文的某些构想。在他结束《逃避自由》之时，弗洛姆强调他和沙利文对人类境况的看法是一致的。在这个过程

中,弗洛姆夸大了他与弗洛伊德的不同之处:

我们认为人类主要是一种社会存在,而不是像弗洛伊德所假设的:人首先是自我满足,其次才是需要他人来满足他的本能需求。在这个意义上,我们相信个体心理学从根本上是社会心理学,或者说是沙利文所谓的人际关系心理学。心理学的关键问题是个体与世界特定类型的关系,而不是单一的本能欲望的满足或挫折。

沙利文对《逃避自由》给予了高度评价,作为《精神病学》(*Psychiatry*)杂志的编辑,他很乐意发表弗洛姆的文章。事实上,沙利文在他的杂志中特别关照《逃避自由》,在某一期中安排了8篇关于这本书的长篇评论,评论家包括跨学科的学者,比如鲁思·本尼迪克特和阿什利·蒙塔古[1](Ashley Montagu)以及文化和人格运动中的主要思想家。⁴³

在弗洛姆到达纽约不久后,克拉拉·汤普森成为他的分析对象,他很有可能是通过克拉拉·汤普森结识了沙利文。沙利文主要是在华盛顿特区的圣伊丽莎白医院(St. Elizabeth's Hospital)接受了威廉·阿兰森·怀特的精神病学培训,并在巴尔的摩附近的谢波德和伊诺克·普拉特医院(Sheppard and Enoch Pratt Hospital)参加了第一份工作。20世纪20年代,沙利文成为与精神分裂症患者一起工作的先驱,那时这些患者被认为是自我陶醉的并且无法产生情感依恋。沙利文发现,在谢波德-普拉特医院的病房中,那些年轻男性精神分裂症患者是无法接近的,使用传统的弗洛伊德式技术去探测他们内心的生活以重建被耗尽的自我根本不可行。相反,如果他使用温暖和共情的方式对待这些病人,他们就变得善于沟通。在沙利文看来,治疗师的人格是他能否培养与病人的依恋关系的关键。当弗洛伊德式的挖掘对病人的内在驱力行之无效时,当前的社会生活和人际关系的品质反而帮助精神分裂症患者找到了一条自我理解的道路。沙利文发现,如果对精神分裂症患者辅之以善意和耐心,他们就会谈论起自己的关系模式,包括过去的和现在的。最初,病人和

---

[1] 阿什利·蒙塔古,英裔美国人类学家、人文学者。——译者注

治疗师之间的移情是断断续续的，不规律地触动他在遥远过去的人际关系。然而，随着病人开始喜欢并信赖他的治疗师，他就会揭露并逐渐理解如何消除他整个关系领域的隔离和焦虑。[44]

这些与精神分裂症患者交往的经验影响了沙利文对于人类人格的一般看法。在1930年，他前往纽约，在公园大道（Park Avenue）开了一家私人精神科诊所，并组织成立了华盛顿－巴尔的摩精神分析协会（Washington-Baltimore Psychoanalytic Society）。到1933年，他开始担任威廉·阿兰森·怀特精神分析基金会的主席，并将他的时间分摊给他在纽约的诊所和华盛顿的基金会办公室。随着他结束了在谢波德－普拉特医院的工作，将自己的专业生活重新定位于精神分析实践，沙利文制定并充实了他所谓的"人际关系理论"（interpersonal theory）。

社会心理学家乔治·贺伯特·米德（George Herbert Mead）认为一个人的自我是由"他人的反映评价"形成的，这个观点对沙利文起到了催化剂的作用。到20世纪30年代中期，沙利文得以制定出一个综合性的理论，它基于以下这个假设：一个人的人格并不寓居于内在的自我，而是存在于人际领域，存在于与他人互动的社会环境。个体的人格是一种不断重复的人际交往模式，包括真实的和想象的，它构成了一个人生活的特点。在一些交往中，一个人会追求生物性需要和满足，比如食物和性；但在另一些交往中，一个人会追求在社会中的安全感。在沙利文看来，一位有效的精神分析师应该是一个"参与者－观察者"（participant-observer），他避开了弗洛伊德的中立立场，并以温暖而直接的方式面对病人（尽管沙利文认为治疗师作为"参与者－观察者"与病人之间必然发生移情，但是治疗师必须避免深度的个人卷入）。沙利文鼓励病人呈现他的社会互动模式，不论是真实的还是幻想的，关注当前的人际关系，并将其作为通往过去的隧道。随着病人描述这些人际模式，沙利文开始探索他们内心的冲突和不满，探索他们在那些冲突之地使用的防御机制——用来满足生物需求以求修复人际关系安全感。但是，"安全"或"防御措施"维持了一种令人讨厌的互动模式，因为它们加剧了个体强烈的和弥散的焦虑,类似于与霍妮所说的"基本焦虑"。这种焦虑干扰了个体的思维、沟通、学习、情感亲密和性行为。分析师作为一个支持性的"参与者-观察者",他要与病人一起重新体验那些令人不快的经验,并帮助病人化解那些支撑防御的焦虑。在这个时候,病人开始理解他的防御或安全措施干扰了他的有效生活,并且现在就可以停止依赖它们。从此,人格领域将远离阻碍和不安全感。[45]

当弗洛姆得知沙利文精心阐述的人际关系理论时,他感觉到了他们之间的亲近。弗洛姆严重质疑弗洛伊德的性欲理论,而它在沙利文那里同样没有容身之地。弗洛姆认为弗洛伊德没有充分注意到外部社会因素的影响,而沙利文认为人格完全是一种社会建构。弗洛姆正在努力阐明他即将形成的社会性格的概念,在这个概念中,自我的基础是某个特定群体或文化中的认知和情感的场域。沙利文在一个真实或想象的社会互动的场域中定义自我,对弗洛姆的社会性格的构想起到了指导作用,这一构想成为《逃避自由》结尾部分一篇重要的理论文章。弗洛姆还意识到,沙利文作为"参与者-观察者"的临床方法与桑多尔·费伦齐、乔治·格罗代克,尤其是他最喜欢的导师萨尔曼·拉比诺是相呼应的。[46]

尽管如此,在他们的早期讨论中,弗洛姆坚持认为人格(personhood)所反映的内容不仅是社会关系的人际方面。每个人类都有他内在的深度、精神性和独特性。此外,尽管人际关系理论与马克思主义是一致的,但沙利文并没有吸收弗洛姆所说的"马克思主义人本主义"或者他所强调的经济和阶级的因素。最重要的是,在沙利文看来,治疗师应该是一个人际关系方面的专家;而弗洛姆偏爱"参与者-观察者"这一术语,是因为他感到有效的治疗需要分析师在他个人的内在本质与病人的内在本质之间建立深层的关系。[47]

在接下来的十年里,当弗洛姆提出他的"市场性格"(marketing character)的概念时,他对沙利文的人际关系理论提出了大量的批评。但是目前,弗洛姆还是非常喜欢他这个新朋友。对沙利文而言,他被弗洛姆身上的创造性火花和力量所吸引,这种力量使他像霍妮一样,得以脱离正统的弗洛伊德学派的训练并转向以社会文化为基础的精神分析。尽管沙利文不能阅读德文，但他熟悉弗洛姆对德国工人开展的研究，了解他发表于《社会研究学刊》的几篇文章的内容。更重要的是，沙利文向弗洛姆保证自己正在向他学习，从而安抚了弗洛姆的不安全感。沙利文认为人际关系理论需要不断修改和调整，而弗洛姆在这个过程中一直为他提供帮助。[48]

事实上，作为一名杰出的精神病学家和精神分析学家，在20世纪30年代中期到1941年《逃避自由》出版的过程中，沙利文或许是弗洛姆最重要的赞助人和支持者。1936年10月，沙利文以威廉·阿兰森·怀特精神分析基金会主席的身份给弗洛姆写了一封信，保证了他在法兰克福研究所之外作为一名精神分析师的前途。沙利文的精神分析基金会计划建立华盛顿精神病学院（Washington School of Psychiatry），为跨学科的研究生提供"人类人格研究"方面的培训，这项研究将聚焦于"人类作为一个心理生物有机体在一个文化移民的世界中社会取向"。精神分析师和精神病学家将摇身一变成为社会文化理论家以及临床讲师。弗洛姆受邀担任华盛顿精神病学院的社会心理学教授，每学年进行8次讲座，并且参加纽约的高级研讨会，如果他身在纽约的话。弗洛姆立即愉快地接受了这个任命，并认为这标志着他在享有声望的临床圈子里得到承认，他的弗洛伊德主义修正学说在这里得到认真对待。弗洛姆写道："这所新学院有希望成为一个新的开始，成为精神病学和精神分析理论的一个中心，摆脱了贫瘠的教条主义的束缚，并通过扎根于理解文化和社会动力的土壤而变得肥沃。"在弗洛姆加入华盛顿精神病学院之前，他并没有精神分析病人的固定来源，所以他的实践仅限于几个学科领域（比如社会学和人类学）中那些希望了解精神分析或者想通过精神分析寻求情绪安慰的人。借助现在这种关系，病人转介的机会随之而来，弗洛姆的精神分析实践逐渐成为他主要的收入来源。到这十年结束的时候，他每年可从各种收入来源中赚取可观的5000美元。此外，在1939年，法兰克福研究所还支付给他一笔丰厚的遣散安置费——2万美元。[49]

沙利文提名弗洛姆被收录进《美国科学家的传记名录》(*Biographical Directory of American Men of Science*)。此外,沙利文还被邀请对弗洛姆的论文初稿以及《逃避自由》中的重要章节进行评论。弗洛姆非常感激并承认沙利文的人际关系理论帮助他梳理了弗洛伊德的超心理学无法解决的问题。举个例子,他开始将"爱"理解为"某个客体(即人)受到刺激而积极表达的一种准备就绪的状态"。弗洛姆送了沙利文一箱阿尔萨斯红酒以感谢他的帮助。在他从德语向英语过渡时,在他阐述他的社会性格理论时,沙利文帮助弗洛姆提升了写作风格。沙利文还帮助弗洛姆构建了《逃避自由》的逻辑结构。一直以来,弗洛姆知道沙利文的支持经得起考验,即使他的观点偏离了人际关系理论;沙利文很高兴看到弗洛姆发展出自己的超心理学框架。弗洛姆和沙利文的关系中有一种健康的元素,这要归功于他们的相互支持和生产性的密切交往,包括知识方面和个人方面的。[50]

在将弗洛姆介绍给沙利文之后,克拉拉·汤普森在增进这段亲密的关系上扮演了重要角色,而且她还阐述了这两个人的观点是如何重叠以及分歧的。随着时间的推移,她开始将这两个人视为她的联合导师。1922年,沙利文在巴尔的摩地区认识汤普森,当时她在阿道夫·迈耶(Adolf Meyer)的菲普斯诊所(Phipps Clinic)开始为期三年的住院医师实习;而沙利文在附近的谢波德-普拉特医院工作。在罗得岛州度过童年之后,汤普森开始追逐她的医学生涯,她在彭布罗克(布朗大学女子学院)完成了本科学习。1916年,她进入约翰·霍普金斯大学医学院。她跟随迈耶做精神病住院医生的经历让她接触到沙利文,她帮助沙利文掌握迈耶的"心理生物学"的思想和技术,这一观点将病人的生活经历与他的生理和生物特征相关联。

在沙利文这方面,他增进了汤普森对他的导师威廉·阿兰森·怀特的了解,怀特试图发展一门传统精神病学家可以接受的、以社会为基础的精神分析。汤普森和沙利文之间的知识交往有一些浪漫的色调,尽管他们都珍视各自的自主权和家庭,尽管沙利文具有双性恋倾向(这已经不是什么秘密了)。像弗洛姆的知识分子圈子里的其他人一样,尤其是文化与人格运动中的米德、本尼迪克特和霍妮,沙利文也几乎不遵循那个时代的性规范。1927 年,当詹姆斯·英斯科(James Inscoe)(也就是吉米)作为厨师、秘书和"养子"搬到沙利文家里时,他劝说汤普森去布达佩斯接受费伦齐的分析(费伦齐在汤普森的分析尚未完成时就去世了)。当汤普森在布达佩斯时,几乎可以肯定沙利文和吉米之间发生了什么。她在费伦齐意外死亡后离开布达佩斯,她的分析没有完成;她返回纽约,重新开始了与沙利文越来越混乱的友谊。汤普森向他传达了费伦齐的治疗方法的要素,这些要素与他的人际关系理论十分吻合。在汤普森对沙利文进行分析时(无疑她会得知吉米在他生活中的重要性),她同时要求弗洛姆来完成她自己的分析。弗洛姆不明智地承担了这个任务,就像他曾经违背公认的职业标准,对霍妮的女儿进行分析一样。这个分析的过程似乎使汤普森成为沙利文和弗洛姆之间在知识与情感关系上的一个重要的但不稳定的联系因素。[51]

作为这个三角关系的"中间人",汤普森开始了计划融合他们二人理论的终生过程,并且创造了她所谓的"精神分析的人际关系理论"。在 20 世纪 30 年代中后期,她试图整合弗洛姆与沙利文的理论,并在她 1956 年的文章《沙利文与弗洛姆》(*Sullivan and Fromm*)中总结了多年来的反思。在这篇文章中,她总结道:"他们两个人的工作互相补充,他们关于人类的基本假设是相似的。"与文化和人格运动中其他人的交流明显对他们俩都产生了影响,这促进了文化人类学与精神分析的融合。然而,在断定正统的精神分析对精神分裂症患者不起作用之后,沙利文果断抛弃了弗洛伊德的假设。相比之下,汤普森注意到,弗洛姆已经被训练成一个古典的但又有点折中的弗洛伊德主义者。当她遇到弗洛姆时,他正在逐渐脱离正统的精神分析,但是还没有完全脱离弗洛伊德。[52]

汤普森说,弗洛姆意识到人类在所有动物中是受本能束缚最少的,事实上人类必须经由社会教导如何去生活;这与弗洛伊德的观点是截然相反的。当然,在汤普森看来,他与沙利文也不尽相同,弗洛姆相信(与弗洛伊德一样）每个个体都有一个独特的内心，但弗洛姆也认为这一内心会因社会而发生显著改变。汤普森指出，弗洛姆（与沙利文不同）阐述了一个并非按时间顺序固定的发展过程（即，婴儿期、青少年期、青春期前期、青春期早期、青少年晚期和成年期）。当人类认识到他可以自由发展他的知识和技术力量，他便获得了对大自然的掌控并感到与其邻居越来越疏远。"根据弗洛姆的观点，"汤普森强调说，"因此，人类不断地受到诱惑返回到某种形式的与其同伴的关联，即使代价是放弃他的某些个体性。"当她尝试理解20多年来她在与沙利文和弗洛姆联结的情感和智力"三角"中的生活，汤普森开始意识到，弗洛姆正在致力于《逃避自由》的概念结构。然而，汤普森感觉到，如果没有沙利文的观点，自我是社会人际关系情绪领域的一个产物，如果没有沙利文的假设，社会孤立是现代人的一种困境，那么弗洛姆不会如此坚定地走向这一结构。但是，汤普森意识到，在她1956年的那篇文章中，最引人注目的是她对弗洛姆以及沙利文的观点的解释，前者是她的第二个分析师，后者是她的同事、分析对象——以及她曾经考虑与之结婚的人。[53]

玛格丽特·米德

虽然弗洛姆与新弗洛伊德学派之间的关系明显影响了他的生活和观念，但他还是与人类学家——鲁思·本尼迪克特、玛格丽特·米德、爱德华·萨丕尔建立了重要的联系。他们的理念对弗洛姆的工作产生了相当大的影响。尤其是弗洛姆与玛格丽特·米德的大量通信，不仅说明了以纽约为基础的这两个"朋友圈"的融合，而且还说明弗洛姆融入了一个专业的和社交的"中心"，这个中心比法兰克福研究所更加欢乐、乐观且更具支持性。例如，弗洛姆曾经写信给米德，说他读过她的著作——

《三个原始部落的性别与气质》(Sex and Temperament in Three Primitive Societies,1935),并且对她提出的"不同的文化产生了不同的'潜在心理类型'"印象深刻,这个观点似乎与他正在探索的性格结构的概念存在共鸣。弗洛姆认为,通过与米德讨论特定的文化如何创造出特定的自我、社会和情感"结构"(configurations),她帮助他对所谓的"社会性格"进行了概念化。弗洛姆坚持认为,米德的著作"对精神分析思想的发展具有非常重要的贡献",甚至对治疗技术也有重大的贡献。米德热情地回应并鼓励弗洛姆参加文化和人格领域的聚会,一起讨论那些使心理与社会相结合的"结构"。她还敦促弗洛姆去认识杰弗里·戈勒(Geoffrey Gorer)以及其他文化和人格领域的学者。米德还强调,她非常希望弗洛姆对她自己的学术概念"提出批评并给予更精确的方向"。1939年,弗洛姆和米德成了非常亲密的朋友,以至于弗洛姆向她吐槽他的精神分析同僚、对手和病人,以及他对正统精神分析技术越来越保留的意见——"我不认为精神分析可以通过废除个体的基本属性(比如敌意)来改变人格"。当弗洛姆对米德与格雷戈里·贝特森[1](Gregory Bateson)的婚姻表示祝贺时,他表达了在他到达纽约之后米德和她的同事们对他有多么重要:"如果要我说是什么使我喜欢上纽约的生活,那么我想起的第一件事就是与你们见面或与你们谈话。"[54]

在强调不同的文化如何产生不同的心理社会"结构"时,米德、本尼迪克特及其同事们参与了日后所谓的苏维埃研究或"苏联政体研究"(Kremlinology)——他们努力摆脱对庞大单一的苏联政体和社会结构的刻板印象,而去研究苏联精英阶层的内部派别、意识形态和密谋诡计。在她纽约的办公室里开始这些讨论后,米德吸引了许多精神分析师、人类学家和外交政策专家参与这项冒险的事业。这个领域在二战之后迅速

---

[1] 格雷戈里·贝特森,英国人类学家、社会科学家、语言学家、视觉人类学家、符号学家、控制论学者。——译者注

发展，以哈佛的俄罗斯研究所、美国国务院和美军的特务机关为中心。埃里克·埃里克森[1]（Erik Erikson）从米德圈子的俄罗斯项目中吸取了智慧力量，非常出色地描绘了高尔基的童年以及复杂的俄罗斯社会，高尔基正是在这个社会中从昔日的村庄走向城市、工厂和重工业所在的布尔什维克世界。虽然弗洛姆与那些在战争前后参与米德项目的学者们只是点头之交，但是他以一种细微的方式了解到苏维埃的生活和管理中固有的冲突和矛盾。事实上，尽管弗洛姆从来没有接受一个权威主义苏维埃国家的观点，但他也没有摆脱俄罗斯作为一个膨胀的和效率低下的官僚管理社会的固定特征。[55]

与这个俄罗斯项目相比，米德的小组在性别角色方面向正统弗洛伊德学派观点发起的挑战深刻地影响了弗洛姆。在强调本能释放之功效的现代主义事业的掩护之下，米德、本尼迪克特和其他小组成员批评了那些为父权制和女性从属地位辩护的传统解释。随着米德小组与新弗洛伊德学派精神分析学师的交往密切起来，弗洛姆、沙利文、卡迪纳和萨丕尔的女权主义立场变得比以前更加坚定。到弗洛姆的《逃避自由》完成之际，米德圈子里的所有成员都认同新弗洛伊德主义者的性别假设：（1）俄狄浦斯情结不是普遍的，而是一夫一妻制的父权制社会的产物；（2）阴茎嫉妒与女性的器官结构无关，而是象征了男性在父权制社会中的权力垄断；（3）无论有或没有男性的支持，女性都必须在不牺牲她们创造和维持生命的"生物功能"的前提下，找到过一种生产性生活的新方法。[56]

这并不是说，弗洛姆在20世纪30年代是一个女权主义者。而是说，他所在的专业和社会团体质疑弗洛伊德正统学派关于父权制和女性缺陷的概念。如果说《逃避自由》研究了权威主义日渐盛行时期的人类困境，

---

[1] 埃里克·埃里克森，美国著名的发展心理学家和精神分析学家。他提出人格的社会心理发展理论，把心理的发展划分为八个阶段。——译者注

那么它的部分内容同时回应了女性脱离父权制的需要。如果精神分析受到这一"现代主义的"概念的影响，即将主观自我从不幸的社会约束中释放出来，弗洛姆认为这个领域必须让自己远离父权制。

凯瑟琳·邓翰

凯瑟琳·邓翰比弗洛姆小9岁，她并不属于米德的社交圈子，但她在弗洛姆创作《逃避自由》的过程中也起到了重要的支持作用。邓翰在芝加哥和伊利诺伊州的乔利埃特县度过艰难困苦的童年，后来在20世纪30年代初，她成为黑人音乐舞蹈最重要的人物之一。最终，她创建了自己的剧团（主要由学生表演者组成）——黑人芭蕾（Ballet Nègre）。邓翰获得了芝加哥大学的奖学金，她在大学里深受人类学家著作的影响，比如梅尔维尔·赫斯科维茨（Melville Herskovits）和罗伯特·雷德菲尔德（Robert Redfield），他们赞成在非裔美国文化中保存非洲的文化和习俗。1936年，她获得了社会人类学的学士学位。之后，邓翰在西印度群岛进行人类学田野工作，她在那里发现了加勒比人的舞蹈(Caribbean dance)在形式和功能上与其非洲祖先存在渊源。1937年，她回到芝加哥之后，创立了黑人舞蹈团（Negro Dance Group），为现代舞蹈增添了非洲和加勒比风格的舞蹈动作。她还成为芝加哥联邦剧院项目黑人工作组（Negro Unit of Chicago's Federal Theater Project）的舞蹈编导。邓翰经常往来于芝加哥和纽约之间，她在纽约也有跳舞和编舞的活动，弗洛姆就在这个时候认识了她。1938年，邓翰创造了"招魂舞"（L'Ag'Ya）——一个令人兴奋的和风格豪爽的舞蹈剧，以真正的非洲加勒比人的材料和戏服为基础；至此她开始出名。她令人激动的作品"热带地区和热辣爵士：从海地到哈莱姆区"（Tropics and Le Jazz Hot：From Haiti to Harlem）出乎意料地在纽约上演了10周，这使她在全国上下引人瞩目。[57]

弗洛姆无法抗拒邓翰那张美丽和光芒四射的脸孔。邓翰优雅而含蓄地表达出她关于非洲和加勒比文化联系的丰富知识。弗洛姆惊叹于她在令人兴奋的舞蹈创作中表达这些文化联系的技巧。他对邓翰一见倾心，在她身上发现了一种创造性和对生活的热情，弗洛姆后来将此描述为"生产性性格"。他开始帮忙安排她在纽约的表演，并希望她可以在纽约待更长的时间。这个时候，他与邓翰的婚外情可能已经开始了。因为弗洛姆在法律上仍与里奇曼保持着婚姻关系，所以他不能让邓翰在他中央公园西路的公寓中过夜。因此，他要求沙利文出于私人帮忙同意邓翰住在他东64街的房子里。沙利文同意了，并告诉他的朋友帕特里克·穆拉哈（Patrick Mullahy）——一个也住在这座房子里的双性恋者，她就是弗洛姆的"女朋友"。[58]

弗洛姆与邓翰的浪漫关系大概持续了三年——这也是弗洛姆完成《逃避自由》的一个关键时期——他们的关系可能在1940年结束，当时邓翰嫁给了一名曾在芝加哥共事过的剧场设计师约翰·普拉特（John Pratt）。毫无疑问，弗洛姆与邓翰之间的情感促使了他与霍妮的亲密关系越发艰难并最终破裂。似乎在更多的情况下，弗洛姆并不是一个忠诚的伴侣，当一段长期的关系行将结束时，他便开始寻找其他女人以确保持续的陪伴。但弗洛姆认为，他与邓翰的关系不仅仅是一种娱乐的性关系。

弗洛姆乐于了解非洲舞蹈动作如何过渡到加勒比舞以及早期非裔美国人的舞蹈，比如朱巴舞和炫步舞。邓翰和她的同事们让他第一次接触到艺术家和表演者，而且他喜欢这个方面。事实上，她帮助弗洛姆了解到，他们的工作如何成为所谓的黑色大西洋[1]（Black Atlantic）人才和思想交流的一部分，这其中涉及了保罗·罗伯逊[2]（Paul Robeson）、

---

[1] 黑色大西洋，这里是指黑人文化与美国及欧洲文化的交融。——译者注
[2] 保罗·罗伯逊，美国著名男低音歌唱家、演员、社会活动家。——译者注

C.L.R. 詹姆斯[1]（C.L.R. James）和卓拉·尼尔·赫斯特[2]（Zora Neale Hurston）等人。他们的作品穿越了非洲和加勒比以及美国和欧洲之间的海洋。从此刻开始，舞蹈和音乐剧及其伴随的思想逐渐成为弗洛姆永久的兴趣。而且，这是弗洛姆在他的人生中第一次敏感地发现，即使是非常杰出的黑人女性也会面临日常生活的局限。事实上，这是他第一次与一个黑人进行深层接触。当他感谢沙利文允许邓翰住在他的房子里而不是哈莱姆区（她不愿意住在哈莱姆区，因为那里会让她想起童年时光）时，弗洛姆表明他开始了解她脆弱的情感："我明白对她来说，被迫留在哈莱姆区在本质上有一种象征意义，意味着她想要逃脱狭隘的芝加哥氛围的希望破灭。"邓翰在努力争取她的自主权以及与其多才多艺的天赋相匹配的选择，而弗洛姆希望帮助她实现这种自由。有趣的是，弗洛姆的著作并没有过多关注当时在美国的非裔美国人。或许是因为他的欧洲背景，他经历了希特勒执政时期的欧洲暴行，所以他的工作重心仍然在欧洲，尽管他努力适应这个新的国家。（后来在他的人生中，随着他在政治舞台上越来越活跃，这个以欧洲为中心的情况再次凸显出来。）不像一些犹太人移民积极支持阿萨·菲利普·伦道夫[3]（A. Philip Randolph）和其他领导人在20世纪40年代的民权运动，弗洛姆并没有参与其中，这使得他在跨种族关系中的开放式参与愈加令人奇怪。59

就像弗洛姆大多数的恋人一样，邓翰和弗洛姆在其余生中保持着亲密的朋友和知己关系。例如，1945年，邓翰艺术与研究学院（Dunham School of Arts and Research）在曼哈顿成立，弗洛姆对她表示庆贺，而且他向同事们解释，邓翰在将她的技术和观念传授给下一代非洲裔美国舞者。60

---

[1] C. L. R. 詹姆斯，非洲特立尼达人，历史学家、记者和社会主义者。——译者注
[2] 卓拉·尼尔·赫斯特，美国哈莱姆文艺复兴时期的民俗学家，黑人女作家。——译者注
[3] 阿萨·菲利普·伦道夫，美国黑人工会领导人。——译者注

在晚年生活中，邓翰开始忍受受损的膝盖带来的疼痛，这很容易使她这个年纪的人感到沮丧，但她告诉弗洛姆她成了一名民权活动家。尤其是，她正在与剧院、酒店和餐馆中的种族隔离进行斗争。此外，她还积极参与全球黑人学者和知识分子的网络，他们致力于将有色人种从西方殖民主义的余毒中解放出来。弗洛姆非常关注邓翰各个方面不断发展的事业。而邓翰也一直关注弗洛姆出版的作品，并告诉他："我发觉你对我的生活具有越来越重大和积极的影响。"当她要求弗洛姆阅读她关于海地舞蹈和文化的一本书的样章时，弗洛姆发现这份手稿写得很有才华。他回复说，这些文章带来了"几个小时深度和完全的幸福感。所有我喜欢的和钦佩的东西你都一一呈现了。这里面有勇气，充满智慧的真正的勇气……这里面有一种深沉的、基本的人类之爱"。[61]

学者们倾向于把弗洛姆与邓翰的关系视作一种跨种族的性欢愉。然而，邓翰让弗洛姆见识了一位非洲裔美国女艺术家的创造力、生产力和洞察力，也让弗洛姆看到了她所受到的限制。在黑人舞蹈和文化的世界中，邓翰对弗洛姆来说是人类社会最大胆和最博学的学生之一，她不仅展现了基本的人类之爱、好奇心和成长，而且还展现她对于弱势和痛苦的同理心。在他和邓翰相恋的时候，弗洛姆轻微地调整了《逃避自由》的关注点，强调积极和自发地享受自由的愿望——带着爱、自主权和创造力。

也许在弗洛姆人生的那段岁月中，比起沙利文以及其他女人，邓翰更多地唤醒了他对创造力、美丽、自发性和自由奔放的理解。毕竟，她大大拓展了弗洛姆审美的敏感性，激发了他某种程度的激情——促使他在情感上不仅超越了"民主"美国和纳粹德国之间严格的种族界限，而且超越了专业知识和流行文化之间的界限。由于他与凯瑟琳·邓翰的关系，《逃避自由》一书对自由及其不满有了更加丰富、更为共情的解释，不再是他早期撰写的关于这一话题的理论性文章。通过邓翰对艺术和流行文化的掌握，对文化仪式的传承和伴随的社会心理状态的理解，以及情绪上的多愁善感和欢乐的风格，她帮助弗洛姆找到了一种极为迷人的表达方式,既吸引了大众读者,也吸引了知识分子。由于他对邓翰丰富的职业生涯充满敬畏,到20世纪40年代初期,他已不再是简朴的法兰克福研究所的研究员,而即将成为一位备受赞誉的美国作家和社会评论家。

第4章 《逃避自由》

《逃避自由》的创作背景是非常个人化和复杂的。尽管弗洛姆在法兰克福研究所的工作奠定了他最重要的思想，但他与霍妮、沙利文、汤普森，与黄道小组和文化与人格运动中的同事们在一起的智力碰撞、合作和欢乐，也是很有意义的。而凯瑟琳·邓翰体现的自由固有的丰富性、创造性潜能和幸福，也对这本书的创作起到了重要作用。弗洛姆在构思和完成《逃避自由》的过程中，正竭力从即将来临的大屠杀中营救家庭成员和其他人，这表明了他的大部分日常生活都深深植根于这本书的结构。如果没有这种复杂、多变的环境，也不可能有如此丰富、具有历史意义的著作。

1939年3月，弗洛姆交给罗伯特·林德一份《逃避自由》的详细提纲，林德是哥伦比亚大学的社会学家，也是他的朋友兼分析对象。他向兰德解释道："这个主题是最接近我内心的，也就是这本书的主旨，它讨论了自由与焦虑的问题，或者说对自由的恐惧或对自由的逃避"。

当给一个人带来安全感的基础联结被切断时，他会在根本上感觉孤独和焦虑，而大体上只有两种方法可供他选择。一个是把他的自我淹没在更高的权力之中……另一个是通过爱和自发活动（思考以及从事各种真正的劳动生产，包括手工劳动）去抓住这个世界，与之建立联结。

淹没自我是一种逃避主义，它削弱了自我的力量并促发了从众行为和权威主义。要对抗逃避主义，只能依靠通过伦理行为实现的自由，随着一个人增强他的自我感、价值感、自尊感和对民主价值观的承诺，这种自由得到巩固。1940年秋天，弗洛姆与霍特（Holt）、莱因哈特（Rinehart）

和温斯顿（Winston）协商在12月1日交稿，并强调由于全球形势的紧迫性，必须抓紧时间出版。到12月5日，弗洛姆写信告诉他的朋友大卫·里斯曼，他仍然在修改手稿，因为"我发现它需要更多的加工，这超出了我的预期"。霍特、莱因哈特和温斯顿希望交稿日期不能再迟于一月初。于是，弗洛姆减少了他分析病人的日程，并一反常态计划在整个假期中继续工作。最后他按期交稿了，《逃避自由》出版于1941年，临近弗洛姆的41岁生日，也在希特勒实现他的"最终方案"的愿景——开始灭绝犹太人之前。[1]

主题陈述

这是一本引人入胜的书。弗洛姆的叙事线一贯清晰而生动，人们可以轻松地读完它。弗洛姆避免了以前大部分作品的繁杂脚注和细微论证。我们很难看出德语是他的母语，而弗洛姆的目的就是与全球（即使主要是美国）读者进行交流。尽管他叙述过自己与弗洛伊德的不同，但他假定读者并不了解精神分析学或社会心理学，并在附录中对他的社会性格概念进行了详细阐述。弗洛姆还宣布，《逃避自由》只是他期望出版书籍中的第一本，并邀请他的读者等待其他的书。他计划接下来出版一本关于伦理学的著作（《为自己的人》），还有一本阐述破坏欲之社会心理的著作（《人类的破坏性剖析》[*The Anatomy of Human Destructiveness*]）。

对于《逃避自由》，弗洛姆强调他将引用大量有年头但是众所周知的二手资料，比如约翰·赫伊津哈[1]（Johan Huizinga）和雅各布·布克哈特[2]（Jacob Burckhardt）对于中世纪衰落和文艺复兴开端的论述。

---

[1] 约翰·赫伊津哈，荷兰著名的语言学家、历史学家，欧洲文化史大师。——译者注
[2] 雅各布·布克哈特，瑞士著名的文化史、艺术史学家。——译者注

他还直接引用了路德和加尔文的观点，阐述那些塑造了欧洲宗教改革时期的意识形态。尽管弗洛姆依赖于马克斯·韦伯和 R. H. 托尼[1]（R. H. Tawney）的著作，更不用说马克思的作品了，但他在阐释早期新教与资本主义崛起之间的关系时，并没有使用复杂且微妙的论证来增加读者的负担。弗洛姆公开承认，他只是对促使纳粹掌权的因素做了最粗略的总结，并大量引用了《我的奋斗》（*Mein Kampf*）一书内容来解释希特勒。更通俗地说，作为一个自由发挥的社会评论家而非精神分析学家，作为一个跨学科的学者或历史学家，他为广大读者撰写了一本令人兴奋且易读的书，传递了他对人类自由当前所遇威胁的担忧。他有意传达一个广泛且非常重要的论点，并且回避了一个专业研究者的责任。尽管他没有打算停止临床工作和精神分析督导，或者离开学术界，但完成《逃避自由》的过程明显地改变了他的使命感，使他成为一个多面手。

首先，弗洛姆提出了一个中心论点，这也是他在全书反复重申的：

这本书的论点是，现代人摆脱了前个体主义（pre-individualistic）社会的束缚，这既给予他安全感又限制了他，从他实现个体自我的积极意义来说——即他的智力、情感和感觉的潜能的表达——并没有获得自由。自由，虽然给他带来了独立和理性，却使他变得孤立，从而感到焦虑和无力。这种孤立是无法忍受的，他所面临的选择，要么是逃避自由的负担，形成新的依赖和服从；要么是充分实现积极的自由，这种自由建立在人的独特性和个体性之上。²

当代的自由危机迫使弗洛姆放弃了他对"现代人性格结构"的研究。这一危机威胁着"现代文化的最高成就——人格的个体性和独特性"。通过积极利用"自由去做……"，也就是，自主地实现人生目标的能力，

---

[1] R. H. 托尼，英国著名的经济学家、历史学家、社会批评家、教育家，代表作有《宗教与资本主义的兴起》。——译者注

包括实施伦理行为和创造性行为的能力，这些成就得到强化。而权威主义尤其是纳粹主义的蔓延，颠覆了个体的这种积极自由，它也颠覆了消极的自由——"摆脱……"，它指的是个体摆脱了强制、阻碍或限制。民主社会尤其容易受到围困，并可能因遵从权力的指令而将两种自由都丧失殆尽。弗洛姆坚持认为，维持自我完整的主要斗争不仅在于对抗权威国家，它还在于"我们自己和我们的体制"。这些正是这本书最重要的若干论点。[3]

弗洛姆认为，自由与从众（逃避）之间的斗争代表了人类的存在困境。因为弗洛伊德通常根据生物基础的本能驱动之满足或挫败来描述人生，所以弗洛姆认为，精神分析的正统观念并没有解决这个问题。他并没有像在早期作品中那样，详细阐述他与弗洛伊德驱力理论及其现代主义议程的日益偏离，也没有详细阐述他向社会性格概念的转移，这一概念认为本能是通过社会和经济环境而呈现最终形式和功能的："人性既不是一种生物学上固定的、先天的所有驱力之和，也不是它能顺利适应的文化模式的毫无生气的影子；它是人类进化的产物，但也有一定的内在机制和规律。"随着人的进化，他失去了基于本能的、与人类和自然紧密相连的感觉。（有趣的是，弗洛姆在此并没有援引达尔文的观察，即人类摆脱了许多仍存在于进化程度较低的动物身上的本能倾向。）弗洛姆观察到，当一个人成为独立的、理性的、自我维持的个体，同时他也成了一个分离的、孤独的和焦虑的人，他极度需要感到"与自己之外的世界有联系"。就这一点而言，弗洛姆十分赞同哈里·斯塔克·沙利文的人际关系心理学，它解释了现代人与他人和与世界恢复联结感的重要性。他也强调了卡伦·霍妮对于焦虑使人麻痹的理解，这种焦虑植根于现代社会所特有的个体性。弗洛姆还在玛格丽特·米德、鲁思·本尼迪克特、约翰·多拉德、爱德华·萨丕尔等人的著作中发现了价值，他们都是文化与人格运动中的健将。他们的工作证明了这一事实：现代的个体是社会和文化环境中的一个动态角色。[4]

在《逃避自由》中，弗洛姆大概用了100页为他的主要论点提供了最明确的陈述:"我们的目的是要表明,现代社会的结构同时以两种方式影响着人:他变得更加独立、自食其力和具有批判性,但同时也变得更加分离、孤独和恐惧。"人如何才能积极利用他新得到的个体性和自由,以便他重新参与这个世界,从而减少他的恐惧、分离和孤独的感觉?弗洛姆的回答是模棱两可的:现代人的首要任务是通过增强他的欢乐和自我意识的行动,以及与他人分享的能力,自发地、积极地、独特地利用自己的自由;或者,他可以通过顺从和从众使自己屈服于权威和风俗,从而治愈自己的孤独。弗洛姆问道,现代人是如何陷入这种两难境地的——一方面是对这种新发现的个体性的忧虑;另一方面是一种危机,即是否通过积极的自由,也就是自主的、有目的的和伦理的行为来克服忧虑?[5]

《逃避自由》提出,个体化的起源发生在两个层面:其一是所有新生儿特有的;其二是广泛的历史和文化因素的产物。在生命的早期,婴儿成为一个个体。尽管在出生时他不再是胎儿,并且随着脐带的割断而独立于母亲的身体,但他仍然完全依赖于他的母亲。然而,逐渐地,他开始将母亲和其他客体看作与自己分离的单元。通过神经和身体的发育,婴儿开始在身体上和智力上理解和掌握自己之外的各种有形的和概念的实体。他开始区分"我"和"你"。不过,他还是花了好几年才完全把自己与别人分开,完全把父母或其他权威视作与他不同。他在身体上、情感上和精神上都越来越强大,而这些成长要素逐渐显现为一个有组织的和整合的人格——自我。也就是说,在个体化的过程中,随着婴儿的原初关系的逐渐消退,"自我力量的成长"就此展开。[6]

虽然发育程度较低的动物自出生以来,就受到本能和反射性神经机制的支配,但人类就发育程度来说是最高级的动物(同样令人好奇的是,弗洛姆并没有明确地援引达尔文来提出这个假设)。弗洛姆解释说,人随着他的成长相对摆脱了本能的决定,这意味着通过认知发展和学习,他获得了越来越多的积极意义上的自由。人能够决定自己的命运,将自己独立于自然:"就像孩子在身体上永远无法回到母亲的子宫一样,所以在精神上，个体化的过程也绝不会发生逆转。"可以肯定的是，弗洛姆认为，随着个体化的进行以及儿童获得一种整合的人格，他也希望摆脱作为一个个体所固有的孤独感，所以他有时通过再次服从父母或其他权威，试图逃避这种孤独感，特别是如果他没有发展出内在力量以及与他人建立联系的生产力。这种服从可能会给孩子一种暂时的安全感以及与他人的联结感。"但在不知不觉中，这个孩子意识到自己付出的代价是放弃自己的力量和完整性。因此，服从带来的结果与它的意图完全相反：服从增加了孩子的不安全感，同时也产生了敌意和叛逆。"弗洛姆在最后重申道，一个儿童摆脱了与父母和自然的主要纽带，成为一个个体化的自我，是为了获得满足，为了行使他完全的自由和独立。[7]

虽然早在撰写《逃避自由》的时候，弗洛姆就认为人性并不是固定的，而是无限可塑的，但他描述的是一种早期的发展过程，据说是所有儿童都会经历的过程。这个普遍主义的假设让鲁思·本尼迪克特、玛格丽特·米德和其他的人类学家朋友感到不安。他们注意到，在不同的社会中，儿童发展的方式有太多的变化，因为在不同的社会有不同的文化环境。弗洛姆对他们的观察未置可否。根据弗洛姆的说法，一旦一个儿童变得个体化，他就知道只有通过拥抱和扩大自由，而不是屈服于权威，他才能增强自我意识，享受持久的满足感。弗洛姆又一次做出了普遍主义的假设。他的那些"文化主义者"朋友和新弗洛伊德学派的朋友反驳道，特定的社会、文化和历史因素影响了个体焦虑和孤独的水平，并使这个水平变化相当大。在某些情况下，焦虑和孤独是如此激烈，以至于一个儿童几乎没有拥抱自由的最初倾向。在这一点上，弗洛姆只是做出了部分让步，提供了少数几个具体的例子。

历史背景

在《逃避自由》中，弗洛姆武断地秉持普遍主义的观点，认为个性和自由是儿童成长中与生俱来的一部分。弗洛姆坚持认为，在中世纪晚期以前，西方社会并没有个体自由的概念。事实上，中世纪的人在其一生中几乎没有机会偏离最初的社会阶层、居住地或职业。他被冻结在一个等级森严的社会里，不管他的才华和抱负如何。但如果他不是自由的，他也就不是孤立或孤独的："社会秩序被认为是一种自然秩序，成为其中的一分子，给人一种安全感和归属感。"此外，在他有限的社交圈子里，一个人有许多机会"在他的工作和情感生活中表达自己"。弗洛姆认为，中世纪社会没有威胁个体自由，"因为'个体'作为一个认知自我"还没有出现；"人仍然与这个世界紧密相连"。他意识到自己"只是一个种族、民族、政党、家庭或公司中的一员——存在于一些普遍范畴中"。虽然人是被社会束缚的，但因为可以被剥夺自由的"个体"的概念还不存在，所以当时社会的束缚与现代社会的剥夺自由是完全不同的。弗洛姆拒绝了这一假设，即现代社会在本质上是中世纪和天主教世界（在很大程度上）的延伸，只是贴上了新的描述性标签。与汉娜·阿伦特及一些其他学者一样，弗洛姆也看到了一种不连续性——现代社会与以前截然不同。[8]

弗洛姆在描绘这一转变时，主要依赖于雅各布·布克哈特的《意大利文艺复兴时期的文明》（*The Civilization of the Renaissance in Italy*，1860）而非马克斯·韦伯的作品，他认为资本主义的出现严重地改变了中世纪的秩序。在中世纪晚期，从意大利到中欧和西欧，出现了一个新的富人阶层，他们"充满创新精神、力量和抱负"，但并没有传统的与生俱来的特权和地位。[9]

根据弗洛姆的说法，这个阶层积极从事地中海世界和东方世界的贸易与工业。他们的成功证明了自我能动性与财富积累的重要性。在文艺复兴时期，他们变成了一个繁荣强大的上层阶级，他们的经济活动和新兴的繁荣促成了这一观点，即自由的个体可以改变他的人生轨迹——有时也会改变他的社会孤立感。尽管小工匠和小资产阶级很少分享这种财富，有时甚至成为受害者，但是，"为了自我提升而日益激烈的竞争"标志着资本主义的开始。[10]

现代个体诞生的最初迹象随之而来，这些人享有能动性和机遇，但在社群中没有稳定的地位。在一处脚注而非主要叙事中，弗洛姆承认他对中世纪社会的凝聚力和层级化与文艺复兴资本主义时期个体主义、占有欲和相对的社会孤立所做的区分，是一种"理想的类型"，是一种抽象化，与历史角色的复杂生活并不一致。事实上，早期资本主义的经济与社会力量"在12~14世纪的中世纪社会已经发展起来"，而且，中世纪社会的元素实际上一直延续到了现代社会。[11]

弗洛姆如此热衷于呈现这幅巨大的历史变化图景，以至于很大程度上忽略了专业历史学家的资质。在一场不太恰当的论战中，弗洛姆将专业历史研究简化为"收集无数的细节"，而它们又缺乏解释。当他的朋友，天主教神学家托马斯·默顿告诫他，不要对中世纪做过于积极和片面的描述，这完全是不靠谱的，但弗洛姆几乎没有让步。他只是承认，对于"我生命头20年里所接受的"人们对中世纪的消极态度，他的反应有些过度了。弗洛姆还感到，严格的历史考证可能会拖累他的叙事，他想要滔滔不绝地讲下去，并为大众读者提供与众不同的路标。但他也付出了代价，专业的历史学家认为《逃避自由》不符合他们的技术要求。

弗洛姆借鉴了马克斯·韦伯和R. H. 托尼的概念，把早期资本主义与宗教联系起来解释个体意识的起源，但他没有承认自己对他们的亏欠。不过，作为一个严肃的马克思主义者，他强调了阶级的区别。早期资本主义证实了新的富裕阶层中个体的竞争与贪婪的习性，这个新阶层通过颂扬文艺复兴时期艺术、音乐和文学所内含的个性和尊严，在其新发现的个体性和经济力量中获得支持。这些新富人也感受到了来自中世纪后期天主教的支持，后者强调人的尊严，强调人在教会组织中可以对上帝的爱充满信心。这种在富商和实业家中间出现的个体意识，也强化了人们的孤独与孤立感,但是,在文艺复兴时期的文化和中世纪晚期的教堂中,这种感觉在赞颂自我和个人努力的福祉中得到缓解。[12]

相比之下,早期的新教对城市中下阶层和农民更具吸引力,他们在新兴的资本主义体制下,失去了中世纪社会固有的保护和安全感。这就是在新的资本主义市场中获得自由与自主的代价。除了少数例外,他们感到被新一代的富人精英剥削,陷入了经济与社会的自由落体。路德比任何人都更加强调这种无力感、焦虑和不安全感,他向他的选民们宣讲,人并没有受到天主教权威及其规章制度的束缚。然而,这并不意味着,这些绝望的人们能够发挥主观能动性,为自己创造更幸福的生活。恰恰相反,在路德看来,人天生是邪恶的,并且人在无垠的宇宙中是微不足道的。人们只有完全放弃任何自我意识,并且完全服从于上帝的恩典,他才能找到满足和救赎。只有摧毁他的个体意志和主观能动性,他才能找到安慰和解救,即使他固有的邪恶本性永远不会消失。弗洛姆认为,路德提出的要求存在很大的问题,它只能暂时缓解人们的疑惑与焦虑,因为归根结底,人们必须发挥他的主观能动性(而非祈求上帝),并与社会建立一种稳定和愉快的关系。尽管如此,弗洛姆还是承认,路德通过完全服从上帝,加上对权威的尊重,以此请求安慰和确定性,确实吸引了大批追随者。弗洛姆以不赞成的口吻指出,新教在本质上要求人们逃避自由。

弗洛姆在描述路德的时候,他还提到了希特勒和其他当代的独裁者,这些人同样试图破坏个体的能动性。据称,路德提出了"一个解决方案,它与个体完全服从于国家和'元首'的原则有许多共同之处"。这并不是宗教改革学者所描绘的路德。20世纪的法西斯主义与16世纪的路德教遥相呼应,"法西斯主义者强调人生目的就在于为了'更高的'权力,为了种族领袖做出牺牲"。很明显,弗洛姆对历史语境的态度有些太随便了,不仅是对两个迥然不同的世纪,而且对它们之间重大的历史区间也是如此。事实上,他所提出的从路德到希特勒的直接路线说得再好也是成问题的。但是,弗洛姆并非作为一名历史学家在写作,而是作为一名社会哲学家或评论家传达一个普遍的观点。他通过叙事的方法，借用历史来解释为什么他感到这个世界变得越来越奴役化。考虑到弗洛姆正在努力救助海因茨·勃兰特、索菲·恩兰德和其他被希特勒折磨的家庭成员，所以这里可能也有深刻的个人因素。[13]

在描述早期新教回应中世纪后期个性化带来的不安全感时，我们还需要讨论日内瓦宗教改革家加尔文的观点。弗洛姆坚持认为，像路德一样，加尔文也受到工匠、中产阶级以及新兴资本主义威胁和剥削的小商人的欢迎。加尔文眼中的上帝，更甚于路德，是一个暴君，他完全随意地赐予一些人以恩典，而给另外一些人以永恒的诅咒。人类在根本上是不平等的——有些人得到救赎，有些人则遭遇非难。在向第三帝国种族等级制度的非历史性跳跃中，弗洛姆声称，加尔文主义"在纳粹意识形态中找到了最有力的复兴"，它对雅利安人和"次等人"进行了种族区分。但是，既然只有上帝知道谁被救赎，那些希望被上帝选中的人们，只有通过在日常工作中付出巨大的努力并且勤俭节约——可能是外在的迹象，也可能是内在的优雅——使自己在上帝眼中显得与众不同。也就是说，加尔文主义通过灌输一种工作冲动，并将其作为自身的美德，来促进人们充满活力和不间断的劳动。在弗洛姆看来——发扬了马克斯·韦伯的观点——早期的资本主义者发现加尔文主义者就是最好的盟友，因为他不是受社会强制所驱使，而是出于内心的强迫去忙碌，去劳动，去放弃尘世繁华，只为了缓解他严重的不安全感——担心自己不被上帝选中。[14]

在本质上，弗洛姆认为，对于路德派和加尔文派的表现，新教教义为边缘化的中产阶级与工匠阶层的惊吓、孤立和无根感提供了答案。通过将他们的自主意识交付给专横的上帝，服从既定的权力，被迫工作和勤俭节约，新教为劳动者提供了一种新的性格结构以适应资本主义经济秩序。在资本主义体制下，人们不再生活在"一个以人为中心的封闭世界"。相反，人们受到超人类的资本与市场力量的控制，丧失了与社会的联结感及其在宇宙中的位置感。新教教义强化了人们这种微不足道的感觉。它"摧毁了人们对上帝无条件的爱和信心，教会人们轻视并怀疑自己和他人",这与新的竞争性经济秩序是一致的。新教教义和资本主义共同铸造了一种性格结构,其组成成分是"强迫工作、勤俭节约,愿意为了外部权威、苦行主义和强制性的责任感将人生变成一种工具"。一旦人成为资本扩张和任性的全能上帝的工具,他就失去了自我感,不再是一个具有主观能动性与尊严的独特个体了。早期欧洲的新教教义成为现代权威主义的根源,至少可以说,简化了从路德和加尔文到希特勒的演变历程。[15]

弗洛姆不仅把马克斯·韦伯和R. H.托尼对早期新教与早期资本主义之关联性的解释,融入到了他对新出现的现代自我的描述,而且他还受到了克尔凯郭尔关于十五六世纪出现的"孤立的个体"之见解的影响。事实上,弗洛姆承认,在他之前,许多锐敏的思想家就已经对"这个问题"进行了描述。几位早期新教的评论家认为,如果不是完全歪曲的话,弗洛姆过分强调了路德和加尔文及其追随者是如何贬低自我感和社群感并鼓励人们顺从的。作为回应,弗洛姆承认早期新教还有其他方面的内容,但学者们普遍揪住他的这一观点不放,即他认为20世纪再现了十五六世纪的那段特殊历史时期。尽管如此,弗洛姆对于中世纪晚期和近代时期的非历史性陈述,也确实适用现代甚至符合一般人的心理状态。早在埃里克·埃里克森出版《青年路德》(*Young Man Luther*, 1958)的17年前,弗洛姆就将心理学与历史结合在一起,尽管他的历史学部分比心理学逊色许多。在令人兴奋但明显夸张的对话中,他探索了过去与现在的人类心理与自由议题。到了20世纪60年代,人们很少怀疑为什么克利欧[1](Clio)那些自称为"心理史学"精英的学生,大多数将埃里克森而非弗洛姆视为该领域的创始人。[16]

为了强调现代社会面临的挑战,弗洛姆最初打算把这部手稿命名为《自私与自爱》(*Selfishness and Self-Love*)。事实上,他在1939年的《精

---

[1] 克利欧,古希腊神话中主管历史的缪斯的名字。——译者注

神病学》杂志上发表了一篇关于此话题的文章,后来他将其转变为《逃避自由》的一条主题线。几个世纪以来,"做人不要自私"已经成为一句格言,敦促人们要关注其他人和其他事务,这句格言的目的在于推进慈善和博爱。爱他人是一种美德,但爱自己显得罪恶和过分。在弗洛姆看来,事实恰恰相反。虽然把握文艺复兴和宗教改革以来的机遇,享受新发现的自由是必要的,但弗洛姆认为自爱和自尊也是必不可少的。如果要向他人传递爱与关怀,一个人必须要爱他自己,肯定自己的独特性、幸福、情感、成长和自由。也就是说,若要真心关心他人的福祉,一个人需要有一种爱自己和肯定自己的感觉。一个人无法给予他人连自己都没有的东西。通过援引哈里·斯塔克·沙利文的观点,弗洛姆认为,除非一个人对他自己有积极的感受,否则他无法向爱人表达真挚的感情。[17]

因此,与加尔文和路德相反,弗洛姆坚持认为,自我绝不能臣服于任何事业,这种臣服会掩盖和削弱真自我,会使一个人变得贪婪、自恋和自私。自私不仅会剥夺一个人的自由,还剥夺他的自尊,甚至人性。弗洛姆认为,这种自我贬低正是自私甚至自恋的真正含义:

一个讨厌自己的人,一个否定自己的人,会总是对自己的存在感到焦虑。他的内心没有安全感,这种安全感只能以真正的喜爱与肯定为基础。因为他的自我在根本上缺乏安全感与满足感,所以他必然只关心他自己,贪婪地为自己争取一切。[18]

垄断资本主义与机械趋同

正是通过区分自爱与自私,弗洛姆解释了新教教义对人们渴望自由的负面影响,以及19世纪和20世纪垄断资本主义兴起产生的心理影响,它们孵化出了一个有问题的大众社会。尽管很少有《逃避自由》的评论家指出这一点，但弗洛姆在这个部分的叙述预言了二战后几十年来，关于现代垄断资本主义自耗品质的开创性研究。

为了讨论大众社会的危机，弗洛姆简略地概述了其历史发展，指出宗教改革后的历史变化除了让现代人变得"更独立、更自力更生、更批判"，也让人们变得"更孤立、更孤独、更害怕"。他认为，在英国、法国与美国，政治对自我的约束随着宗教改革而被搁置一边。在代议制政府与法律权利平等的基础上，现代民主国家应运而生。随着过去教会与国家对个人强制权力的瓦解，言论自由与宗教自由出现了。[19]

然而，"不同性质的新敌人也纷纷出现，这些敌人基本上不是外部的限制，而是阻碍人格自由充分实现的内部因素。"在垄断资本主义之下，一个人与大型非人性化的组织和进程联系变得越来越紧密，弗洛姆将这一需求称为"机械趋同"。现代人中的大多数"思考和谈论的事情与其他人并没有什么不同"。那些来源于自我外部结构的感受与想法，被错误地体验为他自己的。[20]

弗洛姆并没有详述在大规模生产以及商品和服务大规模运销的情况下，那些越来越多为精英垄断资本家所有的大型非人性化的企业和其他组织是如何起步的，以及如何开始要求工人"机械趋同"的。他认为现代人已经"成为机器上一个或大或小的齿轮，机器对人类施以速度，而人类无以为抗；与机器相比，人类实在无足轻重"，但他并未描述这是如何发生的。实际上，弗洛姆是将企业组织以及技术长达数百年的发展历程，简化成对"机械趋同"之兴起的讨论。因此，他宣称——但未加说明——那些孤立的个体，受到早期新教主义"自我压缩"的约束，随后又受到民主政治革命的鼓舞，如何被垄断资本主义企业所俘获成为一个顺从的"齿轮"。[21]

弗洛姆将现代人描述为一个无力的"齿轮"，镶嵌在一个要求"机械趋同"的大型企业组织里，这个观点在很大程度上来源于韦伯。尽管一般而言，他讨论的是"现代社会"，但他关注的焦点是美国。过去的工匠与技工将其制作的产品视为自我的延伸，而现代的工人身处一个大规模的组织将零件组装成较大的产品，这个组织关注的只有利润。由于远离他的劳动成果，产业工人只会因为他在流水线上付出体能而受到重视，而白领与专业技术人员也只负责各自的专业内容。工人们通常明白，如果不能为组织创造利润，他们就会被"残忍地辞退"。正如哥伦比亚大学社会学家 C. 赖特·米尔斯 10 年后在其经典著作《白领：美国中产阶级》（*White Collar : The American Middle Classes*，1951）中阐述的那样：在垄断资本主义之下，工作变成了一个异化与自贬的过程。[22]

不仅是《逃避自由》预测了现代劳工的异化性质，弗洛姆还预见了威廉·怀特（William Whyte）具有开创性的《组织人》（*The Organization Man*，1956）。弗洛姆强调，"过去，在小规模的企业中，工人都了解他们的老板"，而在大型的企业组织中，他们之间就不再那么熟知了。事实上，老板已经被"管理层"和资产负债表考量的匿名权力所替代。工会则是工人用来对抗"管理层"的保护伞，它赋予了工人一种迎战大型非人性化组织的力量感。问题在于，工会最终也发展成为一种大型组织，不利于工人的积极参与。由于缺乏对劳动成果的所有权，现代工人对现代工作场所的性质产生了疏离感。现代的工作场所没有提高人们先天的创新能力，而是要求他们变成一个稳定的、可预测的"组织人"。[23]

在阐述不动脑的"机械趋同"的过程中，弗洛姆预测将有大量令人兴奋的战后文学描述消费文化。在过去小型独立零售店里，店主一般都认识顾客，并将其视为"重要的人"。经营者关心并尊重消费者的需求和愿望，而购买交易提升了消费者的尊严与重要性。相比之下，在现代百货商店中，在布满各种商品的巨大空间中，消费者成为一种失去个性的收入来源，他们感觉自己"渺小且微不足道"。"没有人对他的到来感到欣喜，也没有人特别关注他的需求。"弗洛姆补充道，过去小商店的店主使用"通情达理的方式"与顾客交谈，引导他去购买某件商品，而现代广告试图"在情感上打动它的对象，然后再使其在理智上投降"。抛开商品本身的质量不谈，现代广告力图"扼杀消费者的鉴别能力，就像一种鸦片或彻底的催眠一样"。弗洛姆发现,产品都是通过微妙地迎合消费者的梦想、恐惧和幻想而实现营销的,这对万斯·帕卡德(Vance Packard)的重要著作《隐形的说客》(*The Hidden Persuaders*,1957)做出了预测。弗洛姆还指出,在面对庞大的消费中心和乏味的广告攻势,出现了一种"恢复消费者判断能力、尊严和重要感"的运动,但这一运动"还处在萌芽阶段"。[24]

总之,弗洛姆坚持认为,现代垄断资本主义的"风格"和企业文化让个体感到窒息,感到自己渺小和微不足道。一个人感觉被迫"加入了大众的步伐,就像行进中的士兵或在永无休止的流水线上的工人"。个体可以有所行动,"但他的独立感和重要感,都消失了"。相反,弗洛姆指控伪自我(pseudoself)取代了个体,他逐渐发展为"一个反映他人期望的镜像"。一个人感到"被迫去从众,通过不断获得别人的赞许和认可获得他的身份"。这就是为何当一个人独特的信念和情感被压抑,不再是自我的一部分时,他所有的"感觉与想法可以全部来源于外部,同时体验为他自己的主观感受"。弗洛姆的见解,不仅打算应用于20世纪的法西斯政权,而且准备应用于美国这样的民主国家。[25]

在《逃避自由》出版后的十年内,大卫·里斯曼出版了《孤独的人群》(1950),这本书也许是战后所有社会心理学研究中流传最广的先驱作品了。作者追踪了在19至20世纪进程中,人们从"内心导向"到"他人导向"的转变,前者是指个体寻求他内在的独特价值观、记忆和经验的指导,后者则指一个人服从他周围社会(人群)占主导地位的道德观念。里斯曼欣然承认,"他人导向"这一革命性概念,在很大程度上,依赖于他的朋友兼分析师埃里希·弗洛姆关于"机械趋同"代替整合自我的观点,它与弗洛姆叙述的"市场型人格"也有关联。

当然,《孤独的人群》与《逃避自由》之间也有很大的不同。首先,里斯曼研究的是"美国国民性格",他的研究材料几乎全来自美国。其次,还有年代的不同。《孤独的人群》出版之时,笼罩着犹太人大屠杀的阴影,以及早期冷战的恐怖战术,此书让人感觉有点"大惊小怪"地揭露了战后的美国文化，即使其中也不乏中肯之言。里斯曼的主要观点是，由于具有活力的自我与个体性受到威胁，这个国家正处于危急存亡之秋。相比之下，弗洛姆出版《逃避自由》是在希特勒提出"最终方案"之前。弗洛姆通过考查现代个体性的出现，撒出了一张比里斯曼更广的网，现代个体性带来了自由也引发了不安全感，因此诱惑了太多西方人放弃了他们的自由。最后，弗洛姆发现，"机械趋同"只是三种普遍的心理机制之一，另外两种是"权威主义"和人类"破坏欲"，人们以此逃避自由带来的挑战和不安全感。弗洛姆认为，"机械趋同"不仅是美国所面临的主要挑战，也是其他西方民主国家面临的挑战。随着暴政浪潮席卷希特勒统治的德国，弗洛姆承认，另外两种机制在适当的情况下也同样可能。与《孤独的人群》不同，《逃避自由》论述了一个相当大的主题：自由及其不满的问题。在所有的西方社会，无论是民主国家还是独裁国家，弗洛姆坚持认为这个问题存在于人类环境中。

纳粹德国和施虐受虐狂

弗洛姆被美国文化深深吸引，但纳粹德国更牵制了他的注意力，这从他研究德国工人阶级的权威倾向时就开始了。尽管《逃避自由》考查了广泛的自由及其不满的问题，尽管弗洛姆的读者主要是美国人，但实际上德国人路德，特别是希特勒，才是他最为关注的。

对弗洛姆来说，在某种程度上，"机械趋同"是一种最温和的心理逃避机制。因为如果这种趋同与"权威主义"逃避机制混合在一起，结果就会产生施虐受虐狂。弗洛姆使用"施虐受虐狂"这个词，并非是指神经症或者性倒错，而是指根植于一个人社会性格的对待权威的态度："他崇拜权威，倾向于服从权威，但同时他也想成为权威，让其他人臣服于自己。"作为受虐狂，权威主义的个体喜欢自愿地服从强者的命令。

作为施虐狂，他则试图支配弱者并让他们受苦。也就是说，施虐受虐狂的权威主义者感到被迫放弃他稀疏和忧虑的自我感，以及对作为自由个体的恐惧，他在崇高的事业中一方面顺从"强者"，一方面镇压"弱者"。由于他相信"生命是由自己以外的力量决定的"，所以他无法理解人类平等或团结的概念，而只能理解上等人和下等人的权威主义观念。也正因此，他们希望参与一项崇高的事业而获得荣耀和力量。[26]

弗洛姆坚持认为，纳粹吸引力的心理基础就是这种施虐受虐狂的权威主义性格，希特勒的《我的奋斗》最好地诠释了这些品质，如何通过贬低并最终消灭"次等"群体，驱策德国民众去分享帝国的荣耀和力量，以及雅利安血统的纯洁。这是对于《我的奋斗》之吸引力的一种很有选择性的解读。例如，弗洛姆并没有考虑希特勒强烈的反犹太主义，而是选择把犹太共产主义者和法国人定位为"次等"群体。弗洛姆也没有指出纳粹追求雅利安人的纯洁血统，实则败坏了社会达尔文主义者的名声。正如赫伯特·斯宾塞（Herbert Spencer）和威廉·格雷厄姆·萨姆纳（William Graham Sumner）在几十年前对达尔文进化论的歪曲一样，希特勒也坚持认为，通过消除"劣等"和"受污染"的民族可以实现"超级种族"的生物净化。尽管存在这些比较明显的缺点，有趣的是，西奥多·阿多诺在1950年出版的经典著作《权威主义人格》（*The Authoritarian Personality*）中，却对弗洛姆的解释架构给予了许多信任。[27]

弗洛姆认为，纳粹的施虐受虐狂在心理上与德国下层中产阶级有着许多共鸣，远超过了德国社会的任何一个阶层。因此，他并没有注意独裁的德国国民性格这一概念，也没有关注纳粹伪科学的解释或言辞力量。弗洛姆的注意力主要集中在社会阶层上。他认为，下层中产阶级有力继承了路德教派和加尔文教派心理上的痛苦、怀疑和不快乐，他们受到一战后状况——特别是大规模的通货膨胀和经济萧条的严重打击，而他们的声望已经降低到普通工人阶级之下。弗洛姆坚持认为，纳粹对这一受难群体的吸引力是无与伦比的。但他弄错了。他关于下层中产阶级的假设并不成立。纳粹赢得了所有阶级的选票。他们在乡村新教地区很受欢迎，在城市中也获得了大量工人阶级和上层中产阶级的选票。事实上，下层中产阶层对希特勒的支持力度不及上层中产阶级。一般情况下，阶级层次越高，为希特勒投票的几率就越大。然而，这是回顾性研究，是通过弗洛姆所缺乏的研究技术来确定的。弗洛姆只有继续他对德国工人的研究，而他关于下层中产阶层的结论适用于他的施虐受虐狂假设。[28]

弗洛姆认为"破坏欲"是权威主义者的一种逃避机制，它通常与施虐受虐狂结合在一起。在此，施虐受虐狂代表了一种与他人（上级和下级）的共生关系，而破坏欲则要把那些有问题的人清除掉。弗洛姆引用霍妮的观点，指出破坏欲是一种常见的对焦虑的反应，它源于一种社会孤立感与无力感——太多的情况超出了我们的控制。那些诉诸破坏欲的人经常产生一种非常狭隘的情绪体验，因为他们储存了大量的等待最终释放的怨恨："生命驱力越是受到挫败，破坏驱力就越强；生命越是得到实现，破坏力就越小。破坏欲源于没有实现的生命。"弗洛姆认为下层中产阶级是第三帝国破坏欲逃避机制的主要代表，这一点有预见性，但也有问题。作为加尔文主义及其预定论信条——否定人类的能动性——的继承人，他们代表了情感上最孤立、最受限的群体，并对"那些享受生活的人怀有强烈的嫉妒"。如果弗洛姆缩减他对施虐受虐狂的讨论，他承认自己对破坏欲的描述就只剩骨架了。在他职业生涯的后期，他将会写出一本重要的书来讨论这个概念，即《人类的破坏性剖析》。[29]

因此，弗洛姆围绕施虐受虐狂和破坏欲的逃避机制，框定了他对纳粹主义和其他专制国家的讨论。此外，弗洛姆承认，希特勒和其他高层纳粹军官赞美强者，蔑视弱者，在私下里，他们特别鄙视下层中产阶级。他们在共生层级的框架中寻求权力：要主宰另一个人，就必须服从上层领导，最终服从于元首。这种征招的、狭隘的、权威主义的自我观成为通往荣耀的道路。[30]

乐观主义

尽管存在纳粹灭绝的威胁以及纳粹德国统治欧洲大陆的事实——只剩下英国独自抵抗,但弗洛姆并没有对未来提出悲观的预测。事实上,他以绝对乐观的笔调结束了这部著作。弗洛姆的结论并没有多少实证研究或学术成果的支持,他甚至承认自己的根基不怎么牢靠。离开他的主要叙事线,弗洛姆宣称回到中世纪是不可能的——自由个体的出现是当代存在一个不可逆转的事实。尽管权威主义、机械趋同或破坏欲等逃避自由的方式,可能会缓解现代人的孤独感和无力感,但这些措施只能提供短暂的和肤浅的解决方案。我们无法颠覆生命"所固有的生长、扩张和发挥潜能的倾向"。在弗洛姆看来,"尊重和培养自我的独特性是人类文化最高贵的成就"。尽管存在"机械趋同"的压力,但没有"比这种独特的个体自我更强大的力量了,人本身才是生命的中心和目的;人的个体性的发展和实现应该是一个终极目标,永远不能屈服于那些假装更有尊严的目标"。[31]

弗洛姆以上扬的乐观主义结束了他的作品,公然违抗了他之前那令人沮丧的叙述。西方民主国家(特别是美国)的"机械趋同",其实可以得到有效管理。弗洛姆指出,美国长期享受着《权利法案》保障与代议制政府。通过新政,美国制定了新的经济原则——社会对其所有组成部分负责,没有人应该挨饿或者害怕失去生计。至于新政还需更进一步的是,促进分散管理而不是社会主义的"计划经济",这是一种与现有政治民主相匹配的经济民主。[32]

如果说弗洛姆对西方民主国家(特别是美国)的乐观预言公然违背了他对从众压力的分析,那么他对德国的乐观预测与其对纳粹权威主义根源的分析也是不一致的。但是一旦纳粹被击败,"权威主义体系就无法消除人们追求自由的基本条件,它们也无法消除人们出于这些条件对自由的追求"。[33]

在这部专注于西方世界逃离自由的著作结尾,弗洛姆预言人本主义的价值观、民主和自由终将广为传播——几乎是历史的必然性,我们对此该如何解释呢?更具体地说,为什么弗洛姆提出对于人本主义终将出现的信仰,一改前面冷静而坚决的叙述基调呢?为什么他相信人们会拥抱自己内在的自发性和创造性的力量,从而选择长久的幸福与满足呢?为什么相信在未来,他们能够做出自由个体所固有的理性、建设性和热爱生命的选择,而这些选择在过去,他们是常常予以拒绝的?

弗洛姆回答,这是源自他对人性深深的信任。在文艺复兴、宗教改革和资本主义兴起400年后,我们没有退回到个人心理诞生之前的中世纪社会。但是,权威主义与"机械趋同"只为现代社会的不安全感与孤独感提供了暂时的和自嘲式的答案。随着时间的推移,人类将学会创造性地利用他的自由,以提升他的生活并治愈他的不安全感。弗洛姆的问题在于,他只是假设了这种思路,而他大多数的叙述恰好与其相反。他在《逃避自由》结尾抛出的一线希望,是整卷悲苦惆怅中爆发的一场繁荣。[34]

弗洛姆对于人类终将拥抱而不是继续逃避自由的乐观预测,被认为是一种普遍主义者(universalist)的言辞。这与他在附录文章中详细阐述的社会性格的概念是相矛盾的。为了论述社会性格,我们必须考查特定社会群体的具体环境和价值观念,并考虑它们之间重大差异,这是弗洛姆在他的主要叙述中经常尝试去做的。托马斯·哈维·吉尔[1](Thomas Harvey Gill)代表了许多评论家的意见,他这样写道:"我们想要知道,为一个随时间和地理而变化的文化概念而奋斗,比如正义,这本身是否是一种根本性的奋斗。"事实上,吉尔反对弗洛姆的普遍假设,即各种"自发的理想"均源于自我。在吉尔看来,这一假设是模糊的,并缺乏通用性。[35]

---

[1] 托马斯·哈维·吉尔,美国林务官,冒险家、小说家和学术期刊编辑,曾与沙利文等人创办跨学科杂志《精神病学:人际关系与生物过程》(*Psychiatry: Interpersonal and Biological Processes*)。——译者注

吉尔、奥托·费尼谢尔、维克托·怀特（Victor White）和其他几位评论家，都对弗洛姆的乐观预言和乌托邦式的语调感到失望，似乎这部分内容是《逃避自由》一书中最没有说服力的部分。他们坚持认为，这种预言无法替代历史学、心理学和理性分析的合理使用。作为一名移民精神分析师，费尼谢尔表示强烈反对，他谴责弗洛姆的研究不够充分并且对弗洛伊德存在误读。当然，费尼谢尔的意思是，弗洛姆几乎完全脱离了弗洛伊德扎根于性欲驱动之中心性的"现代主义"议程。[36]

即使弗洛姆打算将《逃避自由》推向广大读者而非学术群体，但他至少在全书中保留了一些理性和分析的元素以及一些证据基础。然而，值得注意的是，弗洛姆是从德国法兰克福研究所，从一名冷静而严肃的德国学者过渡而来的。他现在所过的生活似乎更像文化与人格运动中的新朋友，这些人有时会将学术警告抛掷风中，他们激烈地进行广泛的跨学科探索，特别是对精神分析和文化人类学进行推测融合。他们是这样，弗洛姆也是这样，随着他开始了离开研究所之后的生活，有时他会成为一名激进的社会评论家，认为创新和革新才是最重要的，即使有时走学术捷径也无伤大雅。

更重要的是，当弗洛姆写到《逃避自由》一书结尾时，他的新圈子更加灵活和开放的"风格"，似乎激发了弗洛姆对《旧约》中犹太先知传统的部分拥抱，这一传统在他的青春期和成年早期至关重要。他的叔公路德维格·克劳斯向他介绍了《以赛亚书》《阿摩司书》和《何西阿书》等著作，以及它们对于国家和人民之间和平与和谐的愿景。拉比尼希米·诺贝尔教导他委身于弥赛亚理想（即爱、谦卑和正义）的重要性，这些乃是普遍的人本主义伦理学的基石。弗洛姆早期重要的导师萨尔曼·拉比诺让他明白，个体的道德自律和自由选择，正是《旧约》预言的本质所在。最后，弗洛姆与阿尔弗雷德·韦伯关于犹太律法的论文指出，哈西德主义歌颂一种完整、喜悦和真诚的内心生活，这正是他在《逃避自由》结尾所呼唤的内容的本质。虽然汉娜·阿伦特和弗洛姆很少交流思想，但她研究了弗洛姆和其他积极自由的倡导者之间的冲突。可以肯定,希腊人最初强调的实践(praxis)(即人类行为和人类言语)是一种积极的自由。但阿伦特指出,希腊哲学后来将积极自由等同于真实,尤其是等同于发展理性。为了保持外在的一致性,阿伦特推测,积极自由的倡导者强调实践,并将涉及谨慎推理的希腊哲学摆在了次要位置。[37]

尽管乌托邦式的人本主义倾向在弗洛姆早期生活中占有重要地位,但在这本关于人类背叛自己的自由和幸福的著作中,它在结尾部分出现了一下,不过人本主义将会成为弗洛姆人生后期思考和写作的主要内容。随着弗洛姆掌握了法兰克福研究所学术纪律的要求,他的犹太人的先知传统就退居次席了。然而,它在第一本书的结尾处精彩绽放了,而这也许促成了它成为一本经典著作。自从出版以来,《逃避自由》售出了500多万册,并被翻译28种语言。

第 5 章　临床医师和伦理学家

弗洛姆在《逃避自由》结尾透露出积极乐观的态度，表明他重新唤醒了犹太教的先知传统。这一传统在弗洛姆的早期生活中占有重要位置，并且持续到 20 世纪 40 年代。弗洛姆在《逃避自由》中所述的"积极自由"——对于人类能够过一种友爱、反思、生产性且随心、欢乐和创造性生活的肯定——很快就被他所谓的"伦理学"或"社会主义"人本主义所取代。在"人本主义"（humanism）的旗号下，弗洛姆阐述了一种以对话、希望和人类关联性为基础的模糊哲学。弗洛姆认为，他的下一本书——《为自己的人：伦理学的心理探究》（Man for Himself : An Inquiry Into the Psychology of Ethics，1947），"从许多方面而言，算是《逃避自由》一书的续篇"，因为它概述了"一种可以引导人类实现自我及其潜能的规范和价值观"。在《为自己的人》的结尾，弗洛姆描述了一个拥护世俗的"伦理学"或"社会主义"人本主义知识分子的使命，字里行间刻画出了他的自我形象：

> 伦理思想家的使命就是维护和加强人类良知的声音，认清楚对人而言何为善、何为恶，而不管它对某个发展阶段的"社会"是善还是恶。他可能是一个"在荒野中呼喊"的人，但只要这个呼声始终存在，毫不中断，荒野迟早会变成良田。[1]

对弗洛姆来说，"伦理学"或"社会主义"人本主义和他的临床工作相辅相成。在 20 世纪 40 年代，他不仅与正统的弗洛伊德学派精神分析关系疏远，而且也远离了卡伦·霍妮和其他修正主义的同事。即使在威廉·阿兰森·怀特精神病学研究所担任临床培训主管时，他与其他同事之间的讨论交流也很少。尽管自由主义的知识分子，比如小亚瑟·施莱辛格、保罗·蒂利希和罗伯特·林德纳（Robert Lindner），都将《逃避自由》的主要思想纳入了自己的写作思路中，并希望与弗洛姆见面探讨，但全被弗洛姆婉拒了。可以肯定，他一直是玛格丽特·米德开展的"文化与人格运动"的参与者。但随着时间的推移，他发现这项运动对他的吸引力也日渐消退。总而言之，弗洛姆正在成为一个"自给自足的"知识分子，他与学术和临床领域的同事对话越来越少，也很少听取他们的批评意见。他毫无疑问变成自我参照的，大力借鉴《逃避自由》中呈现的思想；就像他在创作《逃避自由》时，借鉴20世纪30年代在法兰克福研究所撰写的文章一样，这些文章原汁原味、论证严谨。基本上，当时的弗洛姆开始淡出重要的知识圈子，逐渐不那么抵抗反刍自己的想法。他试图将自己置身于一个清晰的哲学传统，特别是斯宾诺莎的哲学，结果却不尽如人意。有趣的是，在弗洛姆信奉"生产性社会性格"的那十年，也是他职业生涯中最没有生产性的十年。这段时期是非常复杂的岁月，弗洛姆的好几种"生活"同时在上演。[2]

临床实践政治学

在某种程度上，尽管弗洛姆越来越独立于他的同事们，但他提出的"伦理学"或"社会主义"人本主义仍然受到了其专业关系的影响。1941年4月，霍妮创建了精神分析进步协会（AAP）及其附属机构美国精神分析研究所（AIP）。实际上，这是对正统弗洛伊德学派的纽约精神分析协会的一种回击；由于霍妮在思想和专业上的迥异，纽约精神分析协会取消了她作为导师和培训分析师的资格。随后，她邀请弗洛姆以及哈里·斯塔克·沙利文和克拉拉·汤普森等人从旧的黄道圈子进入她创办的精神分析进步协会和美国精神分析研究所，它们在当时已成为美国传播新弗洛伊德主义的主要阵地。尽管弗洛姆没有医学学位，因此在专业技术上只是一名荣誉会员，但他仍然被任命为培训分析师和临床督导，享有在美国精神分析研究所教学的特权。[3]

不久后，霍妮试图将美国精神分析研究所转变为医学机构，以便它能够成为纽约医学院的附属机构。随着谈判的进行，纽约医学院精神病学系主任斯蒂芬·朱厄特（Stephen Jewett）坚持认为，美国精神分析研究所中只有具有医学学位的分析师才能成为这个系的联盟成员。考虑到弗洛姆是无医学学位的分析师，朱厄特愿意让他继续留在美国精神分析研究所，但他不能与纽约医学院有什么瓜葛。在弗洛姆与霍妮的这段恋爱关系中，她已经不像以前那样迷恋他了，还缩减了他在美国精神分析研究所的学生数量，这等于剥夺了他作为培训分析师和临床督导的角色。最初，弗洛姆仍然被允许在美国精神分析研究所授课，只要这些课程不涉及分析技术即可。但是，霍妮开始变本加厉，美国精神分析研究所最终彻底取消了弗洛姆的教学特权。事实上，她对弗洛姆所做的一切，就像当初纽约精神分析协会对她做的那样。由于将自己视为弗洛伊德正统学派的主要修正者，所以霍妮通过对无医学学位的分析师施加严格限制，从而对自己曾经的情人百般打压。弗洛姆难以接受这些限制条件，最终于1943年4月从精神分析进步协会和美国精神分析研究所辞职。汤普森、沙利文和其他几个人对弗洛姆的遭遇表示同情，也纷纷离开了这里。[4]

沙利文和汤普森目睹了霍妮打压弗洛姆的整个过程，因此当弗洛姆辞职时，他们已经准备好了其他出路：沙利文想到有一个跨学科的精神病学-精神分析中心（即华盛顿精神病学院），由威廉·阿兰森·怀特基金会赞助，一直以来都在支持他的研究。在与霍妮决裂之前，华盛顿精神病学院只不过是沙利文的华盛顿-巴尔的摩精神分析协会的"控股公司"。与弗里达·珍妮特（Frieda Janet）、大卫·里奇（David Rioch）等人一起，沙利文和汤普森通过建立纽约分校和华盛顿分校，希望重新组合沙利文的华盛顿精神病学院。弗洛姆一直在纽约和华盛顿两个城市之间奔走,他很享受与具有不同背景和跨学科兴趣的学生们在一起的时光。在第二次世界大战的最后几年,纽约分校的发展速度远远超过了华盛顿分校。根据1946年修订的《退伍军人权利法案》(该法案为曾在军中服役的医生提供精神分析培训方面的资助),纽约分校与华盛顿分校脱离开来,并命名为威廉·阿兰森·怀特精神病学研究所。[5]

1946年,弗洛姆成为怀特精神病学研究所临床培训的首任主管。尽管他对行政职务不感兴趣,但他还是担任主管直到1950年。此外,在怀特精神病学研究所,弗洛姆被视为高级培训分析师,随时可以主持临床精神分析的研讨会。他身为研究所委员会中的要员,对研究所的内部工作十分清楚。尽管医学博士逐渐成为美国精神分析培训的必要条件,但弗洛姆却劝说怀特精神病学研究所的教员向心理学博士开展全面的精神分析培训,并将其推荐给其他学科的博士。

弗洛姆还组织了一些研究项目,以研究长程精神分析存在的问题。他接触社会工作者、护士、教育工作者以及其他社区工作者,向他们介绍精神分析理论和技术,并邀请他们参与研究所开办的讲座和课程。弗洛姆相信任何人都可以从精神分析治疗中获益,因此他在怀特精神病学研究所建立了一个廉价诊所,旨在为社区提供服务,这可谓当时的一项创新之举。尽管有这些活动举措,弗洛姆在怀特研究所还是越来越感到被边缘化。他的许多其他政策建议都遭到了研究所其他教员的拒绝。他开始认识到,尽管他的职位较高,但拥有医学学位的汤普森对研究所的政策和项目有更大的实质性影响。她接受治疗取向和学术流派的多样性,而弗洛姆在教学和临床督导方面表现出一种特立独行的取向;此外,她也愿意承担大量的管理职责,这点恰恰与弗洛姆不同。因此,即使怀特精神病学研究所的同事将弗洛姆看作一位重要的知识分子,而且通常在临床工作中给予他极大的自由,但他还是感到越来越孤立和"受伤"。逐渐地,他很少让同事们对他的临床技术和理论著作提出意见。由于他与那些杰出且严谨的学者渐行渐远,所以弗洛姆在他的临床工作中变得越来越自我参照。[6]

临床技术

弗洛姆是一个什么样的治疗师和督导呢？他非常享受进行精神分析治疗和临床督导，但他很少把自己的临床工作情况记录下来。虽然如此，弗洛姆发现这份工作不仅令人十分满意，而且对他在其他领域的思想也起到了重要的作用。不过，他所进行的分析总是侧重于患者的社会性格，而且经常涉及非常具体的临床表现。他指出，这样在案例报告和临床著作中很容易辨认出某个特定的患者，因此违反了治疗的保密原则。在私下里，弗洛姆曾向比较亲密的同事如特鲁德·亨齐克·弗洛姆和迈克尔·麦科比承认，他关于临床工作的写作也经常受到限制，因为他知道一些与女性患者违反伦理的幽会（这暗示着他自己有时也有过这种关系）。这种不当行为在当时的分析师中非常普遍，包括弗洛伊德和荣格的学生们。弗洛姆可能感到，讨论临床工作的这个问题没什么收获，特别是因为他很可能会受到牵连，而且它可能会加剧他与正统弗洛伊德派学者之间的冲突。

弗洛姆的临床实践方法，尤其是他的精神分析是什么样的呢？马克思主义作家哈里·威尔斯（Harry K. Wells）富有洞见地将弗洛姆描述为"灵魂医生"——一位积极乐观的现代版的以实玛利[1]（Ishmael）。试图将现代人从亚哈[2]（Ahabs）对世界所造成的危机——异化、孤独、焦虑和绝望——中拯救出来。弗洛姆拒绝了流行的弗洛伊德学派的治愈观念——通过一种客观和外科手术般的分析方式将自我从本能尤其是性压抑中释放出来，他则诉诸梦的分析和自由联想或者方式，旨在温和地消除随波逐流和权威主义的自我，让"真正的"生产性自我得以浮

---

[1]《创世纪》中记载，夏甲是撒拉的埃及女仆，由于撒拉不孕，便将夏甲送给丈夫亚伯拉罕做妾，生育了一个儿子，起名叫以实玛利，就是"神听见"的意思，因为耶和华听见了你的苦情。——译者注
[2] 亚哈，古代中东国家北以色列王国的第八任君主，一生多行不义。——译者注

现。而且，与弗洛伊德及其追随者有所不同，他的临床风格是温暖的、欢乐的，正如桑多尔·费伦齐所说的，有一种"坚定不移的良好意愿"。在1950年出版的经典著作《精神分析：演化与发展》（*Psychoanalysis: Evolution and Development*）中，克拉拉·汤普森相当具体地描绘了弗洛姆的特征：在本质上，他努力培养患者对其"真实"自我的尊重，而不是使其顺从社会。此外，汤普森认为，弗洛姆找到了让他尊敬的患者，可以在他们内心探测到一个微弱发光的"真实"自我，即使被深深压抑着。在这方面，汤普森认为，弗洛姆是一位极具判断力的临床医师。"弗洛姆式"治疗的关键是聚焦于一个"真实性"的榜样——通过同理心和帮助患者戒除不合理的、欠考虑的和顺从的态度，从而鼓励他们发展自己"健康的"一面。根据汤普森的观察，为了达到这个目的，弗洛姆坚持认为，临床医生应该与他自己的深层自我进行充分接触。否则，他便不能对他的病人付出爱、尊重和同理心，不足以引发治疗改变。[7]

威尔斯和汤普森都承认，弗洛姆的临床方法充满了慈悲与关怀。在20世纪40年代，弗洛姆从社会性格的角度描述了他的治疗方法。精神分析师的任务是鼓励患者摆脱若干"非生产性"社会人格取向。弗洛姆假设了四种"非生产性"人格取向：（1）"接受取向"，特点是内在自我感到空虚，渴望来自别人的补给；（2）"剥削取向"，特点是使用各种手段，去捕获别人拥有的东西；（3）"囤积取向"，特点是努力保存或保护自己的物品和财产；（4）"市场取向"，特点是将自己视为一件可销售的包装好的商品。但是，弗洛姆并没有展示这些取向是如何限制一个人的"本真性"和潜在优势的。正是通过提出这四种"非生产性"人格，弗洛姆刻画了"生产性"自我（即一种"生产性社会性格"）的特点。与这四种"非生产性"取向形成鲜明对比，在走向"生产性取向"道路上的患者，变得更加自发、快乐，具有培育精神、有责任感、理性和富有爱心。简单地说，弗洛姆认为，有效的分析治疗应该在根本上减少患者内在的空虚，并改变他们不正确的世界观，从而提升患者对生命的热爱。[8]

早在1935年，在弗洛姆的分析实践刚刚起步的时候，他就拒绝了弗洛伊德所谓的治疗中立的前提（即精神分析师必须是情感隔离的）。相反，他借用了弗里达·里奇曼的观点，强调她那具有同理心和"人性的"临床风格；分析师需要坚持他或她对病人无条件的爱和接纳。弗洛姆抛弃了弗洛伊德那为社会现实所接受的"父权制态度"和"资产阶级的忍耐力"，而下定决心充分肯定分析对象追求"爱和幸福的权利"。需要注意的是，弗洛姆的临床方法只是他更大流程中的一部分，他正通过这个流程与其他同代的公共知识分子建立一种共同的语言和世界观，这些公共知识分子有时将自己定义为世界主义者和"普遍主义者"。像弗洛姆一样，他们把"人类一家"（family of man）的概念放大，以此替代纳粹科学固有的高级人和劣等人的分类。[9]

随着弗洛姆成长为一名经验丰富的治疗师，他坚持认为理想的治疗涉及了分析师和分析对象之间的"中心关联性"。一位有效的治疗师应该与其患者建立"中心关联"并进入他的"中心"，要快速地绕过"外围的"社会事务，比如宗教和职业。无论是神经症患者还是更为麻烦的患者，有效的治疗都需要"我们的人心与另一个人的人心"产生反应。在这个"中心关联性"当中，临床医生不仅可以通过他的话语，而且还通过他的声音和面部表情来表达自己。后来，弗洛姆把这种方法称为"舞动"（dancing），强调治疗过程中内在的互动性甚至艺术性以及对另一个人的深刻理解。弗洛姆写信给他的朋友克拉拉·厄克特（Clara Urquhart）说道："要理解一名患者，这意味着我们应该锲而不舍地洞察他或她，并且进入他或她的内心深处。"根据弗洛姆的病人和同事所说，这正是他所表现出的临床风格。弗洛姆会通过他那双敏锐的蓝眼睛，热切地凝视着病人的面孔，他似乎在帮助病人恢复生机，拥抱他或她的内心。（可以肯定，弗洛姆的精神渗透是如此强有力、严肃认真，有时甚至缺乏同理心，以至于病人有时会产生防御。）在体验另一个人的过程中，弗洛姆和他的分析对象同时也体验了他们自己——这种关联性，他现在称之为"人本主义"。一些年后，弗洛姆中肯地总结了这一现象："分析师只有亲身体验了病人的所有经历，才能够真正理解这位病人。"[10]

在某种程度上，弗洛姆的"中心关联性"这一临床方法类似于他与萨尔曼·拉比诺之间迷人的会谈。在弗洛姆对这种师生关系的描述中，每个人的精神核心通过一种温暖、不带评判的心灵和灵魂的交流，渗透并唤醒另一个人的精神核心。事实上，弗洛姆与拉比诺之间融洽关系所具有的魔力阐明了"中心关联性"的关键成分。精神分析师作为灵魂教师或导师，他需要帮助分析对象超越对其心理资源的肤浅和守旧的使用，而要建立起"有洞察力的"和"本真的"思考和理解。恢复患者独立推理的能力至关重要，可以帮助他走出"迷惘状态"，与这个世界和他自己的感受进行现实接触。回想起他与拉比诺、尼希米·诺贝尔和其他犹太教导师的合作经历，甚至是他与马丁·布伯的友谊时，大家都专注于文本，弗洛姆认为讨论重要的典籍可以刺激患者的独立思想，更真实地表达感受。弗洛姆经常会向他的分析对象提出明确、具体和详细的问题，以澄清病情陈述中存在的矛盾或歪曲；他还会邀请病人与他一起"理性地思考某些事情的意义"。弗洛姆虽然也使用传统的自由联想的分析技术，但与之不同的是，他认为对于更加"本真"和理性的想法以及个人洞察力的追求，可以作为一种具有深远治疗效果的教学技术。[11]

为了在分析关系中建立"中心关联性"，早在1940年弗洛姆就不再使用"分析沙发"了。他回想起柏林精神分析研究所的一些培训治疗师坦白：当他们坐在沙发的后面，听着患者唠唠叨叨地诉说，忍不住打瞌睡。为了避免"这种无法忍受的无聊状况"，弗洛姆让他的分析对象坐在椅子上，他可以与其进行直接的眼神接触，并促进一种更加真实的人际关系。他有时会坚持询问患者："请你告诉我，你现在在想什么，"或者"当你想起自己最不喜欢，令你感到最羞愧的事情，以及让你最骄傲的事情的时候，你会想到什么？"如果患者试图回避这种直接和迫切的询问方式，弗洛姆便会重新调整他大量的情绪以及有时相当主观的态度。在某些时候，弗洛姆对他自己非常坦诚，他也希望患者和他一样坦诚开放。[12]

弗洛姆想要建立的是一种直接的关系，即使这种关系阻碍了他对移情关系的理解（即患者如何缓慢而无意识地将强有力的情绪体验和重要人物投射到分析师的身上，以及分析师如何将自己的情绪反移情到患者的身上）。他对患者无意识的内在现实进行探索，主要目的是为了揭示患者所隐藏的一切内容。事实上，与弗洛伊德学派的临床正统理论恰恰相反，弗洛姆似乎故意阻止强烈的移情，认为这种关系增强了患者对治疗师的依赖感。然而，一些批评者指出，在临床关系中强烈的移情是不可避免的。其他人对弗洛姆的做法也有争议，包括他以前的分析对象和临床受训者。例如，迈克尔·麦科比和米莉蒂亚季斯·扎菲罗普洛斯(Militiades Zaphiropoulos)指出，由于没有利用充分的专业知识洞察移情和反移情，弗洛姆使其分析对象的心理问题更加复杂化。通过这种方法，弗洛姆经常使患者对他的特殊风格、"温暖"和思想产生崇拜。这往往导致他与患者、同事的关系过于私人化，而不够专业化和理性化。[13]

与弗洛姆最亲近的一个临床受训者和分析对象的例子很有启发性。大卫·谢克特（David Schecter）在威廉·阿兰森·怀特精神病学研究所接受个人治疗和临床培训，但弗洛姆在这两方面都没有建立好专业界限，没有明确临床医师（老师）与患者（学生）之间的关系。他应该允许后者行使他的自主权，而不是建立和保持一种依赖的状态。后来，谢克特成为弗洛姆在新兴的精神药理学领域中最优秀的临床伙伴之一（他建议弗洛姆对患者采用药物治疗），但他没有利用自己的临床和智力优势去寻求精神病学的帮助。如果他这样做了，或许就不会自杀了。[14]

弗洛姆反驳道，他对患者采取的主动、开放和直率的态度，"在第一时间唤起了各种阻抗"，这些阻抗可能会特别强烈并导致移情关系。然而，他坚持认为，患者表现出来的阻抗使他有机会剥离其神经质的逃避机制和性格防御层，这种阻抗通常设定了"一个活跃的心理过程"。弗洛姆认为，即使是最脆弱的分析对象，最终也能容忍这种直接的、主动的治疗，探究不加修饰的真相并从中获益。事实上，患者越接近自我理解，弗洛姆就越难完成这个任务。尽管弗洛姆在柏林接受了效仿弗洛伊德的培训——一整年一周五天治疗某一个病人，以便逐渐消除阻抗过程，确定患者在某个时间能够忍受多大程度的自我暴露，探讨移情和反移情的各个方面——但现在他选择反对那种方法。[15]

甚至在分析师和分析对象的"中心关联性"充分建立之前，弗洛姆（像弗洛伊德一样）也非常依赖于梦境分析，而且他在自己的分析生涯中也一直这样做。他的大部分临床督导都聚焦于患者的梦境，弗洛姆曾对大卫·谢克特解释说道："以一种令人满意的方式去理解一个梦……可能仍然给了我很大的快乐——超过了任何更为理论性的努力带来的快乐，因为我喜欢这种具体的、特别的方式，它正如大家所见。"事实上，梦的分析是他1951年出版的著作——《被遗忘的语言：理解梦境、童话和神话》（*The Forgotten Language : Understanding of Dreams, Fairy Tales, and Myths*）的核心内容。在他过去十年所做讲座的基础上，弗洛姆决然抛弃了弗洛伊德释梦的基本要素，拒绝了弗洛伊德的假设——梦境完全反映了"人类非理性和自私的性质"。他也抛弃了荣格的观点——"梦境是超越个人的无意识智慧的启示"。相反，弗洛姆认为梦境反映了"我们非理性的斗争，也反映了我们的理性和道德"。这本书处理了弗洛伊德于1900年发表的《梦的解析》当中的议题，它也许是弗洛姆与弗洛伊德的所有文本进行过的最引人注目的交流——就其审美意义来说。[16]

在弗洛姆看来，睡眠使人们摆脱了时间、空间和社会条件的限制，梦境代表了一种全人类通用的象征性语言。一个梦境将自我的不同侧面编织进一个单一情境——包括过去和现在，真实事件和幻想。回忆一个梦境，"就像用显微镜观察我们灵魂里所隐藏的内容"。虽然梦境封装了做梦者隐藏的欲望和幻想，但它们并没有揭示在做梦者的整个心理中，梦境的每种成分有多少素材（即"量化"）。弗洛姆坚持认为，弗洛伊德和他的追随者忽略了在梦的解析中的"量化"问题——毫无疑问，这种陈述夸大其词了。[17]

《被遗忘的语言》的大部分内容表明了弗洛姆是如何分析具体梦境的。弗洛姆坚持认为，在一开始，临床医生必须了解做梦者的一般心理，并且掌握每个特定患者的日常生活背景，尽管他很少对其患者的日常生活进行详细描述。弗洛伊德假设,被分析者必须超越梦境的外显或表层的内容,去探索被压抑的有时甚至是令人恐惧的"隐梦"中的元素,这些元素暗示了做梦者的情感联系。就像埃里克·埃里克森所做的那样,弗洛姆也拒绝了弗洛伊德对显梦和隐梦所做的严格区分,而是关注梦境广泛的象征性语言。探测重复性梦境模式中的变化,以及这些模式如何与患者生活的主题和方向相关,是至关重要的。弗洛姆坚持认为,最初不应该去关注梦境的零碎部分,也不应该将其分为显梦和隐梦,而是要把它视作一个整体。通过对整体梦境的理解,弗洛姆假设临床医生可以了解患者全部的无意识生活,反过来又可以找出是什么在损害他的生产性和幸福。"最重要的是,要理解梦境的结构,在其中,过去和现在、人物与现实事件交织在一起,构成一个精心设计的情境",它揭露了做梦者的基本内在动机,"以及他必须让自己努力去获得幸福的目标"。弗洛姆补充道,矛盾的是,有时做梦者对死亡的担忧会重建他对生活和幸福的信念。[18]

弗洛姆经常以更加不羁和直觉的方式对患者的特定梦境进行解释。在分析室,他认为梦境是"多面的",永远不能进行"一刀切",以产生一种有限的含义。他揭示了"各种不同的精神分析学派"的荒凉贫瘠,"每个学派都坚持只有它真正理解了象征性语言"。弗洛姆倾向于不再强调理论,在梦的解析时更加依赖直觉和自发的方式(即使他回避关于特定患者的细节)。这也解释了为什么在他的所有书籍中,《被遗忘的语言》在理论方面最为薄弱但同时在情绪感染力方面最为强烈。尽管弗洛姆反对简化主义的解释,但他鼓励广大读者尝试掌握象征性语言,以便理解自己的梦境。毫不奇怪,他引用了《犹太法典》中的语言:"未经解释的梦境就像尚未拆开的信件。"《被遗忘的语言》深受广大读者的欢迎。自出版以来,已经销售了大约200万册,被翻译成22种语言。[19]

我们如何评估弗洛姆作为临床医生的普遍效果呢?在大多数情况下,他的受训者特别是威廉·阿兰森·怀特研究所的学员认为,他是一位鼓舞人心的分析师和老师,而他的患者们对他的看法没有那么一致且积极。

受训者和患者都认为，他以一种灵活和不教条的方式追求与分析对象之间的"中心关联性"。他把临床技术的细微差别当作是人为的，并将这些因素排除在外，以与患者进行更生动的交流。根据弗洛姆的受训者的说法，如果一位分析对象看起来坚强、有魅力，而且比较放松，他便迫不及待地了解这位患者是如何看待自己"真正的"快乐和创造性的自我，以及为了达到目标他需要做些什么。根据观察者所说，为了调动患者的积极性，弗洛姆会使用挑衅的口吻，有时甚至会说一些冒犯性的言语。即使有些分析对象变得不舒服，但大多数人都感觉弗洛姆是在试图"唤醒"他们内心的选择，使他们变得更加自发、欢乐、生机勃勃和具有生产性。据受训者观察，弗洛姆是以目标为导向的，并且信心十足地宣称他的分析对象最终将会掌握人生的课程。受训者和其他观察者回忆，弗洛姆的激励涉及了智力成分——批判性思维——以及情绪和直觉的探索。他期待各个方面的结果。弗洛姆对自己的治疗方法信心十足，尽管他的受训者都对此印象深刻，并且很信任他的临床倾向，但他们经常担心那些心理上更加"脆弱"的患者。[20]

弗洛姆的受训者对他的辅导技巧印象非常深刻。而且，每当精神分析、精神病学和心理学等学科对女性和黑人专业人士的身份感到不安时，弗洛姆却向他们伸出了援助之手，为他们的临床能力提供了证明。受训者很欣赏他对自己犹太背景的坦诚，并承认他的治疗方法中具有强烈的塔木德元素。事实上，他们回忆说，当弗洛姆在教授梦的解析时，他经常引用《塔木德经》，有时候甚至以此弥补他与弗洛伊德之间的差异。[21]

弗洛姆致力于与受训者和患者建立融洽的私人关系。在适当的时候，他更喜欢通过幽默、有趣的故事而不是严肃的临床语言来表达自己的观点。正如扎菲罗普洛斯后来反映的，虽然幽默可能是一种建立人际桥梁的愉快方法，但它可能会干扰专业的要求避免越界的临床关系。弗洛姆还强调临床医生对患者坦诚相待的重要性，也许有点过分强调了。他如实地告诉受训者自己喜欢和不喜欢的事情，同时询问他们的家庭情况，以及令其感到快乐和沮丧的事情。当他感到自己有点不舒服时，他会开玩笑地催促一名实习医生,让他或她赶快治好自己。[22]

我们并没有掌握弗洛姆大部分患者的详尽资料。因此,很难概括这些患者对他的治疗效果有什么看法。也许因为弗洛姆对玛丽安·埃克卡(卡伦·霍妮的女儿)的分析产生了疗效,玛丽安曾经详细地写过此事,并在一些采访中向我叙述,所以评价弗洛姆对她的临床工作是一件较为简单的事。在进行分析之前,玛丽安描述她曾经是一个讨人喜欢、小心谨慎和性情平和的女儿,她作为一名精神病学家的职业生涯也十分顺利。然而,她几乎没有什么亲密的朋友,她过得很不开心,似乎脱离了生活。[23]

由于弗洛姆与她母亲有一段长时间的恋爱关系,因此出于职业道德,他一开始拒绝对玛丽安进行分析。可以肯定,他早些时候与弗里达·里奇曼、罗伯特和海伦·林德(Helen Lynd)都曾越过了专业界限,而且他后来与玛莎·葛兰姆(Martha Graham)、伊丽莎白·泰勒(Elizabeth Taylor)以及不少其他患者仍然越界了。也许是因为弗洛姆与霍妮的家庭有过私人来往,所以他对玛丽安进行了为期两年的分析,直到她开始对自己的人生感觉好多了。尽管玛丽安每周三次斜靠在弗洛姆的分析沙发上,但她认为自己并没有与他培养出过多的移情关系。在她看来,弗洛姆似乎太自以为是了,因此很难与其发展出移情关系。然而,一段时间之后,她开始对弗洛姆产生兴趣;并且告诉他,当霍妮送她去瑞士时,她只是一个五岁的小女孩,这让她的心理受到了很大创伤,这也说明了母亲和女儿之间的情感隔阂。玛丽安觉得,弗洛姆最终帮助她认识到了她与母亲之间的关系已经破裂,这种关系创造了"一个情感隔离的人,这个人不知道她自己是否存在,对另外一个人也没有感觉"。[24]

弗洛姆抛弃了极少表现情绪的中立临床方法——这是弗洛伊德要求其追随者秉持的风格,他认为自己更加直接、直率和个人化的风格,使玛丽安脆弱的自我感变得更加坚强。1940年,他要求她坐在椅子上,而不是躺在分析沙发上,以便与他进行眼神交流(这似乎是弗洛姆首次对病人这样做)。玛丽安回忆说:"在我们对话的时候,我有一种感觉,他唤醒了我的生命,我活过来了。"她感到自己充满生机和希望。[25]

虽然玛丽安认为弗洛姆是一位友善和有天赋的临床医生，但罗洛·梅（Rollo May）[1]并不这样认为。1940年5月，弗洛姆同意对罗洛·梅进行治疗分析。梅已经确定作为新教牧师和阿德勒派医师的职业生涯，并出版了两本著作。从一开始，弗洛姆就表示担忧，梅正在向存在主义或心理学"第三势力"倾斜，但在这个过程中，他忽视了对弗洛伊德学说的基本理解。虽然最初几个月的分析很顺利，但弗洛姆无法为梅安排定期的会面。梅催促弗洛姆与他更经常地见面："我十分期望您可以继续为我分析。"后来，弗洛姆为梅安排了固定的日程，但分析进行得相当不如意。这两个人的性格都有些自恋，并且都有类似先知的气质，这些可能对他们的谈话造成了阻碍。当梅患上肺结核时，他开始错过预约时间，无法按时接受分析。奇怪的是，弗洛姆对梅缺乏同情，也没有提及他自己正在缓解的结核病。弗洛姆向一位朋友袒露，梅记录了治疗会谈中他表达的分析技巧和想法；而且当他发现梅在他自己的书和讲座中使用这些材料（可能做了一些修改）时，他感到非常愤怒。1943年，弗洛姆中断了对梅的分析，并把最后一份账单寄给了他。[26]

弗洛姆和梅两人似乎再没见过对方，直到1948年或1949年，梅加入了威廉·阿兰森·怀特精神病学院研究所，成为其中的一名研究人员。后来，他们的关系开始有所改善。弗洛姆询问梅是否在其他地方继续接受分析，并问他是否愿意在《纽约时报》上对他的《被遗忘的语言》发表评论。梅友好地进行了回应，并指出他对弗洛姆在员工大会和讲座中表现出的普遍态度印象深刻："您关于人际交流的直率和深度使人为之振奋，就像一块缺水的贫瘠土地遇到一股泉水，我是说关于（临床）技术和外在方法的领地，您做到了知行合一。"如同古希伯来人的先知一样，梅感到弗洛姆此刻的言辞"对人类生活的意义抱有深刻的信念"。然而，尽管梅对弗洛姆有了新的认识，但他仍然对弗洛姆存在怀疑和不信任，

---

[3] 罗洛·梅，被称作"美国存在心理学之父"，存在－人本主义心理学的杰出代表。
——译者注

原因在于那一段令人困扰且不完整的分析经历。梅把保罗·蒂利希（而非弗洛姆）当作他的导师，把索伦·克尔凯郭尔当作他的精神向导。虽然他声称弗洛姆的著作"与众不同"，但私下里却说弗洛姆"自命不凡"，并且说他对社会的官僚作风的批判在根本上是不成熟的，毕竟这个社会培育了他。而弗洛姆也一直贬低梅的智力和临床贡献，说这位以前的分析对象"脾气很坏"，而且他在梅的"人本主义心理学"中并没有发现人本主义或同理心。[27]

与梅不同，大卫·里斯曼对弗洛姆的分析技能进行了高度评价。里斯曼来自费城的一个杰出的犹太家庭。他的父亲是宾夕法尼亚大学的医学教授和医师，享誉国际。他的母亲埃莉诺（Eleanor）是一家之主，在大学班级里以名列前茅的成绩毕业。她是一位举止优雅且有修养的女人，对欧洲先锋的思想非常感兴趣，这些人包括弗洛伊德、托马斯·曼（Thomas Mann）和奥斯瓦德·施本格勒（Oswald Spengler）。尽管里斯曼本科以优异成绩毕业于哈佛大学生物化学专业，后来就读于哈佛大学法学院，做过最高法院法官路易斯·布兰迪斯（Louis Brandeis）的书记员，担任过波士顿的出庭律师，在布法罗大学教过法律，还在纽约地区律师事务所工作过，但是里斯曼的母亲从来没有把他视为富有创意之人或"一流人物"。他对自己有一种能力不足的感觉，似乎迟迟不愿去寻找一份令人满意的职业。在埃莉诺接受卡伦·霍妮分析的过程中，她曾询问治疗分析是否会对里斯曼有所帮助，是否可以改善他们母子之间的关系。当霍妮与大卫简短会面之后，她认为里斯曼是一个"非常顺从的"年轻人，并推荐他接受弗洛姆的治疗分析。[28]

20世纪40年代初期至中期的几年里，每逢周末，里斯曼都会从布法罗大学前往弗洛姆位于哥伦比亚大学附近上西区的办公室，周六和周日各进行两个小时的会谈。回想起往事，里斯曼坚持认为他并非真的需要治疗，而只是想"取悦我的母亲"。他没有动力去克服自己的不足，也缺乏明确的职业目标，他并不认为他与弗洛姆之间的工作是一个充分的"分析"：它是"真正的谈话——并不是说他没有在心理上帮助我"。

里斯曼和他的父母都很清楚弗洛姆的资历。对于里斯曼而言，弗洛姆的教育、修养和荣耀都超过了他的父母，这才是最重要的。正如里斯曼所回忆的，弗洛姆从一开始就对他有着高度评价，这对他起到了非常重要的作用，在某种程度上抵消了里斯曼的不够自信。他考虑成为一名学者和研究者，以模仿弗洛姆的成功之路。[29]

弗洛姆与里斯曼的这段分析关系，是一种相互丰富的、愉快的思想交流，这跟弗洛姆与拉比诺的关系有所不同。里斯曼对欧洲流亡学者的社会思想深感兴趣，并制定了一个可以将他们安置在美国的计划。弗洛姆作为一个流亡者的叙述，以及他所描述的法兰克福研究所对权威主义和现代资本主义下人格商品化的研究，让里斯曼为之着迷。尤其是，弗洛姆的社会性格这一概念（特别是他提出的市场性格），以及它如何被有效地用于研究特定的文化，使里斯曼沉浸其中。随着他的《孤独的人群》演变成广受好评的探索性文章，里斯曼对弗洛姆的恩惠赞不绝口，而这也提升了弗洛姆在美国学者和知识分子中的声誉。弗洛姆对里斯曼的分析，在本质上是一场生气勃勃的智力交流，促使他们俩在那艰难的十年中成为生活中的好朋友，也可以说是好同事。临床医生们并没有把它视为"深度的"分析相遇，但是里斯曼从未贬低它对其职业生涯和生活的影响。[30]

20世纪40年代，有人对弗洛姆所取得的分析成果进行评价，表明在其有效治疗的理论概括与具体的分析实践之间存在分歧。弗洛姆有点"层次不齐"，作为一名治疗师，他帮助患者提升他们的幸福感和生产性，他能够与他们建立相互尊重的关系，但他却经常轻视其他人。根据所掌握的例子，我们可以看出弗洛姆作为临床医生的适应能力。他的分析对象不得不满足这位临床医生的要求，这样也许更多时候对他们是有好处的。[31]

赫妮·格兰德

弗洛姆与弗里达离婚后，与卡伦·霍妮和凯瑟琳·邓翰分别有过恋情，但最终都是以分手告终。在这不久后，1944 年 7 月，弗洛姆与来自纳粹德国的同胞赫妮·格兰德举行了婚礼。这段婚姻给他带来了许多欢乐，但也带来了大量的痛苦。探索它是为了详细了解弗洛姆，因为他成了一位他所谓的"人本主义"的先知，一位倡导"中心关联性"的临床医生。

赫妮·格兰德于 1900 年出生于德国亚琛市，此前不久，弗洛姆出生于法兰克福市。赫妮·格兰德的母亲是一名天主教徒，天性活泼且温柔体贴。她的父亲是一名犹太人，他身兼多职，不仅是眼镜商、烟草商，还是亚琛小城的一位诗人。赫妮在天主教高中接受过修女的教育，后来她接受了文秘培训，并在柏林就业。她以社会主义劳动为政治导向，经常活跃于与社会民主党有关的青年团体中。后来，她也成为一名活跃的犹太复国主义者。1922 年，她与奥托·罗森塔尔（Otto Rosenthal）结婚，奥托是一名犹太企业家，其公司主要从事煤焦油化学品国际贸易。一年之内，赫妮生下了她的第一个儿子约瑟夫（Joseph）。但是，这两人的婚姻从一开始就并不顺利，直到 1929 年，他们结束了这段不愉快的婚姻。奥托向法院控诉，指出赫妮的精神状态不稳定且道德不端正，由此赢得了他们的儿子的监护权。至于奥托对赫妮的这些控诉是否属实，则不甚明了。[32]

离婚之后，赫妮在政治领域变得异常活跃，她成为德国社会民主党旗下一家机构——《前进报》（*Vorwärts*）的摄影师。在这个职位上，她以朴实自然、修饰最少的黑白照片成为这一领域的先锋。作为一个成功的社会民主党摄影记者和公然反抗纳粹的积极分子，当希特勒上台后，她的名字无疑被列上了黑名单，因此她只好逃往比利时。1934 年，她再次穿过德国边界，并将约瑟夫带到比利时，对离婚法庭当初的裁决表示轻蔑。两年后，赫妮与西班牙人拉斐尔·格兰德（Rafael Gurland）结婚。拉斐尔·格兰德是一位反纳粹活动家、马克思主义者，还是法兰克福研究所的博士后。拉斐尔在内战期间加入了西班牙共和国的外交部门，并与赫妮、约瑟夫三人一起前往巴黎的西班牙大使馆。但是，赫妮和拉斐尔很快就不幸分开了。1939 年，拉斐尔加入法国军队抵抗纳粹入侵，此后不久便被捕，沦为德军战俘，为期两年。[33]

随着德军挺进巴黎，拉斐尔被监禁以及婚姻状况的不稳定，赫妮为自己和约瑟夫准备了一份美国签证。然而，他们没有法国的出境签证，于是赫妮和约瑟夫还有她的朋友瓦尔特·本杰明（本杰明地位仅次于阿多诺，也许是法兰克福研究所最杰出的哲学家和社会评论家）打算在 1940 年 9 月徒步穿越法西边境，当然，这是不合法的。他们计划先穿越西班牙，再从西班牙去里斯本，接着在那里坐船到纽约。但事与愿违，当他们试图爬行穿越荆棘密布的法国边界时，被西班牙的边防守卫抓获了。这次穿越的经历也严重损害了赫妮的健康。据赫妮的儿媳妇回忆，他们在被捕之前遭到了敌意的飞机炮火扫射。赫妮的身上因此留下了许多金属碎片，这导致了她后来极其痛苦的类风湿性关节炎，甚至让她难以行走。西班牙守卫打算将他们送回法国亲纳粹的维希政府进行监禁。最糟糕的事情还是发生了，本杰明自杀身亡。尽管精神上受到创伤，但赫妮把本杰明的死亡当作心力衰竭引起的，并参加了他的葬礼。由于对本杰明的死亡感到难过，边防守卫允许赫妮和约瑟夫穿过西班牙前往里斯本。赫妮和约瑟夫于 1940 年年底到达纽约。[34]

尽管直到 1943 年，赫妮和拉斐尔才正式解除婚姻关系，但当她和 17 岁的约瑟夫居住在纽约时，他们的婚姻已经名存实亡了。由于资金短缺，赫妮找到了一间便宜的公寓，里面的家具都是别人捐赠的。她将自己具有新意的肖像摄影，还有编织的时尚原羊毛地毯卖给了那些有钱的赞助者，因此获得一些收入。随着时间的推移，赫妮和鲁思·施陶丁格（Ruth Staudinger）成为好朋友，施陶丁格也是一位熟练的摄影师，他的父亲是社会研究新学院的校长，当时弗洛姆定期在那里授课。在拉斐尔和瓦尔特·本杰明的介绍下，在法兰克福研究所搬去晨边高地之前，赫妮还结识了研究所的一些成员。1941 年年初，施陶丁格为社会研究新学院和法兰克福研究所的教员举行了一个宴会,而弗洛姆和赫妮·格兰德都参加了这次聚会。尽管他们可能在德国已经见过面,但两人在纽约见面时都已准备好开始正式的恋爱关系。对于弗洛姆来说,身边拥有一个亲密的女人,这会对他起到一种稳定性的作用,他发现赫妮填补了霍妮和邓翰离开后的空虚。[35]

弗洛姆和赫妮两人开始经常见面。弗洛姆被赫妮的艺术才能和智慧深深吸引。1941年2月,当赫妮的儿子去纽约大学工学院上学时,弗洛姆慷慨地支付了所有的学杂费,而奥托根本不会支付这些费用。到1941年底,弗洛姆通过与国家难民服务中心合作进行更为直接的干预,他帮助赫妮申请常规的美国签证并最终获得了美国公民身份。有一次出现紧急情况,约瑟夫被错误地划分为"敌国侨民",弗洛姆积极联络相关人士为其平反。他把这个聪明的年轻人当作亲生儿子看待。1943年,赫妮和弗洛姆开始考虑结婚。在某种程度上,经历了两段失败和令人沮丧的婚姻以及身心俱伤地仓皇逃离欧洲之后,幸福好像又回归了赫妮的生活。"我不再思乡(欧洲)了,我很开心待在这里。"她在写给好友伊泽特·德·福雷斯特(Izette de Forest)的信中说道。[36]

这个时候,弗洛姆、赫妮和约瑟夫三人开始住在一起。大概也是这个时候,弗洛姆和赫妮已经订婚,但赫妮变得容易情绪激动,心情开始大起大落。例如,当约瑟夫于1944年2月大学毕业,获得化学工程学士学位时,赫妮激动万分。但不久之后,当约瑟夫被招进美国陆军工程兵团,担任一个可以提高他研究能力的非军事职务时,赫妮告诉德·福雷斯特,她又开始焦虑和抑郁了。赫妮向德·福雷斯特祖露,在1939年拉斐尔离开她加入法国军队时,她的情绪也和现在一样低落,而且那件事困扰了她大半生。[37]

到1944年7月,赫妮的抑郁和焦虑暂时有所好转,她和弗洛姆终于走进了婚姻殿堂。他们在中央公园附近租了一间舒适的公寓。现在他们俩都已经快45岁了,赫妮每天早晨为他们的早餐准备烘烤面包卷,而弗洛姆正在接受赫妮的朋友夏洛特·塞尔弗(Charlotte Selver)的感官意识训练,塞尔弗是犹太人大屠杀的流亡者,曾在纽约领导了感官意识运动。塞尔弗掌握的技能非常之多。据她回忆,在婚姻的最初几年,弗洛姆似乎非常忙碌,有一种紧迫感。他不仅在社会研究新学院、怀特研究所和本宁顿学院有讲座,而且他的临床督导和分析患者的事务也越来越忙。此外,他也正在努力完成《为自己的人》一书。根据塞尔弗的说法,他的风格是如此直率和务实,以至于许多共同的熟人都认为他傲慢自大、没有耐心。赫妮对他的评价则更为友善:"弗洛姆想要尽快写完他的书,他是如此焦躁和紧张,因为他在纽约连一个小时都没法给他自己,也没法给他可怜的妻子。"赫妮很喜欢她的摄影工作,尤其是拍摄处在"不同情绪"的中央公园,但她意识到她和弗洛姆应该一起离开纽约,去别的地方放松一下。因此,他们决定每逢周末就在佛蒙特州的本宁顿度过,正好星期一弗洛姆在本宁顿学院上课。久而久之,赫妮便不再回到纽约市,而是留在本宁顿的公寓里。星期二早上,弗洛姆回到纽约市,处理被教学、临床工作和督导排满了的日程。星期五晚上,他的手提箱里装满了特制的烘焙食品和美味的熟食,风尘仆仆地赶回本宁顿,想让赫妮开心起来;同时希望他的写作计划取得新的进展。撰写《逃避自由》的续集不是一件容易的事情,但他下定决心在1946年底完成这个任务。弗洛姆之所以写作,即使部分是因为资金需要,但也是为了给自己的生活带来秩序、控制感和稳定性。赫妮尽管不时遭受抑郁情绪和关节炎的折磨,但她经常还是很开心的,并且帮助弗洛姆整理他的书稿,校对他的手稿以提高它的可读性。[38]

就在快要搬去到本宁顿之前,赫妮写了一封密信给伊泽特·德·福雷斯特,信里提到了她与弗洛姆的婚姻状况:

> 我深爱着他——而弗洛姆也非常喜欢家庭生活。他对约西(约瑟夫)的态度很好,亦父亦友。那些日常生活中的琐事显得特别珍贵,还有他总是把那些难题处理得妥妥帖帖,这使我越来越爱他了——但是你知道弗洛姆以及他的积极影响,我甚至都不用告诉你,我和他在一起有多么开心。

这里并不是许多其他人遇到的那个过于直率、给人压力甚至有时刻薄的男人。事实上，弗洛姆对于赫妮似乎起到一种稳定作用，减缓她的神经紧张并平复她的情绪波动。他深深地爱着她，尤其被她的直觉和她的"敏锐和聪慧的头脑所吸引……这极大地促进了我自己的发展"。[39]

不过，埃里希仍然觉得他需要关于赫妮状况的专业建议。在这期间，征得赫妮的同意后，他请著名的精神科医生和学者卡尔·宾格（Carl Binger）对赫妮进行全面的评估。宾格的结论是她患有精神分裂症，尽管现在的医生可能会把她的情绪症状归类为双相障碍。到20世纪40年代中期，弗洛姆感到赫妮的病情异常严重，因此他对她更加温柔、体贴并鼓舞她。令人欣慰的是，赫妮在本宁顿艺术界找到了一些支持，但这还不够。他利用自己的工资，还向里斯曼借了一笔钱，为赫妮建了一所大房子，好让她在这段艰难的日子里过得舒适一些。房子周围有两英亩风景优美和精心规划的土地，外观给人一种舒适、现代的感觉，内设四间卧室、两间半浴室，还有餐厅、大客厅、家庭娱乐室、带有书柜的书房、配置最新电器的厨房和通往双车车库的环形车道。弗洛姆和赫妮都已经45岁左右了，他们并不打算生孩子；而此时约瑟夫也长大成人了，他一直很纳闷为什么要建一所这么高大上的房子。这似乎与他们对消费主义的反感是南辕北辙的。[40]

弗洛姆与临床学生和其他较大的学生相处得很和谐，就像他与约瑟夫之间的友好、支持性的关系一样。但他对年幼的孩子提不起兴致。有一次，弗洛姆差点让一个小孩子从他的膝盖上掉下来，因为他全神贯注于自己所讲述的故事了。本宁顿学院的校长刘易斯·韦伯斯特·琼斯（Lewis Webster Jones）积极邀请弗洛姆到学院授课。他为弗洛姆提供了一个教授职位和2500美元的授课费（相当于2012年的30,000美元），而弗洛姆每周上一节课即可。他的课程——"人性与性格结构"深受学生的欢迎。弗洛姆的讲座为《为自己的人》的大部分内容和《被遗忘的语言》的小部分内容奠定了基础。这门课促使弗洛姆去扩展他的阅读清单，并更多地将他关于社会心理学和精神分析学的丰富知识传授给学生们。

不少学生注意到弗洛姆有一种先知般的以及宜人的和学者风范的品质。1948年，毕业班的学生们送给弗洛姆一项荣誉——选择他作为毕业典礼的讲演者，而这在普通教职员工中几乎从未发生过。毕业班的学生之一弗朗西丝·戴维斯（Frances Davis），后来在奥斯汀·里格斯中心（Austen Riggs Center）担任心理学家大卫·拉帕波特（David Rappaport）的秘书。毕业后几个月，她写信给弗洛姆："与您在一起的时光对我而言意义非凡——它对班上的绝大多数同学也一样。"学生们的热情回应促使弗洛姆1948年底同意在本宁顿学院开办第二门课程，主题是"人际关系的动力学"（"关于生活艺术的教育"）。然而，弗洛姆有时也担心他与本宁顿学生的这种欢乐关系是否也会有负面作用。为此，他询问校长琼斯：他与学生们打成一片，是否会影响他们准备大量的课程材料。琼斯回复道，这种担心是多余的：弗洛姆的学生们掌握了远远超过他们被要求的学习任务。他深受大多数学生的爱戴，是因为他那严谨的理性和丰富的精神生活。在不上课的时候，弗洛姆便与赫妮一起度过周末，想让她高兴起来。尽管他在周末也会继续写作，但大部分时间都是用来照顾赫妮；而且随着她的病情恶化，弗洛姆变得更加警惕了。[41]

确实到了1948年夏天，当弗洛姆和赫妮搬进本宁顿的豪华新家时，她遭遇了血压升高、心脏病发作和严重的关节疼痛，这些似乎又加剧了她的情绪波动。最初，医生推测铅中毒是罪魁祸首，但最终他们了解到她的身体疼痛源于她从法国逃跑时留下的旧伤。虽然采取了各种各样的药物治疗，但都没有什么效果。于是，她选择了顺势疗法（homeopathic treatments），几乎不怎么使用药物。到1948年秋天，弗洛姆发现他几乎全天候在照顾赫妮，因为她平日里都是卧床不起，而且情绪非常低落。他的堂妹格特鲁德·亨齐克·弗洛姆感到，抑郁情绪带给赫妮的影响比她的身体痛苦更加强烈，致使她整个人都很虚弱。弗洛姆取消了讲座和专业活动，也不怎么能履行他的教学和临床培训职责。他几乎没有时间与人通信，而且还第一次错过了出版期限。作为生产性社会性格概念的设计者，弗洛姆并不觉得自己多么有生产性。[42]

可以肯定，赫妮有短暂的时间似乎恢复得还不错。她觉得自己足够健康了，可以参加儿子约瑟夫和多丽丝·赫维奇（Doris Hurwitch）的婚礼了，她和弗洛姆都很喜欢这位儿媳妇。作为结婚礼物，他们资助这对新婚夫妇去古巴度蜜月。在这幸福的短暂时间里，弗洛姆一度以为他可以重新提笔写作，重新开始巡回演讲了。事实上，在1948至1949年的冬天，他确实在耶鲁大学开展了关于精神分析和宗教的一系列讲座。他给赫妮看了每一次讲座的文稿，赫妮看完也给出了很多建议，帮助他修改文稿并将其整理成一本小书，弗洛姆对此感到十分高兴。不过，弗洛姆在6月份写给赫妮的嫂子的信中说道：

赫妮的状态十分糟糕，有时候她痛得连续几晚都睡不好觉。在一年之中，几乎有四分之三的时间都是卧在床上，什么事情都做不了，更别提写信了。我也好久没时间继续写作了。除了我的临床实践和其他专业职责之外，我一直都在忙于照顾赫妮。[43]

虽然弗洛姆有点意气消沉，但他又不知怎么召集起能量，在本宁顿学院和社会研究新学院上他的大多数课程，在怀特精神病学研究所担任督导（不定期地），并且保持少量的精神分析实践。因为纽约的治疗条件比本宁顿更好，所以他把赫妮接回了他们在中央公园的公寓。每逢星期一，弗洛姆单独前往佛蒙特州授课。约瑟夫在波士顿麻省理工学院完成了冶金工程学研究生课程，他和多丽斯竭尽己力帮助弗洛姆，并试图让赫妮开心起来。当弗洛姆因职业需要前往普罗维登斯和波士顿附近工作时，他总是和他们待在一起。大卫·里斯曼也一直慷慨相助，他从赫妮那里订购了艺术照片，希望借此激励她重新开始工作，但弗洛姆通常都说赫妮无法完成这项任务。然而，即使在自己生病时，赫妮仍然想做些什么。她会邀请朋友们到家里与她共进早餐，尽管她只能躺在床上，但大家在这时候仍然很开心。[44]

到1949年年中，赫妮的主治医生建议她去墨西哥旅行一趟，尤其是去墨西哥城附近的放射性温泉。接下来的6个月，弗洛姆带她去了两次墨西哥。那里的气候宜人，矿泉水温暖舒适，暂时地缓解了赫妮身体上的疼痛，同时也稍稍减轻了她的抑郁。事实上，墨西哥似乎成为弗洛姆恢复赫妮幸福的最后希望。如果赫妮悲惨的状况可以得到逆转，他知道这样会减轻他自己的负担，并且会增加他生活中的欢乐和相对没有生产性的那一面。虽然在《为自己的人》（1947年）一书中，弗洛姆写到了关于幸福、自发性和生产性生活的基本要素，但他清楚地意识到他现在自己都不具备这些要素。与《逃避自由》一书的乐观结论类似，《为自己的人》也提出了一个理想化现实的愿景，这个愿景完全脱离了他的生活。

甚至在1934年，他移民到美国之前，弗洛姆就一直被墨西哥的风情所吸引，特别是充满魅力的塔斯科小镇，那里住着许多有才华的手工艺人和艺术家。在1936年的夏天，他曾经和卡伦·霍妮在那里租了一所房子。第二年的夏天，弗洛姆与霍妮又回到那里待了一个月。在此期间，他访问了墨西哥城附近的圣何塞普拉。弗洛姆与霍妮两人都开始认为墨西哥是一个理想的长住久安之地。在墨西哥城旅行期间，弗洛姆与马克思主义知识分子和活动家奥托·鲁尔（Otto Rühle）建立了密切的友谊，鲁尔在德国已经颇为知名，现在他与墨西哥教育部打交道。弗洛姆在墨西哥度过了1940年的夏天，他向鲁尔学习关于比较法西斯主义的研究成果，同时他正在努力完成《逃避自由》一书。[45]

因为赫妮需要全天24小时的照顾，弗洛姆几乎无法撰写出版物，也没有时间继续临床工作和教学任务；而且赫妮对药物普遍没什么反应，这一切使得弗洛姆或许比赫妮更向往墨西哥。他迅速重拾西班牙语，继续学习墨西哥的艺术和文化。摆脱了他在纽约那忙碌的日程安排，远离了美国正统精神分析师一贯恶意的中伤，弗洛姆发现，永久居住在邻近圣何塞普拉治疗温泉的墨西哥城，可能对他和赫妮和生活都有帮助。[46]

1950年6月，这对夫妇听取了赫妮的纽约医生的建议，搬到了墨西哥城并在圣何塞普拉度过了大部分时间。但是，赫妮的健康状况很不稳定。墨西哥的主治医生无法找到她关节疼痛和潜在抑郁的根源。弗洛姆继续几乎全天候地照顾她，就像搬过来之前一样；而且他担心她似乎对生活本身绝望了。他取消了所有要求前往美国的工作邀请，也很少写作，整天忧心忡忡。[47]

尽管去泡了矿物温泉，但赫妮的关节炎疼痛仍没有减轻，哪怕只有一点点。相反，她的抑郁更加严重了，即使约瑟夫与多丽斯带着她的第一个孙子来看她，也没有什么作用。此时此刻，弗洛姆比以往任何时候都更关注她，哪怕片刻也不愿意离开她的身边。1952年6月，他在卫生间的地板上发现了已经离世的赫妮，而就在几个小时以前，赫妮还告诉他："现在我很肯定，我不久就会完全康复了。"约瑟夫在外宣称赫妮死于心力衰竭，而多丽斯先说赫妮是割腕自杀的，后来又改口证实约瑟夫的说法。这些不同版本的说法，以及弗洛姆在她生命最后几年，特别是最后几天持续的警戒，表明了自杀可能是更为合理的解释。弗洛姆对赫妮的朋友夏洛特·塞尔弗说："我没能挽救她。"，塞尔弗从弗洛姆的描述中确定他说的是赫妮的自杀。[48]

赫妮的去世不仅给弗洛姆造成强烈的情绪痛苦，也促使他考虑离开墨西哥——赫妮死后埋葬的地方。那个经常拜访墨西哥城库埃纳瓦卡的卡伦·霍妮在1952年也去世了，这让弗洛姆对自己的生活变得更加消沉。可以肯定，在1952年年中至1953年年初，弗洛姆与别的女人有过几次短暂的性关系，他徒劳地希望她们可以让他"摆脱抑郁的情绪"。在赫妮生命的最后几年里，弗洛姆一直与夏洛特·塞尔弗保持通信，塞尔弗一直担忧赫妮的疾病对弗洛姆造成的影响，并鼓励弗洛姆向她倾诉内心的悲伤。从信件的内容来判断，她所起到的作用是有限的。然而，她在困难时期确实是一位好友，而且从所掌握的信件几乎可以确定，她也是帮助弗洛姆穿越抑郁情绪的情人之一。[49]

《为自己的人》

由于极其繁忙的临床工作和教学事务，以及他对赫妮持续不断的照顾，弗洛姆对自己在完成《逃避自由》后十年间的创作效率十分失望。事实上，他之前撰写的以伦理、宗教和象征语言为主题的书籍，都是根据自己的公开演讲稍加整理而形成的。通过扩展自己的思想逻辑，引用经典的思想家观点，弗洛姆把讲座内容转变成书中章节。与关于魏玛工人的研究不同，与在《逃避自由》之前发表的大部分作品也不同，在这些出版物中，尽管弗洛姆对性格理论的阐释意义重大且富有见地，但他并没有进行任何相应的调查研究，也没有收集任何系统化的证据。

此外，弗洛姆并没有把一门心思放在写作上。例如，在撰写《为自己的人》时，他正考虑与阿什利·蒙塔古一起，从弗洛伊德的著作中挑选出一些文章，出版一本受大众欢迎的文集。然而，只有弗洛伊德文学遗产的执行者才被允许复印这些文章；无论是弗洛姆还是蒙塔古，都不会煞费苦心地去争取这一许可权。因此，这个项目后来不了了之。在1948年和1949年，弗洛姆受邀参加联合国教科文组织的一个项目，研究四个国家的政治和社会紧张的来源。项目负责人希望他以其中一个国家——澳大利亚为研究对象，检验他正在发展中的"社会性格"的概念。弗洛姆认为这是一个潜在的试点项目，而且在此之后，他就有可能研究"像美国这种更复杂的文化"。弗洛姆提出应该对澳大利亚的"国民性格"进行田野调查，聚焦于人口抽样的以下变量：比如，权威主义和独立性，暗示感受性和批判能力，破坏性与仇外心理和爱与喜欢。不幸的是，最后联合国教科文组织无法为他提供充足的资金。于是，弗洛姆向任职于卡内基基金会（Carnegie Foundation）的查尔斯·多拉德（Charles Dollard）和墨尔本大学寻求资助，但是他一直没能提供一份全面的本可以保证资助的方案。[50]

我们并不是说弗洛姆在这段时间内撰写的书籍没有价值。《为自己的人》（1947）和《精神分析与宗教》（*Psychoanalysis and Religion*,

1950）详细阐述了他在20世纪40年代举办的一系列讲座，特别是在本宁顿学院举办的讲座。与他在法兰克福研究所工作时撰写的文章相比，这些作品的风格没有以往那么学术、精确，也没有那些追根究底。这两本著作确实没有《逃避自由》那么引起共鸣，也没有聚集于权威主义带来的威胁。但是它们对弗洛姆的"社会性格"概念进行了详细阐述，而且对他的"人本主义"信条也多次提及。事实上，这两本小书的主题有所重叠，它们都位于伦理学与宗教的边缘。它们旨在提倡一种综合性的生活哲学，都以一种重要且好辩的方式对西方的战后社会进行了论述。可以预见，弗洛姆在这两本书中的叙述比《逃避自由》更具有先知的品质。

1938年，杰出精神病学家和精神分析师卡尔·门林格尔（Karl Menninger）发表了关于"自杀"的经典作品——《人的自我对抗》（*Man Against Himself*），在某种程度上《为自己的人》算是对这本书的回应。在这部经典作品中，门林格尔认为，如果人类对于生活和爱的能力与自我毁灭的冲动失去了平衡，便会酿成自杀的悲剧。门林格尔快速地回顾了《逃避自由》一书对精神分析正统观念的背离，然后详细阐述了弗洛伊德提出的"双重驱力理论"（即生存愿望与死亡愿望），并在他的书中描述了促使人类从两种驱力之间的微妙平衡走向自杀的力量。在这个时候，弗洛姆已经完全抛弃了弗洛伊德的驱力理论，因此他对门林格尔在书中提出的那些假设也持反对意见。弗洛姆坚持认为人性本善，人天生具有丰富的提升自己的能力。在本质上，《为自己的人》其实阐述了拉比希勒（Hillel）的一句名言——"如果我不为己，谁会为我？"这也是弗洛姆与拉比诺经常讨论的一句话。人应该相信自己的创造性资源，相信自己可以创造幸福、自发和生产性的生活。只有当伦理规范以外部的权威和启示为基础时，它们才会扼杀人类的精神，把一个人变成一个远离自己的"真实性"、没有快乐的机器，从而使自杀成为一种可能。与门林格尔和弗洛伊德不同，弗洛姆把自己看作一位"伦理思想家"，代表了"人类良知"的声音，他的写作目的是为了强调——"对人而言，何为善？何为恶？"[51]

因此，《为自己的人》是对弗洛伊德正统观念的概念替代，它以弗洛姆所谓的普遍伦理为基础。在弗洛姆关于领导力的观点中，"伦理的"人比"心理的"人更为重要，前者认同弗洛姆和犹太人坚信的"上帝在凡间"的观点，而后者努力追求生产能力和个人的幸福。

在冷战还未展开时，《为自己的人》一书便已撰写完毕，而且弗洛姆已经观察到了两种相互矛盾的社会趋势。一种趋势赞颂人类的能力、尊严和民主；而另一种趋势强调人类的堕落和罪恶，并因此需要权威主义者的干预（与苏维埃入侵整个东欧并没有什么不同）。一方面是消极和权威主义的继承人——路德（Luther），另一方面是更民主和更有希望的杰斐逊[1]（Jefferson），弗洛姆宣称，我们作为继承者相当困惑："我们在意识上相信人的权力和尊严，但是——经常是无意识的——我们也相信人类，特别是自己的无力感和劣势，并通过'人性'对其进行解释。"虽然弗洛伊德在他的双重驱力理论中接受了这两个对立的前提，但弗洛姆的"人本主义"伦理学旨在帮助人们去利用自己内心追求幸福和满足的资源，从而倡导文艺复兴和启蒙运动的充满希望和关爱的传统。从一个"人本主义者"的角度来看，弗洛姆坚持认为，当今人类的伦理道德应该是"做自己，为自己"。[52]

除了《逃避自由》，弗洛姆的《为自己的人》也展示了一种无限制的希望，这将是未来几十年的一个特色主题。人类需要变得具有生产性，也就是亚里士多德所说的"绽放"（flourishing）。人类工作不仅仅是为了物质生活，更要凭借自己的才能去创造和革新——去解放他的精神。在法兰克福研究所工作的那几年里，弗洛姆更多像一位满怀希望的先知，而非一个冷静和谨慎的社会评论家，他的写作也从先知的"生活"和

---

[1] 托马斯·杰斐逊（Thomas Jefferson，1743—1826），美利坚合众国第三任总统（1801—1809），同时也是《美国独立宣言》主要起草人及美国开国元勋中最具影响力者之一。——译者注

性情出发。弗洛姆认为，一个社会需要井然有序，保证人民衣食无忧，有家可归。他们不应该过着物质稀缺的生活，这样他们才可以专心创造。让人们具有生产性，也就是在不限制他人生产性的前提之下，"充分发挥自己的潜能"。如果人类的生产性被完全封锁，他就会将自己的精力投放到对他自己和他人具有破坏性的事情上。正如近期历史所证明的，人类自我和社会都因此受到了危害。[53]

在《为自己的人》一书的中心，弗洛姆以最细微的阐述假定，假如一个人缺乏理性和反思，那么他或她将不会具有生产性。出于自我认识和认同的需要，一个人应该相信自己观察、判断和推理的能力。当一个人理解了他自己，他才能尊重和爱自己。简单地说，当一个人对自己的理性、独特性和内在资源持有信心时，他或她便能够欣赏和理解他人身上焕发出来的相同品质，并对他人表示真正的同理心和关爱。在本质上，生产性的生活是理性的、自发的、创造性的和充满爱的，如果不是充满活力的话。这个观点后来形成了弗洛姆的畅销书——《爱的艺术》（1956）的基本思想。"幸福就是我们已经为人类存在的问题找到了答案：生产性地实现他自身的潜能，因此，在他与世界成为一体的同时，也能保持他完整的自我。"[54]

弗洛姆有充足的理由怀疑莱茵霍尔德·尼布尔（Reinhold Niebuhr）对他解放个体自我资源的观点持批评态度，尼布尔是一位新正统神学观的杰出设计者，同时也可能是20世纪最重要的神学家之一。事实上，尼布尔撰写了一篇关于《为自己的人》的长评，内容也很深刻。在这篇评论中，他断言弗洛姆在反权威主义的道路上走得太远了。尤其是，尼布尔认为，弗洛姆过分强调了自我关爱，以及每个人培养其独特的生产性力量的必要性。尼布尔坚持认为，弗洛姆没有理解职责（duty）的重要性，认为职责不过是外部权威的"内化"。人们希望从生活中获得更多的东西，而不"只是追逐自己的欲望"。人们对自身之外的人和事有一种责任感，这丰富了所有的人类存在。可以肯定，尼布尔承认，人们并没有一直服从这种责任感："它的忠告被我们这个世界的压力和偏见染上色彩。

但是，除非我们假设人格达到了完美的内在统一，否则就会有像责任感这样的东西"。在尼布尔看来，弗洛姆总是把职责等同于权威主义，这种做法是错误的。责任感使人在有同理心的友谊中将自我奉献给他人。通过帮助他人，坚持履行责任，产生了导致了对自我能力的欣赏。事实上，尼布尔还主张："基督教信仰认为，从超越自我的角度来判断自己是真正的自我认识的必要部分"。宗教的和伦理的义务并不等于权威主义的内化："一个没有安全感和贫乏的自我并不因为告诫它去关心自己（即弗洛姆所说的）而获得安全，因为过分担心它的安全正是造成贫乏的原因。"最后，尼布尔批评弗洛姆没有理解人类需要"超越他的界限，需要掩盖他存在的偶然性"。这个需要是通过遵守人类所认为的神圣法则来实现："人类的罪不是违背神圣的法令，而是对自己的盲目崇拜。"[55]

尼布尔可能夸大了弗洛姆的"人本主义"伦理学的限制。毕竟，弗洛姆承认，一旦人类利用自己的资源，他就能够提升全社会的人文价值，反过来又会增加个体潜在的生产性。虽然如此，尼布尔对弗洛姆的"人本主义"伦理学的批判是有道理的。他强调，外在神性和责任感（被超越自我的力量所激发）的刺激，有时可能会促使人超越自己的局限——变得更有生产性、爱心和关怀。对于尼布尔来说，呼吁人类要有责任感，超越他的界限（有时是效仿上帝），可以提高自我的能力，但权威主义无法做到这一点。

尼布尔认为，弗洛姆提出的"生产社会性格"和"同一种文化中大多数成员共享着性格结构的核心"的概念存在许多问题。虽然个体在性格上可能仍有所差异，但社会性格塑造了个体的欲望，以符合社会期望的方式行事。生产性性格是若干种社会性格之一，而不是行为实体本身。社会性格是使行为符合社会规则和限制的因素，不仅令人满足，而且超越了有意识的决策。例如，现代工业社会把人类打造成"一个渴望把大部分精力用于工作的人，他们讲究纪律，尤其遵守秩序和时间"。因此，从自我之外的资源获取心理食粮与个体自由并不矛盾。事实上，弗洛姆经常承认，一个自由和生产性的个体的概念，在某种意义上只是一个外部文本，人们在扩展自己的生产性资源时可以参照其中的内容。如果弗洛姆更尖锐、更一致地提出这个观点，那么尼布尔的批评可能就没那么强烈了。[56]

在某种程度上，《为自己的人》在阐述四种非生产性性格类型时——这是他对社会性格的概念的补充，澄清了弗洛姆所谓心理生产性的含义。生产性性格可以创造或提升自我和人类，而非生产性性格占用、保存或出售资源——商品、服务甚至自我。非生产性性格的人会担心他的自我空洞无物，并总是试图将它填得满满的。他全神贯注于自我损耗和补给的问题，以至于无暇顾及欢乐、创造力、丰富性和伦理规范。他对内在和外在的责任感都没有反应，也没有想过要超越自我的界限。因此，尽管尼布尔对弗洛姆的质疑有一定道理，他断言道德规范来自排除了外界的自我资源，但弗洛姆有一个观点可以做出反驳。弗洛姆认为，只有具备生产性性格的人才能做出伦理行为。然而，即使这个观点可以让尼布尔取消对他的质疑，但它还是很难消除弗洛姆与尼布尔之间的区别：前者对人类潜能怀抱希望，后者则持潜在的怀疑主义态度。

在描绘他提出的四种非生产性性格的前三种时，弗洛姆在很大程度上借鉴了弗洛伊德和卡尔·亚伯拉罕（Karl Abraham）所认定的口腔接受（oral receptive）性格、口腔虐待（oral sadistic）性格和肛门（anal）性格。虽然弗洛伊德和亚伯拉罕把这些称为力比多组织的前生殖期（pregenital）类型，但弗洛姆则把它们视为人根据他的具体社会情况与世界产生关联的方式。在弗洛姆提出的"接受取向"（即弗洛伊德所说的"口腔接受"性格）中，一个人认为"所有美好的东西"都来自他自身之外。外界资源提供了所有重要的东西——物质、关爱、知识和快乐。人们需要卡伦·霍妮所谓的"魔幻助手"提供这些资源，当这些助手撤回原本准备付出的东西时，他们会变得极其焦虑。只要接受型性格的人持续地被"喂食"，他就会保持乐观和友善。但是，当他的"供应来源"受到威胁时，他就会变得焦虑和痛苦。他经常感受到"一种真诚的温暖和助人的愿望"，但这仅仅是因为他做出假设——如果他讨得别人的欢心，就能一直得到他们的馈赠。当他人一直供给时，他会表现出忠诚和善解人意，同时他也服从于供给者，寄生在他人身上。[57]

相对于弗洛伊德和亚伯拉罕所谓的口腔虐待阶段，弗洛姆根据他的社会性格类型学提出了一种"剥削取向"。与接受型性格的人一样，剥削取向的人也感到他自己不能创造任何东西。接受取向的人期望从别人那里接受他需要的"礼物"，而剥削取向的人通过强力或欺诈的方式从别人手里夺取资源或想法："只要他们认为可以从中榨取利益，他们就会利用或剥削任何人、任何事物。"接受取向的人通常比较乐观、自信，但剥削取向的人却总是怀疑和嫉妒，总想着他可以从别人身上榨取点什么。剥削取向的人常常过高估计别人有什么或创造了什么，而低估他自己的资源。接受取向的人富有魅力，能够表现自我并引人注意，但也比较自我中心。[58]

弗洛伊德和亚伯拉罕所说的"肛门滞留型人格"，在弗洛姆那里被称为"囤积取向"。接受取向和剥削取向的人努力从外界获取资源，而囤积取向的人对这种外界资源几乎没有什么信心。相反，这种人会保护他自己的所有资源，尽可能地囤积和保存。他假定自己只有一种固定量的精力、智力和财产，并决定去整理和保护它们，以使它们永远不会被耗尽。他不会给予别人爱，但试图通过占有被爱的人来获取爱。囤积者会一丝不苟地安排自己的时间和资源，并珍视他对过去黄金岁月的回忆。他假设事物在使用中会被削弱或消耗，而且它们无法得到补充；"死亡和毁灭比生命和成长更加现实"。这种人会在自己与他人之间建立起一道防护墙，他的正义感实际上是在说："我的是我的，你的是你的。"[59]

一个接受型、剥削型或囤积型的人，会对自己的生产性或创造力产生严重怀疑。在这三种情况下，这个人会对自己创造或补给的能力缺乏信心，并对内在的心理空虚产生担忧。对自我的持续追求以尽可能接近"完满"，导致了焦虑、恐惧和不快乐。通过这三个消极的参照物，这些都是来自弗洛伊德的发展模式但剔除了性冲动，弗洛姆将生产性等同于欢乐、奔放、自发、创造和幸福。他通过劝告人们相信自己具备创造幸福的能力，从而建立一种关于美好生活的哲学或信条。

弗洛姆提出的市场型性格是唯一一种没有基于弗洛伊德和亚伯拉罕的类型学的性格类型。与接受、剥削和囤积取向不同，弗洛姆认为它们是自古就有的，他将市场取向描述为现代资本主义市场的产物，表现为"把自己当作一种商品，认为自己的价值在于交换价值"。一个人的人格可能被拿来包装或市场化，使其适应现代潮流和要求，最大限度地发挥它的吸引力，就像产品和技能进行交易的方式一样。如果某个就业领域明确要求表现出"愉快的""有雄心的""可靠的"或任何其他特质，或者归属于特定的教会或社会俱乐部，一个市场取向的人就会相应地展现他自己。他自己的属性会被体验为商品，这种属性与他的自我是疏离的。就像易卜生笔下的培尔·金特（Peer Gynt）一样，市场型自我被包裹了一层又一层，但是"找不到它的核心"。他的同一性不是来源于自己的能力和需求，而是来源于他如何包装自己，以给别人留下好印象，同时增强他的市场性。市场型性格的人没有内在的本质。"态度的巨大可变性是这一取向唯一不变的品质。"他愿意扮演任何角色，展现任何人格特质，以保证取得成功。大众媒体宣传和文化英雄的闪光品质促使他去适应雇主或购买者所寻求的现代人格特征："一些角色与人的特殊性不相符合，因此，我们必须废除它们——不是废除角色，而是废除人的特殊性。市场型人格必须是自由的，摆脱了任何个人特征。"[60]

从心理角度来说，弗洛姆认为市场型性格没有"生机"，而且几乎没有人情味。他就像阿瑟·米勒[1]（Arthur Miller）笔下的威利·洛曼（Willie Loman），他试图将销售生涯建立在他的人格之上，但由于缺乏内部资

---

[1] 阿瑟·米勒，20世纪美国三大戏剧家之一，其作品《推销员之死》（1949）获得包括普利策奖在内的三大奖项，为他赢得了国际声誉。下文中的威利·洛曼即《推销员之死》中的主人公。——译者注

源,当他在市场上不受欢迎时,他便走投无路,只有选择自杀了。弗洛姆的市场型性格与《逃避自由》中提出的"机械趋同"有些相似,尽管内心空虚暗淡,但它更具破坏性。市场型性格也成为威廉·怀特撰写的《组织人》的出发点,大型企业组织的成功之处在于邀请了那些调整自己人格和习性以适应企业需求和规范的人们。市场型性格的概念也启示了欧文·戈夫曼(Erving Goffman)的《日常生活中的自我呈现》(*The Presentation of Self in Everyday Life*,1959),此书认为一个人会根据他如何想象其他人对他的看法而改变自己。这个概念甚至预示了赫伯特·马尔库塞提出的"单向人"(One-Dimensional Man)。尽管弗洛姆提出的"市场型性格"类型学比较模糊,也没有临床证据,但这个概念促使《为自己的人》脱颖而出,在20世纪五六十年代关于顺从文化和心理的大量批判性文献中成为先驱者。

虽然《逃避自由》的结尾是乐观的笔调,但《为自己的人》却不是这样。在《为自己的人》中,弗洛姆承认,每个人都是生产性性格和非生产性性格的组合体,但他发现非生产自我呈上升趋势,而他所谓的人本主义伦理学正在节节败退:

我们的道德问题在于人类对自己的漠不关心。问题在于我们失去了作为个体的独特性和意义感,在于我们把自己视作实现自身以外的目标的工具,在于我们将自己当作商品,在于我们的力量变得与自己疏离。[61]

弗洛姆在20世纪40年代对市场型性格进行的频繁讨论,与他在完成《为自己的人》之际的悲观主义有很大关系。无论他使用的是弗洛伊德的"口腔接受""口腔虐待"和"肛欲"的分类,还是他自己提出的三种性格类型(即接受型、剥削型和囤积型性格),他所呈现的是一个焦虑、不快乐和非生产性的自我——但同时也是一个具有转变能力的自我。这种潜力帮助弗洛姆在这本书的其余部分维持了乐观和怀有希望的笔调。

1947年，当弗洛姆完成《为自己的人》之时，一个危险的权威主义政权（即希特勒的政权）已经被击败。然而，尤其是在美国，市场和消费文化的力量似乎正在不断扩大。弗洛姆、里斯曼、怀特和其他社会评论家所揭示的心理茫然空虚的迹象已经证据确凿。在弗洛姆看来，在反对希特勒的社会中，"机械趋同"的危险似乎正在渗透进在心理上更加不稳定的市场型性格。即使弗洛姆比他的大多数同事更加乐观，但他也越来越担心我们的未来。

除了尼布尔之外，其他人对《为自己的人》的评价还是非常积极的。亚伯拉罕·马斯洛在阅读这本书时曾在页边写下许多评论。事实上，马斯洛利用弗洛姆的这本书发展出他自己的"人本主义心理学"，这一心理学基于人类所谓的"需求层次"。一些评论家对弗洛姆的观点大加赞赏，即美国文化越来越倾向对人类动机做出心理学解释，但它永远不应该取代理解和促进人类伦理的努力。这并不是对《为自己的人》的一种微不足道的解读，因为它显示了这本书如何预测了菲利普·里夫[1]（Philip Rieff）描述的"治疗的人"（therapeutic man）的显著特征，这样的人是一个"秩序跳虫"（order hopper），他不受道德信条的约束，也不顾分析的逻辑和条理的要求。[62]

《精神分析与宗教》

《精神分析与宗教》（1950）是弗洛姆在这十年中完成的第三本书，他将其作为《为自己的人》的续篇，该书所述内容基于他在1948~1949

---

[1] 菲利普·里夫，美国社会学家和文化评论家，曾执教于宾夕法尼亚大学30余年，著有《弗洛伊德：道德家的思想》（Freud: The Mind of the Moralist）、《治疗的胜利：弗洛伊德之后的信念的使用》（The Triumph of the Therapeutic: Uses of Faith after Freud）。——译者注

年冬天在耶鲁大学举办的一系列讲座。虽然弗洛姆在1947年的《为自己的人》中已经提出了伦理心理学,但是《精神分析与宗教》论述的是宗教心理学,他承认这两个主题是"密切相关的,因此有部分内容存在重叠"。与《为自己的人》一样,《精神分析与宗教》也很畅销,大概销售了150万册,被翻译成22种语言。[63]

弗洛姆承认内容存在重叠,不过也只是轻描淡写。尽管弗洛姆在《精神分析与宗教》中展现了对东西方宗教的深刻理解,但他是通过《为自己的人》的概念结构对其进行判断的。如果"人本主义伦理学"是自相矛盾的说法,那么对于弗洛姆来说,这种伦理学意在鼓励人们相信自己、培养自己的资源并变得具有生产性。同样,"人本主义宗教"一词尽管含糊不清,但它也旨在鼓励人们珍惜自己的内在资源和生产性(即使与人本主义伦理学的方式不完全相同)。权威主义与"人本主义伦理学"和"人本主义"宗教经验势不两立。如果弗洛姆重演他在20世纪30年代文章中明显的学术倾向,他可能会将《精神分析与宗教》融入《为自己的人》,然后创造出一本内容更加充实的书,而不是两本单独的书。相反,他现在利用一本书的推理过程和资料来源,转换成另一本书的理论大纲。可以肯定,弗洛姆在生产性社会性格与市场型性格之间所做的引人注目的创造性对比,使《为自己的人》成为伦理心理学的上乘之作;然而《精神分析与宗教》一书缺乏任何概念上的创新。弗洛姆在写作时,并非是一名冷静的知识分子和学者,而是一位关于人类境况的先知评论员;从学理立场来看,他与罗洛·梅并非完全不同,与更为杰出的亚伯拉罕·马斯洛差别也没那么大。

弗洛姆在《精神分析与宗教》的开头流露出一种绝望的基调,而这正是他在《为自己的人》结束之际透露出来的气息。尽管现代社会的人类在科学和技术上取得了巨大成就,但他还没有学会在智力上、情感上或精神上解放他自己:"我们的生活不是充满友爱、幸福和满足感,而是充斥精神混乱和迷茫困惑,几乎到了疯狂的状态……我们失去了与内心世界的联系,思想也失去了它的作用。"在这种不快乐和精神贫瘠的状态下（这在某种程度上反映了弗洛姆自己当时的生活），人类更容易受到权威主义宗教而不是人本主义宗教的吸引。加尔文教派和其他权威主义宗教要求人类服从于一种超越个体的力量。人类放弃了他自己的能动性和独立性，所换来的是权威主义宗教抚慰了他的孤独感以及他对自身局限的忧虑："他感到自己被一种令人敬畏的力量所保护，似乎是他成了这种力量的一部分"。然而，服从于外界宗教权威在限制人类生产能力的同时，也进一步加剧了人们的不快乐和内疚感。另一种替代选择——弗洛姆对宗教经验（无论有神无神）呈现的模糊描述——对于不满的灵魂来说，的确是一剂更好的药方。通过专注于人类内在资源的发展，它预示了人类的自我实现、欢乐、关爱和创造力。与权威主义宗教相反，这种所谓的人本主义宗教使上帝"成为人类自己在其生活中（尝试）实现的力量的象征……而非凌驾于人类之上的势力和主宰的象征"。[64]

从心理学和哲学的立场来看，《为自己的人》呈现出来的人本主义伦理学在本质上就是《精神分析与宗教》所谓的人本主义宗教。为了证明这两本书的主题并不相同，弗洛姆特意进行了区分。他坚持认为，宗教经验有三个可辨别的心理方面，它们"超越了纯粹的伦理学"。（1）首先是"对生命和自己的存在，以及自己与世界的关系这一难题感到惊讶、好奇，并逐渐对其有所理解"。个人和整个人类的生命过程在很大程度上是一种追问，而不是一种回答。事实上，"人本主义"宗教经验中的回答正是产生关于存在本质的新问题，让一个人永远保持惊讶和好奇。（2）其次是保罗·蒂利希所描述的在人类自我实现和生命意义中的"终极关怀"（虽然它与惊讶有很大关系）。"终极关怀"致使人们关注"灵魂的福祉和自我的实现"，以至于其他事物都退居二线。"终极关怀"可以与上帝这一概念共存，但并非一定如此，因为它的关注点是人类。（3）最后是"人本主义"宗教经验促进了"一种合一的态度，不仅是与自己、与同胞合一，而且是与所有的生命，甚至是与宇宙合一"。在某种程度上，这个观点类似于拉尔夫·沃尔多·爱默生甚至是威廉·詹姆斯的观点。[65]

弗洛姆试图将人本主义宗教经验与他所谓成功的精神分析治疗进行比较，以此说明这种宗教经验的独特性。精神分析师唤醒分析对象的好奇心和质疑精神，以便他能够找到自己的答案；人本主义宗教经验也是如此。除非患者在精神上被唤醒，否则他只会将自己的烦恼归咎于他人，而不管分析师如何界定这些麻烦的根源："如果精神分析是有效的，那不是因为患者接受了关于他不幸之原因的新理论，而是因为他获得了一种真诚面对困惑的能力；他会惊奇地发现他从未怀疑过的自己的另一面。"换句话说，被成功治疗的病人获得了一种宗教体验的元素。精神分析的过程是"突破一个人有组织的自我的界限，与从未意识到的被排斥和分离的自我部分建立联系"，宗教经验是"打破个体化，与世间万物建立联系"，这两者是类似的。因此，精神分析师是"灵魂的医师"或是一位引导者，帮助患者体验真理、爱情、自由和责任，帮助他们听取自己良知的声音。因此，像所有的人本主义宗教一样，精神分析也促使人类关注他的灵魂以及"他的爱与理性的力量"。人类把剩下的都做到了。[66]

与《为自己的人》相比，弗洛姆在《精神分析与宗教》中更多地阐述了他自己对精神分析的看法，并将其与"人本主义"宗教和伦理学体验相比较。所有这些体验，无论呈现得多么模糊，它们都旨在提升人类幸福、自由和慈爱的能力。问题在于，到20世纪40年代末，精神分析理论发生了很大变化，正统的分析家把弗洛姆轻蔑地视为新弗洛伊德主义者。

除了把他模糊的人本主义宗教的概念与精神分析进行比较之外，弗洛姆还呈现了几个简短的实例。他发现，每一种人本主义宗教都培育了他所描述的人本主义伦理学的内在资源。举个例子，早期的佛教恳求人们"意识到自己的力量"。作为一个伟大的老师，佛陀（"觉醒者"）呼吁人们去过一种发展其理性力量和关爱全人类的生活，这样人类将会摆脱非理性的激情。佛教的涅槃概念（一种"完全觉醒的"心态）排除了无助和服从，代表了人类拥有的认识自我的"最高力量"。事实上，弗洛姆被禅宗所强烈吸引，正是因为它"提倡知识没有任何价值，除非它是来自我们自身",而非来自外界权威。其实,他和禅宗的主要实践者之一铃木大拙关系非常亲密。[67]

弗洛姆还可以轻易举出关于人本主义宗教的其他例子。斯宾诺莎一直是弗洛姆最喜欢的宗教思想家之一,因为他认为上帝实际上就是整个宇宙,上帝无法改变任何事情。可以肯定,人类是一种依赖性生物,无法控制自身之外的所有力量。然而,凭借他自己的内心以及上帝的祝福,人类在爱与理性方面拥有巨大能量,可以借此充分实现他的自由、快乐和内在力量。在斯宾诺莎看来,这些代表着美德,而悲伤和内在的约束则象征着罪恶。在研究了哈西德运动之后,弗洛姆坚持认为,它的一句箴言,来自《诗篇》[1](*Psalms*)中的一首诗歌《快乐地服务上帝》(*Serve God in joy*),与斯宾诺莎的学说存在相似之处。由于哈西德教派强调感觉而不是智力,所以他们强调欢乐和豪迈,而不是悔悟和忧愁。事实上,因为上帝承诺要终止苦难,所以哈西德主义坚持认为人类有权利敦促上帝实现承诺。在弗洛姆看来,早期的基督教还代表了另一种人本主义宗教,"耶稣教义的精神和文本就是最好的标志,没有什么比他的箴言'神的国就在你的内心',可以更清楚地表达耶稣的人道精神"。[68]

尽管弗洛姆还引用了《旧约》和《新约》中许多关于极权宗教和权威主义的段落,但他有意集中于人本主义宗教的表现,希望在一个自我被封装、疏离、压抑和焦虑的世界中,可以为人们带来幸福和快乐。在本质上,佛教、斯宾诺莎、哈西德主义和基督都教导我们:"上帝并非凌驾于人类之上的权力象征,而是人类自己力量的象征。"事实上,"上帝只是人类更高级的自我形象,象征着人类潜在的或者应该成为的角色",而极权宗教将上帝视为"人类来原本拥有的理性和爱的唯一拥有者"。这直接来自费尔巴哈(Feuerbach)的观点——上帝只是人类对自己的一种投射。[69]

---

[1]《诗篇》,由一百五十篇赞美歌或感恩诗所辑成的诗歌集,可以称为犹太人的"诗经"。——译者注

阅读过《精神分析与宗教》的人应该认识到，弗洛姆在撰写此书时，已不再是 20 世纪 30 年代那个挑剔和谨慎的学者，而是完全不同的一个人。到 20 世纪 40 年代末，他反复宣称自己的观点，但很少用逻辑或证据来证明它们。弗洛姆本人已经成为一位先知，代表了富有生产力的人类精神，但讽刺的是，这些竟然发生在他生命中最不具生产性的时期。尽管他具有强烈情绪感染力甚至有点不合格的断言对学者而言没什么吸引力，但他正在进入职业生涯的一个新阶段。由于他的作品勾起了广大读者的浓厚兴趣，弗洛姆逐渐成为一名畅销作家，甚至在某种程度上成为大众文化的一种象征，特别是在美国。他的人本主义理念将很快广为人知。一时间，那些有影响力的政府官员也千方百计与他拉近关系。当他的美国读者不断增加时，弗洛姆也开始沿着他的人本主义思想路线（包括伦理学和宗教），着手培训和激励第一代的墨西哥精神分析学家。20 世纪 50 年代将是他开启新生活的最有影响力的十年。[70]

第 6 章　爱与启蒙

在 20 世纪 50 年代，美国文化至少被三个问题所深深吸引：冷战、麦卡锡主义和爱的主题。弗洛姆公开且坚决反对冷战和麦卡锡主义。当他从第二任妻子的死亡中恢复过来时，他找到了自己一生的挚爱——安妮斯。事实上，他写给安妮斯的一系列充满爱意的信件，为写出《爱的艺术》（1956）提供了动机和动力，这位女性在弗洛姆的最后三十年中至关重要。

《爱的艺术》是弗洛姆最受读者认可的一部作品。它成了一种国际现象，截至 1999 年，已经被翻译成 32 种语言，销售超过 2500 万本。这本书在药店、火车站和机场都很容易买到。通过《爱的艺术》，弗洛姆加入了社会评论家的队伍，比如大卫·里斯曼和约翰·肯尼思·加尔布雷斯[1]（John Kenneth Galbraith），成为一名左派思想家，在麦卡锡主义盛行的时代，把自己的思想传达给大众读者。事实上，他成了左派人士狂热崇拜的偶像。根据一项调查，伯克利大学的学生对弗洛姆的书籍，尤其是《爱的艺术》非常熟悉，超过了杰克·凯鲁亚克[2]（Jack Kerouac）、安德烈·纪德[3]（Andre Gide）和威廉·怀特的作品。虽然这本书的探索性和反思性比不上《逃避自由》，但它完成了《逃避自由》无法做到的事情：将弗洛姆推上了国际舞台，呈现给了大众读者。1

---

[1] 约翰·肯尼思·加尔布雷斯，美国著名经济学家、新制度学派的主要代表人物。20 世纪 50 年代以《美国资本主义》《富足社会》等畅销书和大量媒体文章成为最有影响力的公共思想家之一。——译者注
[2] 杰克·凯鲁亚克，美国作家，美国"垮掉的一代"的代表人物。——译者注
[3] 安德烈·纪德，法国作家，1947 年获诺贝尔文学奖。——译者注

在政治保守的时代，作为一个受欢迎的左派，弗洛姆在墨西哥的生活并不像一位被特殊对待和疏离的外籍人士。他沉浸在异国他乡的生活和文化之中。他创立了墨西哥精神分析学会，并成为墨西哥当地第一代受训精神分析师的导师，他们根据弗洛姆的观念进行实践，比如"社会性格"和"人本主义伦理学"。后来，他发起了一项大规模的长达十年的研究，调查墨西哥城南部的一个小村庄，以了解和帮助村民缓解他们的沮丧感和宿命感。

虽然弗洛姆已融入墨西哥社会，但他仍然保留了美国国籍，并且每年都要在美国教学几个月时间。在怀特研究所和新学院工作，在纽约有适度的分析实践，他还担任了密歇根州立大学的兼职教授。在此期间，他开始为进步政治事业工作和写作，为新政的社会政策辩护，并反对美国咄咄逼人的冷战计划。

在墨西哥做导师

当弗洛姆和赫妮搬到墨西哥的时候，他感到与朋友和同事之间的隔阂非常之大。然而，在赫妮还未去世时，墨西哥城的精神科医生开始和弗洛姆交朋友了。墨西哥国立大学的精神病学教授劳尔·冈萨雷斯·恩里克斯（Raul Gonzales Enriques）搞了一个关于弗洛伊德著作及其临床应用的研讨会，有数位精神科医生加入其中。等弗洛姆在墨西哥城定居时，这个研讨会已经发展成医学院的一门课程，培训那些想要拥有精神分析特长的精神科医生（在那时，精神分析培训只存在于阿根廷、美国，以及经历大屠杀浩劫之后的欧洲）。杰西·佐扎亚（Jesus Zozaya），著名的医生和墨西哥大学研究生院院长，从弗洛姆的著作《逃避自由》中获益良多，并认为弗洛姆或许是一位非常合适这门课程的导师。佐扎亚与约瑟·迪亚兹（Jose Diaz）讨论了任命弗洛姆的可能性，迪业兹是一位备受尊敬的儿科医生、儿童精神病学家,他强烈推荐弗洛姆任职。接着,佐扎亚又咨询了墨西哥三位资深的精神病学家,其中包括劳尔·冈萨雷斯·恩里克斯,他们都一致认为,尽管弗洛姆既不是医生也不是精神病学家,但墨西哥国立大学应该为他提供曾经授予精神分析学家的最高贵的教职:该大学医学院的特殊教席。[2]

弗洛姆将为精神科医生讲授精神分析的现代课程,并向普通大学生群体开展定期讲座。在这个形成阶段,墨西哥的精神分析思想和实践的前景十分诱人。弗洛姆计划开展关于梦的语言和其他符号沟通的讲座和研讨会,这将有助于拓展他的社会性格、"人本主义伦理学"以及其他概念,以替代正统的弗洛伊德学派语料库。他的学生将不会受到美国主流精神分析的"损害"。虽然弗洛姆一开始是犹豫的,但考虑到照顾赫妮的需要,他接受了佐扎亚的邀请。[3]

在当时,墨西哥城有一个处于休眠状态的精神分析机构,被少数几位正统弗洛伊德学派的人士占用。在弗洛姆建立了墨西哥精神分析协会和研究所之后,一群来自布宜诺斯艾利斯的弗洛伊德学派人士,试图使正统弗洛伊德学派重新焕发活力以取代弗洛姆。这些阿根廷精神分析师与弗洛姆领导的精神分析组织保持了一段时期的敌对状态,在某种程度上,这种情况复制了正统弗洛伊德学派与新弗洛伊德学派在美国的冲突。[4]

弗洛姆在墨西哥国立大学的教授职位主要是名誉上的。但很快,他开始培训一些知名的公职人员、精神病学家甚至是医学院的教授。例如,从弗洛姆那里接受精神分析训练时,阿方索·米兰(Alfonso Millán)是医学院的精神病学系主任,吉列尔莫·达维拉(Guillermo Davila)负责国家社会保障局,雷蒙·德·拉·富恩特(Ramon de la Fuente)则主持几个国际精神病学协会。[5]

总之,有十名精神病学家致力于精神分析专业,力求成为弗洛姆的学生,随后又有三名精神病学家加入。他们都是比较年轻的男性,理想主义且不受教条束缚,尽管彼此的人生经历有着显著不同。阿尼塞托·阿拉莫尼（Aniceto Aramoni）是一位对哲学感兴趣的精神病学家，并且有很强的学术倾向。而豪尔赫·席尔瓦·加西亚（Jorge Silva Garcia）是墨西哥军队的一名医生，曾在芝加哥神经精神病研究所接受过培训。事实上，在返回墨西哥城之前，他在芝加哥精神分析研究所与弗兰兹·亚历山大有所接触。这13名学生都非常希望突破传统墨西哥精神病学培训的局限，因为后者完全基于临床学徒制。[6]

当弗洛姆开始在墨西哥精神分析学会培训第一代精神分析师时，他是一个自恋、严厉、傲慢、冲动和急躁的人。尽管在研讨会开始时，他会慷慨地提供咖啡和点心，但他又显得"傲慢自负"，准备好压制所有人。他是一个深受伤害却又优越感十足的德国精神分析师和作家，如今身处第三世界国家，因此，这对墨西哥第一代精神分析学师而言不算是一次非常愉快的培训经历。尽管弗洛姆欣赏当地艺术，但他对墨西哥还是有些不适应，甚至有些蔑视墨西哥文化，这一点自然不会因为师生开始研讨时最初的误会而缓解。然而，到了20世纪50年代中后期，弗洛姆的态度有所缓和，这部分得益于他新的恋爱关系，以及他与铃木大拙和禅学的接触。弗洛姆在墨西哥精神分析研究所的人际关系以及他得到的普遍认可，对他人格的转变可能起到了作用。豪尔赫·席尔瓦·加西亚是墨西哥精神分析研究所的首批学员之一，也是最早发现弗洛姆这种变化的人员之一。席尔瓦·加西亚几乎每天都与弗洛姆接触，他注意到弗洛姆的脸色变得温和，眼神里也少了很多不祥的预感，而是露出"一副顽皮淘气的样子"。他不再神经兮兮地叼着一根雪茄，而是变得"善良、和蔼、单纯"，越来越能够去爱和共情，而且在生活中发现了新乐趣。在遇到困难时，弗洛姆经常坐下来放松，闭上眼睛，放慢呼吸。此时，幽默成为他显著的特质之一。他培养了收集优秀笑话的爱好，经常因它们放声大笑。席尔瓦·加西亚发现，弗洛姆有一本包含了6000个犹太笑话的书，并且将其中许多笑话记了下来。[7]

一开始，学生和教师之间还是存在一些语言障碍，尽管这些学生都具备一定的英语水平，弗洛姆的西班牙语水平同时也在突飞猛进。凭借他严谨的德国学术和临床背景,以及他对生活秩序的追求,弗洛姆总是守时、有条不紊、纪律严明。他的每一个研讨会都有明确的目标和教案,但由于墨西哥的文化影响,这些学生的时间观念淡薄,目标模糊,更倾向于轻松愉快的气氛。不过,当他们周三晚间在弗洛姆的墨西哥公寓里,一起参加精神分析的介绍性研讨会时,这种文化壁垒消退了。[8]

学生们自由而频繁地发表意见,弗洛姆专心且有礼貌地回应。他将自己撰写的文章分发给学生,以引出他们的回应。尽管谈起性欲理论、梦的解析和俄狄浦斯情结时,他在某种程度上已经与弗洛伊德分道扬镳(并且延伸了自己的理论),但他仍把自己当作一个弗洛伊德主义者;而且他建议学生在思考他的观点后,再去发掘自己的观点。弗洛姆认为,最重要的是,他们是教条的还是灵活的,是否愿意去讨论弗洛伊德各种文本的优缺点,这些文本的基本前提通常差异很大。在本质上,弗洛姆正在把学生们吸引到他与弗洛伊德的长期对话中。他还介绍了费伦茨、亚历山大、霍妮和弗里达·里奇曼的一些著作,这些都是他喜欢的心理学家,还有荣格和阿德勒的作品,尽管他认为它们有一些问题。他解释说,亚里士多德、斯宾诺莎、马克思和黑格尔为精神分析的理解力增加了新的维度,他还自由地引用当前社会学、人类学和生物学领域的研究。[9]

因此,这门课毫无拘束地跨越学科,并且知识内容丰富,学生们对此表示赞赏。他们称自己为墨西哥精神分析研究小组(Mexican Group for the Study of Psychoanalysis),并且是当地第一批接受培训的精神分析学家。尽管弗洛姆在怀特研究所和美国其他地方还有任职,但学生们希望他至少在五年内把墨西哥作为自己的主要居所。因为,如果他每年至少在墨西哥城待半年,他们就可以在他的指导下完成正式训练,并获得资质去培训下一批分析师。由于介绍性研讨会上学员的回应深深打动了他,所以弗洛姆同意留下来,并教授高级课程以及教学和培训分析。当1956年第一批培训结束后,学员们和弗洛姆一起建立了墨西哥精神分析学会(Mexican Psychoanalytic Society)。他们表现出了一种普遍主义精神,主动邀请为数不多的在阿根廷和美国接受训练的墨西哥同行加入进来，后者通常属于更正统的精神分析学派。大多数归国的分析师根据国际精神分析协会（International Psychoanalytic Association, IPA）的建议拒绝了邀请，并成立了一个独立和更加正统的协会。然而，弗洛姆愿意接纳他们，这表示他并不打算与志同道合的追随者一起创立一个正式的"学派"，因为这可能会把他束缚于某个地方或某种理论。他不仅因为受到精神分析和其他等级严明的正统学派的严重伤害，而不想模仿它们，而且他还倾向于从一个环境跳跃到另一种环境，这种倾向使他不愿过于沉浸在自己的学派中。他是一个拥有好几种"生活"和从属关系的人。从精神分析行业的政治权力斗争来看，这种情况使他处于边缘地位。[10]

在弗洛姆培训第一代学员——这些人创立了墨西哥精神分析学会并帮助后来的学生——之际，他邀请了许多来自不同领域令人振奋的知识分子和不拘一格的分析师，这些分析师回避正统的弗洛伊德学派而提出自己的观点。他们包括了神学家保罗·蒂利希、精神分析精神病学家罗伊·格林科（Roy Grinker）、佛教哲学家铃木大拙、家庭系统理论先驱者内森·阿克曼（Nathan Ackerman）、英国精神分析理论家迈克尔·巴林特（Michael Balint），以及他在怀特研究所的朋友——克拉拉·汤普森和爱德华·陶伯（Edward Tauber）。他甚至邀请了美国政坛家喻户晓的威廉·富布赖特和阿德莱·史蒂文森，当时他们交情颇深。作为墨西哥国立大学的高层管理者，佐扎亚向弗洛姆保证拥有充足的资金，并消除任何程序上的潜在障碍，允许弗洛姆按自己的意愿引进同事——通常作为客座讲师，但有时也仅作为有深刻见解的评论员。简而言之，佐扎亚允许弗洛姆以任何方式组织培训过程。由于意识到初始的13员大将有助于塑造墨西哥精神分析的未来并培训下一代的分析师，弗洛姆对他们每个人都投入了大量时间。他不仅为每个人提供分析和督导，而且还为每个人分配了一篇最终的毕业论文，旨在为墨西哥社会特定的人口、习俗或家庭结构提供精神分析洞察。弗洛姆希望每个人可以就此发表一份学术论文，但最终只评定阿尼塞托·阿拉莫尼的论文达到了要求。除了履行他们的临床职责之外，弗洛姆还鼓励他的学生参与到社会改革事业中去。在这一点上,阿拉莫尼和大多数第一批学员都表现得不尽人意,尽管他们为穷人们建立了一个免费的心理健康诊所。但后来的学员做出了更大的贡献,他们认为社区参与对于促进当地贫困居民"生产性社会性格"至关重要。[11]

20世纪50年代中期,当第一代学员完成培训之际,他们加入了弗洛姆的课程教学,并督导培训项目中的新学员,这个项目最初与墨西哥国立大学的联系并不紧密。直到弗洛姆的一位分析对象——罗伯特·福涅尔(Roberto Fournier),被任命为墨西哥国立大学医学院的负责人,这大大提升了该大学对弗洛姆和墨西哥精神分析学会的支持力度。福涅尔要求所有的医学院学生都必须学习弗洛姆及其精神分析学员教授的课程,同时,墨西哥精神分析学会也逐渐成为墨西哥医学教育的重要机构之一。弗洛姆和他的学员们还重新组织了该大学的心理系,遵循的是精神分析而非行为主义的路线。到20世纪50年代后期,弗洛姆一马当先地建立了自己的精神分析取向,这一取向的基础便是他的"社会性格"的概念和"伦理人本主义"。[12]

从20世纪50年代后期到60年代,由于他最初的一批学生开始承担新的职责,弗洛姆减少了自己的教学和督导职责,以便将更多的时间花在写作和研究上,或者是接收更多的病人和演讲邀请。阿方索·米兰曾负责弗洛姆与墨西哥国立大学之间的联系,当他被任命墨西哥精神分析学会为第一任主席时,他与豪尔赫·席尔瓦·加西亚、阿尼塞托·阿拉莫尼一起创建了大学附属精神分析研究所,以便整合更大范围的专业职能。此外,席尔瓦还筹资在大学附近建造了一栋大型的办公楼,该大楼于1963年投入使用,其中包含了咨询室、门诊室、图书馆、研讨室、公共讲座礼堂,甚至还有接待研究所来客的公寓。[13]

尽管第一批所有的成员都是忠实的学生,但弗洛姆对阿拉莫尼的印象特别深刻。到20世纪50年代后期,他竭力培养阿拉莫尼继任米兰在学会和研究所的职位。阿拉莫尼逐渐成为一名多产的学者和娴熟的精神分析师,他模仿弗洛姆来建立自己的职业生涯。他熟读了弗洛姆所有的书籍并且理解——更多地从理论上,而非经验上——社会性格的概念与社区环境有很大关系。阿拉莫尼和弗洛姆成了好朋友,他们开始评估各自的写作计划,一起处理墨西哥精神分析学会和研究所的事务。

除了他们迅速发展的专业关系之外,两人还建立了亲密的私人友谊。阿拉莫尼的女儿,瑞贝卡(Rebecca),1955年出生,在成长过程中与弗洛姆建立了紧密的联系。当阿拉莫尼去弗洛姆家吃午饭时,他会带上瑞贝卡,因为瑞贝卡会让弗洛姆高兴。而弗洛姆也欣赏瑞贝卡的能量和她对生活的热情,并且十分尊重她的智慧和独立精神。当瑞贝卡决定从事一份职业时,弗洛姆建议她遵循自己的直觉——即使她选择去做一名戏剧演员。阿拉莫尼家族称弗洛姆为瑞贝卡的教父。[14]

弗洛姆与阿拉莫尼在外出旅行时会互相通信。阿拉莫尼曾公开谈论,弗洛姆是他最敬佩的人,是一位通过自己的在场(presence)去教学的精神分析领袖。随着他越来越多地承担弗洛姆在社会和研究所的职责,阿拉莫尼延续了弗洛姆的许多实践和传统。事实上,弗洛姆曾写信给阿拉莫尼:"我总是感觉很糟糕,因为你不得不花费时间和精力继续我开辟的工作,并承担我曾经犯下的错误。也许我应该劝阻你继续这项工作。"尽管阿拉莫尼凡事都向弗洛姆询问,比如接受哪些精神分析候选人,研究所提供什么新课程,会议的主题,邀请哪些演讲嘉宾,培训师之间的私人仇恨,意外的开支,潜在的收入,等等。但这些年来弗洛姆减少了他的参与度,他希望阿拉莫尼和他的同事们能够自己做出决策。弗洛姆意识到他对自己的学员培养了过多的依赖性,而且这一倾向很难被扭转;然而,他又似乎不愿意完全放弃自己在这个团体中的核心位置。例如,有一次他写信给阿拉莫尼:"重要的是,我不在的时候,这个团体要学会承担自己的责任",尽管如此,他仍然继续提出建议。弗洛姆在信的最后写道:"但我再次把它交给你,最主要的是,这个团体要真正学会在没有我的情况下运作,并且你要发挥自己适当的角色。"阿拉莫尼总是优雅地回应他,但他感到自己被导师拉向两个不同的方向:一方面要顺从"创始人"的意愿,另一方面又要转向独立决策。像弗洛姆一样,他也发现很难取得平衡。这个关于放弃对学会和研究所的控制权的斗争，说明了弗洛姆在某些时候和某些情况下对于"权威主义"领导的偏好。[15]

铃木大拙和禅宗

1957年8月，墨西哥精神分析学会发生了历史上最激动人心的事情，当时日本著名学者、历史学家、禅宗大师——86岁的铃木大拙，接受了弗洛姆的邀请，参加了为期一周的以精神分析与禅宗为主题的研讨会。自20世纪30年代起，铃木大拙就令人信服地把禅宗的精髓传达给西方的哲学家、神学家、艺术家、心理学家、精神分析学家和普通读者。他主要在日本的大学教书，但也在美国和欧洲担任了许多佛学交流教授的职位。铃木大拙讲得一口流利的英语，又通晓几门欧洲语言，对西方的知识和哲学传统有着深刻的理解，因此有效地促进了东西方之间的对话和理解。二战结束后，铃木大拙在美国的影响力尤其巨大，在那里，他帮助建立了禅宗培训中心，并在哥伦比亚大学执教数年。[16]

铃木大拙善于巧妙地向西方人解释禅宗与西方传统二元思维如何不同，他指出，禅宗哲学和精神分析在同一时期被引入欧洲和美国。铃木大拙表示，就像精神分析一样，禅宗也试图解释人类心灵的深度。禅宗的实践者试图深入到自身存在的核心——进入一个"虚空"（nothingness）的特殊空间，它类似于精神分析的"无意识"概念。这个空间里，禅宗实践者"审视"他自己的想法和感受，事实上，也就是每个人存在的精髓。因此，"虚空"是自我内部的一个空间，那里也被所有其他人的自我和整个世界所填充，它代表了存在之本质的"一体性"（oneness）。因此，当一个人深入内心时，他就会觉察到他不是一个人，而是一个无边无际的意识空间，它是一切有生命的和无生命的物体的所有心理状态的基础。在那个阶段，铃木大拙认为，一个人的"个体性，平时紧紧收缩在一起,与其他个体明确分离,不知何故,从它的紧绷状态中变得放松,融化成一种难以名状的事物……随之而来的是一种完全的释放或完全的放松——一种最终到达了目的地的感觉"。一旦一个人能够感受到这种"一体性"并瞥见他的真实本性,他就需要稳定这种视野(即继续审视真正的自我)。随着这种认识的稳定,他超越了心目中自己的形象,因为这并非他的本性,并且他认识到不需要去实现什么,不需要去哪里,也不需要成为什么。在他忙碌的生活中,出现了一个无形的、静止的和安静的核心存在。奇怪的是,这种"一体性"的寂静无声反而为他的生活带来充沛的活力。[17]

在20世纪40年代,弗洛姆开始了解铃木大拙关于禅宗的作品,并认为它似乎很接近自己的人本主义精神分析。铃木大拙在阅读《逃避自由》和《为自己的人》之后,也认为他和弗洛姆都在追求类似的事业。后来他们开始通信。1956年秋季,弗洛姆和他的第三任妻子安妮斯在纽约时,铃木大拙邀请他们到家吃晚饭,并坐而论禅。弗洛姆将此描述为"我们生命中最美好的一餐",后面的谈话更是妙不可言。事实上,他在给铃木大拙的信中写道,那个夜晚"激发了某种东西",他感到自己终于理解了禅宗的精髓。这种感觉"非常振奋人心",他需要与铃木大拙谈谈如何将禅宗原理应用于精神分析。他们约定圣诞节期间在墨西哥会面,弗洛姆对那两周时间充满期待,他请求铃木大拙考虑待得"更久一些"。他将在库埃纳瓦卡组织一场欢迎铃木大拙的国际会议,希望这是为数不多的系统探讨禅宗与精神分析关系的论坛之一。[18]

在具体安排上,弗洛姆开始与墨西哥精神分析学会的同事和学生们积极开展工作,使这次会议成为东西方之间历史性的学术交流。铃木大拙同意参加这次为期一周的活动,定于1957年8月在库埃纳瓦卡举行。他还承诺之后去看望弗洛姆的家人。[19]

弗洛姆和学会通过墨西哥国立大学,向美国和墨西哥不同"学派"的精神分析师发出邀请。荣格学派、正统弗洛伊德学派学者和其他分散的分析师均收到邀请,大会希望他们可以揭示各自工作中的共同点。

弗洛姆邀请铃木大拙开展四场讲座，并参与后续的讨论。他还打算邀请几位著名的精神分析学家就禅宗主题发表演讲。弗洛姆努力提升这次会议的凝聚力，他提出要做铃木大拙的禅宗演讲和精神分析师演讲之间的桥梁。最后，他还计划将此次会议记录加以整理，出版一本关于禅宗和精神分析的图书。[20]

大约有50位墨西哥和美国的精神分析学家参加了库埃纳瓦卡会议——这是发出邀请时预期数字的两倍。美国代表队中的许多成员来自怀特研究所。尽管铃木大拙的四次演讲和问答环节奠定了大会基调，但他个人的在场和风格同样至关重要。弗洛姆会后回忆道，原本充斥着口齿伶俐的专业人士、"过度强调思想和言语"的传统会议，在两天之内就发生了转变，因为"情绪上开始出现明显的变化，每个人都变得更加全神贯注，更加安静"。铃木大拙深邃的内在灵性和禅宗固有的沉静内省促使"许多与会者身上发生了明显的变化"。在某种程度上，弗洛姆感到，他们开始拥抱自己内在的心灵深处。铃木大拙的思想总是"坚定地植根于他的存在"。他从不会对哪个观点喋喋不休，也没有花哨的语言，而是以仁慈、内心的平静来呈现自己和禅宗哲学，并表达他对生活的热爱。弗洛姆认为，铃木大拙的"人性光芒穿越了他的民族和文化背景的特殊性"，他似乎也超越了精神分析专业内部的"人为"划分。弗洛姆指出，大会上的每个人都对"他身上散发出的光芒"印象深刻。[21]

如果说铃木大拙的在场代表了大会的精神内核，那么，弗洛姆的论文《精神分析与禅宗》（*Psychoanalysis and Zen Buddhism*）则是标志性的智力贡献。这篇论文可能是他对精神分析思想中无意识最连贯和最深入的反思，禅宗帮助他以新鲜和有理解力的方式处理这一主题。与弗洛伊德、大多数精神分析学家和许多知识分子不同，弗洛姆长期以来一直以神秘的宗教传统调和他对现代性的拥抱，专注于自我内心深处的某个地方，超越了时空的界限与所有其他人的自我产生精神联结。他一直特别着迷于自我与其知觉对象"合一"的感觉。事实上，弗洛姆在中世纪的犹太卡巴拉教派中发现了这种神秘的"一体性"，也许它在哈西德教派中是最引人注目的。他还在埃克哈特大师（Meister Eckhart）、雅各布·波墨（Jakob Böhme）和其他几位基督教神秘主义者发现了这种"一体性"，还包括鲁米（Rumi）的伊斯兰教，苏菲教派的神秘主义。此外，荣格也影响了他，尽管弗洛姆通常并不提及。但自从20世纪40年代末，弗洛姆感到，在铃木大拙对禅宗的阐述中，"一体性"得到了最佳的诠释；他习惯性地一会阅读埃克哈特大师的一段话，一会阅读禅宗文献的一个段落。[22]

在铃木大拙的面前，弗洛姆以一种不同寻常的谦卑开始了这次大会，他承认自己还没有完全体验到开悟，开悟是禅宗的核心部分："我只能旁敲侧击地谈论禅学，这不是谈论禅学的正确方式，应该根据完整的体验来谈论禅学。"尽管如此，他认为自己"至少有了关于禅宗要素的大致概念"，他说"我希望自己能够对禅宗和精神分析进行尝试性的比较"。弗洛姆用心理学的语言描述了铃木大拙所阐述的禅的本质："一种个体与其外在现实和内部世界完全协调的状态，个体对这种状态有完全的意识和领会。"为了培养这种"觉醒"状态并达到开悟，一个人变得"虚怀若谷，并准备接受"自身内外的所有现实。用铃木大拙的话来说，一个人达到了"整个人格对于现实的充分觉醒"。一旦一个人达到这种"觉醒"和开放的状态，弗洛姆断言，他的生活将会变得平和、喜乐和充满活力，或者说热情洋溢。弗洛姆将禅宗的"觉醒"状态等同于"生产性取向"（他关于最佳心理健康状态的精神分析概念）。两者都反对贪婪与剥削，后者致使自我与他人敌对——"我"反对"非我"。开悟之后，外部的人或物（"非我"）消失不见了，变成了"我"的一部分，因此促进了"一体性"的感觉。"非我"与"我"融为"一体"，消除了所有的异化感，并产生了一种充满能量和生产力的状态："我强烈地体验着——但客体依然是其所是。我给它带来生命，它也让我充满生机。"因此，禅意的生活就是"以最欣赏和最虔诚的心态对待自己和这个世界"。[23]

也许是因为铃木大拙对禅的描述更强调精神气质，而不是智力或概念上的一致性，所以弗洛姆对禅的描述显得冗长和不确切。当然，弗洛姆对于精神分析的认识远超过了铃木大拙,当他将禅宗和精神分析相比较时,他的论文变得更为清晰。禅宗和精神分析都试图达到同样的目的:洞察一个人的本性、自由、幸福、爱、理智,并释放被阻滞的能量。两者都要求人们克服贪婪、对名利的垂涎,转而重视爱、同情和道德行为。无论是禅师还是精神分析师,都不会强迫人们压制"邪恶的"贪婪欲望,而是期待贪婪"在扩大的意识的光亮和温暖下融化消失"。在禅宗中,如果没有谦卑、爱和同情心,就永远不会达到开悟。同样,弗洛姆也坚持认为,精神分析要求人们从剥削型或囤积型的社会性格演化为生产性人格,这时一个人会变得更加谦虚、慈悲和自我理解,这是弗洛姆在20世纪40年代描述的人本主义的回响。[24]

在弗洛姆看来,禅宗和精神分析都要求人们摆脱自我之外的任何权威。在发展精神分析的过程中,弗洛伊德批评了西方宗教,因为它只是用人们对上帝的依赖取代了婴儿对父亲的依赖,后者既帮助我们又惩罚我们。而精神分析目的在于解除这种"不自由"。相应地,弗洛姆指出,禅宗没有树立一个强大的外部神灵或者任何非理性的权威,而是试图将人类从一切依赖中解放出来,使他成为自己命运的塑造者。尽管精神分析学家和禅师最初会引导被分析者或禅修生,但他们的最终目标是一样的:鼓励人们独立自主,而这可能需要超越个人的形式思维和合理化,并拥抱自己独特的认知和情感。[25]

最重要的是,弗洛姆将精神分析的核心追求——通过让无意识意识化,帮助患者克服各种压抑——等同于禅宗的主要目的:获取开悟。精神分析和禅宗都涉及"人的内在革命",在智力和直觉上逐渐意识到一个人本来感受不到的东西。弗洛姆指出,事实上,如果将精神分析的术语——"意识"和"无意识"替换为"一个完整的人体验到的更大或更小范围的意识",或许更容易理解禅宗和精神分析的共同目标。它们都试图克服自我内部人为的二分法——主体和客体的区分、"作为宇宙人与社会人之间"的分裂,意识和无意识之间的对立。两者都要求人们克服与他人以及更广阔的世界之间的疏离,放弃"一个坚不可摧的独立自我是受到保护的"这一错觉。基本上，禅宗和精神分析都要求一个人完全地开放并积极地回应，包括内部世界和外部世界，以便能够终止虚荣和贪婪，"什么也不去占有，只是存在着"。这种对"一体性"的最终接纳是精神分析和禅宗的共同目标。[26]

尽管如此，弗洛姆告诫道，这两种技术在某一个方面是不同的。精神分析侧重于通过逐步解除抑制，揭示患者对这个世界的幻觉，从而使扭曲和智性化逐渐消失。相比之下，禅宗代表了一种对异化和扭曲的感知更直接和正面的进攻。通过寺院里师父的指导，禅宗要求学生"摆脱情感和理智的污染，不假思索地领会现实，实现自我和宇宙的联结"。禅宗的开悟很像孩子对这个世界直接性和一体性的认识。但与孩童时代又有不同，它发生在成年人超越了主客体分裂和疏离经验之后。[27]

在论文的结尾处，弗洛姆坚决主张，因为禅宗和精神分析的目标是完全相同的，所以即使技术上有些不同，也是相互补充的。禅宗技术和观念的直指人心可以使精神分析的洞察更加聚焦——克服西方主客体分裂带来的"情感污染和错误的理智化"。同样，精神分析对被压抑的无意识的谨慎渗透，也可以帮助禅师引导他的学生抵抗"虚假的开悟"——通过自我诱导的恍惚、精神异常或癔症产生的。[28]

在会议报告中，弗洛姆有好几次承认：他的想法只是初步的，他还没有提高自己对禅宗和东方文化的认识。然而，知识上的不足似乎并没有约束他。就像铃木大拙一生中大部分时间都在将东方的基本假设转化为西方思维，弗洛姆也表达了这种逆潮流而上的愿望。通过铃木大拙和弗洛姆的努力，人们可以更好地理解跨越东西方之鸿沟的普遍人类经验。[29]

一年后，墨西哥精神分析学会被认定为官方机构，库埃纳瓦卡会议对此产生了决定性影响。墨西哥精神分析学会追求一种普遍的愿景，远远超出了正统的弗洛伊德学派和西方的主流观念。为了将这决定性的一周"载入史册"，弗洛姆和他的学生力图将铃木大拙的四篇演讲和弗洛姆的长文整理出版。为了完成这项任务，弗洛姆再次向哈珀与罗出版公司（Harper and Row Publishers, Inc.）求助，后者于1960年年初出版了

《禅宗与精神分析》（Zen Buddhism and Psychoanalysis）。尽管弗洛姆和铃木大拙都是非常杰出的作家，而且关于这个主题的书籍很少，但一开始的销量并不尽人意。到6月30日，销售量还不足4800册，弗洛姆仅看到过一篇书评。尽管如此，精彩的观点还是得到了永久保存，即使无法体现全部的会议精神。虽然最初的销量不大，但这本书最终卖出了100万册，并被翻译成16种语言。[30]

在1967年去世之前，铃木大拙经常前往墨西哥，在那里他总是受到弗洛姆的款待，以及墨西哥精神分析学会成员的追捧。除了镰仓（靠近东京）和纽约之外，铃木大拙开始将墨西哥城的库埃纳瓦卡看作自己的根据地之一。当弗洛姆和铃木大拙不在一起时，他们会交换长篇的、热烈的信件，谈论新的写作计划、阅读过的重要文献，特别是关于新的想法。通过信件，他们彼此支持，建立了牢固的学术关系和个人友谊。确切地说，弗洛姆信任铃木大拙，信任他的态度和他的智慧，这种热情可以与弗洛姆早期的导师和朋友拉比诺相媲美。[31]

安妮斯·弗里曼与《爱的艺术》

1952年12月，弗洛姆开始向安妮斯·弗里曼献殷勤。他第一次遇见安妮斯和她的第三任丈夫大卫·弗里曼（David Freeman）是在1948年，当时他们正在纽约参加会议，讨论联合国教科文组织关于改善国际政治紧张局势的计划。大卫·弗里曼是一位富有的律师，为美国报纸提供来自印度的新闻。不久之后，大卫就去世了，丢下安妮斯一个人，她的前两任丈夫也过世了，没有孩子，但她拥有很多财富。像那个年代的许多女性一样，没有一位亲密的男性，她们的自我感就很薄弱。在赫妮自杀之后，安妮斯和弗洛姆开始通信，但是这种信件很快变成了一封封情书。安妮斯比弗洛姆小两岁，出生于匹兹堡的一个新教家庭，但她在阿拉巴马州长大，带有明显的南方口音。在印度的那段时期，她对东方灵性传统产生了强烈的兴趣。她学过占星术，因为精确的预言、热衷冥想和打太极拳而远近闻名，她也十分欣赏弗洛姆对佛教的浓厚兴趣。安妮斯是一位高挑、性感和美丽的女性，从他们的关系一开始，她就非常崇拜弗洛姆。虽然她在纽约经营已故丈夫的生意，但她最终计划在墨西哥与弗洛姆共建家庭。她十分聪慧，在国际政治和多元文化方面，与弗洛姆也有共同语言。1953年秋天，弗洛姆向她求婚，尽管他们恋爱才几个月。同年12月，他们结婚了。[32]

因为弗洛姆住在墨西哥城，而安妮斯住在纽约，所以他们的关系依靠大量的通信，这也显示了弗洛姆对她的深深依恋。他从来不对任何人敞开心扉，但安妮斯是一个例外。他们之间的爱是自由流动的。甚至结婚以后，无论在家还是在外，他每天都会写几封短信给安妮斯以表达喜爱之情。他经常以日程安排为由写下这样的话："现在是十点钟，我准备去办公室，也许你会在喝第一杯茶后想起我。我最迟在两点钟回家。我完全属于你。——弗洛姆。"这些信札各式各样，都是关于日常琐事的，如列举工作任务、日常问题或想法，并穿插一些趣闻轶事或笑话——并且总是强调他对她的爱。弗洛姆向她表述他感兴趣的新书、新想法，以及希望她去买的优雅服装，甚至还会有他的个人反思。[33]

如果说写给安妮斯的简信看起来太过世俗，我们最好还是回忆一下社会学家欧文·戈夫曼的警句："我们有时称之为空的手势，其中可能拥有了最充实的东西。"事实上，这些书信强调了弗洛姆与安妮斯交织在一起的特殊关系。对弗洛姆来说，没有安妮斯的生活是无法想象的："我美丽的爱人，我爱你，以至于变得脆弱，但这种脆弱是甜蜜且美好的。我希望你能在睡梦中感受到它。"弗洛姆在每一次交流中都强调了他对她的感情。他毫无保留地爱着她。事实上，对安妮斯的热恋无疑奠定了《爱的艺术》的基础。然而，与这本书不同的是，这些简短但充满爱意的书信仅限于他们俩之间的关系，既没有被编码也没有被物化。弗洛姆详细地告诉安妮斯，在她面前，他更少地考虑自己的缺点，而是开始欣赏自己的长处。安妮斯增强了他的自尊以及自大。

通过这些信札,弗洛姆建立了一种普遍的观点,爱自己(self-love)对于恋爱关系来说是必须的。这一观点成为《爱的艺术》以及他后来著作的核心。在他肯定自己对安妮斯的情意绵绵的爱的同时,这些简短的信札让他领悟了更为理论性的信息——爱在本质上是什么。[34]

即使弗洛姆在一个具体的、特定的关系中表达的爱与在他的作品中阐述的普遍的爱之间存在脱节,但它们都根植于他的三次婚姻中最欢乐和最丰富的一段婚姻,这也是他的最后一段婚姻。然而,这段婚姻也证明了夫妻之间的差异并无大碍。与他的前两位妻子不同,安妮斯非常漂亮——实际上,她魅力四射,热情洋溢,散发着对生活的热情——她的女性特质一直让弗洛姆迷恋。弗洛姆通常起得很早,而安妮斯睡得很晚,他把这作为一个机会,在她的枕头旁放上一张纸条表达他的爱意,他开玩笑地称她为"小懒虫"。安妮斯喜欢喝爱尔兰咖啡,弗洛姆以前从来不喝,但他听从她的意见,开始也喝爱尔兰咖啡。她不是知识分子,对弗洛姆所读的和与她讨论的书籍几乎没有见解,即使她认为他是一位重要的知识分子和杰出的作家。值得注意的是,安妮斯确实分享了她丈夫在国际事务中对政治的关注。几乎没有哪一天,他们不拥抱和亲吻彼此。1958年,当安妮斯被诊断出患有乳腺癌时,作为一种预防措施,肿瘤学家建议她切除双乳。弗洛姆强烈支持安妮斯的决定,进行双乳切除术手术,即使这有可能损毁她的外形。这个时候,他无法想象没有安妮斯的生活,而且他在私下告诉堂妹格特鲁德·亨齐克·弗洛姆,如果安妮斯的癌症复发,他将会和她共赴黄泉。[35]

弗洛姆在他的婚姻中显然很欢乐和放松。这种心情影响了别人对他的看法,也影响了他对自己的态度。举个例子,我们强调过席尔瓦·加西亚和墨西哥精神分析协会的其他人注意到他变得越来越开心了。[36]

弗洛姆从年轻时就喜爱哈西德派的歌舞,他几乎每晚都听哈西德派音乐的唱片,并开始练习弹钢琴。他一直喜欢美味佳肴,会拿出好吃的招待学生和访客,比如巧克力包裹的杏仁塘、蜂蜜蛋糕以及自制的山核桃或橙子饼干。他还聘请了一位很棒的当地厨师,要求厨师做他最喜欢的菜肴。为了一顿美味的新年大餐——这是一项德国传统,他不惜重金订购了阿拉斯加的新鲜大马哈鱼。在举办派对的时候,他还自己酿制了法国香槟——大瓶"埃里希·弗洛姆宾治"。[37]

20世纪50年代中后期,弗洛姆在库埃纳瓦卡建了一座房子。他强调道,这座美丽的住宅,有音乐,有书籍,有美食,但如果没有安妮斯,它就失去了意义。虽然她参与了建筑计划、花园设计和种植花草,但这些主要是弗洛姆的杰作。他在库埃纳瓦卡的兰乔·科尔特斯(Rancho Cortes)区购买了几英亩的土地,这地方偏僻而又美丽,公元600年左右,特拉户卡(Tlahuica)印第安人曾在这里定居。大部分的土地都在房子后面,地界线止于一条沿着山谷的小溪,每天早晨弗洛姆在那里冥想。为了确保不受打扰,弗洛姆还在溪流的另一边也买了一块地。在景观设计师的帮助下,他将屋后的这块土地改造成一片巨大的倾斜草地,上面种植了一些花儿和仙人掌,还有各种美丽的乔木和灌木。因为他希望铃木大拙经常来访,所以在河的中游建造了一间陋室,还把铃木大拙送给他的一盏优雅的灯笼挂在它的前面。粉红的火烈鸟经常在草地上漫步。[38]

主屋有两层楼高,最常光顾的房间面朝后方的空地。卧室在楼上,主卧室连着一个户外阳台,可以俯瞰下面的草坪。楼上有一间小厨房,带有炉灶和冰箱,这给弗洛姆和安妮斯带来不少方便,可以每天早晨做早餐并在阳台上用餐。楼下有一间大书房,里面摆满了书,这是弗洛姆最喜欢的房间。在这个长长的房间的一头,他的书桌摆放在一扇大窗户前,可以远远看见草坪和一个小游泳池。书房的另一侧是沙发和舒适的椅子,那里是他接待分析对象的地方,患者可以穿过附近的前门进入房间。书房旁边是一间宽敞的开放式起居室,里面装饰着墨西哥和佛教的艺术品,它通向一间正式的餐厅,这间餐厅也兼作音乐室。

餐厅连着一间宽敞的、现代化的厨房,里面里配备了最先进的设备,有大台面、大高柜、大容量冰箱和大炉灶。过了厨房,他的秘书在一间不大但很有魅力的书房里工作。除了厨房之外,一楼所有的房间都通向一个大而长且有屋顶的阳台,阳台上摆放着桌椅,栽培着植物,俯视即见花园和草地。弗洛姆一家人会在这个阳台上吃午餐和晚餐;弗洛姆还会在这里会见学生和同事,甚至将一些专业会议安排在此。[39]

弗洛姆向他曾经长期克制的其他乐趣屈服了。他喜欢车,就买了一辆敞篷别克车,却没怎么开。他希望每天阅读《纽约时报》,同时抽着一根高级的墨西哥雪茄。弗洛姆的生活与他的文章不断脱节,他在写作中赞许禅宗对"清心寡欲"的强调,同时却让自己沉迷于高热量的美食——他经常光顾一家德国面包店。在库埃纳瓦卡走街串巷时,他经常会为安妮斯买一束鲜花,有时也会买一盒糖果。此时的弗洛姆,不再是他的朋友和家人眼中那个经常沮丧的人。[40]

弗洛姆与安妮斯相处的欢乐成为《爱的艺术》的创作背景,而且在很大程度上解释了它为什么会成为全球畅销书,并使他成为大家崇拜的对象。当他正在向安妮斯求爱时,他开始写《爱的艺术》,并在两年之内完成了这本书。《爱的艺术》与他之前写的书完全不同。可以肯定,这本书证明了他作品中体现的几乎是机械有序的人格与他私人生活中明显喜怒无常的情绪之间持续的相互作用。但是,这本书基本上没有脚注、引语,也没有索引,而且比其他学术著作也要薄很多。全书只有 120 页,通俗易懂,完全可以一口气读完它。[41]

弗洛姆坚决否认《爱的艺术》属于流行的自助书籍,这类书籍在美国文化中非常盛行,从本杰明·富兰克林的《富兰克林自传》(*The Autobiography of Benjamin, Franklin*)到戴尔·卡内基(Dale Carnegie)的《如何赢得朋友及影响他人》(*How to Win Friends and Influence People*)以及诺曼·文森特·皮尔[1](Norman Vincent Peale)的《积极思考的力量》(*The Power of Positive Thinking*)。阿德莱·史蒂文森曾说过"圣·保罗(Saint Paul)引人入胜,而皮尔动人心魄",弗洛姆对此并无异议。

---

[1] 诺曼·文森特·皮尔,美国著名牧师、演讲家和作家。——译者注

但是，弗洛姆在《爱的艺术》的结尾（承袭自助书籍的特点）还是向读者呈现了一条清晰可靠的自我提升的道路。在这本书中，弗洛姆教导读者如何去发现爱并践行爱，这与禅宗修行有一定的相似性。我们有必要学会使自己置身主流市场资本主义文化的喋喋不休和追逐私利之外，自在地独处。通过保持安静、自律、专注和耐心，一个人应该寻求以一种亲近而内省的方式去倾听内心。如果读者正确地掌握了这种聆听的能力，他就能够与自己"真正的"内核或身份对话，这有些像禅宗的冥想。当这种情况发生时，他将会发现巨大的生产能力，使他能够创造性地改变他的生活和所在的社会。生产性与专注、警觉、自爱、活力，一种新的自信和愉悦感是相伴相生的。一旦一个人发现了如何去倾听、欣赏并真正地爱自己，他就有可能去爱别人。他也就有可能去理性和客观地看待他所爱的人，去理解所爱之人的内在核心，就像他倾听自己的内心一样。情侣之间活泼、主动和发自内心的交流，也就成了自然而然的事。从本质上说，每个人都是同时爱上了自己和自己的伴侣。弗洛姆断言，当这一幕发生时，那么这个人也会同时爱上更大的社群甚至整个人类——从某种意义上说，爱所有人类的能力是真诚爱另一个人的先决条件。[42]

弗洛姆鼓励读者以这种看上去清晰、直接的方式去爱。然而，在他的叙述中，他又告诫人们这种方式并不容易践行，因为当代社会的价值观就是一个主要的拦路虎。那些励志的司仪神父认为获取物质和受人欢迎是通往幸福的途径，但弗洛姆与他们截然不同，他对社会现状和市场价值观提出了严厉的批评。曾经有十年，左翼作家经常被列入黑名单，对大众读者几乎没什么影响，但弗洛姆并没有限制自己长期以来对管理资本主义的批判。为了获得友谊，工人们服从于主流的社会习俗。为了治愈内心的空虚感，他自恋般地挥霍能量，不断获取和消费——拼命想要填补心理和精神上的空洞。由于缺乏能量、活力或生产性，这样的人既没法了解自己的内心，也无法爱上另一个人。弗洛姆承认，对这个沉闷的市场文化的受害者来说，可能定期地需要性满足。但与弗洛伊德的观点相反，与弗洛姆自己的生活也截然不同，弗洛姆劝诫他的读者，性冲动的释放只是短暂的愉悦。只有当"两个人从他们存在之本质来体验自己，他们接纳自己（而非逃离自己），进而接纳对方"时，爱才会发生。[43]

当弗洛姆鼓励读者去追求爱的时候，他总结了在疏离的市场资本主义情境下寻找真爱的阻碍——没有否认它们的重要性，但也没有夸大它们的危害。诚然，社会需要改变，但读者不该等待资本主义体系与价值观的消亡，然后才去寻求掌握爱的艺术。与普遍存在市场型性格有所不同——这种人格依靠剥削和获取来提升自己，弗洛姆鼓励那些愿意体验爱的读者去探索自己内在深藏的生产性。市场资本主义可能会掩盖或暂时麻痹这种努力，但弗洛姆坚称——也可以说是一种信仰：生产性的潜能永远不会被消灭掉。当一个人不断获得一种自由、自主、活力和创造的感觉，他便在开始接近这种内心深处的生产性，他一定能感觉到。这就是一种自爱，为爱他人和全人类打开了一条通道。[44]

如果生产性社会性格是"爱的艺术"的绝对前提，那么爱的本质是什么？弗洛姆从几个层面回答了这个问题。回顾 1939 年的文章《自私与自爱》，他坚持认为，爱是对生命和成长、喜悦和自由的一种肯定，后者存在于个体、夫妻、家庭、社会和全人类当中。可以肯定，爱是不可分割的："如果我真的爱一个人，我就会爱所有人，爱世界，爱生命。"相反，"如果一个人只爱某个人，而对其他同胞无动于衷，那么他的爱就不是爱，而是一种共生的依恋，一种放大的自我中心。"爱是个体内在的一种即时拥抱自己、他人、人类的能力。尽管他很敬重保罗·蒂利希，后者敦促他更加精细地区分爱自己（"自爱"，一种自我肯定）与爱他人和全人类，但弗洛姆忽视了这个建议，坚称"爱是一种态度，对所有的对象，包括自己，都是一样的。"他问道，不然《圣经》为什么会要求人们要像爱自己一样爱你的邻居呢？[45]

弗洛姆将"爱"描绘为接纳自己、他人和全人类，但他承认有不同种类的爱，而最重要也最普遍的是"兄弟之爱"："对另一个人的责任感、关怀和理解，希望他的生活更美好。"这就是与全人类成为一体的经验——尽管我们在才智、外貌、财富或知识方面存在差异，但我们是一个整体，在根本上是平等的:"假如我只看到另一个人的表面,那我就只看到彼此的不同,看到分隔我们的因素。"但是,当一个人更深入地探索另一个人的"内在核心,我就会觉察到我们的身份,我们的兄弟情谊。"实际上,兄弟之爱就是一种"核心与核心的关联——而不是边缘与边缘的关联"。当一个人接触到另一个人的内心最深处,他同时也接触到了自己的内心和身份。这种对兄弟之爱的阐述,与弗洛姆的观点并不完全一致,弗洛姆认为一个人无法去爱另一个人,除非他发现了自己的爱和生产性的本质。兄弟之爱展示了这样一种关系,在这段关系中,一个人通过彻底了解另一个人来发现他自己的内心,这种关系建立在培育互惠关系的基础之上——不只是和朋友,和家人之间的互惠,也包括与陌生人之间的互惠。[46]

"母爱"有别于"兄弟之爱",但作为"对孩子的生活和需要的无条件的肯定",母爱同样至关重要。弗洛姆声称,母亲对保护孩子的生命和成长负有绝对的责任,这反映了那个时代盛行的文化气质。母亲确认了孩子的存在。"母爱"还灌输给孩子对生活的热爱——活着的感觉真好。虽然孩子曾经是母亲的一部分,但随着孩子的成熟,母爱就需要放手,并肯定这种分离。这是母亲最为关键的部分——抚养和给予孩子,让他逐渐成长一个独立的自我,同时却不期待任何回报:"母爱的本质就是关心孩子的成长,这意味着希望孩子与她自己分离。"但这显然不是母亲罗莎的做法,她一直把弗洛姆视为她自己的延伸,直到1959年去世。与母爱不同,弗洛姆认为父爱有更多的限制,因为父爱是有条件的。在教导孩子认识世界的规则时,"父爱的原则是'我爱你,因为你实现了我的期望,因为你履行了自己的责任,因为你和我一样'"。父爱需要孩子去争取,并且如果孩子没有满足父亲的期待,就可能失去父爱。因此,父爱与母爱是对立的,它对孩子情绪的培养没有母爱那么关键。这些描述也不大符合弗洛姆的父亲纳夫塔利,他的爱往往比罗莎的爱更没有条件性。弗洛姆的早年生活与他的文章并不一致。在某种程度上,弗洛姆似乎在提倡弗洛伊德关于"家庭罗曼史"(family romance)的概念——在一个理想化的家庭中,孩子必须让自己离家,这是他正常发展的一部分。然而,就弗洛姆自己来说,他的成熟过程走了一条不同的道路。[47]

性爱与兄弟之爱、母爱和父爱都不同。在弗洛姆看来,它经常与性欲相混淆,后者是一种由于肉体结合而产生的放纵和短暂的满足感。当性欲在肉体上得到满足之后,双方仍然感到与他们自己和他们的社会之间的疏离,就像在性结合之前一样。与此相反,如果性爱代表的是"真爱",弗洛姆强调,那么它产生于一个人的本质,从而体验到另一个人的本质。性爱涉及的不仅仅是短暂的感觉以及对于亲密和纵欲的即时需要。就像通常的爱一样,性爱也代表了一种意志、判断和决定,"把一个人的生命完全献给另一个人"。这是人类有意在他人身上确定自我存在的一个普遍过程,因为"我们都是人类整体的一部分"。但与其他形式的爱不同,性爱还是一种"完全个人的吸引,在特定的人之间独一无二的吸引"。总而言之,"性爱是排外的,但它也是在另一个他身上实现对全人类、对所有生命的爱。"当然,弗洛姆的观点与弗洛伊德不同,他认为性爱不仅仅是本能的释放。但是,他将这种特定伴侣之间的性爱与对"全人类"的爱混为一谈了。就像他一生中所经历的那样,性爱一方面对于伴侣和情境来说都是特殊的,但同时也是一种神秘的普遍现象。[48]

弗洛姆所描绘的终极之爱是对上帝的爱,这实际上是对发展心理成熟的一种描述。婴儿爱上帝,是他对一个包容和保护他的母亲神的无助依恋的一部分。最终,这个孩子转向一位父亲般的神,父亲神要求孩子顺从,当孩子满足了他的要求,他才给予赞美。许多人从来没有成功地将上帝之爱与父母之爱区分开来,而是陷入了一种对统治者、市场规则或公众舆论的专制式服从。只有在一个更加自由和不那么专制的社会里,当一个人达到心理成熟的另一个水平时,上帝才不再是一种外在的力量。在这个时候,"人类……将爱与正义的原则融入自身,他与上帝成为一体。"他只以一种诗意和象征性的意义来谈论上帝。人类对于上帝的爱,在本质上是个人对自我和全人类的爱。这一概念是弗洛姆的伦理人本主义的核心要素,与他早期的塔木德导师所强调的犹太教本质——对他人和社会实施伦理行为——并不矛盾。[49]

在讨论对上帝的爱时，弗洛姆批评了战后时期的宗教复兴，他认为对上帝的爱在本质上已经市场化，成为消费的对象。自从20世纪50年代形式宗教盛行以来，特别是在美国，人们用它来包装自己的技能、知识，甚至个性，以赚取金钱和地位。诺曼·文森特·皮尔当时的畅销书《积极思考的力量》和类似的流行自助书籍（通常是由基督徒写的）都强调与上帝建立合作关系取得商业成功的好处。弗洛姆认为，这种做法并非是让自我与上帝在爱、正义和真理中合一，皮尔所言的上帝不过是"宇宙公司的远程总监"，上帝在理论上掌管所有的事务，而个人则利用上帝作为商业代言来推销自己和自己的产品。弗洛姆坚持认为，《爱的艺术》与皮尔的书以及典型的新教徒的自助书籍截然不同。他努力消除不断异化的资本主义市场，而皮尔则对此表示欢迎。尽管如此，弗洛姆的写作套路还是属于自助书籍的传统，敦促读者拥抱自己内心的爱和活力，以提升个人的欢乐、幸福和生产性。[50]

犹太思想史专家通过比较《爱的艺术》和《通往内心安宁之路》（*Peace of Mind*, 1946）取得了一定的收获，后者是由波士顿以色列圣殿拉比——约书亚·利布曼（Joshua Liebman）所著的畅销书籍。与弗洛姆不同，利布曼出生在美国，并接受了犹太教祭祀的使命——这是弗洛姆曾决定放弃的事。在这两个人当中，弗洛姆成了更世俗的人，回避犹太教特有的庆祝活动，并将宗教信仰定性为人类的一种部落化。但是他们还是有密切联系的。他们都是政治上进步和非常善于表达的犹太思想家，所写的畅销书都受到了战后美国非正统精神分析的影响。

利布曼所著的《通往内心安宁之路》挣脱了人们熟悉的犹太拉比训诫。他利用深度心理学（表面上的解释）吸引不同的宗教信仰者。就像弗洛姆在《爱的艺术》中一样，他简单地指出，大屠杀后的深刻悲伤影响着犹太人和其他人，他们此刻对核战争充满恐惧。利布曼认为，尽管存在这种令人不安的情况以及伴随的恐惧和焦虑，人类仍然可以找到精神上的重生和情感上的平静。在利布曼看来，自我接受将会让一个人爱上自己和他人。可以肯定，这位拉比承认人类有邪恶的冲动，但他坚持认为，可以通过将其转化为"积极向上的"目标来控制这些冲动，这一过程会给人带来爱、幸福和满足。在利布曼看来，人类所有有问题的性格都可以"被驾驭到正道上"，从而实现"内心安宁"。简而言之，虽然弗洛姆和其他世俗精神分析学家指出了负面冲动的升华，但利布曼援引了犹太拉比"净化"人类邪恶倾向的教义，认为可以将其转化为正当行为，从而使人享受情绪上的安宁。[51]

因此，两位精神分析取向的犹太人写下了重要且类似的畅销书，它们有时与基督教（主要是新教）的自助典籍有所重叠，但从未完全一致，这是有启发性的。犹太人的宗教信仰是代表社群的一种关怀和道德的行为，这使得弗洛姆和利布曼不同于卡耐基和皮尔。两位犹太作家坚持认为，自我内部的爱和安宁可以促进一个充满爱的环境和普遍的个人幸福。《爱的艺术》和《通往内心安宁之路》都召唤读者，远离奥斯威辛集中营的阴影和美苏核对抗的持续威胁所带来的恐惧和不安。利布曼和弗洛姆都认为，内心的爱和安宁并不是漫无目的的目标。如果说利布曼和弗洛姆（在更小的程度上）都呼吁自助型的个人主义，那么他们同时也提供了犹太文化的救赎意识，以及对人类关联性的强调。他们俩都记得早期生活和传统道德训练对伦理和道德的强调，而且他们主张进行内在探索以战胜邪恶的倾向。

弗洛姆在最后一章"爱的实践"中，明确否定了皮尔的励志规范公式。弗洛姆提出了掌握爱的艺术或其他艺术的"某些一般性要求"，这些"要求"体现了他这本最受欢迎的书关于"如何去做"的独特公式。第一，他坚持认为，在生活的各个领域中，获得自我强加的理性原则是至关重要的。当前，社会受到纪律约束，以遵守一种外部规定的、极度异化的工作程序，作为回应，它使人们在生活的所有其他方面也极力避免受到纪律处分。但是，由于人们生活中的非工作领域相当混乱，所以没有协调一致的方法去处理爱或其他事情。如果没有纪律，第二个一般性要求——专心致志也就无从谈起。大多数人过着一种"弥散的生活"，同时随意追求多个欲望，但是所获甚少。第三，艺术需要耐心："如果一个人期望立竿见影，他就永远学不会艺术。"与快速和有效的机器生产不同，掌握爱和任何一门艺术需要花费大量的时间，因为它要求一个人去踏寻许多没有标记的路径。最后，一个人必须把对艺术的掌握看作是"至高无上的"：它必须是生命中的头等大事。[52]

除了列举对艺术的广泛要求之外，弗洛姆还指导读者追求一些品质以获得真正的爱。这些也与书中"如何去做"的基调保持一致，并且解释了在保守的20世纪50年代，一位左派作家如何受到广大读者的欢迎。首先，弗洛姆强调要克服自恋（即把他人视作自己内在主体性的延伸）。在人际关系中，自恋型扭曲无所不在——倾向于通过一个人根深蒂固的内在主体性去看待他人。其他的人和事物要么是有用的，要么是危险的。要克服这种自恋，一个人必须从全知全能的孩童般梦想中走出来，并学会谦卑——不仅要认识到自我之外存在着整个世界，而且还要对这个世界进行更客观的认识，能够以理性和健全的方式去接近它："我必须试着去理解我对一个人的看法和他的真实行为之间的区别，因为这中间存在一种自恋扭曲；无论我的兴趣、需求和恐惧是什么，这个人都是如实存在的。"通过学会谦卑、客观和理性，一个人能够真实地看待所爱之人和所有的其他人。因此，一个人也就处在了掌握爱的艺术的半途中。[53]

弗洛姆关于自恋的治疗方案缺乏细节。仅仅敦促读者要谦卑、客观和理性，"如实"地看待他人和爱他人，这是远远不够的。如果大多数人已经陷入市场资本主义的泥潭，被禁锢在他们的自恋当中，他们又如何获得客观和理性的能力呢？弗洛姆的回答拥抱了励志自助的传统，以及伴随的天真无邪和错位的乐观主义。一个人需要相信他自己——"相信自己的思想、观察和判断力"。信任从根本上说是一种勇敢的信念，相信一个人的理性信念的坚定和稳健——不管权威人物或主流社会促使一个人相信什么，他都始终保持自信。一个人信任自己，才有可能信任他人——确定"所爱之人的基本态度，他的人格核心和他的爱是可靠和稳定的"。最终，对自己和对所爱之人的信任"到达对人类的信任之顶峰"——在适当的条件下,人类可以建立"一个由平等、正义和爱的原则主导的社会秩序"。这种充满有吸引力的希望超越了市场文化的问题。再一次,弗洛姆拒绝将他和安妮斯所享受的具体的私人的爱与对自我、他人和人类的抽象的爱进行区分。[54]

弗洛姆总结了他关于学习爱的指示,他告诫读者说,这需求对自己和"所爱之人"保持"一种持续的意识、警觉和行动的状态",这比带着厌烦情绪或例行公事、半睡半醒地"完成某事"要求更多。只有当一个人在生活的各个方面都积极主动且具有生产性时,他才能以强烈的激情和活力去迎接所有的挑战,这些品质可以提升爱的艺术。[55]

遵循其他经典励志作家的公式,弗洛姆将《爱的艺术》聚焦于个体的思想和行动——培养和提高自我的内在品质。只有在这本书的最后,他才充分和有力地重申了前面几章所强调的内容:现代资本主义社会固有的对爱的严格限制,以及它对物质的占有欲的关注。在一个"以生产为中心、贪婪商品的社会"中,自我的物质提升是重中之重,所以要维持始终如一的爱的态度是很难的——如果不是不可能的。弗洛姆坚持认为,"在现行的体制下,有能力去爱的人注定是少数",因为资本主义将社会结构中的爱边缘化了,它仅出现在不随波逐流的个体身上。因此,人类爱的能力想要成为他基本社会生活的一部分,这个社会结构就必须发生显著的变化,不再简单地生产和消费更多的商品和服务。问题在于,弗洛姆对于革命性变革的强烈呼吁被放在了这本书的最后。事实上,这一呼吁与他的叙事线是相矛盾的:弗洛姆强调人人都可掌握爱的艺术。[56]

这本书出版后不久,根据克拉拉·汤普森所说,很多读者"受到本书的极大启发";相对于弗洛姆以前的作品,这本书似乎与美国文化产生了更强烈的共鸣。但是,汤普森向弗洛姆表达了她的失望,因为弗洛姆在早期作品中以更具探索性的方式提出过许多相同的观点。与《逃避自由》或《为自己的人》不同,《爱的艺术》似乎不是出自一位公共知识分子之手。此前,数百万读者向卡耐基寻求商业成功的经验,向皮尔寻求上帝帮助他们提高社会和经济的流动性。现在,他们接受了弗洛姆的具体和积极的指导方针，让更多的爱融入他们的生活。弗洛姆一方面教导人们如何获得爱，一方面也警告他们在市场约束下这是很难做到的。在美国战后经济繁荣的乐观情绪下，这一警告是很容易被读者忽视的。弗洛姆将在战后"阳光明媚"的世界中关于自我提升的乐观消息摆在中心位置，而将他关于社会批评的更加严厉的主题推到了外围。[57]

也许这本书的巨大魅力在于弗洛姆汲取个人经验的能力，也许它只是唤起了一个时代的共鸣。在当时，大多数美国青年在聆听埃尔维斯·普雷斯利（Elvis Presley，即猫王）的"温柔地爱我，真挚地爱我"和四王牌（Four Aces）乐队的"爱是一件多么奇妙的事"，因此，这样的一本书受到大众的欢迎并不奇怪。然而，毫无疑问，如果没有安妮斯带来的灵感，这本书就可能永远不会被写出来。弗洛姆能够将自己的理论建立在他的个人经验之上，这一事实为这本书提供了它本来可能缺少的真实性元素。

但必须指出的是，尽管现实生活给《爱的艺术》带来了灵感，但即使在这里，像许多其他情况一样，弗洛姆的文字与现实生活在许多方面并不吻合。首要的一点是，弗洛姆那一连串的风流韵事很可能并没有停止，尽管他与安妮斯的生活幸福，尽管他在书中对性爱进行了独特的思考。同样，对于父母之爱的反思，与他经验中的充满占有欲和焦虑的父母也相去甚远。也许更重要的是，尽管弗洛姆一再将爱的能力与生产性自我相联系，但他对于那些他认为不具生产性性格的人，往往采取近乎蔑视的态度，这与本书的基调是相矛盾的：即爱是一种面向全人类的态度或准备状态。弗洛姆有时会出现自恋倾向，并漠视那些他认为没有生产性或缺乏身体吸引力的人，这两个例子反映了他的公众形象似乎与他的个人哲学相矛盾。

尽管如此，作者和内容之间的这些偏差并未影响这本书的公众反响。弗洛姆也出版了其他销量很好的书，但没有一本是关于"如何去做"的，也没有一本书的销量能与这本书媲美。截至1970年，距离首次出版14年后，英文版《爱的艺术》已累计售出150多万册。在英文版之后，德语版在全球范围内销量最好。德语版第一版发行后，很快大约售出100

万册。德语版的平装本于1959年出版,到20世纪80年代初,《爱的艺术》已成为仅次于《圣经》的德语畅销书。总的来说,这本书被翻译成14种语言,大约销售了2500万册。它仍然在不断重印,并保持着畅销的势头。2006年,出版社发行了50周年纪念的平装本。在最近几年情人节到来时,这本书被展示在坎布里奇的哈佛合作商店的橱窗中,以指导那些"生活贫瘠、缺少生产性"的人们。[58]

第7章 政治与文章

《爱的艺术》一书的畅销提升了弗洛姆所有著作的销量和版税，这一情况在美国尤为明显。此外，他的讲座酬金、日常的教学和临床收入也在不断上涨。1953年，弗洛姆在美国的年收入为8850美元，到1959年一下子涨到了29874美元（相当于2012年的21.5万美元）。现在，他将近花甲之年，正在开启一个新的"生命篇章"——成为美国进步事业的主要捐助者，分别为阿德莱·史蒂文森、威廉·富布赖特、菲利普·哈特的竞选活动提供资金支持。在寄出大笔支票的同时，弗洛姆还会附上冗长的个人信件；除了对他们表示赞赏之外，还经常提出许多政策方面的建议。这些政客也会做出个人的回应，因此他们建立了长期的友谊。通过这种关系，弗洛姆在美国政府的高层机构中担任重要的顾问角色，其中包括肯尼迪当政期间的总统办公室。

弗洛姆在紧迫的公共事务上不断提出各种想法，这些想法经常出现在他的文章中，特别是在《健全的社会》一书中。这本书为理智核政策委员会提供了理论指导或平台，而这个委员会正是弗洛姆帮助建立的。他还致力于推动国际特赦组织、美国公谊服务委员会和美国社会党发挥作用。随着他越来越被当作一位重要的作家和思想家，每个月大约都会收到30份来自高等学府的演讲邀请。对于左派知识分子来说，这是一项了不起的成就。相比之下，在20世纪50年代中期，弗洛姆与赫伯特·马尔库塞两人在《异议》杂志上的辩论是一件怪异的事，尽管它对弗洛姆的广大读者影响不大，但是削弱了他在美国学术界的声誉。1962年，当新左派领导人汤姆·海登（Tom Hayden）发表《休伦港宣言》（*Port Huron Statement*），发起学生支持民主社会运动时，他大量借鉴弗洛姆的著作，尤其是《健全的社会》。48年之后，海登向我强调，他制定的

《休伦港宣言》在很大程度上要归功于弗洛姆的呼吁，即在一个即将迎来核战争的世界中，恢复人类的人本主义和理智精神。简而言之，弗洛姆，他的金钱，他的政治行动主义和他的思想，在美国从冷战初期的顺从转向 20 世纪 60 年代的反叛和多变的过程中，可谓起到了桥梁的作用。

《健全的社会》

《逃避自由》（1941）与《健全的社会》（1955）之间有一定的连续性。《逃避自由》道出了希特勒暴行时代的权威主义，而《健全的社会》谈到了冷战文化、消费主义和日益恶化的民主。在本质上，弗洛姆追求一种"健全的"方式，以代替西方战后消费主义与机械趋同的压力以及愈演愈烈的核军备竞赛。他把这本书看作一幅关于"美好社会"的蓝图，引导人们参与美国各个阶段的和平运动。弗洛姆简明扼要地总结了他的中心思想："根据当前的宣传运动，常规的生存驱动力已经失去了效用。我们必须……尝试着把理智的声音带给人们。"[1]

《健全的社会》一书获得了巨大的成功。自出版 50 年以来，全球销量约有 300 万册，它被广泛地摘录。美国正统的精神分析机构发表了一些负面评论，但在其他地方，这本书受到了热情的赞扬。出版后不久，此书就占据了《纽约时报》畅销书榜第五名，并成为教牧心理学读书俱乐部的首选之作。它还获得了许多知名人物的青睐，比如保罗·蒂利希、罗伯特·默顿[1]（Robert Merton）和约瑟夫·伍德·克鲁奇[2]（Joseph Wood Krutch）。《展望》（*Perspectives*）作为一份关注公共问题的流行杂志，

---

[1] 罗伯特·默顿，美国著名社会学家，科学社会学奠基人和结构功能主义流派代表性人物之一。——译者注
[2] 约瑟夫·伍德·克鲁奇，美国著名作家、评论家。——译者注

最先邀请弗洛姆撰写了一篇概述《健全的社会》的文章。哈佛大学的教授们有时开玩笑说,《爱的艺术》既是一本两性手册,也是一本自助作品;但他们对《健全的社会》则持不同看法,并邀请弗洛姆作为著名的乔治·W. 盖伊演讲者(George W. Gay Lecturer)来讨论此书。随后,其他地方的邀请也数以百计地蜂拥而至。如果还有人怀疑弗洛姆作为一位重要作家和思想家的地位,尤其是其在美国的地位,那么这本书彻底打消了这些疑虑。[2]

事实上,弗洛姆沿着《逃避自由》找到了新的定位,他感到这两本书都在关注同一个问题:为什么异化的人类害怕自由而赞同权威主义。但是,《逃避自由》并没有把重点放在"机械趋同"上,而这个问题在《健全的社会》中得到了强调。弗洛姆认为"机械趋同"支配了美国和其他西方国家战后的民主政体。这种趋同是一种"社会缺陷",疏离的人群通过它来适应不健康的社会。"机械趋同"与虚伪的民主治理相结合,最终产生了令人沮丧的结果。

1953年春天,弗洛姆开始撰写《健全的社会》。他确定将"趋同病理学"作为核心问题,大卫·里斯曼、威廉·怀特、理查德·霍夫施塔特和其他人也将其视为战后民主政体的缺陷,尽管他们在某种程度上比弗洛姆更加乐观。在这本书的开头,弗洛姆表达了对民主国家某些临床医生的轻蔑,这些医生鼓励患者遵循主流的社会习俗,而不是引导他们发现自己的情感和需求,从而进一步引发了患者的"疯狂"。"机械趋同"剥夺了一个民主社会的个体性和自发性。事实上,弗洛姆接受了社会科学界的普遍说法,即繁荣和平的战后民主国家将会出现高自杀率、高酗酒率以及其他严重精神障碍的症状。尽管如此,那些没有罹患精神疾病的人们也遭受着无聊和抑郁的痛苦。如果说发达国家的物质需求都得到了满足,那么人们的精神和情感需求则存在空洞。正如在《逃避自由》中所表现的,《健全的社会》也展现出一个对当代社会进行严厉批评的弗洛姆。然而,与《逃避自由》不同的是,弗洛姆在《健全的社会》中还扮演了一个先知的角色,预言了一个准乌托邦式的"人本主义"社会。[3]

为了阐释他的观点，弗洛姆列举了"健全"生活的基本需要。以一种不那么谨慎和更多预言性的语调，弗洛姆拓展了他多年来一直倡导的主题。第一，一个人需要与他人团结友爱，在保持自身独立与完整的前提下，与他们分享自己的激情和理想。他需要在个性和共生之间维持平衡，这是个体自恋和社会顺从之间唯一有效的调和。这个观点在人格理论中几乎毫无新意，但其独特之处在于，弗洛姆坚持认为，爱是唯一可以使这两种需求维持平衡的激情：

爱是在保持自我之独立性和完整性的前提下，与你身外的某人或某物的紧密结合。它是一种分享的体验，它允许你充分展现自己内心的活动……事实上，爱诞生于分离与结合的两个极端之间，而且不断重生。[4]

第二，弗洛姆假定人类需要生存和创造，也就是说，要超越他被动的处境。当人类的创造需求得不到满足时，他就会掉头转向破坏性，变得面目可憎。"创造，"弗洛姆写道，"以积极和关怀为先决条件。它的前提是爱你所创造的东西。"这里没有折中道路："如果我不能创造生命，我就去摧毁它。摧毁生命同样使我超越了它。"虽然弗洛姆阐述的是弗洛伊德提出的二元理论——生命愿望与死亡愿望——但是他以自己的措辞，将生命之爱与一个模糊的概念联系在一起，后来他越来越笃定地称之为"人本主义"。

第三，弗洛姆强调人类需要一种"根基感"，即母亲赋予新生儿的一种安全感。弗洛姆坚持认为，人类始终在母爱之中找到了最深刻的连结感和无条件的拥抱———一种在内心最深处情感上的根深蒂固——即使母爱让子女保持孩子般的依赖，延缓了他们理性和个性的发展。弗洛姆引用了巴霍芬对史前母权制的描述，后来母权制被父权制社会取代，后者促进了理性、良知、纪律、个性、等级制和不平等。尽管发生了这种取代，但人们仍然在母亲的怀抱中寻找根基感和方位感。这不仅仅是对弗洛伊德专注于父权制的一种扭转，弗洛姆认为母爱是至高无上的。

第四，弗洛姆假定人类发现自己独特身份的基本需求，依赖于他自己的力量和经验的活力中心，而不是通过顺从他人来找到它。在获得这种独特的身份时，人类需要一种不仅包含思想和理性，还包括情感和直觉的方向框架。弗洛姆的这一表述与埃里克·埃里克森的"心理同一性"概念是一致的，尽管他从未承认这一点。[5]

从本质上说，弗洛姆认为一个健全的社会是由自我引导的公民组成的。他们依靠自己的能力去爱和创造，去思考和推理，去感受与自己及他人的联结。与之相反，一个疯狂的社会迫使个人遵从普遍的信仰和惯例，从而丧失了个人的独特性。与《逃避自由》和《为自己的人》一致，弗洛姆在这本书中也主张人的异化是健全的主要障碍。异化使一个人无法体验他作为自己力量的主人，反而要求他去依靠自己之外的力量。弗洛姆认为，正如大众的异化在20世纪30年代促成了纳粹运动一样，它也成为战后民主国家资本主义市场的一个症状。

"资本主义社会中的人"是《健全的社会》中最引人注目的一章，它列举了20世纪市场型社会产生这种疏离感的种种原因。资本主义的神话主张，当一个人追求自己的物质利益时，他也为所有人的幸福做出了贡献。然而，事实是，市场法则并不顾及人类的需求。资本家扩大他的企业不是因为他想这样做，更确切地说，是市场法则促使他为了获得更大的利润而追求扩张。事实上，"随着企业的发展，人们必须不断扩大规模，不管他们愿意与否"。人最终将他自己和他的产品推向市场，以换取他拿来消费的收入。[6]

马克思的观点为弗洛姆撰写"资本主义社会中的人"提供了理论基础。自20世纪20年代初，当弗洛姆跟随萨尔曼·拉比诺学习时，他就使用正统的马克思主义观点进行社会分析。但到了20世纪20年代末，随着精神分析训练的深入，弗洛姆发现这种正统理论在心理上是不够的。20世纪30年代中期，他和法兰克福研究所的同事们发现了一个更年轻、在心理上更有吸引力的马克思。尽管马克思的《经济学哲学手稿》（也称《巴黎手稿》）写于1844年，但直到1932年才出版。目前尚不清楚弗洛姆在法兰克福研究所工作时为什么没有引用 1844 年的马克思。然而，在撰写《健全的社会》时，弗洛姆大量引用了这部手稿。与 1844 年的马克思一样，弗洛姆也谈到了资本主义强加给人类心灵的疏离，从而为读者澄清了在 20 世纪 50 年代的保守消费文化中，资本主义如何抽象和扭曲了那些使他们成为人的品质。资本主义的方式强制要求市场操纵、获取和消费，用货币价值代替人类的爱和团结的价值。在解释 1844 年的马克思时，弗洛姆简明地陈述了这个问题："我们消费的时候，在生产的时候，与我们交易的对象没有任何具体的关系；我们生活在一个物质的世界里，我们与它们唯一的联系就是我们知道如何操纵或消费它们。"[7]

弗洛姆通过强调马克思的乌托邦式选择，从而超越了这种社会批评。在这个乌托邦中，人类不再感到与自己疏离，而是生活在一个充满正义、友爱和理性的无阶级社会。在马克思看来，这种转变表明了异化的"背景"已经结束，而更具创造性的人类历史即将开始。而在弗洛姆看来，这是由市场型社会固有的疏离和不满过渡到一个后资本主义的健全社会。[8]

弗洛姆希望将乌托邦式的愿景与实际步骤相结合，以创造一个健全的社会，所以他（像马克思一样）把注意力放在劳动场所。工人们付出了劳动，却感受不到欢乐，也不觉得自己具有创造性。他们都有"一种模糊的感觉，即生活是无用的"。解决之道是建立劳工团体，让工人在公司拥有一定程度的所有权，并参与做出重大的决定。[9]

弗洛姆还提倡一种政治上的变革，这将有助于选民的选择。在讨论选举时，新闻媒体和政客们依靠的是辩论式的、娱乐性的和富于幻想的陈词滥调，而不是"一幅具体的、有意义的世界图景"。这个观点可以回到历史学家丹尼尔·布尔斯廷（Daniel Boorstin）对"伪事件"世界的描述中，在他的重要研究著作《形象》[1]（*The Image*，1961）中讨论过。政党和官僚机构为选举消费提供了机会主义的信息。相反，在弗洛姆看

---

[1]《形象》，指的是《形象：美国的伪事件指南》（*The Image : A Guide to Pseudo-Events in America*）。——译者注

来,如果民主要变得有意义,地方主义是至关重要的。他强调恢复新英格兰城镇会议传统,公民可以在那里面对面地讨论问题。汉娜·阿伦特也曾提出将地方参与性政治作为振兴城邦的一种手段,这是很有启发性的。他们两个人的目标相差不大。[10]

另一条通向健全的途径是文化转型。在这里,决定性因素同样是权力分散——"实在的面对面群体,积极的责任参与"——以此扭转人类疏远和分裂的感觉,并恢复他的社群意识。最基本的任务是提高人类对社会共享文化的贡献。弗洛姆将这种共享文化称为"集体艺术",它将人类提升至市场文化和消费主义之上。弗洛姆在此表述得含糊不清,有点令人晕头转向。他是在描述为了创作集体艺术,个体需要具有合作精神和情感基础吗?还是"人本主义社群"及其审美感创造出一个整合的、心理稳定的个体?[11]

弗洛姆建立一个健全社会的最终途径涉及了改造教育和宗教。西方民主国家的学校传授生活的实务,而非西方文明的人本主义理念,因此培育出的是市场型的顺从型人格。弗洛姆建议消除"理论和实践知识之间的有害分离"。与教育相结合,弗洛姆将"人本主义的"宗教视为一种文化上的变革:它摒弃了崇拜偶像和全能上帝的观念,而提升了人类对于尊严、友爱、理性和"精神高于物质"的需求。人本主义的宗教拥护爱与正义的训言,代表了健全社会的伦理核心。[12]

弗洛姆对教育和宗教的讨论太过简略,不能为他的政治和文化变革提供更多的支持。例如,尽管他坚持认为一个分权化的社区,人们在其中面对面交流是"健全"的核心,但他忽略了在一个城市化、工业化和企业发展更为集中化的世界里重建地方主义所固有的问题。弗洛姆过于依赖中世纪村庄和新英格兰城镇会议的景象,将其作为一个健全的社会中模糊的人本主义模型,他参与了一种预言的政治学。

在某种程度上,《健全的社会》没有《逃避自由》那么强有力,因为这两本书讨论的是不同的时代。《逃避自由》针对是一个被独裁专政和世界大战所威胁的世界。而《健全的社会》讨论的是他所看到的沉迷于消费主义和机械趋同的美国。《健全的社会》一书侧重于政治，提出了许多恢复民主的措施；而《逃避自由》一书的重点在心理层面，详细阐述了作为权威主义人格中心的异化和施虐受虐狂。最后，《逃避自由》更有说服力，也更有智慧，它来源于弗洛姆在法兰克福研究所撰写的文章；而《健全的社会》更容易阅读，划分的条理清晰，但其推理思路不那么严格。

《异议》杂志上的辩论

尽管20世纪50年代在许多方面可谓是弗洛姆作为社会评论家生涯的巅峰，但在1955年至1956年与赫伯特·马尔库塞在《异议》杂志上的辩论，是他的一个重大败笔。马尔库塞对弗洛姆的指控并不新鲜：他们重演了阿多诺和霍克海默在20世纪30年代末针对弗洛姆的把戏，意在证明弗洛姆被法兰克福研究所开除是合理的。阿多诺和霍克海默都强调弗洛伊德的基本假设，即本能生活和内在主体性阻碍了自我与社会的和谐。本能寻求释放，然而为了它的生存利益，社会不得不阻碍这种选择，或者适度地减少那些限制。弗洛姆在当时并没有完全准备好摒弃这种本能生活。但是，他已经开始提出即将形成的社会性格概念，即外在的社会结构在很大程度上塑造了内在的自我。阿多诺更甚于霍克海默，他告诫法兰克福的同事们，弗洛姆准备将本能生活和主体性降低为人格形成的一个基本要素。阿多诺还表示怀疑，弗洛姆对社会结构的重视带来了自我和社会潜在和谐的必然结果，他质疑这种潜在性可以成为外部机构控制自我自由的基本原理。当马尔库塞在《异议》上攻击弗洛姆时，他援引了霍克海默特别是阿多诺早期针对弗洛姆的言论。

与弗洛姆不同，马尔库塞的主要身份是一位哲学家和政治理论家，他在20世纪40年代为美国情报机构工作。然而，在弗洛姆离开之后，他仍然是法兰克福研究所的成员之一。他的《理性和革命：黑格尔和社会理论的兴起》（*Reason and Revolution : Hegel and the Rise of Social Theory*，1941）一书并没有提到弗洛伊德或精神分析，而是重新唤醒了黑格尔的思想；他认为黑格尔是德国唯心主义传统的核心人物，与马克思有着密切的关系。在《理性和革命》一书中，马尔库塞还考查了所谓"批判理论"的要素。通过援引黑格尔，他为欧洲大陆的激进主义辩护，反对自由主义中固有的经验主义和实证主义。在本质上，《理性和革命》假定，如果不首先理解人类的理性、自由和幸福之间的关系，我们就不可能批评现有的社会秩序，也不可能促进更大程度的平等主义。[13]

马尔库塞的下一本书《爱欲与文明》（*Eros and Civilization*，1955）是他第一次认真探索精神分析。他接受了哥伦比亚大学的教授职位，然后成为学院里大家所熟悉的人物。他与所谓的纽约知识分子关系很好，比如莱昂内尔·特里林[1]（Lionel Trilling）和阿尔弗雷德·卡津[2]（Alfred Kazin），他们经常光顾《党派评论》（*Partisan Review*）期刊的办公室。此外，马尔库塞还在哈佛大学、布兰迪斯大学和加州大学圣地亚哥校区待过。与弗洛姆不同，马尔库塞利用了综合性大学的图书馆和学者群体。然而，在《爱欲与文明》一书中，马尔库塞几乎没有关注弗洛伊德临床著作的大语料库，而是聚焦于弗洛伊德的心理玄学（metapsychology）。更具体地说，马尔库塞将弗洛伊德对文明的哲学批判视为约束性欲驱力的代理机构。他在《爱欲与文明》的附录中加入了一篇爆炸性的文章——《对"新弗洛伊德修正主义"的批判》，这实际上是对弗洛姆及其《健全的社会》的攻击。在《爱欲与文明》即将出版之际，马尔库塞对这篇文章稍稍做了修改，便将它递交给了《异议》杂志。

1954年冬天，欧文·豪（Irving Howe）和刘易斯·科赛（Lewis Coser）创办了小成本的《异议》杂志，它是美国为数不多的严肃出版物之一，

---

[1] 莱昂内尔·特里林，美国著名文学评论家、短篇小说作家、散文家。——译者注
[2] 阿尔弗雷德·卡津，美国作家、文学评论家。——译者注

这些出版物坚定不移地拥护民主社会主义、公民自由和种族平等，反对麦卡锡主义。事实上，对许多民主党自由派做出的妥协及其在冷战时期的正统观念而言，《异议》代表了一个深思熟虑的对立面。《异议》也反对将苏联作为工人阶级天堂的浪漫主义观点，例如美国共产党领导人赫伯特·阿普特克（Herbert Aptheker），《每月评论》编辑保罗·斯威齐（Paul Sweezy）和李·胡伯曼（Leo Huberman）就提出了这样的观点。"纽约知识分子"当中亲密的两位同事豪和科赛，对于改造世界的抽象"计划"深表怀疑，但是，与冷战自由主义者不同，他们希望对民主社会主义保持反思性承诺。考虑到弗洛姆的声望，他对大众文化的批判，以及《逃避自由》在学术界的广泛认可，他们决定将弗洛姆纳入编辑委员会。但是，豪和科赛很快就后悔自己当初的决定，他们发现弗洛姆傲慢自大、难以相处，经常毫不妥协，有时在政治方面又非常幼稚，还执着于一个乌托邦式的民主社会主义社会。最后，《异议》杂志的两位编辑对弗洛姆失去了任何亲近感，因此，在发表马尔库塞的文章《弗洛伊德学派"修正主义"的社会影响》时，他们对于冒犯弗洛姆并没有任何悔恨之意。[14]

《异议》杂志一直缺乏与精神分析相关的文章，马尔库塞的这篇文章无疑是合适的选择。在接受了马尔库塞的文章之后，豪和科赛为弗洛姆提供了回应的选择。1955 年夏天，《异议》将马尔库塞的文章标示为"有争议的文章"，并宣布弗洛姆将在下一期中对其进行答复。然后马尔库塞回应弗洛姆的答复，弗洛姆又接着对此进行反驳；这种交往一直持续到 1956 年。这场刻薄和失礼的辩论成为战后知识史上最引人注目的论战之一。

马尔库塞对新弗洛伊德学派，尤其是对弗洛姆绕过了弗洛伊德的重要概念进行了攻击，这些重要概念包括：力比多理论、死亡本能、弑父的原始部落和俄狄浦斯情结。在策略上，马尔库塞复制了美国左翼社会评论家保罗·古德曼（Paul Goodman）对新弗洛伊德学派的攻击路线，这一攻击是古德曼在 1945 年发行的《政治学》杂志中提出来的。弗洛姆可能知道这篇文章，但他并没有考虑去引用它。古德曼指出，新弗洛伊德学派通过强调社会力量而淡化本能驱力的作用，他们所假定的"自由人格"是"凭空产生的……没有过去……完全没有无意识，不够通透"。因此，除了社会之外，自我没有其他的参照物——没有内在的心理深度或心理斗争，因此也没有独立的社会批判能力。[15]

与阿多诺、霍克海默和古德曼的观点一致，马尔库塞指出，弗洛姆和其他新弗洛伊德主义者通过淡化驱力在其主要表现——性行为中所起的作用，并没有探索出更多超越社会压抑本质之外的东西。通过淡化性行为、早期童年经验和无意识，他们消除了人们抵制社会价值观的任何有利观点。正如马尔库塞所说的：

> 生物层面的淡化，本能理论的割裂，使得人格可以客观的文化价值上进行定义，这脱离了否定人格实现的压抑性基础。为了将这些价值表现为自由和实现，它们必须从制造它们的材料中被删掉。

马尔库塞坚持认为，弗洛姆在一个疏离和市场驱动的社会里，支持"理想主义的伦理"——人类的生产性、爱和理智，这样的做法是不妥的。只有在本能压抑的问题得到解决之后，人类才可能在社会关系中与非生产性和无爱的行为进行斗争。因此，马尔库塞坚信，我们需要"对本能及文化结构进行根本性的变革"。[16]

左派的正统弗洛伊德主义者，尤其是马尔库塞那些"纽约知识分子"的朋友们，赞扬了他对新弗洛伊德学派的批判，而且左派的知识分子也对此普遍表示赞扬。所谓的弗洛伊德学派的现代主义，因其关注内在的主体性以及本能冲动在性格形成中的重要性，在众多学者和社会批评家中颇受欢迎。在很大程度上，这使得弗洛姆的社会性格概念被边缘化，因为后者看重的是社会结构和自我外部的体系。

弗洛姆对马尔库塞的回复出现在下一期的《异议》中，而且他的回复比较机敏。第一，弗洛姆指出，马尔库塞将他贴上新弗洛伊德主义者的标签是有问题的，这样一来，马尔库塞就忽视了他与霍妮和沙利文之间的基本差异："这种糅合有一种不幸的结果，马尔库塞通过引用霍妮或沙利文便简单粗暴地反对我,他本应该引用我著作中的段落才能达到目的。"第二,虽然马尔库塞接受的弗洛伊德心理玄学,在很大程度上关注文明当中固有的问题,但弗洛姆发现它绕过了资本主义当中固有的困难。资本主义市场的去人性化解释了他和马尔库塞为什么都拥护马克思。在弗洛姆看来,马尔库塞正在宣布放弃他们融合马克思和弗洛伊德的共同努力。第三,弗洛姆认为,马尔库塞错误地假定人类主要是一种生物学的存在,需要获得本能(主要是性活动)的满足。但人类还是一个具有自我意识的社会和道德的人,他需要与别人交往,在他的社会环境中拥有一个框架或方向。事实上,人类与其他物种不同,他超越了自然世界的冲动和约束:"他是具有自我意识的生命。"弗洛伊德学派的现代主义者聚集于内在的心理张力,经常排斥外在的社会结构,很明显弗洛姆不是这样的人。但在《异议》辩论的背景中,马尔库塞是这样的人。[17]第四,弗洛姆认为,马尔库塞主张通过更大的性满足来释放本能,这与20世纪资本主义大众消费的宗旨是一致的。现代资本主义促进了人们"对事物的贪婪,并且无法延迟满足愿望"。无论一个人沉迷于猎取性伴侣和满足性本能,还是着迷于积累其他的商品和服务,他都参与了一个出现故障的市场社会。最后,弗洛姆指责马尔库塞对无政府主义的看法是悲观的,他假定只有当本能压抑使人异化和去人性化时,他才会被激发着去闹革命。压抑得越深,反抗越强烈。弗洛姆坚持认为,马尔库塞没有发现资本主义制度下任何创造性生产力、幸福或真爱的潜能。同样,马尔库塞忽视了马克思主义的辩证法——在资本主义内部,自我改造和幸福的潜力是有限的。然而,这些潜力可以"迁移"到"社会主义人本主义"。[18]

尽管这样的辩论通常以"受害方"的反驳而结束,但马尔库塞与弗洛姆的论战似乎有其自身的动力。此外,在这场辩论的过程中,《异议》杂志的订阅者和一些左派知识分子也进行了各自的交流。事实上,这场辩论扩大了《异议》本来为数不多的读者群。因此,当马尔库塞询问豪和科塞,他是否可以对弗洛姆的反驳进行回击时,他们俩在未询问弗洛姆的意见的情况下便擅自同意了。弗洛姆的处境越来越难了。

马尔库塞认为,弗洛姆的反驳在很多方面误解了弗洛伊德。弗洛伊德并不主张通过无约束的性满足来获得解放;事实上,他强调性本能的抑制和升华如何促进了艺术和文化成就。弗洛伊德还认为,随着本能生活的约束导致人们感到不满,这里总要保持一种平衡,所以那些约束有时不得不放松束缚。马尔库塞总结说,弗洛伊德其实已经提出了一种激进的社会批判。相比之下,弗洛姆的"健全之路"代表了"让已建立的社会更平稳运行"的姑息手段。在马尔库塞看来,弗洛姆强调工人参与管理和决策,只是代表了"更完善的工业心理学和科学管理"而已。对马尔库塞来说,最根本的问题是,弗洛姆已经越来越远离人类人格的本能基础。相反,他拥抱了"积极的思维,而将消极的东西弃之不顾——凌驾于人类存在之上"。对于弗洛姆所谓的现代人的"异化",马尔库塞则将其描述为对压抑的、即使管理得当的现状的广泛抵制。实际上,"异化"是工人们拒绝满足于弗洛姆的姑息手段。[19]

在《异议》杂志最后一期的辩论中,在马尔库塞第二次攻击弗洛姆之后,弗洛姆只撰写了一个简短的反驳。他意识到,豪和科塞基本上站在马尔库塞那边,他为此心烦意乱。更重要的是,他知道马尔库塞的言论不仅使他的社会性格的概念悬而未决,而且还损害了他作为一个社会批评家的地位。弗洛姆只是简单地宣称,马尔库塞的反驳"没有对他的原创文章产生多大影响"。弗洛姆并没有保护《健全的社会》反对马尔库塞的野蛮批评,而是把讨论推向一个更精确的话语层面。他与马尔库塞在两个问题上展开争论:一是,弗洛伊德是否假定"幸福就是性本能的满足";二是,弗洛伊德是否认为"人有一种追求无限性满足的内在欲望"。在弗洛姆看来,"弗洛伊德的观点并不怀疑性器的满足是幸福的源泉"。但弗洛伊德也曾指出,人类"永远不会完全幸福,因为任何一种文明都不会使其完全满足自己的性欲望"。弗洛姆在这里的问题(也包括马尔库塞的问题)是,鉴于弗洛伊德在过去几十年里的大量著述,弗洛伊德对性冲动的各种引用产生了许多合理的解释。弗洛姆对弗洛伊德的研究比马尔库塞更加长久和系统,他强调的是弗洛伊德关于性冲动的观点的广度。他对弗洛伊德著作的广度有着更大的掌控,但他并没有利用这个机会去超越马尔库塞。如果他这样做了,他可能会扭转这次辩论的方向。相反,弗洛姆在辩论结束时的让步立场正好表明,弗洛伊德承认是超越人类本能生活的品质造就了人类的本性。马尔库塞能够明确地断言(正如弗洛伊德并不总是那样),本能的表达和最小化的压抑是一个自由和快乐社会的本质。[20]

在《异议》杂志上的辩论影响了弗洛姆对学术地位的追求,似乎让他沦为一个边缘的角色。在某种程度上,这与他小时候在父母家里的感觉类似,也与他当初被法兰克福研究所解雇时的经历相似。社会评论家、学者和精神分析学家的普遍观点正是弗洛姆所预期的:马尔库塞打败了他。对于这场辩论谁输谁赢的评价,人们很难从马尔库塞和弗洛姆所写的某篇文章中证实,但在当时这个问题并没有多大意义。这场辩论数十年之后,许多重要的学者和社会评论家,包括斯图尔特·休斯(H. Stuart Hughes)、保罗·罗宾逊(Paul Robinson)、克里斯托弗·拉什(Christopher Lasch)和拉塞尔·雅各比(Russell Jacoby),重新厘清了马尔库塞对弗洛姆的进攻路线。他们还得意洋洋地假定,根据年表的规则,鉴于马尔库塞在1955年至1956年期间"打败了"弗洛姆,因此在25年前,也就是法兰克福研究所成立之初,弗洛姆不可能发挥举足轻重的作用。他们倒推着研究历史。社会学家尼尔·麦克劳克林(Neil McLaughlin)把这种似是而非的结论称为"起源神话",这本质上改写了历史,剥夺了弗洛姆在一个享有盛誉的学术机构的发展中的巨大作用。因此,《异议》杂志上的辩论无疑对弗洛姆的声誉造成了双重的损害,并在很大程度上使他成为麦克劳林所称的"被遗忘的知识分子"。[21]

弗洛姆永远不会原谅马尔库塞在《异议》辩论中所采取的攻击态度,也不会原谅豪和科赛对这场辩论所做的一切。在那之前,他从来没有担心过与学者和社会评论家进行讨论和对话。但是,在马尔库塞让他感到被彻底打败之后,弗洛姆下定决心再也不会让自己陷入类似的境地了。

他在马尔库塞的面前变得特别谨慎。几年之后,当马尔库塞和弗洛姆在同一列车上相遇时,弗洛姆没有理睬他。马尔库塞希望弥补这个遗憾,于是他邀请弗洛姆在《纽约时报书评》(*New York Times Book Review*)上评论他的书《单向度的人》。弗洛姆借口工作量太大而予以拒绝;他对一位朋友托洛茨基派学者雷娅·杜娜叶夫斯卡娅[1]说,如果他去公开攻击马尔库塞,就像马尔库塞曾经攻击他那样,那么"我们的右翼敌人"将会获渔翁之利——这是一种奇怪的逻辑。虽然他在《异议》杂志辩论期间只是部分地阅读了《爱欲与文明》,但是后来他仔细研究了此书,并且仔细地考查了马尔库塞的《单向度的人》。弗洛姆在写给杜娜叶夫斯卡娅的信中说道,马尔库塞在这两本书中对弗洛伊德采取了"不适当的对待",以及他如何将"异化和绝望伪装成激进主义",弗洛姆对此感到"非常震惊"。在另一封信中,弗洛姆告诉他的瑞典朋友玛吉特·诺雷尔(Margit Norell)说,马尔库塞专注于弗洛伊德抽象的和理论的心理玄学,但他对"弗洛伊德的发现的整个临床实证部分"一无所知,尤其是梦的解析、阻抗和广泛的无意识过程。更糟糕的是,马尔库塞"声明(他试图)减少个体和资本主义社会之间的冲突,明显是不诚实的"。问题在于,马尔库塞对于弗洛姆默许现状的指控"已经被那些显然懒得去读(弗洛伊德)大部分著作的人所接受"。[22]

讽刺的是,虽然马尔库塞的攻击破坏了弗洛姆在主要知识界的声誉,但他的总体影响力在20世纪50年代却有所扩大,这突出了学术话语和大众话语之间的分歧。弗洛姆的著作在全球(特别是美洲和德国)销量达数百万册,他影响了美国的主要政治人物,他受邀四处演讲,成为墨西哥精神分析的领军人物。与马尔库塞、阿多诺或霍克海默相比,弗洛姆的名声享誉国际,并且超出了知识分子和学者的圈子。

《异议》杂志辩论产生的影响可以更明确地表述出来。弗洛姆在《健全的社会》的章节中,描述了能使一个社会过渡到民主社会主义的

---

[1] 雷娅·杜娜叶夫斯卡娅,美国马克思主义-人道主义哲学的代表人物之一。——译者注

组织形式和程序。马尔库塞贬低了自由主义和社会民主传统，他不关心市场文化的具体弱点，也不关心通向民主改革的可能途径。相反，他认为，当"过剩的压迫"（即超过了社会运行所需要的强度）被解除时，一个"新人"将会出现在人道的社会秩序中。可以肯定，马尔库塞的乌托邦愿景在20世纪60年代左倾学生积极分子中得到了广泛传播。但是，学者和前新左派活动家，如托德·吉特林[1]（Todd Gitlin）和莫里斯·伊瑟尔曼[2]（Maurice Isserman），从学术的角度研究了这些问题，他们最终得出结论：马尔库塞的观点并不能推翻弗洛姆提出的立场。

即使弗洛姆与马尔库塞之间的辩论没有延伸到学术界之外，但它也使弗洛姆不太愿意接受同行的批评。虽然《逃避自由》诞生于他与严厉的法兰克福研究所同事们之间长达十年的对话，诞生于玛格丽特·米德、霍妮和沙利文等人那个有洞察力的圈子，但弗洛姆后来的著作（从1947年的《为自己的人》开始），并没有因为这种批判性对话而变得锐利。事实上，在墨西哥待了近1/4世纪，弗洛姆承认他的学生和同事（有一些例外）对他的想法既没有吐露真情，也没有持续批评。简而言之，在这次《异议》辩论之后，弗洛姆显然变得更加自我参照了，而正因为这一点，不仅是那场辩论，可能在随后的几年里削弱了他的智力敏锐性。

政治行动主义

弗洛姆的收入来源非常广泛。除了《爱的艺术》《健全的社会》和以前作品的版税之外，他还经常接受一些高价演讲的邀请。而且，他还

---

[1] 托德·吉特林，美国社会学家、政治作家、小说家、文化评论家。——译者注
[2] 莫里斯·伊瑟尔曼，美国著名历史学教授。——译者注

在怀特研究所履职，偶尔也会去密歇根州立大学授课。除此之外，他还有来自病人的诊疗费和在墨西哥的收入。在20世纪50年代，弗洛姆的纳税收入增加了两倍多。因此，金钱已经不再是他个人关心的问题。

在那个政治保守的十年开始时，弗洛姆全神贯注于赫妮的病情，他搬去了墨西哥，在那里指导和培训精神分析师。因此，他也没有受到这场斗争的伤害。可以肯定，联邦调查局搜集了关于弗洛姆的大量文件。没有证据表明他的慈善事业只是一个幌子，以求减少他的赋税或者提高他的名誉。相反，他的资助计划给他日益增长的政治行动主义提供了很多帮助。事实上，弗洛姆认为自己作为进步事业的重要赞助者，与其说是一种慈善事业，不如说是他政治行动计划的一部分。他经常在幕后为一些重要的政治捐客提供钱财或者建议，而后者几乎没有时间听取他预言式的长篇哀诉。但是，他们偶尔也会发现，在他擅长的一些特定公共问题上，弗洛姆的看法有一定的资料价值。[23]

由于美苏的敌对关系升级，核武器的对抗让人日益恐惧，因此，弗洛姆寻求与美国的公共知识分子进行对话。1955年年初，他与丹尼尔·贝尔、刘易斯·芒福德和马克斯·勒纳[1]（Max Lerner）联合发表了一份《良知宣言》（*statement of conscienc*），批评美国对中国的政策。为了将其刊登在《纽约时报》上，弗洛姆差不多支付了半页广告费。这个广告是针对艾森豪威尔总统的，它主张美国承认共产主义中国，停止支持蒋介石在台湾的独裁政权，召开大国会议以分散远东的紧张局势。接下来，弗洛姆还与人共同建立了理智核政策国家委员会，并为其提供财务上的资助；他还敦促作为积极分子的同事们反对苏美核军备竞赛。他向美国公谊服务委员会慷慨解囊，并促进了它的和平政策。作为美国社会党负责人诺曼·托马斯（Norman Thomas）的朋友，弗洛姆成为社会党主要的财政支持者之一。1960年，他撰写了该党的纲领宣言，倡导国际和平共

---

[1] 马克斯·勒纳，俄裔美国记者和教育家。——译者注

处并结束冷战。伯特兰·罗素（Bertrand Russell），也许是当时最受尊敬的社会评论家，转型成为西方和平运动的积极分子，他把弗洛姆看作一位对"慈善事业"做出了贡献的朋友。[24]

鲜为人知的是，弗洛姆影响了阿德莱·史蒂文森三次总统竞选中的两场，还影响了美国参议院最受尊敬的外交政策专家威廉·富布赖特的政策。此外，弗洛姆在国会自由派人士中扮演了顾问角色，肯尼迪政府内部的一些人也曾认真对待过弗洛姆的外交政策观点。在20世纪60年代早期，弗洛姆就领导了国际特赦组织，并与美国和欧洲高级政府官员进行了协调一致的外交努力，以挽救一位关系密切的亲戚——海因茨·勃兰特，他差一点死在东德的一个劳改营里。偶尔，美国国务院官员还会向弗洛姆询问他对战后德国政治的看法。这里有一种矛盾：虽然弗洛姆公开承认自己是一名民主社会主义者及和平活动家，但是在幕后，他有时会在冷战最艰难的几年里，对那些制定有问题的外交政策的美国官员施加影响。通常，这两种形式的政治行动——在公众视野之内和之外——需要不同的行为模式。然而，有时弗洛姆对这些区别并不在意。

政治行动主义：阿德莱·史蒂文森

弗洛姆与阿德莱·史蒂文森的联系表明，他倾向于将自己的专业和知识关系个人化。1952年，虽然没有参与这位伊利诺伊州州长的总统竞选，但他为这次竞选活动提供了大量的资金支持。尽管史蒂文森在解决公民权利和贫困问题上的记录不太好，弗洛姆对此也没有太留意，但他对史蒂文森在选举前几个月处理全球问题的方式印象深刻，并且对大部分问题得到了充分了解。在共和党候选人德怀特·艾森豪威尔（Dwight Eisenhower）将军以极大的优势赢得总统选举10天后，弗洛姆开始与史蒂文森通信，赞赏史蒂文森曾质疑"大众操纵的非理性情感方式"支配政治。事实上,史蒂文森展示了"政治领袖可以如何触动人类理性和端庄的潜能"。他的竞选运动"推动了美国人民宣泄和净化的过程"。这位州长相信人有能力发现自己的生产性潜能,并对抗颠覆了美国民主的权威式操纵。弗洛姆送给他一本签名的《逃避自由》。他建议史蒂文森在1956年再次参加竞选,并承诺会尽力支持他,包括大力捐赠。[25]

史蒂文森很快回复了弗洛姆的长信,并强调了这封信多么重要性:"它为我耗尽的电池重新充了电。"他感到很高兴,弗洛姆将他的竞选活动视为人本主义价值观的一座灯塔;他将"永远感到被滋养,因为你相信它是有价值的。"事实上,史蒂文森感受到了美国存在的"权威主义的暗流",他同意弗洛姆的看法:这些令人不安的症状需要"(我猜测)再三地被诊断和公开披露"。这位州长表示,如果他决定再次参加竞选,他十分希望弗洛姆来帮助他。对弗洛姆而言,合作的可能性似乎已成定局。而对史蒂文森来说,这可能更多是出于礼貌和尊重。[26]

赫妮的离世让弗洛姆心烦意乱,后来又忙于追求安妮斯,所以他过了很长时间才给史蒂文森回信。1954年3月,他寄出一封长达5页单行距的信件——显然,弗洛姆认为这是一封令人望而生畏的信。对于一位活跃的政治人物来说,一封信的合适长度最好是只需几分钟即可读完。弗洛姆提醒说,这位州长需要知道,他是民主社会主义者。这可能会"让你在政治上尴尬——有任何这样的关系"。如果这封信对史蒂文森无关紧要的话(事实就是如此),弗洛姆还愿意向这位州长汇报他的特别政策利益,尤其是当它们涉及欧洲的政治和文化时。弗洛姆的自我重要感越来越强,近乎自恋,他邀请史蒂文森到墨西哥开始这些政策的讨论,并在访问期间到墨西哥国立大学演讲。[27]

这只是信的开头。弗洛姆以长篇大论,向史蒂文森展示了西方文明为何陷入危机的历史视角。他重申了《逃避自由》的历史叙事线,尽管史蒂文森告诉他,他对这本书已经很熟悉了。弗洛姆建议,史蒂文森通过强调以友爱、团结和理性来彰显个体尊严的精神信息,尝试重燃西方人本主义的基本理念。[28]

与诺曼·梅勒[1]（Norman Mailer）、小亚瑟·施莱辛格和其他社会评论家一样，弗洛姆也希望协助这位州长，他们都受到冷战初期的政治进程的迷惑；但是，弗洛姆的信件太过冗长了，并且不够得体。在这封信的结尾，他强调了史蒂文森在民主党中领导角色的性质。这位州长将成为"西方世界人本主义遗产之复兴与发展"的"先锋和号召人"。由于艾森豪威尔有着比从事商业文化更紧迫的任务，所以弗洛姆预言，史蒂文森将会领导一场"人类团结的运动"，并将"扭转那些被淹没于物质主义的人群，走向人本主义的精神"。弗洛姆简单地断言，艾森豪威尔和共和党人通过反对新政计划和谴责政府行动主义的竞选活动获得了政治支持。与之相反，弗洛姆认为史蒂文森和民主党人"代表了美国人理想的个人主动性、权力分散和未来愿景，在未来人类应该开始独立思考，不再做机器人"。正如他在《健全的社会》中所提出的，他建议史蒂文森呼吁按照新英格兰殖民地的传统举行小镇会议。这些会议上讨论的问题可能成为政府机构和当选官员的议程。这封信写得非常抽象，带着一种自命不凡的预言口吻，而且相当冗长，它表明弗洛姆几乎没有意识到，史蒂文森有更迫切的问题需要解决，弗洛姆有点像在自娱自乐。[29]

但是，这段关系还有另一个层面。弗洛姆为白宫第二轮竞选起草了一份计划书，他的前提是"更人性、更美好的生活"。我们不知道史蒂文森有没有明确回应弗洛姆的选举计划，但有证据显示他没有对此不屑一顾。事实上，在1956年竞选总统之前，史蒂文森曾私下与弗洛姆和政治上更为老练的大卫·里斯曼商议，一起讨论外交政策问题。他们聚焦于军备竞赛和氢弹问题。但是，当他们把柏林作为东西方关系紧张的主

---

[1] 诺曼·梅勒，美国著名作家、国际笔会美国分会主席、美国"全国文学艺术院"院士、"美国文学艺术研究院"院士。两获普利策奖的文坛鬼才和数届诺贝尔文学奖热门候选人。
——译者注

要焦点时，讨论是最为激烈的。在这种面对面的交流中，弗洛姆对欧洲政治的理解，尤其是他获取和分析重要德国文件的能力，给史蒂文森留下了深刻的印象；因为美国的政策制定者并不经常看到这些文件。他答应将借鉴弗洛姆对东德和苏联动机的细致分析，因为它们对柏林造成影响。弗洛姆坚持认为，为了缓解两个大国之间的紧张关系、避免发生核灾难，美国必须与苏联达成协议——包括但不限于柏林问题。弗洛姆认为，关于军备控制的协议甚至更为重要。史蒂文森在会议期间做了大量的笔记，并热情地承诺要与弗洛姆保持联系。这一次，在关于具体议程的对话中，史蒂文森表现得更有礼貌。他正在向弗洛姆学习。[30]

弗洛姆在1956年史蒂文森的总统竞选中发挥的作用并不显著。他们俩相互通信，尤其关注欧洲问题。弗洛姆觉得自己并不是政治顾问，而更像是政策顾问，因此他给史蒂文森寄去了许多阅读材料，完全超出了一个总统候选人在激烈的竞选期间能够吸收的程度。这个时候，他们俩直呼其名进行交流，史蒂文森认为弗洛姆是一名知识分子和学者，也是他在竞选之路上为数不多的联系人之一。1960年，当约翰·F.肯尼迪当选白宫总统，并任命史蒂文森担任美国驻联合国大使时，弗洛姆希望"阿德莱"可以更频繁地召唤他。弗洛姆敏锐地评估了形式，并请史蒂文森向肯尼迪解释，美国可以成功地与苏联谈判。[31]

尽管弗洛姆和史蒂文森不时会碰面，但信件仍然是他们主要的交流方式。弗洛姆曾写信给《纽约时报》，建议美国与苏联达成意义深远的裁军协议，史蒂文森读了这封信后告知弗洛姆，他对此持怀疑态度，特别是苏联是否愿意签署并遵守裁军条约，有效地检查那些将要减少或最终消除的武器。史蒂文森报告说，在肯尼迪总统的敦促下，他和其他几位政府官员试图与苏联缔结一项禁止核试验的条约，其中包括了核查潜在的核试验机构，但苏联军方表示反对："他们也有自己的五角大楼！"为了说明这一点，史蒂文森大使向弗洛姆发生了一份高度机密的文件——一份全面的裁军条约，其中包含了肯尼迪向苏联提出的核查措施。史蒂文森和他的朋友"弗洛姆"需要"谈谈这些事情"。弗洛姆回应说，如果肯尼迪公布苏联向美国提出的所有裁军建议，美国的反苏情绪就会得到缓解。此外，弗洛姆建议美国"软化"它对柏林的控制——这是导致苏美紧张局势的主要原因之一。在很大程度上，通过象征性的撤军和不那么好战的言论，柏林的局势就可以得到改善。在随后的一封信中，弗洛姆告诉史蒂文森，他最近代表理智核政策国家委员会参加了在苏联的莫斯科举办的国际和平会议。在这次会议之后，他比以往任何时候都更加确信，如果二战后的领土疆界得到承认，那么与俄罗斯的长期和平就可能实现。弗洛姆知道史蒂文森会把这个建议传达给总统。[32]

与史蒂文森建立的友谊，为弗洛姆在外交政策辩论中创造了一个适度的位置。在一定程度上，政府官员必须听取弗洛姆的意见，因为西德的朋友经常向他发送美国国务院所缺乏和需要的文件。这些文件不仅揭示了西德政治现状，而且还包含了东德与苏联之间的秘密谈判。更广泛地说，弗洛姆能够讨论德国政治与美苏关系的细微差别，这是美国外交政策专家所重视的。但他从未停止他与史蒂文森的联系，还经常督促联合国大使对抗肯尼迪政府的鹰派人士。弗洛姆并没有意识到，史蒂文森地位仅次于迪安·腊斯克[1]（Dean Rusk）、麦乔治·邦迪和其他得到总统倾听的鹰派人士。他也不明白，为什么史蒂文森不愿在高级外交政策讨论中扮演一只牛虻的角色。当然，史蒂文森理解弗洛姆为什么不这样做：如果他成为一只牛虻，那么他在政府中的作用将被大大削弱。总之，弗洛姆与史蒂文森的接触本身并没有给他带来很大的影响。但令人惊讶的是，一位不了解内部政治的左翼和平活动家，也可以与政府最高层的官员进行私人交流。

---

[1] 迪安·腊斯克，美国教授、政治家，美国民主党人，曾任美国国务卿。——译者注

政治行动主义：大卫·里斯曼

弗洛姆与史蒂文森的接触表明了他对政治行动主义的最初兴趣。而大卫·里斯曼将弗洛姆带到了一个新的水平。与里斯曼一起，弗洛姆变得更加活跃，更能驾驭美国政治生活的复杂性。这并不奇怪，因为他们的社会观点总是具有相似性。里斯曼承认，他的"他人取向"（Other Direction）的概念，明显源于弗洛姆关于市场和消费的社会性格结构。即使里斯曼和弗洛姆都对当代文化的趋势感到担忧，但他们分享着乐观的看法，经常近乎是对美好社会的先知愿景。弗洛姆所谓的生产性性格的人能够利用他的内在资源，找到幸福和创造力；类似于里斯曼所设想的一个具有自治能力的人，能带领自己走向自由。

如果说弗洛姆与史蒂文森的融洽关系增强了他对政治领域的信心，那么他与里斯曼的友谊则帮助他在各种政治舞台上更加自在。事实上，这三个人会不时地碰面；他们不仅讨论全球的紧张局势，而且还考虑美国的选举政治。虽然里斯曼可能比弗洛姆更加认同美国制定的外交政策，但他们都努力扭转美苏的核军备竞赛，缓解全球的紧张局势。弗洛姆和里斯曼之间就冷战的危险性进行了大量的通信。这两个人互相信任，几乎每一封信都表达了对另一个人的支持。里斯曼担心弗洛姆的健康状况恶化，便尝试安排让夫人们都参加的社交活动，好让他的朋友得到放松。每当弗洛姆出版一本书，他都表示祝贺，并感到"这是很了不起的，你能够如此勤奋地工作"。弗洛姆也强烈支持里斯曼的研究项目。弗洛姆将里斯曼列为他的人寿保险单受益人之一，并向他吐露从未告诉过别人的秘密：他与以撒多·史东[1]（I. F. Stone）、悉尼·胡克（Sidney Hook）和埃里克森根本无法相处。[33]

---

[1] 以撒多·史东，美国记者、作家，以独立的调查报道闻名。——译者注

里斯曼可以指导弗洛姆了解美国政治的微妙之处，弗洛姆因此觉得很安心。事实上，里斯曼在公共场合通常比弗洛姆更放松，因为他拥有广泛而丰富的法律经验。1947年，里斯曼催促弗洛姆加入其他美国犹太人的队伍，为中东提供一条非犹太复国主义的途径，也就是倡导在巴勒斯坦建立一个多民族的犹太人－阿拉伯人国家。他们俩都加入了《犹太通讯》(*Jewish Newsletter*)的编辑委员会，帮助宣传这一事业。弗洛姆的这一举动获得了移居国外的以色列知识分子的支持，例如他的老朋友马丁·布伯和改革派拉比犹大·马格内斯（Judah Magnes）。在弗洛姆的帮助下，里斯曼在《评论》(*Commentary*)上发表了一篇文章，谈论了美国犹太人如何难以面对600万欧洲犹太人惨遭屠杀一事，这次大屠杀解释了犹太复国主义新产生的兴趣。由于以色列国对其与阿拉伯邻国的态度不那么温和，所以弗洛姆和里斯曼反对犹太裔美国人游说美国政府官员采取亲以色列的姿态。相反，里斯曼和弗洛姆斯追求一种以色列与阿拉伯邻国利益之间的"现实"平衡。他们还公开反对以色列的"参孙情结"（Sampson [sic] complex），即在避免第二次大屠杀的幌子下，对那些后来被称为"巴勒斯坦人"的人采取过于僵硬的谈判政策。[34]

20世纪50年代中期，《异议》杂志上的辩论变得白热化，《爱的艺术》使弗洛姆成为国际名人，此时里斯曼带领他开始接触大量的政治活动。基于多年的调查经验，弗洛姆成了一名令人生畏的分析者，他分析了战后柏林的占领国之间的冲突如何使美苏关系陷入困境。里斯曼坚持认为，这是弗洛姆的专业领域之一，所以他有义务说服美国的外交政策制定者，在他们共同治理柏林的过程中，对苏联采取一种不那么激进的态度。事实上，里斯曼安排了与弗洛姆定期会面，讨论这一问题，同行的还有两位有影响力的参议员——威廉·富布赖特和菲利普·哈特。里斯曼还让弗洛姆接触到美国公谊服务委员会的几位领导者，他们一直致力于让苏联和美国就核武器达成协议。后来，弗洛姆成为美国公谊服务委员会最重要的拥护者和资助者之一，并对大赦国际组织越来越感兴趣。

尽管弗洛姆曾经写信给 A. J. 慕斯特[1]（A. J. Muste），并支持他的和平联谊会（Fellowship of Reconciliation），但里斯曼加固了他们俩的友谊。在冷战紧张局势升级之际，弗洛姆与里斯曼发起了一场运动，要求实施核试验禁令，禁止发射氢弹，并消除安装在潜水艇上的北极星导弹。事实上，弗洛姆在 20 世纪 50 年代中期到 70 年代早期出版的一些书籍和文章，都根植于他与重要的政治家以及和平活动家针对外交政策的讨论。简而言之，弗洛姆与里斯曼的关系不同于他与史蒂文森的关系。因为与史蒂文森在一起时，弗洛姆被要求在权威的政治局内人之间秘密工作。但与里斯曼在一起时，和平运动中的摇旗呐喊与更为务实的内部政治活动取得了良好的平衡。[35]

政治行动主义：威廉·富布赖特

在弗洛姆的政治关系中，最长久和最愉快的交往对象是参议员威廉·富布赖特。他们是在 20 世纪 50 年代中期经里斯曼介绍认识的。两个人都被对方的博学所吸引，并且钦佩对方减少冷战敌对行动的决心。富布赖特特别欣赏弗洛姆对德国政治的详细了解。让他印象更深的是，弗洛姆作为犹太人和重要的社会评论家，能够对以色列保持批判的态度，并理解中东问题的全面解决需要承认这一点：阿拉伯人和巴勒斯坦人同样分享着重要的政治、经济和领土利益。事实上，富布赖特向弗洛姆透露，他的国会同僚们"如何发现了他们与这个国家犹太社群的关系充满了政治利益，因此他们没有真正的兴趣寻求全面的解决办法，将这个问题（即支持以色列）从他们的政治斗争中划除"。他被弗洛姆反对犹太复国主

---

[1] A.J.慕斯特，荷兰裔美国牧师、政治活动家。——译者注

义的标准且相当激进的言论所吸引，这一言论详述了他为何感到以色列正演变成军国主义而不是人本主义的民主社会，这种演变违抗了犹太教对他人实施伦理行为的"人本主义"历史传统。富布赖特发现，弗洛姆对以色列人动机和态度的观察具有相当大的价值；并要求他陈述建议，以说服"美国犹太人社群相信，以色列的长期安全依赖于政治方案而不是军事力量"。富布赖特教促弗洛姆在《纽约时报》《新闻周刊》《纽约客》和《时报》等报刊上就此撰写评论专栏和投递信件。富布赖特解释说，如此一来，其他人便可以受益于弗洛姆对中东问题的理解以及他对阿拉伯人的同情。更广泛地说，弗洛姆可以帮助他向国会和总统施压，以重新审视他们对于中东问题的观点。[36]

　　弗洛姆与富布赖特的关系随着时间的推移而加深。富布赖特认为弗洛姆是一位重要的知识分子，他对外交事务非常了解。富布赖特甚至阅读了弗洛姆与马尔库塞在《异议》上的辩论，他不明白为什么学者们认为马尔库塞是这场辩论的胜利者。富布赖特开玩笑说，如果这场辩论发生在参议院的议事厅，弗洛姆将会轻而易举地获胜。弗洛姆试图在政治仕途上帮助富布赖特，他认识到，对于一个身处极端保守且种族隔离主义的国家的政客而言，活动在一个进步的外交政策的平台之上，以保住他的参议员席位，这是多么困难的一件事；因此他为富布赖特的连任竞选做出了巨大的财政贡献。弗洛姆提出了可能会吸引阿肯色州选民的竞选主题——"个人主义的概念，根据一个人所宣称的价值观而活，不受制于大机器的操纵的重要性"。富布赖特慎重地考虑了这些建议。作为参议院外交关系委员会的主席，富布赖特邀请弗洛姆就几个热门话题发表证词，比如同盟国进驻柏林和苏联的全球意图。弗洛姆赞扬他的朋友，基本上是运用委员会的听证会来缓和苏美的紧张局面。尽管不愿长途跋涉，弗洛姆还是去了华盛顿，在国家委员会面前发表证词。因为富布赖特觉得这很有必要，弗洛姆说："我不觉得有权利忽视任何我可以帮助的事情。"富布赖特对公共领域和公共政策问题的承诺，实际上也是弗洛姆的承诺。[37]

222

富布赖特和弗洛姆发展出了许多共同的立场。他们俩都赞成制定一个全面的中东和平解决方案,减少冷战的紧张局势,并消除世界上的核武器。他们经常就出版物和演讲稿交换意见,只要他们在同一个城市,就会一起共进晚餐。"我们真的很高兴见到你和安妮斯,你们刺激了我们的疲惫和空虚的大脑。"富布赖特在一次晚宴后开玩笑地说道。有一次,富布赖特(在误读了《论美国的民主》[Democracy in America]一书后)询问弗洛姆,亚历西斯·德·托克维尔对美国民主的质疑是否是对的——"人们说,上帝照料美国,连同婴儿和白痴一起。"1974年,由于犹太复国主义者资助了富布赖特的对手,他们设法拉拢下层社会白人的选票,因此富布赖特面临着一场令人生畏的的改选活动,此时弗洛姆努力在财政上为他解决后顾之忧。而且在竞选失败之后,他也是最先安慰富布赖特的朋友之一:"你是一个善于自我调节的人,这不会对你造成任何伤害。"他建议富布赖特去写一个周报专栏,倡导"健全、人性和理性。"[38]

政治行动主义:约翰·F.肯尼迪

弗洛姆作为美国反战政治的重要资助者和政治倡导者,在与苏联日益激烈的交涉中,他主要采取了两种形式。其中之一是对政治进行预言,弗洛姆以此激励了许多志同道合的人——理智核政策全国委员会的成员、美国社会党的成员,以及更为普遍的进步的政治活动家。他的许多著作和讲座都旨在减少冷战的紧张局势。这在20世纪50年代的保守政治气候中是一项不小的成就。但是,弗洛姆另一种形式的政治活动却不太为人所知:他乐意持续地与政治体系的成员一起工作。这导致他与一位年轻而有魅力的美国总统有了接触。

与驻联合国大使和参议院外交关系委员会主席的坚定友谊,促进了弗洛姆与肯尼迪总统的关系。前者向总统详细介绍了弗洛姆的外交政策观点，特别是对德国和欧洲政治的总体看法，以及他对核武器的担忧。其中有些观点是可以接受的。肯尼迪阅读过《逃避自由》一书。他还阅读过弗洛姆在《代达罗斯》1960 年秋季刊中，对于一个计划采取谨慎的、合理的和可逆的一系列步骤的提议，弗洛姆将这项计划误判为"单方面裁军"。在竞选总统期间，肯尼迪总统发现这个提议非常有趣。[39]

《纽约时报》刊登了弗洛姆撰写的专栏和至编辑的信，肯尼迪对其中一些内容也颇为熟悉。富布赖特向肯尼迪简单介绍了弗洛姆在参议院外交委员会的证词。于是，弗洛姆未发表的意见书便会定期被传达到美国总统办公室。

最重要的是，弗洛姆的观点是通过"哈佛连线"传达给总统的，其中的中心人物是麦乔治·邦迪和大卫·里斯曼。在邦迪担任哈佛文理学院的院长时，迈克尔·麦科比是他的特别助理，这两个人建立了稳固的工作关系。麦科比曾与在芝加哥大学的里斯曼一起做过短暂的研究，他对里斯曼赞赏有加。1958 年，邦迪把里斯曼带到了哈佛大学。当时，卡尔·凯森（Carl Kaysen）是哈佛大学经济学教授，并与邦迪和里斯曼合作过项目。当肯尼迪任命邦迪为国家安全顾问时，"哈佛连线"中的其他人也自然获得了更大的影响力。邦迪聘请凯森作为他的特别助理，并考虑将麦科比作为另一位助理。凯森非常欣赏《逃避自由》，并对弗洛姆评价很高。里斯曼和麦科比每周都要与弗洛姆交谈几次。因此，这三个人将弗洛姆带入邦迪的视线并不奇怪。从肯尼迪政府开始，邦迪决定就重大外交政策问题向总统提供广泛的观点。因此，当他寻求一位鸽派人士的观点时，他自然而然想到了弗洛姆。[40]

在 1961 年柏林危机和 1962 年古巴导弹危机期间，麦科比和里斯曼确定，邦迪可以利用弗洛姆的观点，特别是那些以德国情况为基础的观点，弗洛姆掌握了这些信息和文件，但是美国国务院对此却不甚明了。因此，弗洛姆有时会出现在邦迪对肯尼迪所做的简报中。肯尼迪到底有多看重弗洛姆的观点，我们不得而知。他喜欢接触知识分子和学者，但往往认为鸽派是不切实际的，而对他们的观点不予理会。不过，显而易见，邦迪向肯尼迪简要介绍了弗洛姆对国际事务的一些观点，而这位总统从未试图将它们从他的简报中抹去。[41]

据称，在1962年10月下旬解决古巴导弹危机到1963年6月肯尼迪在美国大学毕业典礼演讲期间，肯尼迪至少亲自联系过弗洛姆一次，这一说法引人关注但又没有确凿的证据。凯森和里斯曼都证实肯尼迪主动联系了弗洛姆。麦科比虽然没有听弗洛姆提起过这件事，但他认为这种情况也有可能发生。也许在正常情况下，来自鸽派知识分子的建议会在私下被大打折扣，但总统也非常清楚这个世界危在旦夕，新的观点至关重要。如果肯尼迪在古巴导弹危机之后联系弗洛姆，他们的讨论可能涉及弗洛姆在《代达罗斯》文章和其他地方的观点背后的逻辑，后者即美国逐步升级的核裁军进程，只要苏联在每一步之后都有回应。[42]

肯尼迪被暗杀前6个月在美国大学发表的演讲，可能是他总统任职内最重要的讲话了。在这次讲话中，肯尼迪要求扭转杜鲁门和艾森豪威尔政府的冷战政策。他主张缓和美国与苏联的关系，公开讨论军备控制措施，禁止核试验，最终消除所有核武器。许多与肯尼迪关系密切的顾问对他的演讲做出了贡献，西奥多·索伦森[1]（Theodore Sorensen）可能撰写了最初的草稿。由于预测他的提议会遭到普遍反对，因为苏联政府被认为是不可信任的，所以肯尼迪提出了有力的辩驳，他坚持认为美国的积极主动要"循序渐进"，所走的每一步都必须与苏联的步伐一致。这个行动方针涉及的"风险远远少于不受控制的、不可预测的军备竞赛"，因为军备竞赛最终将导致核毁灭。肯尼迪精心挑选的措辞和他计划背后的逻辑，大体接近弗洛姆在《代达罗斯》文章中提出的策略。[43]

---

[1] 西奥多·索伦森，《肯尼迪》一书的作者。先后当过肯尼迪的参议员助理和总统特别顾问，追随肯尼迪左右达11年之久，是肯尼迪的头号亲信兼捉刀人。——译者注

第 3 部分

世界公民

到20世纪50年代，弗洛姆加入了其他几位公共知识分子的行列，他们对冷战的敌对状态表示不满。弗洛姆认为，一个"疯狂的"和好战的两极世界可能会以核战争和人类灭绝而结束。在这种绝望的情况下，通过在一个没有战争的世界中支持民主和促进"社会主义人本主义"似乎可行。

然而，到了20世纪70年代早期，美国在越南的军事溃败仍在持续，并没有立即结束的迹象；而且随着苏联无情镇压其边境沿线国家的叛乱运动，弗洛姆变得气馁了。事实上，他认为民族国家本身是世界不稳定的主要根源，代表了好战的恋尸癖：对死亡和破坏的热爱。弗洛姆和他的亲密伙伴坚持认为，前往人本主义的道路要通过"恋生欲"：对生命的热爱和享受源于创造性劳动的欢乐。现在作为全球知名人士，弗洛姆在他人生的最后几年，较少担任和平运动者的角色，而是化身为全球的改革者，在一个民族国家推动消费以促进经济增长的世界里，反对"占有"或者人格的消费方面。相反，弗洛姆赞成的是一种"存在"的状态，其中爱、劳动和仁慈定义了内在自我。

第 8 章　为乱世预言

弗洛姆1962年出版的《在幻想锁链的彼岸——我所理解的马克思和弗洛伊德》（*Beyond the Chains of Illusion : My Encounter with Marx and Freud*）（以下简称《在幻想锁链的彼岸》），是他最接近自传性质的一本书。第一章叙述了他早年生活的许多方面，这是一份非常珍贵的个人见证；最后一章则阐述了他所总结的三个概括性的预言目标。弗洛姆承认，他主要受惠于马克思而非弗洛伊德，尽管纵观他的讨论，弗洛伊德的思想占据更主要的位置。他这本书大概卖了150万册，并被翻译成8种语言。[1]

弗洛姆的第一个目标宣称，他相信一个社会需要包含生机、爱、成长和欢乐。这些都是"生产性社会性格"——他越来越将之与人本主义相提并论——的若干方面，而且它们也是他所谓"信条"（credo）的一部分。没有这些美德，一个社会就会自动走向精神死亡——思想僵化、枯燥重复的劳动以及不幸福。在写作《在幻想锁链的彼岸》的岁月里，弗洛姆描述了这些选择会形成一种二元分化——恋生欲与恋尸癖。

前者代表了一种强烈的活力感，人类通过它来确认自己的力量和自我感。但是，如果一个人"没有选择生活并且不去成长，那么他就必然会变得具有破坏性，变成行尸走肉"。在这两者之中，一个人所做的选择会受到他的家庭和社会环境的强烈影响。乍一看，恋生欲和恋尸癖似乎是对于弗洛伊德基于本能的爱欲与死欲二元分类的重述。在某种程度上，它们确实如此。但是，在弗洛姆看来，弗洛伊德视之为根本的本能力量，它们本身受到了随历史变迁的社会风俗的重构和改造。[2]

弗洛姆继续提出他的第二个目标：一旦人选择了生活和成长，他就会"抵达普遍性的经验"。他会放弃"鲜血与祖国[1]之间的陈腐联系",而将自己看作"一个世界公民,他的忠诚是对人类和生命的忠诚,而不是任何其他的部分"。他会热爱人类,并不再束缚于破坏性的部落忠诚和粗暴的民族主义忠诚。3

弗洛姆假设,在人类历史上过去的4000年里,人类已经将自己从自然力量的盲目影响中解放出来,并且对他周围的事物拥有越来越多的控制。人类已经掌握了新的组织形式和发达的科技,这赋予了他去生产商品和提供劳务的巨大力量。问题在于,这些有希望的新组织现在变成了僵化的官僚体制,其主要任务就是创造或制造对消费的盲目需求。因此,他的第三个梦想目标是以参与性民主来代替官僚主义,通过前者人们可以塑造他们的资源和环境。4

弗洛姆的最终目标是呼吁人类恢复他的理性思考能力——"有能力去辨别人们抱有的大多数理想的非现实性,去洞察隐藏在……欺骗性和意识形态背后的事实"。事实上,20世纪的人类有能力通过理性去重燃希望,并坚信他所固有的尊严和天赋。最重要的是,拥有巨大理性力量的现代人必须驱散冷战时期凭借国家军事实力获胜的错觉,因为这些错觉在推动世界走向核战争的边缘。5

早在《在幻想锁链的彼岸》提出它们之前,弗洛姆就一直致力于实现他的预言性目标,而且他继续阐述它们直到18年后离世。但是,到了20世纪60年代——冷战的高峰时期——他感到,如果这些目标不能迅速地实现,这些国家将会歼灭彼此。这十年,对弗洛姆来说,代表了一个比20世纪三四十年代的独裁更加危险的时期。现在,两个超级大国炫耀着比毁灭广岛的原子弹更具威力的核武器,在这种情况下,人类灭绝不仅仅是一种可能性。弗洛姆的一系列做法拥有充足的理由,凭借它,美国可以采取积极的行动,并迫使苏联做出对等的反应,这样便会使这

---

[1] "鲜血与祖国"(blood and soil)是纳粹宣扬战争的口号。——译者注

个世界摆脱核武器。与无止境的军备竞赛相反,他坚持这是一个更具理性和热爱生命的选择,因此与他的目标是更为一致的。

在1959~1965年间,弗洛姆出版了5本书,编辑了一本国际人本主义的文集,为美国社会主义党派起草了宣言。作为一名作家,他的生活从来没有如此多产。他还与折中但有改革意向的欧洲精神分析学家重新建立了联系,反对冷战并创立了精神分析协会国际联盟(International Federation of Psychoanalytic Societies, IFPS)。弗洛姆还是墨西哥精神分析协会中的主导人物,并为年轻一代的墨西哥精神分析家提供督导。他在纽约的威廉·阿兰森·怀特研究所教学和督导,并墨西哥国立大学定期地教授少量的本科课程。自始至终,他都保持着临床实践,而这需要他有规律地接待被分析者。弗洛姆几乎每天都会收到美国大学的演讲邀请,而且他还定期被美国国家委员会召唤去听证外交政策议题。他在国家委员会中积极参与制定理智的核政策,并加入大卫·里斯曼的团体作为其中的核心成员,他还是通信委员会(一个公开核战争危险的学者集体)的捐赠者。

这段时期是弗洛姆生命中最为活跃的——几乎是疯狂的——岁月。他的生活节奏快得让人难以置信,因为他似乎同时活出了自己"生活"的许多面。他为什么在这六年之间肩扛如此多的任务呢?他为什么不让自己轻松一点呢?他当然知道,在如此短的时间里写这么多有深度的书是不可能的。诚然,他可能在墨西哥精神分析协会和怀特研究所中将自己的工作委派给其他人。在和平运动和美国社会主义党派中,还有其他能干的积极分子承担了他的一些工作。

若干因素影响着弗洛姆坚持不懈的步伐。在本质上,弗洛姆是在努力完成三个任务,这些任务有助于他将目标重新定位在更有用的方向上。第一个任务是个人的。他使用躁狂似的节奏去定义自己的天赋和能力以及它们的限制。第二,他提出了自己积极的政治使命以及对这个世界的职责:避免核战争、保卫世界和平、将美国和这个世界转变为一个健全的社会,这个社会生活的在本质上是人本主义的。第三,他阐述了一个预言性信条并检验实现它的方法——和平、理智和人本主义如何凭借理念与策略得以实施？简而言之，弗洛姆感到在很短的时间内，他和这个世界承担着巨大的责任并拥有非凡的机遇。至少一定程度上，对于他在这段时期内的许多著作，必须带着理解这种综合性任务的观点去阅读之。

弗洛姆巨大的能量爆发开始于1959年，在他的母亲去世后不久。母亲罗莎总是试图控制她唯一的儿子，而且他发现自己很难逃脱这个情绪牢笼。诚然，与安妮斯结婚后，他们生活在库埃纳瓦卡的那些年充满了欢乐。安妮斯讨厌罗莎，这似乎帮助了弗洛姆与母亲保持更大的情感距离。但是，因为独居在与儿子相隔千里的纽约公寓里，罗莎变得非常抑郁。到1957年，弗洛姆觉得有必要更频繁地去看望她。罗莎抱怨她在逃离第三帝国时丢失了所有东西，特别是她珍视的价值昂贵的珠宝盒。弗洛姆雇用了一个在赔偿方面特别有经验的纽约律师，在大量的诉讼和弗洛姆多方奔走之后，罗莎从德国政府收到了微不足道的1500马克的赔偿款。弗洛姆发现，索赔过程相当困难并且有失身份，而这似乎强调了母亲对他的控制。当她以82岁高龄去世之后，弗洛姆没有感到深切的悲痛。相反，他体验到了解脱和新生的创造力。[6]

这种新的活力还有另一种迥然不同的个人来源。弗洛姆那不断加长的疾病清单暗示他的生命所剩时间不多了。在20世纪20年代后期到30年代罹患肺结核多年之后，直到50年代中期，他一直相当地健康；但此后在不同的时期，他患上了慢性肠息肉病、憩室炎、影响阅读的"视力紧张"、喉感染、支气管炎、感冒和流感的频繁发作、病毒性感冒和周期性的耗竭。很明显，在20世纪50年代到60年代中期他写给朋友的信件中可以看出，他很少允许这些疾病——无论多么严重——干扰他的和平运动、他的课程安排和他的出版承诺。弗洛姆关心安妮斯的疾病胜过自己，他没有把自身的疾病视作节奏松懈的原因，而是当作加速步伐的理由。时间短暂，使命在身，他不得不在这个岌岌可危的世界中寻找途径去完成它。[7]

精神分析政治学

弗洛姆显然受到20世纪50年代末到60年代中期核军备竞赛的刺激，他想要自己的精神分析专业更多地参与和平运动；特别是，精神分析师需要对社会和政治环境的角色更加敏感，并且成为政治活动家，纵然大多数正统的精神分析协会对此漠不关心。在这一点上，弗洛姆指出弗洛伊德在公共事务上并不总是一个"弗洛伊德主义者"：他对人类克服自身的好战习性经常感到失望，但还不至于绝望。

弗洛姆对许多精神分析团体领导人不关心政治感到悲伤，而且这种悲伤被一种个人边缘化的感觉所放大。随着大多数欧洲分析师在希特勒上台之后移民到美国，美国精神分析协会（American Psychoanalytic Association，APA）开始主导国际精神分析协会。在1936年之前，弗洛姆已经是德国精神分析协会（German Psychoanalytic Society，德文缩写为DPG）的缴费会员，后者是IPA的一个分支机构。在那个时候，他抗议DPG通过排斥其犹太成员而越来越雅利安化（Aryanization），于是成为第一批正式和公开辞职的人员之一。两年以后，IPA与APA达成了一份协议，其大意是：非医学训练的分析师将被剥夺全部会员资格，没有权利参与IPA的事务。在二战之后，DPG重新组织成为IPA的一个正式分支机构。弗洛姆认为，他完全应该被包含在这个新的DPG-IPA分支机构中。但是他只获得了象征性的职位，作为IPA的一位理事。

1953年，弗洛姆发现他甚至没有再出现在IPA的会员名单上。他写信给纽约的IPA行政秘书露丝·艾斯勒（Ruth Eissler），要求她解释这一遗漏。艾斯勒回复道，自从1946年，IPA的会员身份就依赖于其分支协会中会员的资格。因为弗洛姆已经从旧的DPG中辞职，并且不想重新加入还没有完全去纳粹化的DPG，所以他不再是IPA任何分支协会中的一员。尽管艾斯勒注意到，弗洛姆还隶属于华盛顿精神分析协会，但它不是一个被IPA公认的"分支协会"。作为一个非医学专业的分析师，所以他应该呈上他的证明文件，在IPA-APA联合审查委员会（艾斯勒所属的）面前请求恢复他的 IPA 会员资格。弗洛姆回答道，即使他将他的证明文件送给联合委员会，他也应该会被拒绝恢复会员身份，因为"我的精神分析观点与大多数人的观点并不一致"。艾斯勒反驳道，她不能理解，为什么任何人都会对 IPA 会员感兴趣，即使他或她没有代表"精神分析的基本原则"。弗洛姆回答道，他争取的是"保留"IPA 的会员身份，而不"成为"其中的一员，他一开始就不应该从会员中被除名。在艾斯勒未能回答之后，弗洛姆意识到她并不是唯一想要让他离开 IPA 的高层人物。尤其是海因茨·哈特曼（Heinz Hartmann）和恩斯特·克里斯（Ernst Kris）在幕后操纵，抗议他对弗洛伊德的超心理学明确的理论背弃，并且对他所做的马克思主义与弗洛伊德主义的融合怀有戒心。[8]

弗洛姆被重要的国际精神分析组织除名，使他深深受到了伤害。他认为自己较为重要的一种"生活"是作为一位精神分析师，而且他认为他对于人格结构的构想，至少应该不时与弗洛伊德的观点进行对话。此次除名之后，华盛顿精神分析协会又传来麻烦，起因是弗洛姆作为一名非医学专业分析师的地位，以及他在墨西哥开展的非正统的分析培训实践。那个时候，弗洛姆发现寻求加入任何相对正统的精神分析组织，都简直太过痛苦和徒劳无益了。这个麻烦呼应了他在法兰克福研究所遭到的驱逐，以及在《异议》辩论之后遭到某些美国学术圈子的排斥。事实上，这种疏远感触动了他作为孩子在原生家庭中的情感。但弗洛姆没有被这些事态所打乱，也没妥协他的道德立场，他开始定期地去欧洲旅行，特别是去德国和奥地利，与新的同事圈子碰面，其中有哲学家、神学家，也有一些精神分析师。他们当中有几个人，包括亚当·沙夫[1]（Adam Schaff）和雷娅·杜娜叶夫斯卡娅，分享了他的马克思主义者的悲悯并热烈赞成社会行动主义。在 1961 年 9 月杜塞尔多夫（联邦德国城市）的演讲中，弗洛姆为非正统协会的理论和组织联盟描述了一个公共基础，

---

[1] 亚当·沙夫，波兰马克思主义–人道主义哲学的代表人物之一。——译者注

并假设了一种折中的弗洛伊德主义——强调社会和临床资料以及人本主义的价值,而非弗洛伊德的超心理学假设。1962年,非正统的德国团体和奥地利团体与威廉·阿兰森·怀特研究所、弗洛姆的墨西哥精神分析协会联合,组建了精神分析协会国际联盟(International Federation of Psychoanalytic Societies)。接下来的几年里,IFPS作为IPA的替代品活跃在国际舞台上。弗洛姆被认为是这个新组织的创建人之一。[9]

为了创建一个替代精神分析正统学说的全球性组织,弗洛姆在1959年的一本小册子——《弗洛伊德的使命:人格与影响力分析》(*Sigmund Freud's Mission : An Analysis of His Personality and Influence*)(以下简称《弗洛伊德的使命》)中表明了他的立场,有力地反驳了欧内斯特·琼斯(Ernest Jones)那著名的三卷本《西格蒙德·弗洛伊德的生活和工作》(*Life and Work of Sigmund Freud*,1953—1957)。弗洛姆还希望陈述他反对精神分析正统学说的例证。他坚持认为,琼斯把弗洛伊德捧成了一个完美无缺的先驱,同时却不公正地批评了桑多尔·费伦齐和其他人,后者有时创造性地修正了弗洛伊德那经常变化的方法。弗洛姆还指出了弗洛伊德最亲密的伙伴们小家子气,这个内部圈子包括了弗洛姆以前的分析师——汉斯·萨克斯。事实上,弗洛姆质疑了大多数正统精神分析师声称的所有权。大卫·里斯曼写道,弗洛姆曾写过"一本美丽的、清晰的、生动的和感人的书"。这本书是弗洛姆运用马克思的观点不时"纠正"弗洛伊德的"缺点"的首次尝试,而在这种复杂的情况下,本质上让步于他的社会性格的概念。[10]

弗洛姆认为弗洛伊德是"最后一位伟大的理性主义代表人物",他的生命终结于希特勒以及浮现出的"大屠杀的阴影"。弗洛伊德的理性主义导致了他对无意识的发现,以及它在梦境、神经症行为、人格特质、神话、宗教尤其是早期童年经验中如何运作。与此同时,弗洛伊德通过展示意识思维只能控制人类行为的一小部分——人类是由一个充满强大的非理性力量的"地下世界"所控制的——而给予理性主义以沉重一击。通过强调人类境况中的理性和非理性,弗洛姆坚持认为弗洛伊德达到了

"17世纪以来西方思维中最重要的趋势"的顶点,他努力"尝试使人类摆脱遮蔽和扭曲现实的幻觉"。在这个至关重要的任务中,弗洛伊德与马克思是一致的。[11]

弗洛姆注意到,弗洛伊德有一种强烈的不安全感,而这一缺陷导致他"寻求控制那些依赖他的人,以便反过来他能够依赖他们"。也就是说,弗洛伊德那渴望得到赞誉和名声的不安全感,促使他去寻求那些拥护他的每一个观点和立场的忠诚追随者:"弗洛伊德对于那些盲目的追随者的追逐,使得他的精神分析运动长期缺乏生机与活力……领导者的教条、仪式和偶像化取代了创造性和自发性。"而那些反对者则遭到了驱逐,比如阿德勒、兰克(Rank)和荣格。[12]

弗洛姆在《弗洛伊德的使命》一书中主要探讨了精神分析运动过程中四个"固有的错误和局限性"。第一,精神分析遭受了"它旨在治愈的缺陷:压抑"的折磨。弗洛伊德及其追随者压抑了他们"以救世主义的救赎理想去征服世界"的野心,这种压抑导致了许多"含糊和欺骗"。第二,因为弗洛伊德催生了一个由根深蒂固的官僚结构运作的独裁运动,没有人去创造性地阐述他的人类动机理论并填补其中的缺口。第三,弗洛伊德最伟大的发现——人类的无意识——倾向于仅对性欲渴求及其压抑做出解释。弗洛伊德对较为宽泛的人类存在的社会和政治方面所涉甚少。第四,弗洛伊德及其追随者都没能超越他们"自由主义的中产阶级对社会的态度"。他们仍然是这种受限的世界观的俘虏,永远不能对他们所生活的社会的主流价值观提出尖锐的批评。在弗洛姆看来,这种超然和坚实的社会批判能力正是马克思对弗洛伊德学派驱力理论所做的补充。[13]

《弗洛伊德的使命》与其说是一部论证缜密或研究透彻的手稿,不如说是一篇冗长的学术檄文。没有充足的证据或推理,弗洛姆就假定了许多结论。事实上,弗洛姆承认他没有充分讨论这个话题,并计划做一项扩展的多卷本研究,但他从来没有动过笔。尽管如此,这仍代表了他对弗洛伊德最明确的评价。从某种意义上说,它具有两位先知陷入激烈谈话的性质。

《马克思关于人的概念》

《马克思关于人的概念》（*Marx's Concept of Man*，1961）在很大程度上是《弗洛伊德的使命》这本书的续集，其中包含了对青年马克思《1844年经济学哲学手稿》（*1844 Economic and Philosophical Manuscripts*）的首次英文翻译。弗洛姆在伦敦经济学院的朋友 T. B. 巴特摩尔（T. B. Bottomore）将这篇手稿从德文翻译成英文。巴特摩尔活跃于英国工党，长期担任国际社会学协会的秘书，他是一位杰出的马克思主义学者和民主社会主义者。弗洛姆发现巴特摩尔的翻译非常优秀，而且当他对这部手稿撰写了长达 86 页的导言时，他感到很满足。这是他自法兰克福研究所以来第一次对马克思进行长篇大论。他的文章，加上巴特摩尔的英文翻译，为美国读者提供了一个"新鲜的"和令人兴奋的看待青年马克思的视角。弗洛姆认为，马克思后期和更系统化的作品对人类状况揭示得更少，这在他的引言中没有说明。

弗洛姆在《马克思关于人的概念》中提出，青年马克思的《1844年经济学哲学手稿》填补了弗洛伊德的概念空白，它对资本主义社会及其价值观提出了彻底的批判，而正统弗洛伊德学派对其不加批评地接受了。弗洛姆发现，马克思对内在的而且经常是无意识的心理动机非常敏感。事实上，在弗洛姆的眼中，马克思本质上是一个社会主义人本主义者，是他所谓"生产型社会性格"的设计师。据称，马克思不仅仅是一个经济决定论者和唯物主义者，他的目标是废除私有财产，并将财富从资本家手中转移到工人身上。苏联领导人和学者"误用"了马克思的基本理论，以证明弗洛姆所说的保守国家官僚资本主义的合理性。但是，马克思主义最大的误解和扭曲发生在美国。弗洛姆坚持认为，如果要将马克思从冷战双方手中"营救"出来，那么他就需要摆脱苏联和美国的扭曲，展现真正的马克思主义。[14]

在描述 1844 年的马克思时，弗洛姆从本质上阐述了他对 20 世纪 60 年代的预言式信条。马克思的基本概念是改造异化的劳动者，这样的人厌恶他的日常工作，竭力去填补内心的空虚感。异化的人只是为了占有商品和服务而工作，而不是为了成为一个有活力、爱心、创造性和生产性的实体。在马克思看来，"真正的"社会主义代表了"从异化中解放出来，是人对自我的回归，是他的自我实现"。只有通过人本社会主义，人类才会停止痛苦，不再是社会运转中异化的齿轮，从而提高少数人的生产性和利益，他将超越"人与自然之间，人与人之间的对抗"。[15]

弗洛姆在结束他对马克思《1844年经济学哲学手稿》的介绍时，讨论了马克思的个人问题。人们普遍认为马克思是孤独的、傲慢的和专制的，但弗洛姆认为马克思享受了长久而幸福的婚姻。他还是一位了不起的父亲，"不受任何支配的影响"，他和孩子们的关系"充满了生产性，如同他对妻子的爱"。据称，马克思与他的同事恩格斯的关系几乎是亲密无间。总而言之，马克思就是弗洛姆所谓的仁爱、创造性和生产性人格这一概念的典范。弗洛姆的这些论断其实并不可靠，因为他对马克思的传记知识了解得并不多。人们迫切需求找到任何证据，以证明弗洛姆对马克思的描述——"一个生产性的、非异化的人，他的作品将这样的人想象为一个新社会的人"。事实上，弗洛姆拒绝考虑一些学者的结论——马克思有一种与社会疏离的感觉。但更重要的是，弗洛姆正在尝试扭转马克思在美国和西方的被妖魔化，这是美苏关系高度紧张导致的结果。[16]

与马尔库塞和杜娜叶夫斯卡娅对于《1844年经济学哲学手稿》更早期和更呆板的研究不同，《马克思关于人的概念》无疑影响了美国的广大读者，激发了人们对早期马克思的广泛而不刻板的讨论，其中不仅包括了美国的学者和社会评论家，也包括了《新闻周刊》和其他大众传媒机构。这凸显了弗洛姆越来越不像一个学者，而是一个宣传员，为广大读者提供了深刻的思想和经典的书籍，否则他们就有可能就此错过。他那些清晰易懂的文章使这一切成为可能。他与社会主流文化和价值观建立联系的能力也是如此。这是他参与其中的一项重要事业，代表了他最重要的"生活"之一。

马克思和弗洛伊德

在《在幻想锁链的彼岸》一书,弗洛姆尽了最大努力去呈现他对弗洛伊德和马克思的思考。然而,与《弗洛伊德的使命》和《马克思关于人的概念》相比,弗洛姆花了更多精力发展和解释他自己的预言,其次才是对弗洛伊德和马克思的思想的阐述。在这本书中,他呈现了作为一种社会心理学方法的精神分析,融合了他自己的临床实践和哲学思想。弗洛姆坚持认为,如果人类要唤起他的理性力量以培养一种幸福、创造性和生产性的生活,他就必须消除那些遮蔽现实的幻想。弗洛伊德和马克思成为弗洛姆超越幻想和解决生命基本问题的不二选择。

尽管弗洛姆对正统弗洛伊德学派不再抱有幻想,但他相信弗洛伊德比他在《弗洛伊德的使命》中所描绘的更加慷慨,因为后者对人类境况的理解提升到了一个新的水平。事实上,弗洛姆在第一次确定弗洛伊德对这个问题的立场之前,从未开始写过一本书或一篇文章。弗洛伊德"假设人类可以意识到行为背后的力量——并且在他逐渐扩大了意识的自由王国,能够将自己从一个由无意识力量操纵的无助傀儡变成一个有自我意识和自由的人,可以决定自己的命运"。[17]

在《在幻想锁链的彼岸》一书中,弗洛姆在一个重要的细节上超越了《弗洛伊德的使命》,他坚持认为尽管弗洛伊德关注个体无意识,但是他也涉猎了社会无意识。事实上,弗洛姆相信弗洛伊德确立了人类性格具有动力性和社会性。性格是由一个互动系统组成的,其中潜藏着自我和社会之间内在的斗争。弗洛伊德实际上已经为弗洛姆的社会性格概念奠定了基础。在弗洛姆看来,弗洛伊德展示了"人类如何根据他的性格来思考和行动",这体现于他那活跃的、变化的能量系统结构。弗洛姆的社会性格的概念,虽然由弗洛伊德所强调的自我内在本能的能量所构成,但是这种能量随后被外部社会结构所塑造和重塑,最终到达本能和社会结构不可分割的程度。弗洛姆和弗洛伊德在这里分道扬镳,因为弗洛姆强调了一个有趣的概念上的相互作用,而且最重要的是,他修改了但并没有消除本能生活的中心性。许多论述过弗洛姆的人都忽略了这一点。[18]

弗洛姆在《在幻想锁链的彼岸》中赞美弗洛伊德是"真正的科学心理学的创建者",然后他继续描述马克思是一位"比弗洛伊德更具深度和广度的"思想者。尽管弗洛伊德的谈话疗法可以通过揭露一个人性欲组织的纠结的内部网络,并通过增强自我力量来引发深刻的个人变化,但是马克思发现了一个整体社会经济结构中的真实情况。弗洛伊德是"一位自由主义的改革家",他为个体的"自然驱力反对社会传统力量"而辩护;而马克思为社会弊病开出了革命性的药方。与弗洛伊德不同,马克思描绘了资本主义固有的阶级剥削在心理上的破坏性影响,"因此,一旦社会变得完全人性化,就可以看到健全的个体以及他发展的可能性"。人类在增加"有产阶级"之利益的同时,越是努力完成与人类品质无关的任务,他就越容易丧失自我感,从而与生活、与他人疏远。工作场所的疏离延伸到与社会和生活本身的疏离。在弗洛伊德的帮助下,弗洛姆作为临床医生缓解了患者的本能压抑;但在马克思的帮助下,弗洛姆作为民主社会主义者,为受压迫的阶级社会提供了替代性选择。[19]

人类需要什么才能恢复人性呢?弗洛伊德的方法(即,帮助个人解决他内心的压抑),虽然非常有用,但是不够充分。弗洛姆认为,马克思的共产主义道路本质上是对社会主义人本主义的强力支持。马克思认识到,人类"只有与他的同胞和自然相联系,他才能成为一个完整的人"。只有自由和开放的关系(不以阶级区分或资本主义市场固有的剥削为支撑),才能使人幸福;而且,当社会的经济基础发生转变时(即,社会主义实现的时候),这种关系就会出现。根据禅宗和马克思的观点,弗洛姆认为,人类可以自由地培养他与他人和自然建立关联的所有潜能。正如弗洛姆对他的朋友托马斯·路易斯·默顿(Thomas Louis Merton)所总结的,马克思正在提出"一种无神论的神秘主义,与禅宗类似",将会克服"主客观之间的分裂",并因此促进"人与人、人与自然之间的深度融合"。这并不完全是对马克思观点的重申,同时也是弗洛姆的先知愿景之一。[20]

尽管如此，弗洛姆还是不肯在概念上将自己与马克思有所区分，并向默顿承认这是有意为之的。弗洛姆基本上是大幅引用马克思的理论，并将这些材料视同他对于美好社会的标准概念（即使有些模糊）：人本主义、生产性社会性格和爱的艺术。简而言之，在《在幻想锁链的彼岸》一书中，弗洛姆将他自己的社会心理学与他认为的马克思核心思想融合在了一起。弗洛姆利用了弗洛伊德语料库中最有价值的方面：无意识的概念、人的性格的动态性，以及精神分析临床技术的广泛效果。弗洛姆并不是完全地调和马克思和弗洛伊德，而是从这两者中提取元素，以他独特的信条结束了这本书。他是一位马克思主义者，也是一位弗洛伊德派学者，但最重要的是，他已经成为一位"弗洛姆主义者"，使用他自己早已存在的先知式构想。[21]

一位社会主义者的宣言

20世纪60年代，随着弗洛姆政治活动的增加，他作为一名坚定的社会人本主义者将自己的先知秉性应用于国际事务。1960年，弗洛姆告诉他的朋友卡尔·波兰尼[1]（Karl Polanyi），"最近几年，我越来越强烈地感觉到我回到了学生时代的起点；不过当然，正如我所期望的，在某种程度上有点不同并且有所加深"。他预示了社会主义人本主义将作为危险的冷战冲突的替代选择，即美国市场社会和他所谓的官僚化的苏联国家资本主义之间的冲突。那些主要的冷战对手及其同盟国是如此热衷于扩张军事力量，以至于它们在指引着这个世界走向可能会毁灭绝大

---

[1] 卡尔·波兰尼，匈牙利政治经济学家、社会学家。——译者注

多数人类的核战争。[22]

弗洛姆在 1960 年为美国社会党起草的小册子《人性的优势：一位社会主义者的宣言》（*Let Man Prevail : A Socialist Manifesto*）（以下简称《宣言》）中强调了这一观点。自从魏玛德国的那些年开始，他就将自己看作一位民主社会主义者。但是，直到 1958 年加入美国社会党时，他才开始积极参与社会主义政治。尽管弗洛姆对社会党的长期领导人诺曼·托马斯印象深刻，但这一组织并没有恢复它在 20 世纪初所享有的活力和影响力。在托马斯寻求组织复兴的推动下，弗洛姆被指派以小册子的形式准备一份意见书，这样党员们就可以更清楚地了解他们的目标。在起草和扩充这份《宣言》时，弗洛姆在大学生听众中测试了这一信息，并写信告诉卡尔·波兰尼，他收到了耶鲁大学 1200 名学生和芝加哥大学 2000 多名学生"非常积极的回应"。学生们被他的人本社会主义愿景所影响，这一愿景将替代暗淡的"西方资本主义和共产主义的赫鲁晓夫主义"，因为它承诺要将人类从最具破坏性的倾向中拯救出来。[23]

弗洛姆的《宣言》是对他说的"第三种解决方案"的论战，这本小册子做出了断言，但并没有论证它的基本论点。他既反对美国和西方世界的"管理的自由企业制度"，也反对苏联及其同盟国的"管理的共产主义制度"。它们都剥夺了人的精神实质，因为它们驱使这个世界走向核毁灭。他坚持认为，西方市场资本主义和苏联国家管理资本主义都否定了人的创造性和幸福，并且忽视了"人本主义的精神传统"。[24]

在弗洛姆看来，管理型自由企业和"庸俗歪曲的社会主义"最大的问题在于，它们都是完全物质至上的，将经济收益凌驾于人类生活。而且，它们都使人类理性陷入瘫痪，以至于人们对于人性的自豪已经消退，摧毁百万生命的核战争成为可能。弗洛姆提出警告："很明显，原子武器很可能导致普遍的毁灭，即使原子战争能够被阻止，它也会导致一种恐惧、猜疑和严格控制的气氛，而这正是自由和民主无法生存的气氛。"在这两种制度中，人类的思考与情感是如此分离，以至于"人们容忍着原子战争的威胁在全人类的上空盘旋。"[25]

弗洛姆在《宣言》的结束部分强调了社会主义人本主义的福利，它有可能使人类远离核毁灭的悬崖。社会主义人本主义寻求国家之间的和平，在任何条件下都致力于禁止核战争。它重视的是"更大的自由和人的成长"，而不是更大的经济生产："所有的产品都必须以其社会有用性为原则，而不是由某些个人或公司的物质利益为原则。"[26]

弗洛姆的《宣言》不仅宣告了一个宽泛的人本主义目标，它还为社会党提供了一系列的改革方案，比如种族和性别平等、宗教自由的保障、教会与国家的进一步分离、"公费医疗的措施"，以及政府扩大对失业者、弱者和老年人的一般援助。弗洛姆还希望在所有缺乏私营部门举措的领域，社会党可以促进政府支持对艺术和服务的支持。在现有的体制安排下，这是一项强有力和充满活力的国内现实改革议程，但它远远算不上是革命性的。[27]

弗洛姆对于社会党纲领最令人信服的建议在维和领域。他采取了意识形态和预言的立场，呼吁废除"任何形式的武装力量"，撤销一个比联合国更强大的"国家联合体"，以逐渐归还他国的国家主权。这一立场比他对国内议程所采取的立场要激进得多。在此期间，弗洛姆寻求持续的裁军谈判，因为"避免全面摧毁的唯一途径就是全面裁军"。社会党若要支持美苏之间的谈判，就要遵循一个基本公式："两个大国集团接受它们目前的经济和政治立场，放弃一切以武力改变它们的企图"。[28]

弗洛姆的《宣言》存在一些问题，因为他提出的具体措施首先与美国挂钩，然后只与其他更繁荣的工业社会挂钩。他坚持认为，美国社会党是一个权力分散的民主政体，所有成员都可以自由和公开地参与决策。然而，他为该党提出了一种普遍的哲学，并就一些具体问题提出了立场，这些问题是不容置疑或辩论的，而是要被理所当然地接受。民主主义者弗洛姆与全能先知的弗洛姆发生了冲突。此外，他在《宣言》中没有提及美国社会党的过去历史、工作方式和重大成就，就像它没有过去一样。弗洛姆并没有描述社会党日常运作的具体路径，而是阐述了他对人本社会主义之一般性质的模糊和乌托邦式的愿景。起草这份文件的过程清楚表明,弗洛姆在一个组织结构中与他人进行政治上的合作是有困难的。尽管社会党的主席为弗洛姆的《宣言》分发给了党员,但它从来没有被采纳为正式的政党立场,相当重要的原因是他在起草的时候,没有征求该党领导人的意见。[29]

第 9 章　人生得意须尽欢

1961 年 7 月至 1962 年 8 月，苏联和美国在柏林的紧张局势升级。整个德国特别是柏林成为冷战激烈化的焦点。这座城市被划分为美国、法国、英国和苏联四个行政区，但是赫鲁晓夫设法切断苏联区与其他三个区的联系。苏联和同盟国之间的对抗随之而来。民主德国的潜在问题是，成千上万的东德人穿过柏林叛逃到西德。赫鲁晓夫和东德的乌布利希建立了一道柏林墙，以阻断人们向西德迁移。这道墙成了东西方之间的分界线，如果打破了，就可能会引发核战争。

1962 年 10 月，柏林的局势刚冷却下来之后，古巴却爆发了导弹危机。赫鲁晓夫在古巴建立了一个秘密的核导弹基地。肯尼迪则宣布要对古巴进行"隔离"，并要求拆除导弹发射基地。这是苏联和美国之间的又一个对抗，它们都威胁要使用核武器干掉对方。拖到最后一刻，双方终于达成了交易。赫鲁晓夫同意拆除导弹发射基地，肯尼迪保证不去打击古巴，并且从土耳其撤回核导弹。

随着德国的紧张局势上升和古巴导弹危机的爆发，弗洛姆依赖所有他能收集到的信息，积极地写信给编辑，发表文章，并公开演讲。他认为，两个超级大国甘愿冒险毁灭地球，涂炭生灵，是一种"恋尸癖"的精神，与"恋生欲"是对立的。弗洛姆已经开始研究恋尸癖（necrophilia），并指出它来源于希腊人所谓的 nekros（死亡、腐烂和似尸体的品质）。虐待狂和施虐受虐狂以让别人受苦为乐，但恋尸癖却渴望生命形态的崩溃瓦解。犹太人大屠杀以及在德累斯顿、广岛和长崎对平民人口的轰炸，显示了战争炮火的残酷无情。在弗洛姆看来，恋尸癖是现代社会最为重大的威胁。

弗洛姆在这个新兴趣当中潜藏着个人成分。多年来，弗洛姆和伦敦的朋友克拉拉·厄克特经常讨论他的健康问题和饮食习惯。尽管弗洛姆担忧自己的健康，但他仍然享受着雪茄、烈酒、甜点、面包和奶酪，而运动则显得无关紧要。在写给安妮斯的一封爱情信件中，他似乎说明了一切："人生得意须尽欢（Life Is Extravagance）。"一个人应该享受生活所提供的所有快乐，包括一些可能不会有益健康的东西。"得意尽欢"是恋生欲的本质，正如好斗、战争和摧毁生命是恋尸癖的核心元素。虽然弗洛伊德会使用他的词汇——爱欲和死欲——来进行解释，但弗洛姆认为，恋生欲和恋尸癖的二元结构较少是本能的产物，更多是社会经验的产物。

1962 年，在安妮斯、弗里曼、里斯曼和诺曼·托马斯的陪同下，弗洛姆动身前往苏联，参加在克里姆林宫举行的世界裁军与和平大会。来自 100 多个国家的 2000 多名代表出席了这次大会，其中还有法国的让-保罗·萨特和英国的伯特兰·罗素。西方的许多和平组织抵制这次事件，因为他们不相信赫鲁晓夫会允许公正的讨论。然而，那些批评苏联的观点得到了表达。在赫鲁晓夫否认对冷战负有责任之后，包括弗洛姆在内的其他代表发表了讲话，弗洛姆因抨击美国的高空核试验而赢得掌声，随后他又谴责苏联引爆了一枚 57 兆吨的核弹。赫鲁晓夫没有反驳。那是弗洛姆的高潮，但他也有低潮的时候。例如，在 1962 年 9 月写给厄克特的信中，弗洛姆向他吐露了自己的绝望："核战争几乎是不可避免的"，因为"人们对战争危险如此消极的原因在于大多数人都不热爱生活。"因此，弗洛姆决定将他的公开演讲聚焦于拥抱生命的重要性，强调对生命的热爱，而不是战争的毁灭性。这一强调重点的变化代表了他思想上的重大战略转变。通过强调快乐生活（恋生欲）的必要性，弗洛姆开始假定（也许有点天真），当他与像赫尔曼·卡恩（Herman Kahn）这样的外交政策鹰派人物对抗时，可能会获得更多的支持，后者认为有爆发有限核战争是可能的（这是恋尸癖的代表）。[1]

1962 年的最后几个月，弗洛姆的痛苦进一步加深。从反复的深秋流感和支气管炎中恢复之后，他觉得有必要对恋尸癖的各种破坏性后果提出警告。实际上，他思考着准备写一本关于恋生欲与恋尸癖相互搏斗的书，这本书的书名暂定为《人心》（*The Heart of Man*）。在某些方面，此书与《爱的艺术》是相对应的。

1963年年初，弗洛姆起草了一个章节——"论战争的心理原因"（On the Psychological Causes of War），把矛头指向恋尸癖和恋生欲。他以希特勒为例来证明恋尸癖，因为这位独裁者迷恋于暴力、破坏和杀戮。"恋尸癖"取向涉及了被死亡所吸引——一种将有机物转化为无机物的倾向。"恋尸癖"的人冷酷而淡漠，死守"法律和秩序"，他们害怕生活，因为生活似乎是混乱而无法控制的。他倾向于表现得"很冷酷，他的外表看起来呆板，他脸上的表情好像是闻到了难闻的气味"。对这样的人来说，"他爱的不是生命而是死亡，不是生长，而是毁灭。"相比之下，弗洛姆把恋生欲与生产性性格的概念联系在一起，即一个人被生活过程所吸引，被创造和建造而不是保守和消费所吸引。这样的人珍视生命中的冒险和机遇，而不是可预见的必然性，他们设法通过爱和理性来影响他人，而不是诉诸武力或官僚主义的指令。[2]

弗洛姆并不认为恋生欲和恋尸癖是弗洛伊德的爱欲（生命本能）和死欲（死亡本能）的同义词，并且回避了这两个词汇的本体论地位问题。早在奥古斯丁的时代，哲学家和神学家就曾追问，人类的"恶"有其特色，还只是"善"的缺席。弗洛姆简单地假设，恋生欲是人性所固有的，当一个社会似乎想要自我毁灭时，恋尸癖就占了上风。一个社会沿着恋生欲和恋尸癖之间的连续体而左右移动，但是生存指令要求社会接纳恋生欲，这一品质出现在一个促进物质保障、正义、自由和创造性工作的社会中。在这里，他隐约提出了对人本主义民主社会主义的社会秩序的诉求。[3]

弗洛姆在总结这一章节时，强调他对恋生欲和恋尸癖的二分法回应了当今最重要的问题：为什么没有声势浩大的公众抗议压制核战争的苗头？如果美国和苏联都发射他们的核武器，那么每个国家将会有一半人口化为灰烬，而幸存者将会被留在满目疮痍的世界。然后，那些有子女和孙辈的人们，他们有那么多生活的理由，他们怎么会屈服于那些愿意煽动核战争的领导者，而默许核军备竞赛呢？

弗洛姆的回答是为人熟知的："智能化、量化、抽象化、官僚化、物化——现代工业社会的本质特征——与其说施加于物，不如说施加于人。"生活在这样的环境下，必然"变得与生活更加疏远，与死亡更加接近"。因此，当著名的核战略家告诉美国人，即使以数百万人的死亡为代价，但他们可以在与苏联的核战争中幸存下来，许多人都被哄骗着默许了这种"疯狂行为"。"他们在恋尸癖的道路上走得太远了。"弗洛姆在悲叹中最后承认，他对恋尸癖和恋生欲的二分法与他个人决定在死前过一种"尽欢"的生活有很大关系。核威胁是这些二元结构的核心，但他的个人问题同样也是。这一承认预示着恋生欲和恋尸癖的概念化是有问题的。弗洛姆一方面提出了普遍的对立面，但另一方面，他关注的几乎是当代的核战争威胁和他的个人问题。[4]

弗洛姆在《人心》的草稿中强调了他长期以来的先知倾向。鉴于几个月前苏联的导弹在古巴几乎引发了核战争，他感到有必要采用令人信服的语言迅速传播他对恋尸癖的警告。与此同时，弗洛姆认识到，由于他最近才明确将恋尸癖作为恋生欲的对立面，所以他准备从机敏的社会批评家的评论中获益。因此，他接受了美国公谊服务委员会和平教育部门的"超越威慑"系列论坛的建议。这个部门将从六位知名的知识分子那里获得对他的草稿章节的批评，并允许弗洛姆做出回应，然后以小册子的形式传播对话。弗洛姆从这一过程中获益良多，因为他将这一章的草稿扩大成了一本完整的书。

除了一名批评者（精神病学家罗伊·门宁格 [Roy Menninger]）之外，其他人的问题都是尖锐且令人信服的。著名的特拉普派主义修士、诗人和社会活动家托马斯·默顿提出，弗洛姆需要澄清他的中心概念。在默顿看来，弗洛姆本质上是主张人类在其精神存在中"保持完整的赋予生命的核心"，面对"我们之外的，与我们格格不入的"去个性化组织。默顿指出，因为物质主义和官僚主义破坏了这个"精神中心"，所以死亡和毁灭的力量变得有吸引力了。弗洛姆同意他的中心观点，事实上，他认为默顿的话语比他自己的更有说服力。著名的新教神学家和存在主义哲学家保罗·蒂利希和"现实主义"阵营的重要外交政策专家汉斯·摩根索（Hans Morgenthau）都坚持认为，战争是由国家内部的政治和社会进程所引起的，而不是个人内部的心理上的恋尸癖所致。他们两人都对弗洛姆的章节标题"论战争的心理原因"提出了异议。弗洛姆同意他的标题具有误导性，并将其改为"人类内部的战争"。他也认为恋尸癖只是导致战争的若干因素之一，因此他是在进行一场简化主义的论证。著名的社会学家、社会理论家皮特林·索罗金（Pitirim Sorokin）和重要的精神病学家、心理疗法的批评者杰罗姆·弗兰克（Jerome Frank）指出，弗洛姆的概念无法解释因素的多重性——为什么有些人会参战和杀戮，而另一些人却没有去做。他们还质疑了弗洛姆对于恋尸癖在前工业化社会中并不那么突出的断言。弗洛姆同意恋尸癖并不是20世纪的唯一专利，尽管现代社会目睹了前所未有的暴行。弗洛姆坚持认为，经过一定的条件限制，恋尸癖可以与利他主义有所重叠，它只是"导致破坏性行为的不同种类的心理动机之一"。最后，蒂利希、摩根索、弗兰克和索罗金回应道，弗洛姆的"恋尸癖"的概念是有争议的，并且需要进一步的完善和限定。有点一反常态的是，弗洛姆同意了绝大部分的批评。[5]

然而，尽管弗洛姆承认大部分批评是有效的，但是除了那个标题之外，他并没有做出任何重大的改变，并没有修订恋生欲和恋尸癖的二元结构，而且它构成了《人心：善恶天性》一书的核心概念。我们很难解释弗洛姆为什么没有做出改变，但这里有一个有趣的猜测。从他典型的先知倾向来看，弗洛姆往往快速地、好争论地写作，不太拿那些精明的评论家当一回事。这是他在20世纪60年代所写的大部分书籍的特点。在美国公谊服务委员会的论坛之后，这位预言家战胜了那些评估其作品的严肃而有说服力的批评家。但这是有代价的：弗洛姆的恋生欲和恋尸癖的二元结构缺乏它本可以拥有的精确性和说服力。[6]

弗洛姆的《人心》出版于1964年，销量约200万册，被翻译成18

种语言。此书是他这十年来最受欢迎的著作之一。在阐述恋生欲和恋尸癖二元结构的同时，弗洛姆还匆忙讨论了自恋（narcissism）的问题。他指出，这三个元素在一起，对人类破坏能力和爱之能力构成了理论性和精神分析式的理解。[7]

在这本书中，正如最初起草的那个章节，弗洛姆将恋尸癖定义为一种"退化综合征"，人心变得麻木无情——被肛欲、自恋和乱伦的退行所强化。另一方面，恋生欲则是一种"生长综合征症"，创造性和欢乐被自由和独立所放大。这种恋生欲和恋尸癖的二元结构，如果在抽象上没有完全的说服力的话，可以在汉娜·阿伦特那里找到更好的基础和具体性，弗洛姆借用了她早期关于"极端的恶"的讨论。"极端的恶"是指将个人和团体变成"多余的"和"纯粹生命"的政治过程。在这种情况下，弗洛姆可能主张一种关于生命和死亡的政治学，而恋生欲和恋尸癖则从家庭和社区的具体政治中汲取了意义。[8]

弗洛姆最终选定了"人心"作为书名，这个名字是非常生动形象的。即使经历了柏林的几次恐怖对抗和古巴导弹危机，但他认为人心中仍有"良善"和生活的潜能。只要一个人仍然"能够被另一个人的痛苦，被另一个人的友好凝视，被鸟儿的歌声，被绿色的草地所打动"，他的心就不会冷酷无情。弗洛姆把人心比作通往无意识精神的大门，而且确切地说，它也是延续人类身体生命的器官。他正在凝聚自己内心和社会中的生命力量。[9]

《像上帝一样生存》

《人心》表现出弗洛姆是一位人类的道德先知。在讨论恋生欲时，他提到了人类世界有一种柔软的、共情的精神，这种精神一直是弗洛姆自身生活中的一种稳定因素。在《人心》完成后的几年里，他限制了自己通常的工作日程，并全身心投入《希伯来圣经》的研究。他这样做，并不是因为一种长久的激情，而是因为他似乎想要变得更有灵性，以重新调整自己的生活。正如他对恩斯特·西蒙说的那样："如果你说在20多岁时，我已经远离虔诚的犹太人的生活，你当然是完全正确的；但我对犹太传统的兴趣和热爱从未消亡，任何人只要跟我聊一会天，他就会听到一个塔木德或哈西德的故事。" 西蒙从青春期起就一直是他的好友。[10]

弗洛姆向安杰莉卡·巴拉巴诺夫解释说，这并不意味着他"回归了犹太宗教"。相反，《希伯来圣经》是"一本真正革命性的书"，论述了人类最深刻的精神需求和人类对自由和创造力的追求。《希伯来圣经》阐明了人的能力，在上帝的祝福下，能够在巨大的逆境中过着快乐而充满活力的生活。弗洛姆告诉著名的社会学家罗伯特·默顿，《希伯来圣经》和《塔木德》仍然是他精神和道德的支柱，尽管他早就停止了正式"参与犹太教或其他形式的犹太人生活"。[11]

1964年春天，弗洛姆把精力投向他的下一本书——《像上帝一样生存》（*You Shall Be as Gods*），并在1966年完成了它。在撰写这本书时，他曾写信给朋友们谈论它的进展。他报告说，这个项目充满了欢乐和活力，冲淡了他对核毁灭的严重担忧。到1964年7月，他告诉巴拉巴诺夫，他已经选定了一个主题——《希伯来圣经》中关于无国籍犹太人拒绝崇拜世俗权威的叙述。相反，他们表现出一种叛逆的精神，要求上帝"忠于他自己的原则"。人与上帝之间这种直接的、无等级的关系是"亚伯拉罕祈求上帝宽恕所多玛和蛾摩拉[1]"所内在的，而不是为了在所多玛的罪恶而毁灭那些城市。弗洛姆还兴奋地写信给克拉拉·厄克特，向她讲述古犹太人的"弥赛亚[2]"的概念，弥赛亚"作为人类的代表，必须征

---

[1] 所多玛和蛾摩拉，《圣经》中因其居民罪恶深重而被神毁灭的古城。——译者注
[2] 弥赛亚，在希伯来语中最初的意思是受膏者，指的是上帝所选中的人，具有特殊权力的人，被委任担当特别职务的人。——译者注

询上帝的意见"。《塔木德》强调的是"人的荣耀和力量",而不是基督教教义中明显的对上帝的顺从。1965年年初,弗洛姆告诉亚当·沙夫,他越致力于这个项目,就越相信《希伯来圣经》是一部主张解放社会压迫的革命性著作。弗洛姆指出,如果用世俗的术语来表达,马克思的作品传达了同样的信息。《像上帝一样生存》快要完成时,弗洛姆向厄克特提到,与天主教(认为基督最初的到来是救赎的第一步)不同的是,犹太教一直认为弥赛亚的到来与人类努力所带来的普遍和平和兄弟情谊是一致的。简而言之,弗洛姆计划用《圣经》文本来阐述一种犹太传统,重申对人类能力的古老信仰。犹太教圣经可以作为现代人追求自由、自我实现和发现真正内在灵性的指南。对弗洛姆来说,他的书正在变成犹太人的米德拉什(midrash),以一种批评和责备的方式,融合了古代智慧与当代的关切及伦理教育。这个项目帮助他在面对个人和全球的逆境时恢复了自己的内在灵性。[12]

《像上帝一样生存》最终以15种语言销售了约200万册。在完成这本书之后,弗洛姆承认,他强调了犹太人生活中的进步主义、人本主义和历史上主导的传统,而抛弃了"民族主义、仇外心理和反动主义的元素",后者在现代以色列国的侵略姿态中尤为明显。他的目的既是辩论的和政治的,也是哲学的和个人的:他报告说,《旧约全书》中先知的普遍人本主义,洋溢着对所有人的公平正义,正在被现代以色列对其阿拉伯邻国的侵略政策所破坏。[13]

的确,自1948年4月以来,弗洛姆对于新兴犹太国家一直倾向于好辩的断言,而不是进行细致入微的讨论。在一封致《纽约时报》的公开信中,弗洛姆警告说必须遏制巴勒斯坦的犹太人和阿拉伯人之间的暴力交火。这封信得到了马丁·布伯、利奥·拜克、阿尔伯特·爱因斯坦以及其他犹太领导者的支持。这种暴力行径与"犹太人所贡献的文明基本原则:对正义和道德法则的忠诚,对个人的尊重,对生命的热爱"是矛盾的。到1960年,弗洛姆公开攻击以色列政府从阿根廷非法绑架了可怕的纳粹阿道夫·艾希曼(Adolf Eichmann),并以全世界犹太人的名义根据有问题的以色列法律来审判他:"以色列并没有征服纳粹精神,因为它未能上升到更高尚的道德态度,仍然是一种非法的报复。"更高尚的道德是犹太人法律和习俗的核心。以色列要违背这一原则,就是要回到"迦南征服者的精神"。到1962年,弗洛姆对以色列占用阿拉伯领地时明显的诉诸武力的倾向仍然感到非常苦恼:"先知的救世意识一直是我最美好的想法之一,我感到以色列因为它的政治目的而使这个想法堕落了。"在1966年春天,弗洛姆向沙夫吐露,出版《像上帝一样生存》的主要动机是重新唤醒犹太人,让他们认识到犹太传统的核心是普遍的人本主义,而不是好战的以色列民族国家。犹太人需要重新认识《旧约》中先知所传递的信息。[14]

《像上帝一样生存》是弗洛姆最具精神性的一本小书。这也是他多年来第一次在文本评论上做出的努力。他承认这本书受到19世纪新康德学派的马尔堡哲学家赫尔曼·科恩(Herman Cohen)及其遗著《源于犹太教的理性宗教》(*The Religion of Reason out of the Sources of Judaism*, 1919)的启发。弗洛姆的两位最重要的老师——诺贝尔和拉比诺(他深受科恩的影响)让他熟悉了科恩的经典之作。《源于犹太教的理性宗教》结合了《希伯来圣经》中对文本的系统评论与对犹太教传统其他重要来源的讨论,从而产生了一种"理性的宗教"。在科恩看来,犹太教基于普遍的伦理观和对社会公正的承诺。因为《旧约》中先知们的教义以普遍性为基础,所以科恩认为,这就排除了对一个国家甚至一个犹太国家的忠诚。如果外在神的观念有助于激励人们合乎道德地行事,那么伦理行为就优于信仰(即科恩所阐述的"伦理一神教")。弗洛姆把自己放在德国犹太人塔木德派的学术传统和他学生时代的精神之中,这是他生命中充满希望、灵感甚至纯真的时光——在第一次世界大战、纳粹主义的兴起,以及核毁灭的危险来临之前。[15]

弗洛姆简洁地宣布了这本书的主题。尽管《希伯来圣经》是"一本由许多作者在第一个千年中创作、编辑和重新编辑的书",但它描绘了"一个由精神领袖领导的小而原始的国家的演变,这个国家坚持只有一个神，而不存在什么众神"。这种一神论扩展为一种宗教，"信仰一个无名的神，相信所有的人最终归一，相信每个人的完全自由。"弗洛姆认为，几个世纪以来，这一重要信息一直是犹太人思想的中心。由于犹太民族在他们大部分的历史中都未曾建立一个国家，所以"先知的教导而不是所罗门[1]的荣耀，对犹太人思想产生了主要和长久的影响"。这些教义强调了"关于一个团结、和平的人类、为穷人和无助者伸张正义的先知愿景"。从他们漂泊无乡的生活开始，犹太人已经"能够发展和坚持一种人本主义的传统"。[16]

早在《像上帝一样生存》中，弗洛姆就解释了犹太人"信仰上帝"的传统并不意味着上帝具有特殊的属性或对社会强加教条的权威。认识上帝就是爱上帝，这本质上是要拥抱生命，并在伦理上引导自己。弗洛姆坚持认为，通过接受上帝是一个有生命的整体，人类接受了他生命的完整性和他自己的整体。《旧约》和《犹太法典》阐述了伦理法则，即指导人类在生活中行为的原则。当然，人不可能成为上帝，但如果他允许他的人格展开并"变得圣洁"，人就会与上帝同行（而不是在其之下）。不幸的是，人类经常被他崇拜的偶像——国家、领袖、国王、财富或技术——所左右，他误以为这些都是上帝的旨意。欢迎上帝就是否定偶像：人永远不能把他的和上帝的激情转移到偶像身上，因为偶像崇拜会导致可怕的心理后果。去拥抱一个偶像，就是去提升一个疏离的、异化的，因此也是腐朽的自我方面。这就等于是拥抱恋尸癖。[17]

《希伯来圣经》中的上帝是充满活力的人类生活的化身。在弗洛姆看来，希伯来人的上帝也接受了一种超越概念化的"宗教性"人类经验。弗洛姆将此称为"X体验"，他认为这在禅宗以及犹太人、穆斯林和基督徒思想的神秘领域中得到了最清晰的表达。它类似于"指月的手指"，

---

[1] 所罗门，传说是古代犹太王国的国王，约公元前971年—公元前931年在位。《旧约·列王纪》称他有超人的智慧。所罗门在位期间，把首都耶路撒冷建成圣城，成为犹太教的膜拜中心，也为基督教、伊斯兰教奉为圣地。——译者注

即我们话语背后的人类现实。"X体验"意味着放弃一切形式的个人自恋——一个人的自我、贪婪和恐惧——让"自己变得虚空,以使自己与世界充分联系,对它做出反应,与它成为一体,去爱它"。这就是圣经文献中关于"人是按照上帝的形象创造的"这一说法的精髓。人类通过发挥自己内在"所有的人性"而变得"像上帝一样"。[18]

弗洛姆对《诗篇》的讨论是很重要的;它似乎记录了他自己生活中不断变化的情绪,可以追溯到他有一个抑郁的母亲和一个有点狂躁的父亲的艰难童年。他坚持认为,《诗篇》是犹太社群中最受欢迎的祈祷书,是"人的希望和恐惧,他的欢乐和悲伤"最富情感的表达。在心理上,《诗篇》记录了自我内在的情感,这些情感在宗教经验中是固有的,但在正式教义却没有提及。弗洛姆指出,虽然这里有情绪单一的诗,但他关注的是更为复杂和动态的诗;后者反映了诗人内心的情绪变化,并记录了"X体验"的开始。诗人以一种低落的情绪开始,饱含悲伤、绝望、恐惧,有时是极度的沮丧。但在创作诗篇的过程中,诗人的心境明显地改变了;他变得自信起来,亨有一线希望和信心,甚至是热情洋溢。然后,诗人又回到了一种更深的绝望。弗洛姆解释说,只有经历了这种彻底的绝望,诗人才能从焦虑中解脱出来,以拥抱希望、信仰、活力,并对这个世界保持开放。[19]

弗洛姆在47首充满活力的诗篇中展示了这种情绪变化的模式,正如他所写的那样,他似乎正在审视自己是否充分拥抱了生活、欢乐和希望,尽管他的健康不佳,尽管他专注于恋尸癖和核战争。他强调,两千多年来充满活力的诗篇运动,在大量的哈西德歌曲中找到了"最鲜明、最优美的表达"。弗洛姆记得,当他和拉比诺一起歌唱哈西德歌曲时,他们感到非常高兴,这对师生拥抱了"激进的人本主义"的全部精神。尽管他一生中的大部分时间都在默想经文,但诵经(尤其是晚饭后)似乎让他能够与情绪的起伏保持联系。研究《诗篇》有助于他更好地理解悲伤和快乐、绝望和希望是生活过程的一部分,它阻止了人心变得冷酷和腐烂。从某种意义上说,弗洛姆是他自己的临床医生，也是人类的先知。[20]

弗洛姆花了两年的时间写了一本关于《希伯来圣经》的书，这对他的精神和稳定感有着深刻的贡献。虽然弗洛姆仍然是一位无神论者和非实践者（自从他年轻时起就没有这样做过），但他承认安息日的观察是一种对生活的热爱，这一天免除了物质社会的世俗实际问题，因此是特别适合沉思和增强生活快乐感的一天。事实上，弗洛姆建议每个人都应该遵守安息日的观察。[21]

弗洛姆一生的大部分时间都认同何西阿、以赛亚、阿摩司以及他们对"和平之日"的愿景，即这些国家"将它们的刀剑打成犁头"，这里弗洛姆的语气无疑是自传式的。尽管他没有自称先知，但他对先知角色的描述却与他自己的行动和写作惊人地相似。先知是真理的揭示者，但先知的王国从来不是纯精神性的，它始终关切"这个世界"，因此具有深刻的政治性。弗洛姆大量引用阿尔贝·加缪的《反抗者》(1951)，非常清晰地把先知的职责描述为"反抗者"。他警告人们提防问题和危险，即使是流行的社会正义观念。他准备逆流而上，预期遭遇冷漠，而且（与黑格尔一致）直到历史的终结，他都没有期望实现乌托邦。然而，加缪警告说，反抗者有时可能会对现状感到非常痛苦，以至于他可能会绕过外界评论家的角色，而成为一名"革命者"。正如加缪所提醒的，这是危险的。弗洛姆把先知的气质和反抗者的角色融合在一起，带来了风险（即使可能是有限的）。在某些情况下，先知可以获得巨大的能量和热情，他可能成为加缪所谓的革命者。他可能会接受革命者的权威主义解决方案，并会发现重新成为一名反抗者并不容易。[22]

麦迪逊广场花园

1966年初冬，当弗洛姆完成《像上帝一样生存》时，他在和平运动中变得更加活跃。他给教皇保罗六世（Pope Paul VI）写了一封公开信，要求梵蒂冈召开一次全球会议，以讨论人类生存迫在眉睫的风险，越南战争便是其中之一。自从理智核政策国家委员会成立以来，弗洛姆在里面一直是一个中心人物，他也是越南战争的早期反对者之一。他希望肯尼迪总统能够从该地区撤军，并代表理智核政策国家委员会与肯尼迪政府的几位顾问进行商讨，尽管从典型的意识形态立场来说这并不具有多少说服力。当肯尼迪遇刺时，弗洛姆担心新上任的林登·约翰逊（Lyndon Johnson）总统无法牵制来自国防部和将军们的压力，因为他们一心想要在东南亚实行军事"冒险主义"。

弗洛姆和他在理智核政策国家委员的同事们有理由感到担忧。早在1965年，约翰逊就为越南战争发起了一场大规模的征召，这一行动持续到1966年，几乎没有部署政府启动一个严肃的撤军计划。在这些情况下，1966年12月8日，理智核政策国家委员会在麦迪逊广场花园举行了一场大型反越战集会，并挑选弗洛姆作为主讲嘉宾。委员会的领导者希望弗洛姆可以把这个组织团结在一起，因为委员会当时已分裂为两股势力：一部分人寻求与约翰逊政府对话，要求进行严肃的谈判以结束战争；另一部分人则拒绝与政府对话，要求美国单方面撤军。弗洛姆倾向于与约翰逊的顾问讨论，哪些措施可能会促使美国与北越及南越实行协商解决。然而，他从来没有反对直接公开批评国家首脑，尽管这会限制他与那些外交政策制定者打交道。[23]

通常，弗洛姆会乘坐舒适的卧铺列车从墨西哥城抵达纽约，因为他不喜欢乘飞机旅行。但这次他感到时间紧迫，因为他增加了写作和演讲任务，并意识到飞机将会节省几天的时间。当弗洛姆抵达纽约河滨路的公寓休息并为集会做准备时，他感觉自己染上了流感。他很少由于健康问题而取消预定的事务，特别当发起者是他非常珍视的组织时，于是他叫了一辆出租车前往麦迪逊广场花园。

当弗洛姆登上舞台时，掌声四起，而且当他走向讲台发表演讲时，似乎暂时恢复了自己的力量。麦迪逊广场花园挤满了人。这是一个国际知名的人物，身材矮小，体态丰满，穿着一套传统的深色西装。尽管年事已高，但他的头发仍然很浓黑，梳了一个直背头。一双无框双光眼镜突出了那浓密的眉毛，并让人注意到他的大耳朵。但这位66岁的演讲者的热情和活力，清晰地显现在他的脸上——与他额头和脸颊上的皱纹相当一致。他说着优雅而完美的英语，只带有一些德国口音，而且声音饱满有力。这次演讲的内容简洁而富有生气：他坚持认为在越南的杀戮必须停止。战争例证了"自从一战以来，人类对生活的漠不关心和残酷无情逐年增加"。犹太人大屠杀和二战盟军在德累斯顿、广岛和长崎的轰炸，显示了这个社会对于暴行和毁灭的嗜好。从1914年起，人心和情感都被残酷地折磨着。与以往大多数战争不同，这次战争的目的是侵占敌人的领土，在越南的"成功"是由"猎杀的敌人数量"来衡量的。弗洛姆坚持认为，文明社会建立在"对生活和所有生命的热爱"的基础上，而我们的社会正在被"人类最可怕的颠倒所腐蚀，人们被堕落和死亡所吸引"。如果人类想要遏制阿道夫·艾希曼（这个家伙是纳粹灭绝机器的熟练监工）所代表的"死亡和去人性化的趋势"，这个社会必须对越南和其他所有战场说"停止杀戮，立即停止"。[24]

弗洛姆的演讲赢得了连绵不断的雷鸣般的掌声。他保持着直立的姿势，即使他感到有些精力不济。弗洛姆离开麦迪逊广场花园，走进寒冷的冬夜，搭乘出租汽车回到公寓。他意识到自己的流感更加严重了。但是，在纽约还有几个重要的任命需要他在未来的日子里关注。一天晚上，在麦迪逊广场花园的演讲结束后不久，当他在刺骨的寒风和冰雨中等候出租汽车时，突然感到胸口一阵剧痛，喘着粗气——他发作了严重的心脏病。在安妮斯的照顾下，弗洛姆卧床休息了10个星期，并要求他缩减大半年内的工作量。[25]

心脏病发作两个月后，弗洛姆写信给阿尼塞托·阿拉莫尼，说他近期内都不会回到库埃纳瓦卡的家。纽约的心脏病专家建议他彻底地休息三到四个月。弗洛姆低估了他心脏病的严重性，他告诉亚当·沙夫，他希望尽快重返工作岗位。为了放松和加速康复，他和安妮斯决定在2月中旬，在巴登－巴登和弗莱堡中途停留之后，前往位于洛迦诺小镇的穆托尔酒店，这个小镇坐落在瑞士阿尔卑斯山脉和意大利边境的马焦雷湖北端。弗洛姆和安妮斯以前去过洛迦诺，现在他们又回到了这个美丽和宁静的地方，因为它离弗莱堡一个著名的心脏内科和按摩治疗中心不远。弗洛姆在洛迦诺的疗养进展顺利，1967年4月初，他写信给沙夫说自己感觉好多了："我很高兴我读了很多书，有了很多新的想法。"晚春的时候，他和安妮斯从洛迦诺出发，开始短途旅行，去苏黎世拜访他最喜欢的堂妹格特鲁德·亨齐克和她的艺术家丈夫马克斯，然后去享受克罗地亚温暖的气候。那年5月，弗洛姆参加了他在麦迪逊广场花园集会之后的第一次公开活动——在日内瓦举行的和平会议。在欧洲的疗养使他得以远离墨西哥精神分析学会和研究所的内部政治。但在心脏病发作后的那一年，他并没有使自己成功远离美国政治。毕竟，他已经被认为是美国外交政策的重要批评者。随着越南战争的加速，参议院外交关系委员会主席威廉·富布赖特与参议院军事委员会举办了一次联合行政会议，以讨论这场冲突。弗洛姆的名字出现在发表"专家"证词的名单上。但是富布赖特向组织报告说，他的朋友还在重病的恢复过程中；弗洛姆此时还在洛迦诺。这次疗养帮助他在情感上与其欧洲血统重新联系起来。直到1967年秋天，他和安妮斯才回到纽约，然后从那里抵达墨西哥。他们期待着何日再返回瑞士阿尔卑斯山下那座可爱的小镇。[26]

心脏病发作使弗洛姆确信自己快走到生命尽头了。他向沙夫吐露，自己还可能会罹患致命的冠状动脉疾病，因此他必须小心翼翼。他的父亲在1933年去世，年仅64岁，很可能是因为突发心脏病。熟悉弗罗姆的朋友们回忆说，他现在非常关心自己的健康，对药物、维生素和特殊饮食悉心了解，并仔细衡量自己身体耐力的极限。66岁时的心脏病发作使弗洛姆全神贯注于疾病。安妮斯因为癌症复发，也可能将不久于人世。[27]

弗洛姆在麦迪逊广场花园露面的几个月前,曾在《康复杂志》(*Journal of Rehabilitation*)上发表了一篇关于老年心理学的文章。他认为一个人一旦到了65岁左右,找到了经济上的保障,就会倾向于简单地消费、"消磨时间",专注于疾病和死亡。在另一种说法中,弗洛姆则预言老年将是"经营(一个人)主业"的时期,因为现在有时间去面对人类所固有的精神和宗教问题。一个人终于可以"按照自己的真实性格生活",而不是采取权宜之计。他有机会变得"比以往任何时候都更活跃,而不是感觉缺少生机"。通过拥抱生活和变得"对这个世界真正而普遍地感兴趣",一个面对老年时期的人可以活得更幸福、更有活力,并扭转身体衰退时所固有的阴郁。弗洛姆告诉安妮斯说,这就是一种快乐而又奢侈的生活。在面对自己必死的命运之后,弗洛姆把这种经验变成了一种预言。[28]

第 10 章　爱与死

　　甚至在 1970 年《一个墨西哥村庄的社会性格》出版之前，弗洛姆和安妮斯就对墨西哥心灰意冷了。为了将更多的时间用于陪伴安妮斯以及自己的写作，弗洛姆于 1965 年从墨西哥国立自治大学退休，同时也缩减了自己在墨西哥精神分析研究所的工作。然而，这对夫妇还是越来越想再回美国定居。弗洛姆在纽约的心脏病医生曾警告他，要远离墨西哥城的高海拔地区。而频繁发作的呼吸短促使这一危机更加明显。此外，他的专业职责也使自己疲惫不堪。尽管弗洛姆从墨西哥国立自治大学退休了，但学校仍然不停地以教学和咨询事宜召集他，而墨西哥精神分析研究所的同事对他也是如此。[1]

　　值得注意的是，尽管弗洛姆喜欢墨西哥的生活和文化，但他仍然关心美国的习俗与发展。弗洛姆很有语言天赋，轻轻松松地就掌握了西班牙语，但他还是倾向于说英语或德语。他喜爱各种食物，不过辛辣的墨西哥饮食除外；他喜欢很多菜肴，但他最常吃的还是在纽约居住时吃的那些。确实，羊肉或意大利面，佐以蒸蔬菜、土豆泥和一盘新鲜水果，然后再来一杯加奶油的稀释咖啡，外加一两块小点心，简直是完美的一餐。他喜爱上好的法国葡萄酒，有时也享受极品的波旁威士忌。弗洛姆阅读墨西哥的报纸和杂志，密切关注当地消息和国家新闻。但他也紧跟欧洲和美国的出版物，一旦最新的《纽约时报》到货，他就立刻购买回来。弗洛姆喜欢北美和欧洲的朋友、知识分子、医生、艺术家到访，正如他与墨西哥的精神分析师、学者和文化名人密切往来一样。不过，有一种墨西哥习俗是弗洛姆无法忍受的——时间观念。他永远无法抹去德国人守时的习惯。他以古板的军人步态参加会议或赴约，按照预定时间准时到达，但每次都因墨西哥同事的迟到而不悦和苦恼。[2]

不过，弗洛姆离开墨西哥最紧迫的原因并不是其文化，甚至也不是墨西哥的高海拔，而是他无法忍受墨西哥精神分析研究所中几位关键人物之间的内讧。他对这个问题束手无策。但弗洛姆越是抽离研究所的活动，内讧就变得越激烈。分歧最初集中在三位潜在的继任者之间的斗争上。阿方索·米兰是三位中最年长的，而且作为一名医生享有盛誉，因此，弗洛姆有意将他培养为墨西哥精神分析协会的首席主席。然而，豪尔赫·席尔瓦·加西亚和阿尼塞托·阿拉莫尼并不认同弗洛姆的选择。作为一名退伍军人兼医生，席尔瓦·加西亚将组织和纪律看得无比重要（像弗洛姆一样）。他将一系列的自我管理放在首位，这在他为墨西哥精神分析研究所物色新址时尤为明显。另一方面，阿拉莫尼是一位非凡的高产学者，他看不起席尔瓦·加西亚。米兰有时与席尔瓦结盟，有时又与阿拉莫尼合作，这使得领导权斗争更加复杂。布宜诺斯艾利斯的几位著名弗洛伊德派精神分析师来到之后，他们在墨西哥的霸权受到了挑战，因而使这一情况变得更加严重。这群弗洛伊德派精神分析师把长期低迷、正统的墨西哥社团变成了弗洛姆的精神分析学会和研究所的重要对手。[3]

不过,弗洛姆却以一种不甚精妙甚至不够得体的方式支持阿拉莫尼，让他继任自己所有的职务，从而促进了这种令人不安的事态。他不仅将阿拉莫尼视为一名专业的学者和知识分子，还认为他是一名有天赋的精神病学家和精神分析学家；这基本上是他的原话。对于阿拉莫尼的女儿丽贝卡来说，弗洛姆是她的第二位父亲，她依赖于弗洛姆给予的引导和方向。阿拉莫尼也一直将弗洛姆视为他的导师，是墨西哥精神分析研究所永远的掌门人，而认为自己只是一个替补。席尔瓦·加西亚不知道的是，弗洛姆经常向阿拉莫尼讲解研究所的组织和人事发展，并对阿拉莫尼的优秀学生提供源源不断的建议。例如，当阿拉莫尼向弗洛姆提到研究所要考虑录取一些学生而开除其他学生时，弗洛姆就会给出具体的建议。但他同时又抱怨道，阿拉莫尼和其他高级分析师必须"在我不在的时候承担起责任"。因此，这个困局的部分原因不仅在于弗洛姆公然垂青于阿拉莫尼，更在于他不愿让自己与政治活动分离开来，即使这使他感到困苦和殚精竭虑。[4]

自 1967 年年初，弗洛姆从严重的心脏病发作中逐渐恢复，这对夫妇第一次造访了位于瑞士和意大利边境的洛迦诺，他们为眼前的这座小镇而倾倒：它处于较低的海拔，春季和冬季气候温和。洛迦诺独具魅力，还因它唤醒了弗洛姆的存在感——不仅作为一个世界公民，而且作为一名欧洲人。这座小镇距离德国不远，搭火车去苏黎世也很便捷——在那住着弗洛姆最为亲近的亲戚，他聪明可爱的精神分析师堂妹格特鲁德·亨齐克·弗洛姆。她和约瑟夫（亨利的儿子）是弗洛姆唯一视作家族成员的亲戚。弗洛姆还发现，相比在墨西哥，他在洛迦诺的短暂停留期间写作效率大大提高，而且生活在瑞士还有许多税收优惠。此外，他与安妮斯喜爱游览那里的小村庄以及周围的松树林。他们经常在温暖的日子享受欣特察尔腾（Hinterzarten）和巴登－巴登的黑森林温泉。弗洛姆在给克拉拉·厄克特的信中写道，他很喜欢"在洛迦诺隐居的生活和愉悦的工作"。[5]

弗洛姆在洛迦诺的夏季所结交的朋友逐渐形成了一个欢乐的同事圈子，这让人回想起他曾经参加的亲密的而且在情感上经常抚慰人心的知识分子团体，自 20 世纪 30 年代起，他就是其中的一员。这个圈子现在包括了德国犹太人马克斯·克路兹伯格，他是利奥·拜克研究所的退休主任，来自阿斯科纳的鲍里斯·路班-普利斯，一位充满雄心壮志的医生，以及来自库埃纳瓦卡的伊凡·伊里奇——他以前的邻居。克路兹伯格在巴勒斯坦居住了 20 年，他在那里反对建立犹太国家，而且像弗洛姆一样，他对于以色列针对阿拉伯的歧视也很不满。他和弗洛姆经常坐在堆满书籍的桌旁，一起愉快地审阅文章，如同那些塔木德学者一样。

在精神分析学家迈克尔·巴林特发起的增强医患沟通的运动中，路班-普利斯表现得非常活跃。弗洛姆建议他成为一名医生，并训练他的治疗技术。弗洛姆同样也被路班-普利斯的妻子威尔玛（Wilma）所吸引，她正直、友善并具有深刻的道德承诺。她才思敏捷，尽管在圈子讨论中通常沉默，但弗洛姆发现她往往一鸣惊人。格特鲁德和马克斯·亨齐克-弗洛姆（Max Hunziker-Fromm）经常从苏黎世赶来参与他们的聚会。弗洛姆喜欢和马克斯一起烹饪，有时还为整个圈子里的同事做饭。人们经常发现这两个人穿着长筒袜跑到酒店的大堂。伊里奇现在大部分时间待在法国和德国，弗洛姆喜欢他揶揄式的幽默以及他的智慧。长期以来，伊里奇一直批判医疗、教育和其他机构，他还是一位欧洲名人，尤其受到法国左翼的欣赏。作为一名罗马天主教牧师，伊里奇与梵蒂冈和美国中央情报局都有瓜葛。通过克路兹伯格，弗洛姆结识了如耶那婆尼卡长老（Nyanaponika Mahathera）。后者是克路兹伯格在德国学校的同伴，也是一名犹太人，逃离了纳粹的魔爪，但后来却被关进了拘留营[1]。在克路兹伯格迁往洛迦诺之后，如耶那婆尼卡长老经常来看望他。

在当时，如耶那婆尼卡长老已经是一名魅力超凡的斯里兰卡佛教精神领袖，与此同时，他还在继续学习西方经典。自从铃木大拙去世之后，弗洛姆一直在寻找一位精神导师。他总是觉得存在一种冲突（尽管铃木大拙是折衷主义的）——禅宗深刻的反理性取向和他自己对于爱与理性的尊崇存在冲突。作为小乘佛教的拥护者，如耶那婆尼卡长老的《佛教禅修心要》（The Heart of Buddhist Meditation）包含了铃木大拙所缺少的理性的"正念"，他劝说弗洛姆重新开始冥想训练，将其作为整合佛教和西方启蒙运动价值观的一种方法。弗洛姆花了数小时聆听如耶那婆尼卡长老描述他对戒除贪或嗔的欢乐生活的颂扬。这样的同事情谊与洛迦诺的其他益处相得益彰。[6]

1973年9月，弗洛姆和安妮斯决定在洛迦诺常年定居，他终于从墨西哥精神分析研究所全身而退，尽管阿拉莫尼和其他学员都试图引诱他再回去。到1974年秋天，他告诉阿拉莫尼，自己不会再回去了。"全身心地沉浸于我的（写作）事业……并且乐于这么一直下去"，因此他将

---

[1] 拘留营，二战期间，英国政府将居住在其殖民地的德国男性发配到拘留营，怀疑他们是德国间谍。——译者注

不再参与研究所的事务:"如果我在墨西哥,我将会被卷入各种利益纷争,并且被各个团体利用以与其他团体斗争。我现在太老了,不能再沉溺于此了。"阿拉莫尼、席尔瓦和其他高级分析师在随后的几年里,仍然不停地恳求弗洛姆回归研究所,然而皆无成效。1976年2月,弗洛姆写信告诉阿拉莫尼,他正在将库埃纳瓦卡的房产放在市场上售卖:"只要我能继续写作,我就不会浪费精力和时间"往返于库埃纳瓦卡和洛迦诺之间。弗洛姆请求研究所的同事将他所有的书籍和信件寄送给他。弗洛姆最终决定在欧洲度过他最后的岁月——"如果我还能够活几年的话"。[7]

在墨西哥的数十年,弗洛姆雇佣私人秘书将他的手写稿用打字机打出来,然后他进行编辑,之后他们再重新打出来。他们还要为弗洛姆大量的私人和职业信件做口述的记录。自20世纪50年代中期开始,碧翠斯·梅耶(Beatrice Meyer),也称"特里克茜"("Trixie"),对弗洛姆显得尤为重要。当他建造库埃纳瓦卡的房子时,为梅耶在长廊尽头准备了一间特别的书房,在那里可以俯瞰草坪和花园。除了弗洛姆自己的书房外,这是一处绝佳的写作和思考之地。由于怀疑梅耶和自己的丈夫有染,所以安妮斯并不待见她。尽管如此,直到20世纪70年代,弗洛姆在墨西哥时仍然让她留在身边。对安妮斯来说,移居洛迦诺解决了这个问题,在洛迦诺,琼·休斯(Joan Hughes)接手了梅耶的工作,她是一位保守且相貌平平的英国女士,冷幽默、衣着乏味,显然没什么性吸引力,安妮斯很喜欢她。休斯拥有无限的精力以及作为一名女教师的专业素养。她一丝不苟地审阅弗洛姆的手稿并确保在截止日前交稿。休斯准确无误地打字,并让弗洛姆及时阅读他的日常信件。与"特里克茜"不同,弗洛姆总是称她为"休斯女士",并与她保持冷淡和职业性的关系。[8]

弗洛姆与安妮斯在莫拉托(Moralto)(洛迦诺的一个区)的卡萨拉蒙达(Casa La Monda)综合大楼买了一套简陋的公寓,并进行了简单的装潢,这比他以前的房子小得多。他们住在第五层楼上,放眼望去,可见马焦雷湖和彼岸高耸的甘巴罗尼奥山(Mount Gambarogno),令人心旷神怡。弗洛姆就坐在看得见这些景色的书桌前,起草他剩下的作品。紧邻的书架上塞满了资料,手稿高高地堆积在桌上。他很有必要租一间一楼的房间,以容纳从墨西哥寄来的书籍和资料。弗洛姆发誓要把他余下的日子用来写作和出版。[9]

对学术的追求

弗洛姆在洛迦诺很少做精神分析治疗。事实上,他在墨西哥的最后几年做的精神分析治疗也微乎其微。然而,他与哈伊姆·卡普兰(Chaim Kaplan)的常年通信实则相当于一个分析,对弗洛姆的晚年产生了深刻的影响。卡普兰是一名年轻的邮政工人,有时也是一位塔木德学者。在他们互通的信件中,包括了个人的困苦(主要是卡普兰的,但弗洛姆也有一些),重要的学术问题以及卡普兰的写作计划。卡普兰的出现似乎促进了弗洛姆对《人类的破坏性剖析》的进一步深化与系统化,这是他最后的重要学术事业,他花费了多年的精力才完成这本书。反过来,可能患有精神分裂症的卡普兰,在与弗洛姆的接触中也获得了非常大的帮助。

弗洛姆鼓励卡普兰从事塔木德研究,并指导他研究塔木德经文以及那些经文的经典注释。在一些信件中,弗洛姆提到卡普兰在撰写文章方面的拖延,还批评了他的其他工作,并对这位年轻人的职业和家庭生活提出建议。当卡普兰从犹太学院(Yeshiva College)毕业,弗洛姆建议他去读犹太法学博士。从弗洛姆的角度来看,根本的问题在于卡普兰无法鼓起"成为自己的勇气和信心"。[10]

反过来,卡普兰的工作和墨西哥村庄的项目复燃了弗洛姆对于学术研究的热情。弗洛姆的大多数著作都偏离了严肃的学术研究,直到他开始与迈克尔·麦科比合作。尽管麦科比公开地将村庄研究这本书的精华归功于弗洛姆,但实际上是麦科比做了绝大部分的研究,并撰写了大多数章节的初稿。现在的问题在于,弗洛姆能否胜任一部续集——另一本严肃的学术著作——但这一次要全靠他自己。在弗洛姆与卡普兰的交流过程中,尽管开头不是很顺利,但他决定将《人类的破坏性剖析》作为续集。卡普兰表示赞同,并认为尽管弗洛姆年事已高,但还是可以胜任的。[11]

然而,在他开始《人类的破坏性剖析》一书之前,弗洛姆原本打算完成一部大规模的著作——四卷本他所谓的"人本主义"精神分析丛书。虽然有大量的版税收入,但奇怪的是,他仍然寻求莉莉娅·海德基金会(Lillia Hyde Foundation)的资助。这四卷本将是弗洛伊德的理论框架一次彻底的延伸,将超越它对本能的关注,并拥抱他选择的人本主义存在主义。在他的临床工作的基础上,这个项目将围绕着他的社会性格的核心概念。他将再一次努力将弗洛伊德的"现代主义"议程(专注于本能生活,特别是力比多)与他的另一种说法(外部社会构造塑造了本能生活)结合起来。弗洛姆计划在两年内完成这个项目。因为他并不打算比许多早期著作写得更详尽和细致,而且他完成书籍的速度惊人,所以他预期大概两年足够了。但他忽略了一个关键问题:学术著作更花费时间和精力。而且,他以前从未开展过如此大型的项目。此外,他还担心计划用于这个项目的临床资料可能会违背对于病人的保密原则。最终,1966年12月的心脏病发作和长久的恢复期延迟了这个项目的启动,并且可能就此一直延迟下去。

1970年年初,弗洛姆出版了一本相当薄的书。最初,他打算将这本书作为四卷本中的第一本。这本书就是《精神分析的危机》(*The Crisis of Psychoanalysis*),被翻译成16种语言,销量约80万册。在职业生涯的这个时期,弗洛姆的署名似乎就会保证畅销,至少对他的大部分出版物来说是这样。这本书包含了弗洛姆在1932年至1969年期间写的文章,主要是关于精神分析学观点和社会学观点的相互联系。在这本合集的一篇新文章"精神分析的危机"中,他认为,精神分析从一开始就是一种关于性压抑的激进且尖锐的理论,悍然不顾中产阶级的尊严。但是,弗洛伊德的追随者将精神分析运动官僚化,掩盖了激进的批评,并且默许了社会顺从的压力。在弗洛姆看来，这种官僚化解释了为什么当代精神分析处于危机之中并很快变得无关紧要。当然，这一主张强调了一个事实，即弗洛伊德对于力比多的关注与弗洛姆的社会性格概念有很大不同。那么，弗洛姆的社会性格的概念是当代精神分析危机的一部分吗？这里弗洛姆可以简单地说，他最初是弗洛伊德"现代主义"议程的追随者，但他在此基础上逐渐发展出了自己的社会性格概念。[12]

自20世纪40年代末以来，弗洛姆就一直对正统精神分析学的官僚化心存疑虑，因此，从本质上讲，他并未打算开辟新的领域。但在《精神分析的危机》一书中，出现了一些意想不到的东西：一份简洁而又生动的三页纸的后记。它强调了弗洛姆已经成为一个忧心忡忡的社会评论家，因为他相信战争是单一民族国家内在的一种侵略功能。他预测，在未来半个世纪的某个时刻，由于国与国之间的核、化学和生物战争，地球上的生命不复存在。社会评论家保罗·古德曼和生物学家保罗·欧利希（Paul Ehrlich）也发出了类似的警告。弗洛姆援引《人心》一书，他将这种可怕的结果归因于恋尸癖，声称对死亡的偏爱已成为全球领导人当中的一种病态行为，尽管他们呼吁荣耀、秩序、财产和神话般的黄金时代，同时承诺一个自由和辉煌的未来。然后，他指出许多英勇的生物学家、经济学家、神学家和哲学家反对恋尸癖的政治。但是精神分析学家，若摆脱了他们墨守成规的干扰，尤其能够揭露政客们的危险态度。事实上，这些精神分析学家能够帮助所有的人类，因为他们能够更敏锐地发现那些在其崇高意识形态背后鼓吹侵略和死亡的领导人——"去看他们是什么，而不是他们说了什么"。[13]

《精神分析的危机》比《人心》更为简洁，它的最后几页将这种情况当作人类境遇的当务之急。弗洛姆的论述是激进的、杂乱的，常常不合乎逻辑，而且完全缺乏证据。相反，他为这个世界做出了一个预言，决心要把受威胁的世界从悬崖边移开。更具体地说，他可以做点什么使自己的价值最大化呢？弗洛姆在晚年时期很少为和平集会演讲，或在请愿书上签字或忙于评论专栏，因为它们实际上是激进言论的各个侧面，在绝大部分情况下,都没能说服政策制定者相信近在眼前的潜在破坏。弗洛姆宣称,在20世纪60年代末70年代初,核灭绝的威胁比起以前有过之而无不及。尽管他与美国高层政治人物有着密切联系,比如威廉·富布赖特以及后来的爱德华·肯尼迪,但他显然不了解美国和苏联为避免古巴导弹危机重演而采取的一系列安全程序和协议。[14]

弗洛姆将过去的许多抗议手段放在一边,开始寻找一种有效的方式劝说学者、政策制定者以及政治掮客相信迫在眉睫的灾难。也许他可以写一些关于人类境遇的新的、不同的和学术性的东西,这些东西可能具有他的檄文所缺乏的影响力。卡普兰清楚明白地告诉他,其实这也是他常对卡普兰说的:冷静的学术和严谨的分析才可能对这个世界产生真正的影响。

弗洛姆显然认为,《精神分析的危机》最后几页的分量是不够的。他将这个项目的后三卷本搁置一边,而专注于一本名为《人类的破坏性剖析》的书。在这项工作中,他决心尊重各种学科的研究学者并向他们学习,特别是神经科学,大多数精神分析学家都不擅长于此。他会找出自写作《逃避自由》以来,他通常会绕开的那些严厉的批评者。麦科比委婉地建议弗洛姆,不要再依赖那些老旧且经常会被取代的数据来支持他的概念构想。所以,弗洛姆一头扎进研究,全力以赴阅读各种关于新主题的学术文献。他在洛迦诺的书架很快就塞满了各个领域内著名的学者和研究者的著作。卡普兰非常热衷于科学,他给弗洛姆邮寄了一些书籍。弗洛姆雇用了杰罗姆·布拉姆斯(Jerome Brams),后者是一位临床心理学家,通过培训,弗洛姆发现自己很喜欢他,即使布拉姆斯并不熟悉神经科学、体质人类学(physical anthropology)或其他研究领域。布拉姆斯也没有在研究型图书馆搜索相关前沿文献的经验。对于这项工作,弗洛姆并不比布拉姆斯更专业,但他从直觉上感到,这是他最后一次有机会通过缜密的学术和文献研究为自己的作品增彩。因此,他在没有熟练的研究助理的情况下,沿着一条耗费时间的道路前进。这是一条很少有哪位社会评论家愿意在生命最后几年去走的路。弗洛姆向安妮斯承认,他需要多活三年时间来完成《人类的破坏性剖析》,然后再继续日程表上其他的学术项目。[15]

洛伦兹和斯金纳

除了他想要写一本研究缜密的学术著作之外,弗洛姆还受到了康拉德·洛伦兹(Konrad Lorentz)的影响,后者出版了《论攻击》(*On Aggression*)一书,该书以德文出版于1963年,并在三年后被翻译成英文。弗洛姆最初阅读《论攻击》时相当反感,他认为其中的论点存在缺陷,因此认定这本书不会掀起什么波澜。然而,当弗洛姆在日内瓦见到他的好友富布赖特参议员时,他发现富布赖特对洛伦兹的著作印象深刻。弗洛姆承认大致同一时间出版的其他受欢迎的书籍,对洛伦兹这本书的广泛传播和随之而来的名望起到了推波助澜的作用。其中包括罗伯特·阿德雷(Robert Ardrey)的《非洲起源》(*African Genesis*,1961)和《领地法则》(*The Territorial Imperative*,1967),以及德斯蒙德·莫里斯(Desmond Morris)的《裸猿》(*The Naked Ape*,1967),这些著作都探索了人类先天的攻击性这一相同主题。[16]

作为一名奥地利出生的人种学创建者,同时也是一名古生物学家和医生,洛伦兹接受了德国"种族力量"这一沙文主义概念,它指的是生物性纯粹和种族高贵的、未被"次要民族"污染的雅利安人,这一概念也许是纳粹所谓的良好社会的核心前提。20世纪40年代早期,洛伦兹开始担任德国军队的医务人员。正如他的早期著作所预测的,《论攻击》假设人类和其他动物一样,是一种受到基因遗传支配的被动生物。弗洛姆觉得这个观点令人厌恶。洛伦兹还坚持认为,攻击冲动是天生的,具有遗传的成分,目的是保护物种。人类受制于这些与生俱来的冲动,他诉诸攻击以获得领地或其他物品,从而保证"族群的生存"。在洛伦兹看来，攻击性限制了一个物种通过合适的方法散布，确保了最强壮物种的生存并保护其后代。弗洛姆决心将他的研究聚焦于人类攻击性，并提供另一种解释。[17]

弗洛姆对于洛伦兹的观点感到愤怒是可以预见的。早在1949年，在他的《精神分析性格学及其在理解文化中的应用》（*Psychoanalytic Characterology and Its Application to the Understanding of Culture*）一文中，弗洛姆就质疑过攻击冲动是否为先天的，他坚持认为这个假设从来没有被系统研究证实过。他在《人类的破坏性剖析》中一开始就重申这一点。但他最初应对洛伦兹的论调是争辩性的，并且在写这本书时也从未掩饰过这种论调。甚至这种强烈的敌意是可以理解的，一位是来自希特勒统治下的德国犹太移民，而另一位是从未令人信服地公开认错的前纳粹。但是弗洛姆的论调与他想要通过缜密的学术工作呈现一个跨学科的研究，是背道而驰的。

弗洛姆控诉洛伦兹的主张是冒犯性的，而且是危险的，否认了作为人类所特有的选择和责任。洛伦兹还将现代国家中的暴力和残忍合理化，认为是人类攻击性的一种正常表现形式。最让人无法忍受的是，洛伦兹不相信人类能够避免最危险的攻击形式——核战争。总而言之，弗洛姆指控洛伦兹以他"疯狂的"假设来解释人类攻击性的所有形式，这种假设认为攻击性是"由人类控制之外的生物因素所决定的"。除了这些公开的反驳，弗洛姆还写信给里斯曼，说他可以具体地指出洛伦兹观点的危险性。事实也如此，弗洛姆碰巧发现了一份1940年的机密文件，其中洛伦兹捍卫纳粹关于消灭"劣等人"的法律，以帮助实现所谓的德国种族的"生物必需性"。我们尚不清楚，为什么弗洛姆在《人类的破坏性剖析》中没有提到这份文件。在写给恩斯特·西蒙的信中，弗洛姆坚持认为洛伦兹是一个"反动的民族主义者"，是一个社会达尔文主义者，这种人无视大量的人类学、社会学和心理学证据，而主张"人类的侵略性是天生的"并且无法避免的。他在《人类的破坏性剖析》中至少花了第一部分来反驳洛伦兹的有害假设：以证明人类的攻击行为并没有天生的生物属性或社会必然性。人类可以通过自己的意志预先阻止破坏性的攻击,包括暴力和战争。人类有能力塑造自己的社会、经济和政治环境,从而确保和平与安宁。[18]

从根本上说,洛伦兹的生物决定论的主张让弗洛姆生厌,出于同样的原因,弗洛伊德的观点似乎也是不足的。也许是希望自己能与洛伦兹保持距离,弗洛姆并不承认他的恋生欲与恋尸癖的二分法,是对于弗洛伊德的爱欲和死欲二元论的扩展和改版。弗洛姆强调它们存在一个显著的差别:弗洛伊德的二元论植根于生物本能,而不是他所强调的特定的社会环境。弗洛姆在本质上选择不去参与这个事实,即爱欲(比如恋生欲)代表生命、爱、希望以及与其他生物的联系,这样它们才能生生不息。相反,死欲(比如恋尸癖)在某种程度上代表了对无机物的追求,甚至是回归到没有痛苦的子宫中。当弗洛姆试图将二元论从一种涉及本能的二元论转变为一种基于社会背景的二元论时,他在很大程度上是通过断言而不是细致的论证来完成的。如果弗洛姆承认,撇开差异性不谈(确实是巨大的差异),他在本质上是扩展并调整了弗洛伊德的爱欲和死欲的二元论,那么他本可以在反抗洛伦兹时利用弗洛伊德占据优势。

弗洛姆花了数年时间批评弗洛伊德关于本能的液压理论:即假设有被压抑的能量源寻求释放。在《超越快乐原则》(*Beyond the Pleasure Principle*,1920)中,弗洛伊德改变了他对性本能和自我之间冲突的描述,取而代之的是爱欲与死欲之间的冲突。弗洛伊德假设死欲,也就是死本能,是最令人厌恶的攻击形式,它与强烈的生本能(爱欲)是相对立的。洛伦兹在描述攻击本能时并没有发现这样的对立,攻击本能仅仅是攻击或者摧毁其他生物。在这里,弗洛姆也可以更好地利用弗洛伊德的理论。

弗洛姆指出,洛伦兹是如何信奉一种"浪漫的、民族主义的异教信仰",赋予人类以先天和本能的攻击性,就像在某些鸟儿、鱼儿或其他动物种类中看到的那样——这显然不可能被囊括在"文明"或任何其他人类目标的利益中。洛伦兹并没有理解达尔文所做的解释,也就是弗洛伊德和弗洛姆所做的解释:与其他物种不同,人类已经进化到了一个新的高度,发展出了理性、逻辑和共情的能力。弗洛姆假定，就像弗洛伊德在他之前认识到的，有大量的证据表明人类可以超越那些未充分进化的动物身上具有破坏威力的攻击性。此外，弗洛姆的构想要远比弗洛伊德想要解决的问题更宏大，后者关注的是社会凝聚力所需的可控的不快乐。但他坚持认为，弗洛伊德的姿态远比起洛伦兹更周全、更谦逊，也更有希望。[19]

洛伦兹直截了当的观点引起了弗洛姆几乎同样严厉的反驳。也许是因为他们知识结构的不同，每个人都采用了达尔文的进化论大纲中适合自己观点的那一部分。洛伦兹专注于灵长类动物和人类为了生存所必需的复仇和攻击的品质。而弗洛姆则阐述了另一个达尔文，后者描述了人类的自我意识、推理能力甚至是审美情感，正是这些品质使人类与其他未充分进化的物种隔离开来。

诚然，弗洛姆阅读非常广泛，不仅为了挑战洛伦兹，同时也为了奠定《人类的破坏性剖析》的基础，他试图熟悉遗传、体质人类学、比较人类学、动物行为学、认知心理学、语言学、神经科学，以及其他横跨科学和人文学科的领域。然而，这项工程如此浩大，不得不寻找捷径，因此，他只能草率地对待大多数现有的研究。尽管弗洛姆可以通过评估他所研究的材料的内在逻辑来弥补他所缺乏的专业知识，但他还是走了一条合理的道路。他向富布赖特袒露，也许自己要在《人类的破坏性剖析》上花费超过六年的时间。这本书"即使现在也只有一个粗略的大纲，如果我有时间写的话，应该是一部三四卷篇幅的作品"。就像他离开法兰克福研究所之后的大部分作品一样，这本书可能在更多实质性研究的基础上"提出进一步研究的建议"。[20]

如果弗洛姆认为洛伦兹关于人类固有破坏性的观点是错误的，那么B. F. 斯金纳关于行为条件作用的观点也同样打击了他。行为主义的学说，最初来自20世纪早期的约翰·B. 华生，反对人类感情在试图理解人类行为方面的价值。相反，更重要的是他发现塑造人类行为的外部强化物，并"科学地"加以调整。斯金纳对华生研究的延伸（"新行为主义"）聚焦于"操作性"条件反射——系统的应用、积极的强化，以沿着"社会期望"的路线改变动物和人类的行为。斯金纳发现人类具有遗传天赋，但除此之外，动物和人类的行为完全取决于外部施加的强化作用。人在本质上是可塑的，而且在人性中，没有什么是不为社会期望的目标而改变的。憎恨、攻击以及其他形式的不良行为，都可以通过适当的外部操作加以消除。洛伦兹认为攻击性是与生俱来的，是无法改造的，但斯金纳却持相反意见：有害的攻击行为很容易通过社会条件加以改正。弗洛姆在这两者之间坚持自己的立场。[21]

正如弗洛姆在意识形态上抛弃了洛伦兹，他也抛弃了斯金纳的观点，他认为斯金纳缺少谨慎和理性的学术态度，他很敬佩卡普兰具有这样的态度。在弗洛姆看来，斯金纳断言通过管理环境可以控制或消除攻击行为是完全错误的。斯金纳的谬误在于他忽视了人类内在的情感世界以及人类确有的复杂性。斯金纳的行为传统没有认识到人是一个整体——一个拥有人格、社会性格、内在动机和强烈情绪的整体，所有这些都是协同工作的。简而言之，斯金纳忽视了人在社会中积极、负责和反思的角色。斯金纳为一个新兴的技术统治论和控制论社会辩护，这个社会操纵着人的劳动、消费和思想，使他能够"适应"占主导地位的制度和意识形态，他忽视了人的命运以及人如何与自己疏远。事实上，斯金纳的观点威胁到了人类的存在，取而代之的是一个温顺的、疏离的自我："斯金纳把控制论时代被孤立的、被操作的人间地狱当作进步的天堂。他钝化了我们对于将要前往何方的恐惧。"斯金纳坚持认为，现代工业主义及其庞大的操控可以产生一个乌托邦——一个没有攻击和基于"科学人本主义"的和平的社会秩序。[22]

弗洛姆引用了许多批评斯金纳的学术文章。然而，这里有一个重要的问题，他没有注意到这些学术结论背后的逻辑、一致性或证据。比如，他引用了卡尔·罗杰斯与斯金纳的一次对谈，但他没有评论罗杰斯提出的相当直白且有问题的论点。更重要的是，他赞扬了诺姆·乔姆斯基（Noam Chomsky）1959年针对斯金纳《言语行为》（*Verbal Behavior*）的评论，以及乔姆斯基后来对于行为主义语言观点的批判。乔姆斯基的理论认为，人类享有与生俱来的语言能力，即天生的遣词造句的能力，而这与斯金纳关于语言的观点是对立的，后者认为语言是一系列的条件反射。弗洛姆倾向于赞同乔姆斯基，尽管他不同意乔姆斯基一贯的本质先于存在论。弗洛姆绕过与乔姆斯基调和的机会，他选择了一条简单的道路：乔姆斯基"如此彻底"和"出色地"陈述了他反对斯金纳的理由，因此他不需要去讨论乔姆斯基的生物决定论。弗洛姆还接受了肯尼思·麦考尔奎代尔（Kenneth MacCorquodale）1970年对于斯金纳的假设所做的重要批评，以及哈桑·厄兹贝坎（Hasan Ozbekhan）1966年的被广泛引用且更为批评性的文章——《技术的胜利》（*The Triumph of Technology*），但他忽略了这两篇文章背后的逻辑。[23]

人类的性格

无论是洛伦兹还是斯金纳，他们对人类攻击性和破坏性的解释都让弗洛姆一无所获，弗洛伊德的驱力理论因此受到了怀疑，所以弗洛姆将《人类的破坏性剖析》的大部分内容指向了他自己对这个问题的回答。在这个回答成为书的内容之前，弗洛姆在1971年8月写给厄克特的一封信中草拟了他的答案："人的破坏性不是由动物遗传造成的，而是由人的生存状态导致的，在某些情况下，人的破坏性和残忍程度远远超过了任何动物基于本能的破坏和残忍。"但是，攻击的主要潜力是由外部社会环境调动起来的，而"这些外部社会环境本身是可以改变的"。这与弗洛姆的人本主义参照体系是一致的。弗洛姆认为，现代人的善与恶的潜能取决于一个由外在社会结构所塑造的内在性格。[24]

弗洛姆综合了J. P.斯科特（J. P. Scott）对动物攻击性的研究，这一研究支持他自己的观点，即动物的攻击性是由外部而不是内部发起的。他还引用了对灵长类动物行为的研究，认为灵长类动物缺乏领地主义，这表明争夺领地并不是人类攻击性的基础。因此，破坏性的攻击是人类的问题，但这个问题并非始于最早的人类社会。弗洛姆解释说，早期人类的本能和大脑发育之间存在不平衡，但这种不平衡并没有导致破坏性的攻击。为了寻找证据，弗洛姆不仅依赖人类学研究，而且还依赖地质学、民族学和社会学研究，这些研究涉及原始狩猎者和食物采集者，研究结论与早期人类被普遍认为是"杀手"的刻板印象相矛盾。他的观点是，恶性攻击既不是出于本能，也不是人类固有的天性。这种观点与弗洛姆所参与的文化和人格运动的立场也是一致的。它强调了文化和社会的重要性，而不是先天特征对个人思想和行为的重大影响。[25]

弗洛姆坚持主流学术观点，认为人类的动物遗产并不能证明他天生具有攻击性。但是，在他讨论食物生产组织有序的社会的起源——这些社会优先考虑消费、领土权、剥削有时是残酷的行为，讨论人类破坏性倾向的起源时，他对既有研究文献的坚持开始减弱。在这里，弗洛姆大量借鉴了马克思、恩格斯和巴霍芬的推测。但他对那些认为破坏性是与生俱来的学术观点不屑一顾。事实上，他根本不相信破坏性是"人性的一部分"这一主张。如果人类，超越了他最原始的食物采集的存在，有时成为"唯一在杀戮和折磨中体验到强烈的快感的灵长类动物"，那么这种特质永远不会成为"人性"的核心品质，这一点是至关重要的。在某些情况下，在攻击和屠杀中寻找快乐是某些人的存在抉择。然而，弗洛姆认为，如果攻击性和破坏性是由人的能动性引起的，那么也可以通过人的能动性来避免。[26]

恶性攻击

在《人类的破坏性剖析》的第三部分，弗洛姆解释了几种不同类型的人类攻击性和破坏性，它们发生在关键的历史转折之后，在这个时刻有些人愿意去折磨和杀戮。在这里，弗洛姆区分了"良性"攻击和"恶性"攻击。"良性"攻击包括意外事故、没有伤害意图的游戏竞赛、许多坚持己见的行为、实现某个目标的盲目决定，以及对觉察到的重大利益的防卫。社会服从的压力有时也会引起良性攻击。但是，"恶性攻击"（杀戮的快感）才是弗洛姆的关注焦点。[27]

弗洛姆在《人心》（1964）中讨论了恋生欲与恋尸癖之间的斗争，但他在《人类的破坏性剖析》中更细致地探讨了这个二元结构，他的研究重点是在复杂的社会环境中"恶性攻击"倾向。为什么"文明"社会中的人在生物学上是如此适应不良？在很大程度上，弗洛姆忽略了弗洛伊德在《文明及其缺憾》中对这个问题的回答——抑制性欲对于一个有凝聚力的"文明"社会来说是必不可少的。弗洛姆在构建自己的社会性格的概念时，已经偏离了弗洛伊德对本能的关注，因此他提出了一系列不同的问题。既然人类并非完全受本能所支配，为什么他（至少在某些情况下）表现为"一个屠杀同胞的刽子手，而没有任何合理的收益"？为什么他有时贪求控制、伤害甚至毁灭他人？人类受本能的限制最少，拥有最先进的大脑，是什么促使他们走上了这条道路呢？[28]

与其二分法倾向一致，弗洛姆把恶性破坏也分为两种形式，这种倾向让他在极其复杂的领域中容易找到"答案"。第一种是自发的破坏性，它由于极端的外部环境而浮出水面。战争、宗教或政治冲突、对稀缺资源的争夺，甚至是个人的无价值感，它们都助长了这种恶性行为。这一行动来源于传统的抑制力所无法控制的狂热。[29]

尽管自发的攻击表现出一种可怕的"恶性"，但更让人担忧的是第二种形式，即根植于人类性格结构的攻击性——在他已经社会化的自我中，这一部分受到了社会的影响。他的社会性格的概念中隐藏着问题的答案。弗洛姆认为，权威主义性格中的施虐倾向和恋尸癖性格是同时运作的，人类处境的两种最邪恶的潜在因素之间形成了一种伙伴关系。为了阐明施虐狂与恋尸癖之间的相互作用，弗洛姆进入了《人类破坏性的剖析》中最有趣和最重要的部分。事实上，这部分本身就是一本书的精华，首先讨论了前党卫军首领海因里希·希姆莱，然后是阿道夫·希特勒。他们俩对数百万人的死亡，对欧洲成为一片废墟有着不可推卸的责任，而且他们证明了人性的堕落。尽管《人类的破坏性剖析》前两个部分的研究比较薄弱，但弗洛姆对现代德国历史有着更扎实的研究，他对这两个人的许多学术资料都非常熟悉。

弗洛姆认为，希姆莱是现代最残忍的虐待狂和恋尸癖的代表之一。为了刻画希姆莱，弗洛姆借用了他在《逃避自由》中对权威主义人格的施虐受虐狂核心的解释。从希姆莱可以看出，施虐狂可能源自一种缺乏爱、创造力和快乐的生活，并且它导致了一种看似全能的生活。后一种品质引起了一种似乎能够完全控制其他人的能力，同时把他们变成令人憎恶的物体，并给他们带来痛苦。除了援引《逃避自由》之外，弗洛姆很可能还借鉴了汉娜·阿伦特的作品，特别是《艾希曼在耶路撒冷》(*Eichmann in Jerusalem*, 1963)。尽管他在《人类破坏性的剖析》中没有引用任何一本书，但他对希姆莱的描述与阿伦特对艾希曼的描述既不同又相似。虽然弗洛姆认为希姆莱是一个虐待狂，但阿伦特认为这两名纳粹分子都是熟练和高效的管理者，制造着大量的痛苦和大规模的屠杀。弗洛姆也承认希姆莱具有官僚风格的某些特质，而且他还明确提到希姆莱的"平庸"，这是阿伦特在她关于艾希曼的书——《平庸之恶》（*The Banality of Evil*）中强调的一个方面。阿伦特眼中的艾希曼是"欠考虑的"，而且很平凡；而弗洛姆描述的希姆莱是"毫无生气的"，是一个两面派，除了他自己，不会真正关心任何人。与阿伦特笔下的艾希曼一样，弗洛姆描述的希姆莱也相当有秩序，有强迫倾向，野心勃勃，而且绝对效忠于希特勒。然而，与阿伦特所说的艾希曼不同，弗洛姆认为希姆莱的核心是施虐狂。阿伦特在《艾希曼在耶路撒冷》中强调了纳粹灭绝的系统效率，这与近几十年史学界的观点更为一致。但是，弗洛姆对希姆莱的讨论与阿伦特在《艾希曼在耶路撒冷》中的许多观点存在明显的重叠，即使是有限的重叠。[30]

在很大程度上，弗洛姆依赖于布拉德利·F. 史密斯（Bradley F. Smith）

对1971年希姆莱传记和前一年约瑟夫·阿克曼（Josef Ackerman）传记的扎实研究。弗洛姆还注意到希姆莱的日记、书信，以及在两本书中被广泛引用的其他资源。在这些资料的基础上，他勾勒出了自己对希姆莱生活的阐释性叙述，这种生活的特点是对细节的持续关注。这是"对肛门（囤积）施虐 – 受虐性格的教科书式阐释，其中包括了过度的秩序化和明显的迂腐的突出特征"。弗洛姆注意到，从15岁开始，希姆莱就一丝不苟地记录自己的生活，比如醒来、吃饭、洗澡和其他细节。他开始用索引卡片记录他给别人或别人给他的每件物品。此外，希姆莱还试图通过操控他人来克服自己的不足感，往往是采用残酷的手段。[31]

在很大程度上依赖于史密斯和阿克曼，弗洛姆讲述了希姆莱从一个缺乏安全感和过于谨小慎微的年轻人，带着一个比较糟糕的自我形象，后来演变为一个高级的纳粹分子。第一次世界大战期间，在几次拒绝申请在德国军队服役之后，他作为一名军官而非一个"低级"士兵接受了培训，但他害怕看到前线的战斗。当战争明显快要结束之时，希姆莱希望能在前线适当地露个面，以便成为一名职业军官。但他没有接到这项任务，这强化了他本来就消极的自我形象。[32]

一战后，希姆莱在慕尼黑大学继续他的学业，在那里他读到了反犹太文学，加入了纳粹党，并通过有用的职业关系，加上欺诈和谎言，在纳粹党组织中努力向上爬升。20世纪20年代中期，巴伐利亚纳粹党领袖格雷戈尔·施特拉塞尔（Gregor Strasser）雇佣希姆莱作为他的助手。他对施特拉塞尔百般迎合，成为他的得力副手。[33]

希姆莱是一个施虐狂，寻求对他人的完全控制，并喜欢制造痛苦。弗洛姆列举了一个发生在1923年至1924年间的家庭事件作为例证。希姆莱嫉妒他哥哥的婚姻，他说服了作为罗马天主教徒的父母，哥哥的未婚妻是"轻率的"。婚约取消后，希姆莱又极力破坏她的名誉。在弗洛姆看来，这段插曲揭示了希姆莱是如何控制他的家庭成员的——这是他成为一个控制一切的虐待狂的前奏。[34]

希姆莱的事业和权力迅速上升，弗洛姆相当细致地描绘他的轨迹——

希姆莱1925年加入党卫军，1929年被任命为党卫军领袖，并在1933年开始只对希特勒负责。当第二次世界大战爆发时，他是这个国家的高级安全官员（此时他是所有警察和非政治性侦探部队的首领），并设计了拘留、强制劳动和集中营的系统。接下来，他启动了杀害数百万手无寸铁的犹太人、波兰人、俄罗斯人和其他囚犯的计划。与希特勒不同的是，希姆莱一直在研究新的、更快捷的杀人方法，他选择了毒气室。弗洛姆还详细描述了希姆莱为创造一个雅利安优等种族而对德国人进行系统育种的计划。在描述希姆莱对人们和局势的细节把控时，弗洛姆发现了他的主题线。施虐加上管理创新和无情的政治策略，这些都有助于希姆莱的职业生涯，并改善他的自我怀疑。可以肯定，希姆莱并不是弗洛姆所写的唯一的死亡"经纪人"，但在《人类的破坏性剖析》中关于希姆莱的内容却是整本书中最引人注目的部分，它相当准确地强调了弗洛姆所说的恶性攻击的含义。弗洛姆在这里提供了一些关于权威主义人格的具体细节，他在《逃避自由》一书中只是概述了这一点。这是弗洛姆在他最后十年作为一个知识分子和学者的巅峰时期。

弗洛姆强调施虐是希姆莱最典型的特征。他作为一名精神分析学家、临床医生和伦理学家，他有资格讨论个人和社会的心理，但并不能解释一个组织的行为和系统。从《逃避自由》开始，他就用施虐受虐狂来描绘20世纪的大灾难。如果弗洛姆强调纳粹杀人机器的管理、技术和系统方面，而不是纳粹领导人的社会性格，那么他就更接近于在大屠杀研究者中出现的范式。然而，弗洛姆并不经常查阅学术出版物和书目指南，所以他对专业文献中的这一转变只有模糊的了解。[35]

弗洛姆在结束对希姆莱的讨论时，回顾了希姆莱早年的生活和家庭环境。这里的任务是说明希姆莱成长于一个"枯燥、平庸、迂腐、不诚实、没有生气的"家庭，在这个家庭里，"除了信誓旦旦的、虚伪的爱国主义之外，没有任何价值观；除了设法在社会阶梯上保住自己摇摇晃晃的位置之外，没有任何希望"。简而言之，几乎不存在有利于幸福和创造性家庭生活的精神或智力资源。希姆莱的处境，尽管更为悲惨，但有些接近弗洛姆童年时期的家庭环境。[36]

弗洛姆在《人类的破坏性剖析》中最为关注希特勒的人格，他提出了一个关于希特勒的"问题中的问题"：为什么他可能是历史上最具破坏性的人？为什么他成为最极端的恶性攻击的例子？弗洛姆对待希特勒比他对希姆莱的分析要丰富得多，即使重复的部分也更多。虽然自20世纪20年代末以来，弗洛姆就一直在为法兰克福研究所的德国工人项目收集希特勒的材料，但他在阐述恋尸癖的性格类型时，对这位元首进行了最为丰富的讨论。

虽然弗洛姆从来没有引用阿伦特的著作，但他对待希特勒和对恋尸癖性格的方式非常接近于她的"绝对邪恶"（absolute evil）的概念。在《人类的破坏性剖析》中有大量的例子，描述了希特勒是如何憎恨生活并想要摧毁它——也许比20世纪任何一位独裁者都更能体现一个恋尸癖的特征。弗洛姆在他早期的一些著作和文章中曾列举了希特勒对生活的厌恶，而他在《人类的破坏性剖析》中引用了更多的例子。最引人注目的是，弗洛姆指出，希特勒在他疯狂的杀戮中经常无视军事和外交方面的建议。事实上，他下令杀害数以百万计的犹太人、波兰人、俄罗斯人和其他"不受欢迎的人"，与其说是出于战略，不如说是出于心血来潮。希特勒几乎没有表现出希姆莱或艾希曼的一丝不苟的官僚作风。第二次世界大战快结束时，他甚至下令消灭许多德国人，并摧毁他们的住所和城市。弗洛姆指出，这是希特勒憎恨全人类的一个明显例子。当希特勒在新闻短片中看到华沙和当地居民被轰炸时，弗洛姆发现他表现得很高兴，开玩笑说这是"尸体茶点"。希特勒的面部表情很不寻常——他看上去好像总是闻到了腐烂的物质或可怕的气味。他永远也无法发出自由自在的笑声，那个表情总是像在假笑。希特勒很容易将这种毁灭人类的行为合理化，包括消灭食物供应和其他供给，美其名曰促进德国的发展和辉煌。任何被他归类为"敌人"的人或团体，都被下令谋杀，因为所有的"敌人"都打算摧毁德国。弗洛姆观察到，"有缺陷的"人，包括同性恋者，特别容易成为死亡候选人。希特勒经常下令谋杀和处决他人，有时他试图在杀戮时缺席,以此掩盖他对这种毁灭生命的喜悦。他让自己的军队,甚至是所有德国人冒着生命危险,连他自己也不例外。人们对他来说从来都不是真实的,而是在任何情况下都可以被消除的工具。弗洛姆通过也许有些夸张描述,认为希特勒不仅冲动地制造死亡和毁灭(就像一个孩子乱发脾气),而且他完全没有同情心和情感。所有这些"苦难没有给他带来痛苦或悔恨",而是可以忍受甚至常常是令人愉快的。希特勒表现出希姆莱身上虐待狂的强烈成分,就像希姆莱表现出某种程度的恋尸癖一样。但在弗洛姆看来,希特勒对人类破坏性的追求更为"高级"。[37]

即使希特勒着迷于毁灭和死亡,这并不意味着他(或其他接受恋尸癖的人)可以简单地被认为是疯子、病人、偏执狂或精神病患者。在这一断言中,弗洛姆似乎受到临床医生沃尔特·兰格(Walter Langer)的重要影响,后者向美国军事当局提交了战时秘密报告(后来出版了《阿道夫·希特勒的心智》[The Mind of Adolf Hitler])。弗洛姆指出,正如兰格早些时候指出的,希特勒具有多个维度。把他说成是一个邪恶的、有精神病的人,只说明了这个人的一部分。弗洛姆指出,理解希特勒最困难的任务是欣赏他理性和精于算计的一面。他甚至能说服别人喜欢他。事实上,他在政治上相当娴熟,制造了一件展现正常面貌的"外衣"。在弗洛姆看来,希特勒是一个"优秀的演员"——一个喜欢扮演友善、善良和体贴角色的表演者或推销员。他能够欺骗别人,尤其是他自己。弗洛姆坚持认为,希特勒"有两张脸:一张是友好的,另一张是可怕的——而两张脸都是真实的"。希特勒缺乏共情的核心,也没有任何与人类需求相一致的原则、价值观或信念,但他"可以'扮演'善良的绅士,而且在那个时刻并不认为自己是一个角色"。他可以"表现出友善、礼貌,对家庭、对孩子、对动物的爱,他可以说出自己的理想和良好意图"。弗洛姆强调,如果希特勒不是这样一个非常理性和娴熟的推销员,他不可能成为德国的总理,也不可能在犯下此类暴行时得到帮助。希特勒是一个煽动者,是"一位才华横溢的政治家"。当德国在第一次世界大战中战败，并被凡尔赛条约的条款所羞辱时，弗洛姆详细描述了希特勒是如何说服士气低落的军官和其他政治团体来相信他的民族主义、反共产主义和军国主义诉求的正确性，从而建立他自己的事业。通过非凡的政治技巧，他从银行家、实业家和其他保守派和右翼分子那里获得了财政支持，这样他很快就大权在握。[38]

弗洛姆绕过了许多关于第三帝国各个方面的经典历史研究，就像他在《逃避自由》中所做的，他在《人类的破坏性剖析》中也揭示了自己与历史学的距离，这一品质在许多为大众读者写作的社会批评家那里并不少见。他对待希特勒的态度就是一个很好的例子。弗洛姆倾向于重复他对元首的评价，认为后者既是一位老练的政治家，又是一个有着严重恋尸癖的推销员。他这样做，只是为了重申或许是现代历史上最野蛮的领导人的各种品性。他更重要的观点是，像希特勒这样残暴的领导人是很难理解的，因为他们穿的是骗人的服装。他们经常扮演着演员或推销员的角色，利用这些角色掩饰他们对生活的厌恶，直到他们能够造成可怕的伤害为止。弗洛姆强调文明的命运依赖了那些热爱生活的人，依赖于他们揭露和反对死亡推销员的能力。在这方面，弗洛姆似乎代表人类采取了一种先知的姿态。[39]

与施佩尔会面

在弗洛姆构建他对希姆莱和希特勒的评价时，他意识到这些材料将是《人类的破坏性剖析》最有力和最吸引人的部分。于是他决定与阿尔伯特·施佩尔（Albert Speer）会面，以帮助加强这一环节，并充实恶性侵略的完整含义。作为希特勒的首席建筑师，然后是第三帝国的武器弹药部部长，施佩尔参与了对犹太人的起诉。在纽伦堡审判上（以及后来出版的回忆录中），施佩尔声称对他在纳粹政权罪行中所扮演的角色承担责任，看起来是坦诚和直率的，而他表达的悔恨可能将他从刽子手那里救了出来。他在西柏林的施潘道监狱（Spandau Prison）度过了20年，出版了受人欢迎的关于第三帝国的著作，包括他的狱中日记。在1966年被释放之后，他重申了自己曾经犯下的错误和受到的迷惑，他将会用尽余生来揭露纳粹政权的残暴罪行。施佩尔对他在第三帝国的生活和同事的叙述冗长而详细。然而，包括丹·范·德·瓦特（Dan van der Vat）和吉塔·塞里尼（Gitta Sereny）在内的模范学者，在他们的著作和文章中都令人信服地坚持认为，施佩尔获释后的大部分道歉都是出于私利。虽然目前还不清楚施佩尔是否捏造了他的故事，说出了真相，还是自欺欺人地认为自己说的是实话，但眼下的问题是，弗洛姆为什么会毫无条件地相信施佩尔的狱后著作和他人生故事的真实性。

1972年秋天，弗洛姆致力于《人类的破坏性剖析》中关于希姆莱和希特勒的章节，他给法兰克福朋友及学者罗伯特·肯普纳（Robert Kempner）写了一封信，要求他安排一次与施佩尔的会面。弗洛姆对施佩尔的《第三帝国内幕》（Inside the Third Reich，1970）印象深刻，尤其是他对希特勒的描述。这本书"提供了我所见过的最丰富的关于希特勒人格的资料"。弗洛姆公开承认，他对希特勒的兴趣在心理方面，而不是历史方面，他希望施佩尔能同意与他见面。施佩尔同意了，10月份他们在海德堡会面了半天。弗洛姆发现这个会面非常有帮助。他写信给麦科比说，施佩尔提供的细节完全符合他对虐待狂和恋尸癖的看法，它们就是恶性侵略的组成部分。现在，弗洛姆确信他就快完成这本书的最后一部分了。弗洛姆还向麦科比提到，在与施佩尔会面之后，他相信这个人对他的纳粹罪行已经"真心悔过"。他还报告说，施佩尔很博学、聪明，而且"相当有人性"。这并不是一种不合常规的感知。以前的纳粹分子有学者派头，有礼貌，有教养，有时还会受邀访问美国著名的大学（包括耶鲁大学和哈佛大学），以及参加其他的学术论坛。博学和优雅似乎以一种可信的方式与纳粹的忏悔结合在一起，而美国的学术界有时也会暂停批判。[40]

弗洛姆很高兴施佩尔根据第一手观察资料证实了他的观点，即希特勒具有恋尸癖的特征，但又表现出很强的政治手腕。因为施佩尔表示同意弗洛姆对元首的描述，所以弗洛姆对于施佩尔关于第三帝国的其他观点也乐于接受，即使他不太愿意系统研究著名历史学家对这一主题的解释。很明显，弗洛姆欣赏并尊重施佩尔。随后，双方进行了热情的通信，并进行了几次访问。弗洛姆向施佩尔提出了许多关于希特勒恋尸癖的问题，并问希特勒对建筑的兴趣是否是他所能接受的"生活的唯一方面"。施佩尔仔细阅读了弗洛姆对希特勒的描述，并提出了一些不同的事实和解释。弗洛姆，让人印象深刻和信任，他带着感激之心做出了改变，并向施佩尔报告《人类的破坏性剖析》即将出版。他重申了自己对施佩尔的热情和信任，并以个人名义补充说，他完全不相信那些针对希特勒的建筑师的抨击。事实上，弗洛姆询问施佩尔，他能否在《人类的破坏性剖析》中强调，他不仅相信施佩尔的学术承诺，而且相信他的忏悔。[41]

弗洛姆与施佩尔的通信持续了好几年。当一名记者提出撰写施佩尔的传记时，他提醒施佩尔要小心翼翼，他把这个问题和他自己对传记的厌恶混在一起。弗洛姆警告这位前纳粹分子，传记作家很难理解"希特勒本质上是一个恋尸癖者，而你实际上是一个恋生欲的人"。当施佩尔询问弗洛姆，是否要发表一篇关于他的纳粹历史的梦的文章时，弗洛姆回答说，这是一个高风险的决定，即使是精神分析学家也可能得出"肤浅的和扭曲的结论"。他建议施佩尔只公开他一小部分梦的记录，并自愿检查这些记录，作为一种防范措施。然而，他希望人们了解施佩尔是多么"非凡"。他们俩在谈论歌德、席勒以及他们都认为很重要的知识分子和文化导师时，都觉得很舒服。弗洛姆希望与施佩尔定期通信。1974年的秋天，他们的通信出现了一段空隙，弗洛姆感到很沮丧，他感觉这"不符合我对施佩尔和我们所培养的友谊的印象"。通信的中断显然是由于信件混乱造成的，当施佩尔继续给他写信时，弗洛姆松了一口气。[42]

值得注意的是，作为一个犹太移民，弗洛姆在完成《人类的破坏性剖析》的过程中，掩饰了施佩尔与纳粹的关系，就像他之前在书中对洛伦兹所做的那样。这两人都把话题从纳粹的过去转移开了，即使方式有所不同。洛伦兹销毁证据，拒不承认，撒谎并回避问题。相比之下，施佩尔很可能相信自己编造的故事（不管这是不是真的），而这个信念也许挽救了他的性命。而且，他发现他可以轻而易举地重复这个故事。弗洛姆相信施佩尔的故事，从来没有质疑过它的任何不太可信的细节。更重要的是，他没有关注这两个人的过去，而是专注于他们现在的文字和想法。

很明显，施佩尔对弗洛姆非常重要，他使《人类的破坏性剖析》对希特勒做出了细致的理解。在某种程度上，施佩尔也支持了弗洛姆对人类拥抱生活能力的希望，即使一个人被纳粹的过去压垮了。虽然施佩尔很可能在撒谎，或者他至少在欺骗自己，让自己相信捏造的东西是真实的，但对弗洛姆来说，信任和希望一直是不可缺少的，特别是在看似融洽的关系中。此外，弗洛姆作为临床医生的记录表明，即使他能够很容易与病人建立关系，但他有时会被那些看起来表现良好的病人所蒙蔽。无论是真诚的、虚伪的，还是两者兼而有之，弗洛姆相信施佩尔是一个品行端正的人。他保证弗洛姆完成了《人类的破坏性剖析》中最困难但最重要的部分。有了这个保证，弗洛姆觉得他成功地完成了自己最学术和最雄心的一本书。

评论褒贬不一。刘易斯·芒福德和阿利什·蒙塔古等人认为，这是一项开创性的研究。接受过弗洛姆训练的墨西哥精神分析学家说，这是他最重要的一本书。但是，《人类的破坏性剖析》在美国精神分析学家（尤其是更正统的精神分析家）中间几乎没有引起轰动，而负面评论主要来自那部分人群。专业的历史学家，即使那些认同心理史学这个新分支的历史学家，通常也对此不太关注。因为《人类的破坏性剖析》是弗洛姆的著作中最厚的一部，而且涉及了专业的学术文献，所以亨利·霍尔特出版公司预期不会有多大的销量。但是，在《纽约时报》刊登了一篇专题报道后，该书的销量开始回升。事实上，在弗洛姆职业生涯的这一时期，他的大部分作品都吸引了大量读者。在出版后的1/4世纪里，《人类的破坏性剖析》大约销售了300万册，并被翻译成17种语言。[43]

《占有还是存在》

20世纪70年代中期,弗洛姆花了相当多的时间为棘手的世界大事而担忧。他作为政治评论家的"生活"重新浮出水面,即使是相当谨慎地发表评论。他特别关注以色列与其阿拉伯邻国之间的关系。弗洛姆确信宽容和尊重是每个人都应尽的责任,他坚持自己对以色列国家及其政策的批评。虽然纳粹经历使民族主义的悲剧后果昭然于世,但弗洛姆向更有同情心的朋友们解释,以色列的潜在问题是犹太复国主义的产物。有好几年,他一直是一名犹太复国主义者,参加过德国的犹太复国主义青年运动,但在22岁时退出了,并向犹太复国主义的同事宣称:"我无法忍受你们的民族主义。"当时,萨尔曼·拉比诺向他解释说,犹太复国主义与颂扬全人类的犹太教人本主义是相冲突的。当弗洛姆决定退出犹太复国主义运动时,他感到如释重负。所有形式的民族主义,包括犹太复国主义,都容易使人心变得冷酷无情。根据以色列的短暂历史,弗洛姆很清楚,"政治犹太复国主义是虚假的救世主之一",因为它将赤裸裸的权力凌驾于真正的"犹太教精神"之上。弗洛姆向他的意大利朋友安杰莉卡·巴拉巴诺夫透露:与犹太复国主义不同,"先知的救世主信念一直是我最美好的理念之一,然而……以色列国为了自己的政治目的使这一理念堕落了。"因此,弗洛姆拒绝访问以色列,甚至拒绝与任何一位"狂热信奉(以色列)政策"的亲戚见面。[44]

此外,弗洛姆还与麦科比、里斯曼和富布赖特保持通信,就南斯拉夫事务和智利右翼分子政变交换意见。他还认为德国有强烈的和反复出现的法西斯价值观的迹象,并因此感到不安(结果证明是错误的)。最重要的是,就像20世纪60年代那样,他在70年代仍然担心美国有问题的外交政策和美苏对抗的持续危险最终会导致一场核战争。1974年,弗洛姆向参议院外交关系委员会发表了一份正式声明——"对缓和政策的评价",而且他还为《纽约时报》写了一篇后续文章(《偏执和政策》)。弗洛姆在这两篇文章中的论点,均呼应了他1960年在《代达罗斯》上发表的文章，那篇文章得到过肯尼迪总统的认真对待。除非美国人和苏联人将他们的偏执性恐惧放在一边，建立相互信任，停止"自杀性"军备竞赛，否则一场核噩梦将威胁整个世界。弗洛姆认识到，在这种情况下他的心情是悲观的，如果不是完全沮丧的话，他会以各种方式寻求平静。他告诉阿拉莫尼，一个人不能"利用普遍的痛苦当作自己抑郁的借口"。相反，弗洛姆在阅读令人信服的哲学家的书中发现了"极大的乐趣"。事实上，只要他能够发现那些重视真理、同情和希望的人，"生活就可以过下去"。弗洛姆告诉芒福德，他在追求令人愉快的消遣，其中之一是哼唱古老的哈西德派歌曲中的一句歌词："尽管一切都是这样，尽管一切如此……"在某种程度上，虽然他继续关注国际发展，但他似乎正在退出他在公共领域的强大角色。[45]

与此同时，弗洛姆的健康状况也越来越不稳定。他定期去看医生，做了几次手术，还服用大量药物。从一封写给卡尔·达姆施塔特（Karl Darmstadter）（他发现自己快要搬到养老院了）的信中可以看出，弗洛姆觉得搬到这样一个机构可能会有一个优势：因为占有破坏了他存在的能力。在不久的将来，他自己可能也不得不考虑搬进养老院。弗洛姆在第二封信中强调了这一点："毕竟，难道我们不应该放弃拥有一些东西，甚至是一个家庭和终身习俗，以便能够完全地存在吗？"（因为弗洛姆并不捍卫无家可归，所以他可能只意味着放弃"房子"或"住所"。）他建议达姆施塔特重读歌德的《浮士德》中的片段，它强调"我们占有的越少，我们就越强大。"最重要的是丰富的经历和幸福："享受眼前的每一刻才是最重要的事情，面对他人时的微笑，一个念头，一棵树的景象。"[46]

在这里，弗洛姆总结了过去几十年里他最重要的伦理学和心理学研究，他打算将其作为他最后一本书的主题。一开始，他准备写两本书——一本简短的流行檄文，就像《爱的艺术》那样，他希望在两三个月内完成；然后是一本更全面、更理论化的著作。这本更长的、更完善的关于"占有与存在"的书，将会与马克思、埃克哈特大师和禅宗的观点进行细致而漫长的讨论，它们都对"占有与存在"的二元结构有着大致相同的看法。整合几本更简短、更容易阅读的大众市场书籍与几本包含一些研究和详细注释的长卷书籍,这是弗洛姆一贯的出版模式。但弗洛姆很快意识到,这种混合不可能再发生了:到 20 世纪 70 年代中期,他缺乏足够的精力和雄辩的说服力进行一部冗长且复杂的理论著作所必需的大量研究。他最终只能写出一本简短的书,但其中包括了马克思、弗洛伊德、埃克哈特大师、巴霍芬、弗洛伊德、拉比诺、铃木大拙、芒福德等人的见解,这些人多年来一直为他提供引导。当他的朋友崔斯特瑞姆·科芬(Tristram Coffin)问起这本书的意义时,弗洛姆回答说,它关注的是"赤裸裸的贪婪和完全的异化"的支配地位,这让人们感到"不快乐、困惑、孤独和痛苦"。此外,这种贪婪还是"占有"取向的一部分,这种取向基于利己主义、利益最大化、社会团结最低化以及贫乏的爱。由于缺乏对超越这种获取和贪婪的生活的憧憬,所以人是绝望和无助的。如果他没有很快找到新的方向,那么一个独裁的"骑着白马的人"就会提供关于秩序和意义的虚假幻象——像希特勒这样的人。作为反驳,弗洛姆提出了一种"存在"模式,在这种模式中,人可以调动新的信仰、新的抱负和新的愿景。[47]

弗洛姆显然知道他想要在《占有还是存在》中说些什么,并将他的信息放进了对比鲜明的二元结构中,这种结构总是帮助他构建自己的论点。这本书所包含的新信息并不多,可以说是他反对权威主义、恋尸癖、消费主义和自我耗竭的作品的综合。所有这些都体现了"占有模式"。他现在所称的"存在模式",与他的生产性社会性格和恋生欲具有明显的联系,这种模式利用和享受自我的创造性和精神性资源,反过来,这个自我又得到一个支持性社会的支撑。弗洛姆把自己限制在这种二元结构中,没有考虑到占有和存在模式之间的潜在重叠,也没有考虑到是否还需要"做"(doing)的模式。

弗洛姆感到他对占有和存在之间的二分法,以前曾被他所知或阅读过的几位思想家使用过,尤其是马克思。他请求雷娅·杜娜叶夫斯卡娅在这个问题上提供帮助,因为他经常感到身体不舒服,很难在数以千计残缺不全的便笺本中找到与马克思有关的段落。雷娅读过弗洛姆所有的著作,并对他写作《马克思关于人的概念》给予了很大帮助,而且他们多年来一直保持通信。弗洛姆对她的《马克思主义与自由》(*Marxism and Freedom*)一书印象深刻——这本书借鉴了早期的人本主义者马克思,并认为她在1965年的选集《社会主义人本主义》中提供了最深刻的文章之一。事实上,弗洛姆发现,一位俄裔学者能够详细阐述本质上的西方马克思主义而非苏联马克思主义,这是很了不起的。他还认为,雷娅对父权制度的厌恶甚至比他自己还要强烈,她能够阐明罗莎·卢森堡(Rosa Luxemburg)的智力贡献,以及列宁和托洛茨基向卢森堡展示的沙文主义。如果弗洛姆没有为《占有还是存在》找到大量相关的引语,那么他对马克思并列占有和存在的讨论就很薄弱。事实上,她提供的关于马克思的描述可能比弗洛姆所期望的还要多:杜娜叶夫斯卡娅通过他的著作(包括他的脚注),勾勒出马克思对于占有和存在二分法的思想先例,以及马克思对于占有与存在二分法在时间上的演变。弗洛姆对杜娜叶夫斯卡娅非常满意,她所做远远超出了他的要求。事实上,她是在提醒弗洛姆作为一个认真的学者应该有的样子。他几乎肯定地意识到,即使在这个早期阶段,《占有还是存在》也没有达到她或他自己的标准。他知道自己的表现不像一位学者,所以当此书销售火爆时,他感到非常惊讶。[48]

如果说弗洛姆要感激杜娜叶夫斯卡娅帮助他理解马克思,那么他也同样要感激雷纳·方克,后者是一位年轻的神学学生和受训牧师,在他撰写这本书的过程中给予了极大的帮助。方克跟随一位天主教伦理学教授阿尔方斯·奥尔(Alfons Auer)在图宾根大学学习。尽管方克没有受过社会科学或社会心理学方面的训练,但他比布拉姆斯更有在大型大学图书馆做研究的经验。奥尔告诉方克,弗洛姆的伦理观,即不存在一个更高级的神,可能对方克有特别帮助。

弗洛姆的风格和作品给方克留下了深刻的印象,他们俩从一开始就相处得很好。弗洛姆明白,方克接受过天主教神学的训练,但并没有强迫他改变。事实上，弗洛姆对中世纪的天主教印象深刻，他理想化地将其描绘成前资本主义的社区，因此是一个充满爱心的社区。他并没有要求方克成为一名否认传统上帝的"人本主义者"，尽管方克对弗洛姆给他看的埃克哈特大师的文章印象深刻，这些段落暗示"人类创造了自己"。在阅读了弗洛姆的所有书籍之后，方克深受弗洛姆心理学取向的影响，尽管他对其社会性格概念中的社会和经济方面的理解不如麦科比那么敏锐。方克在图宾根大学匆忙完成了他的论文，内心充满了弗洛姆所激发的新思想。弗洛姆感到很高兴。他敬佩方克在提供神学和伦理学资料方面的认真和活力。到1974年，弗洛姆意识到他的身体太虚弱了，甚至无法偶尔去图书馆和档案馆，查找书籍和文章并系统地做笔记。在他的助手布拉姆斯离开之后，弗洛姆邀请方克成为他新的研究助理，帮助他完成《占有还是存在》。

弗洛姆觉得这份工作的要求很高，方克必须经常往返于洛迦诺和图宾根之间。方克所做的不仅仅是找出弗洛姆所需的资源。他还经常向弗洛姆提供比他所掌握的更精确的数据，并特别留心弗洛姆所研究的埃克哈特大师和马克思的文本的性质。方克很聪明，但并不像弗洛姆那样深奥，他更擅长细节方面。例如，他发现弗洛姆所选用的埃克哈特的英文版著作，其中所包含了并不是埃克哈特的布道。方克还研究了希腊享乐主义和普罗提诺（Plotinus）的太一（Hen）概念中的具体问题，以确保弗洛姆正确地使用了这些材料。他对正在完成的手稿中的细节提出批评，并核对了弗洛姆的每一句引语。弗洛姆鼓励方克对他所写的任何东西提出质疑，重新组织段落，并对全部章节的系统呈现提出建议。方克成了弗洛姆得力的研究助理。如果没有方克的帮助，《占有还是存在》将会缺乏适当的资料来源和细节上的准确性。对方克来说，他成了一名"弗洛姆主义者"，他获得了一位新的导师，这位导师深刻地启发了他，为他提供了基本的哲学和社会学方向。[49]

我们不难理解为什么方克和其他人对弗洛姆的写作如此重要。因为他患有许多慢性疾病，有时还会出现短暂的抑郁，这些都拖住了他的脚步。有一次摔跤使他的胳膊受伤,三次胆结石发作(两次伴有黄疸),这些也让他延迟了几个月。当阿拉莫尼得知弗洛姆的书进展缓慢时,他提出为弗洛姆提供资金去雇佣更多的助手,以便他能够更快地完成任务了。可以预见,弗洛姆在健康允许的情况下尽快地向前推进,尽管安妮斯警告说他已经过度劳累了。写一本相对简短的书是偶然的决定,因为他差点连这一点都做不到。哈珀与罗出版公司坚持认为,完整的手稿应该在 1976 年 5 月底之前完成最后的编辑工作。因为意识到即使有方克的帮助,弗洛姆也赶不上最后期限,所以出版社的编辑在 5 月初前往洛迦诺,帮助他完成最后一本完全由他控制的书,保证《占有还是存在》将在这一年晚些时候出版。[50]

因为弗洛姆在写给朋友的信中以及一些早期的书籍和文章中基本上总结了《占有还是存在》的主题,所以他动力十足地进入了这个项目,而且现在有了方克在他身边。他首先指出,工业革命导致了物质的丰富和无限制的消费,机器生产取代了人类劳动,计算机取代了人类思维,新的官僚主义的兴起,这些所带来的不是大众的幸福而是不满情绪。人们成为"自己生活的独立主人"这一梦想并没有实现。此外,技术进步带来了环境危害和能够摧毁人类的核武器。弗洛姆描述了"一个充斥了不快乐的人们的社会的产物,孤独、焦虑、抑郁、破坏性"。弗洛姆提出的新的"问题中的问题"是:"什么是对人类有益的?"答案不可能是无休止的生产和无休止的消费。答案也不可能是心理学家菲利普·库什曼(Philip Cushman)(一位差不多的"弗洛姆主义者")所谓的"空虚的自我",这个自我通过消费品和其他财物被"填满"而暂时得到缓解,但它很快又感到精疲力竭。[51]

在弗洛姆看来,这种占有模式——一个社会及其居民以财产和贪婪为食——的传播,在我们的语言中是显而易见的。近几个世纪以来,语言中的名词逐渐取代了动词。动词指的是一种内部活动的状态——一种存在模式,而名词则代表事物和占有。我们占有一座房子,一个想法,甚至爱本身。一个不践行爱的人,却成了一个有爱心的人,爱变成了一个人外在的东西,成了他去挥霍的东西。人们不再把"爱的体验"视作对内在快乐和兴奋的贡献。弗洛姆指出,表达"占有"(to have)变得"看似简单",而"存在"(being)或"存在"(to be)变得难以解释。在西班牙语中,单词 ser[1]("存在"[to be]的一种形式,用来表达身份或性质)已经被动词 estar(一种变化的条件或立场)所取代。人们很少在"存在"模式下谈论他们的"真实本性"或他们的感受。相反,他们更专注于自己在他人(外部世界)面前"表现"如何。这并不是现代社会的一个新概念。事实上,它与社会心理学家欧文·戈夫曼在《日常生活中的自我呈现》(1959)中的观点非常接近,即人们其实是别人眼中的他们。这个观点也类似于里斯曼在《孤独的人群》(1950)中所强调的"他人取向"的概念。然而,弗洛姆对这一现象的措辞略有不同:人们几乎丧失了谈论自身内部过程的能力,他们只谈论外部因素。[52]

弗洛姆的叙述像是一个圆环,不停地重复自己的观点,用不同的现象重复相同的主题,而不是对他的主题结构有序地展开,更不用说辩证地展开。例如,在几页之内,他对比了两种模式在记忆、对话和阅读方面的差异。在存在模式下,记忆要求一个人对主题有强烈的兴趣,在项目之间积极地建立联系,并通过创造性的思维和感觉来回忆词汇或观点。通过实行"弗洛伊德所描述的自由联想,一个人实现主动和生产性的记忆工作"。梦和记忆将通过激活我们自己的一部分而被回忆起来。相比之下,在占有模式下的记忆是召唤外部物体——一张照片,一组音符,一张唱片——从而重建可以被消费的观念。虽然信息唾手可得,但它并非发自内心。类似地,在占有模式下的谈话是以自己收益为前提。一个人试图通过占有和操纵信息来控制话语。另一方面,在存在模式下的谈话是自发的、分享的,绕过了外部收益或其他外在的好处。这是一个自由流动的过程,这里的讨论就像一场欢乐的舞蹈,对所有的人来说

---

[1] 一般而言,ser 用来说明永久的特点和情况;estar 用来说明短期的特点和情况。
——译者注

都没有什么特别的结果。弗洛姆还用舞蹈来比喻他的临床方法——分析师和病人之间自由和开放的交流。这种舞蹈长期以来一直是弗洛姆的助人理念，帮助陷入困境的病人转变成一个具有生产性的人，可以享受他的创造性的工作（一种"生产性社会性格"）。在阅读方面，弗洛姆认为它与交谈并没什么不同。在占有模式下，读者阅读作者所提供的适当信息——使用作者想要传达的资料或主题——这种信息消费是典型的学术工作。然而，在存在模式下，阅读是自我内部一个积极的过程，在这个过程中，一个人创造了自己独特的情绪、洞察力和情感。一个人不仅与作者对话，而且还与自己对话。一个人不仅学会了倾听作者的声音，而且还可以通过富有想象力的对话从内心做出回应。[53]

弗洛姆还根据占有与存在的模式分析了权威、信仰和爱等概念。他再次将这些概念的解释置于一个二元结构。占有式的权威是基于权力、剥削、头衔、力量、传统和其他因素。外部的标志和官方的命名代替了真诚和富有同情心的管理。如果统治者穿着传统的外衣，戴着权威的头衔，那么残酷和冷酷是被允许的。这种类型的领导者为了统治社会，展示出权威的装束和外表。相反，存在模式的权威从一个人的内在能力中，从一个充满活力和吸引力的个性中散发出知识。作为一个权威人物，他不需要发出命令，去贿赂或威胁。这样的领导者是一个快乐的、业务熟练的和生产性的人——是生活的主人。在占有模式下，信仰是在没有理性证据的前提下，对自我外部答案的消费。权威人士声称拥有绝对正确的知识，制定各种所需的信条，他们创造出一个人作为信仰（服从行为）的答案。这些答案被当作信仰条款来消费，就像弗洛姆在《逃避自由》中描述的人们对独裁者的反应一样。然而，在存在模式下，信仰是一种内在的态度或取向。在这里，一个人不占有信仰，而只是去信仰。一个人不是屈服于外在的神，而是体验自己内在的神性。一个人不是被外部权威所左右，而是受到自我内部的令人信服的主观和经验证据的影响，而且是以一种理性的方式。因此，存在模式下的宗教体验本质上是自我内部的一种信仰，它促进了一个人对他人和人类的信仰。弗洛姆长期以来一直把这种状态称为人本主义,并声称其微弱的开端出现在中世纪晚期和文艺复兴时期。有趣的是,他并没有指出,这种人本主义与贵格会教徒(Quaker)的观念也非常相似,即"神的内在之光"存在于每个人身上,并将他与所有其他人联系在一起,创造出了一种人类的平等团结。根据《爱的艺术》一书,弗洛姆坚持认为有意义的爱是行为,这种行为在自我和他人身上培养出一种活力和自我更新。相比之下,在占有模式下,爱的体验根本就不是爱。相反,它起到了拘束或限制对方的作用。[54]

究其本质而言,《占有还是存在》在人类经验的广泛范围内,呈现出了占有和存在模式之间的对比,它对每一种经验都进行了简要介绍。弗洛姆有时会做出假设或断言,而不是通过他的观点来推理,所以他对占有和存在的描述是静态的概念。在他转向埃克哈特之前,他从未真正解释这两种模式是如何涉及行动的。如果不采取行动,占有和存在都无法解释它们的后果。最后,占有和存在二元结构排除了在一个连续体上讨论这两个概念。也就是说,某些占有形式更接近另一些存在形式。

尽管弗洛姆计划将《占有还是存在》的主要内容聚焦于埃克哈特和马克思,但这两个人最后成为弗洛姆的二元结构的辅助部分。他将埃克哈特介绍为来自13世纪末到14世纪初的德国多米尼克教派(Dominican)牧师,并对这一时期的天主教徒产生了巨大的影响。弗洛姆集中并充分解释了埃克哈特关于贫穷的经典布道,"精神贫穷的人是受祝福的……"。他坚持认为,埃克哈特谈论的不是外在的需求和事物,而是指它们的缺席。"贫穷"是将自我从财产中解放出来——一种精神上的净化。弗洛姆指出,正如在佛教思想中一样,埃克哈特宣扬,最重要的任务是将自我从欲望和获取中解放出来——使自己远离获取事物的冲动。在埃克哈特看来,寻求甚至执行上帝的旨意就是一种欲望。只有当一个人没有物质欲望时,他才能停止参与凡尘琐事,只关注内在的精神自我。这种状态即反映了存在模式。[55]

弗洛姆继续谈到埃克哈特布道的内容，他解释说，当埃克哈特声称"一个人应该清空他的知识"，他实际上是在说一个人不应该把追求知识当作占有。一个人不能让知识"填满"自己，并试图紧紧抓住它。要启用存在的模式，就需要使自己摆脱自我约束或自我中心的枷锁，这是占有模式的要素。而且，不应该允许自我去摧毁一个人存在的自由——去追求真正的自我实现。一个人的生活不应该由他人来决定和安排，而应该通过成为他的"自我创造"而繁荣起来。但对埃克哈特来说，这意味着什么呢？根据弗洛姆的说法，埃克哈特在这里有两重意思。在一个层面上，这意味着不专注于自己的任务，不去关心任务的性质或数量。相反，有意义的是这个任务如何与激发行为的内在精神相联系。一个人自己内在的动力核心才是最重要的。事实上，存在是"生产性的内在活动的状态"，旨在克服所有的"自我约束"。在书中描述埃克哈特的部分，弗洛姆最终明确地谈到了行动和运动（movement）的问题，他把生产性的人描述为积极的和有活力的。[56]

虽然马克思的著作比埃克哈特晚了几个世纪，但弗洛姆发现他关于人类存在的基本抉择的观点，与埃克哈特和他自己的观点是一致的。当然，马克思说的是世俗的经济范畴，并且经常描述乌托邦社会主义；而埃克哈特则更多地谈论自我的宗教方面，并谈到了神圣的精神社区。在马克思看来，资本主义建立在与弗洛姆的占有模式相似的特征之上，这种模式消耗了人类的精神和创造潜能。占有和获取使人类丧失了内在自我。一个人越想得到金钱和财富，他的人性就丧失得越快。弗洛姆在马克思的评论文章中强调了一个重要的句子："你存在的程度越低，你实现自己的生活就越少——你占有得越多，你的生活异化程度就越大。"把物欲作为自己的首要目标，就是使自我异化——不能"实现自己的生活"。根据弗洛姆的观点，马克思所说的"占有感"非常类似于埃克哈特的"自我约束"，即通过获取来构建自我。虽然马克思使用不同的术语来描述进入存在的过程，但它们与埃克哈特的词汇是类似的。这一过程描述并涉及了与他人分享一个人内在核心的各个方面。通过这种方式，一个人促成了与人类共有的普遍现实的深刻内在联系，并促进了个体之间的相互联系。存在模式下的爱，意味着唤起另一个人内心深处的爱，用信任引起另一个人的信任。一个人对他人的相应方面的真正开放，鼓励其他人也这样做，然后促成一个人性化的社区。埃克哈特把存在比作"一个不断增长的容器……永远不会被填满"；而马克思把它描述为自我的一个方面的产生，它唤起了另一个人相同的富有生机的品质。[57]

尽管埃克哈特不理解自己的人本主义超越了他的有神论，尽管马克思没有意识到自己所提出的是一种模糊的信仰，但弗洛姆觉得他们俩都致力于同一个目标。他们都珍视存在的模式——自我感和同时在他人身上出现的快乐和生产性的社会性格。弗洛姆认为，当一些社会品质渗透到当今社会的官僚主义、贪婪、物质主义和不幸的生活中，这个世界将会意识到一个人性社会的来临，这个社会从占有模式转向存在模式。一旦这些品质变得清晰可辨，人类就会停止囤积和利用，并能逃脱其物质财产的枷锁，然后他会寻求给予和分享。当他开始对自己的未来表现出信心时，他就会感觉到需要与周围世界建立联系、爱和团结。他会明白，贪婪、仇恨或欺骗他人是没有必要的。他会意识到生命之中的选择：成长或衰败、生或死。简而言之，存在模式的社会非常接近于弗洛姆所说的"健全的社会"。事实上，他也是这么说的。[58]

要领悟《占有还是存在》传递的信息并不困难。当这本书在1976年出版时，它在欧洲学生和专业人士当中非常受欢迎，特别是德国人和意大利人，他们当时提倡新的、更少的物质和消费驱动的生活方式。事实上，像20世纪60年代的美国一样，欧洲的大部分地区在20世纪70年代中期和80年代早期也经历了一场"反文化"运动。

在这种情况下，弗洛姆迅速而偶然地上升到了宗师的地位，这令他惊讶不已。这本书支持那些反对物质消费、反对核武器、反对美国侵占越南以及保护环境的抗议活动。德国一家报纸刊登了一幅漫画，画中一个留着长发、蓄着胡须的年轻人告诉书店老板，如果他不能读弗洛姆的这本新书，他就睡不着。教皇约翰·保罗二世赞赏弗洛姆在中世纪晚期的天主教中寻找社区的倾向，他认为《占有还是存在》是一本具有人文价值的伟大精神书籍，而不是关于消费和市场的有问题的价值观。在健康状况允许的情况下，弗洛姆在德国和意大利接受了许多报纸、杂志、电台和电视的采访，电台采访尤其频繁。不出意料，媒体认为他的思想和弗洛伊德的一样重要。在美国，《占有还是存在》最初的销量并不多，而弗洛姆的其他书籍包括《爱的艺术》，仍然很受欢迎。但在欧洲，《占有还是存在》成了一本非常受欢迎的书，一些评论家把它描述为欧洲对有问题的美国价值观的一种反驳。虽然全球销量从未超过《爱的艺术》，但这本书在德国取得了巨大的成功，在出版几周之内就售出了14万册精装本；在随后的平装本销售中，这本书达到了畅销书的地位。到20世纪90年代中期，这本书在德国销售了108万册，而在全世界销售了1000万册。它被翻译成26种语言，其主题渗透到主流文化当中。这本书甚至出现在国际知名的电视节目《犯罪现场调查》（CSI）上。《占有还是存在》也导致了《爱的艺术》在德语国家的销售出现复苏。到1981年，《爱的艺术》仅在德国就卖出了500万册。在1980年弗洛姆去世后，这两本书仍然非常受欢迎。不仅在欧洲，而且在墨西哥、日本和韩国，销量都相当可观。[59]

形成中的遗产

1975年底，德意志维拉格斯－安斯塔特出版社（Deutsche Verlags-Anstalt）——德国一家享有名望的出版社，出版过《人类的破坏性剖析》，向弗洛姆表达了一个有趣的提议。这家出版社将出版12卷的德语版《埃里希·弗洛姆作品集》（*Erich Fromm Gesamtausgabe*），其中几乎包括弗洛姆发表过的所有作品，包括大约220篇文章，甚至还一些未发表的手稿。弗洛姆自己完成不了如此繁重的编译任务，于是他向方克求助，后者正在帮助他准备出版《占有还是存在》。他要求方克担任编辑，并负责整个作品集的项目。没有其他现实的选择，而且方克已经赢得了弗洛姆的信任。德语是方克的母语，但他的英语也过得去，而且他在短短几年内几乎熟悉了弗洛姆所有的著作。此外，弗洛姆认为，方克具有奉献精神和完成这一项目的精力。不必说服方克接受这个项目，他已经跃跃欲试了。这个时候，他已致力于为弗洛姆工作，并保护弗洛姆的知识遗产。第1卷和第4卷在1980年2月出版，即在弗洛姆去世前一个月。其余的几卷在1981年底出版。出版社预期德语国家的图书馆在购买这套书籍。后来销量超过了弗洛姆、方克和出版社的期望：德国、瑞士和意大利的许多学者和家庭都自行购买了一套。最初，作品集售出了6000册，接着出版了平装本，又卖出了10000册。对于大型昂贵的丛书来说，如此高的销售量表明，在弗洛姆去世的时候，他已经不仅仅是一位讲德语的欧洲名人了。他还是一位非常受人尊敬的公共知识分子和社会评论家。[60]

弗洛姆的德语版作品集的出版，保证了他在将来很长一段时间内被人们铭记。令弗洛姆非常高兴的是，一位年轻的德国学者、社会学家沃尔夫冈·邦士（Wolfgang Bonss）丰富了弗洛姆的遗产，后者对历史学有着强烈的兴趣并在法兰克福大学获得研究生学位。1977年，邦士在洛迦诺访问了弗洛姆。他被批判理论、霍克海默的思想和法兰克福研究所的早期历史所吸引。他还注意到实证社会学及其在调查研究中的作用，并且听说过弗洛姆指导研究所于1929～1932年对魏玛德国工人阶级态度进行的调查。像他的大多数同事一样，邦士不知道这项研究的数据或确切结论发生了什么。

邦士和弗洛姆相处得很好，弗洛姆让他进入洛迦诺公寓底层的一个特殊房间，那里存放着书籍和其他材料。幸运的是，邦士偶然发现了一个盒子，里面装着未发表的魏玛工人研究的资料，包括完整和不完整的调查问卷以及初步的调查结果，它们暗示了有更多的工人显示出权威主义倾向，超出了研究所项目研究者或领导的预期。根据手边的资料，邦士对20世纪早期的社会科学方法也有了强烈的感受。他理解弗洛姆及其同事为了获得人们对于社会和政治现实的主观认知所做的开拓性努力。邦士从弗洛姆储藏室的资料盒中拼凑出来的那本书，差不多就是弗洛姆在43年前期望霍克海默出版的。无疑，弗洛姆承认在希特勒上台后，他最初的调查项目失去了它的一些重要性。1980年，当邦士出版了《魏玛德国的工人阶级》（*The Working Class in Weimar Germany*），它成为德国历史学家和社会学家可以思考的许多重要资源之一。但是，这项在他的早期职业生涯中开展的研究赢得了弗洛姆的认可，只有为数不多的学者听说过这项研究，尽管它是阿多诺1950年的经典著作《专制的人格》（*The Authoritarian Personality*）的一个重要先例。虽然邦士的出版物在弗洛姆死后几个月出版（将弗洛姆列为作者），但他知道这个项目最终会被所有人看到，这对弗洛姆来说意义重大。几十年来，他一直认为这是自己学术生涯的一个主要贡献，如今在未来几十年里，它在研究型图书馆中都将占有一席之地。[61]

最后的岁月

自1931年被诊断出患有肺结核以来，弗洛姆的身体状况一直很差，许多疾病使他的晚年麻烦不断。他定期地请教医生并服用大量药物，其中一些药物发生了危险的交互作用。他患上了越来越严重的青光眼，而各种眼药水的治疗效果都不理想。白内障也阻碍了他的视力，而当时还没有可靠的外科手术治疗。弗洛姆开始佩戴特殊的、度数极高的老花镜来完成任何写作。安妮斯的健康也出现了问题。1978年，她的乳腺癌复发，动手术切除了一小块恶性肿瘤。这不是她最后一次与癌症抗争。随着安妮斯的健康状况变糟，弗洛姆的病情也迅速恶化。1977年，他遭遇了第二次心脏病发作，使他的生活节奏大大减慢。一年后，弗洛姆又遭遇一场严重的心脏病发作，这是三次发作中最严重的一次。他的心脏停止跳动了,他被认为"临床死亡"了好几分钟,直到附近的一位医生设法刺激心脏使其重新跳动。毫无疑问,这次疾病导致了一些脑损伤和相关的记忆丧失。除了心脏问题之外,他还可能在1978年的心脏病发作后经历了轻微的中风。他的问题还包括:听力明显受损,周期性的抑郁,食欲不振,体重减轻。间或,他能够阅读一小时的书,接受关于《占有还是存在》的简短采访,但他身体仍然非常衰弱。1979年9月,安妮斯坦白地告诉阿拉莫尼,她的丈夫在过去的两年中几乎没有什么成就。她为弗洛姆阅读来自最亲密的朋友的信件。在健康允许的情况下,他口授对其中一些信件进行简短回复。[62]

弗洛姆变得越来越依赖方克。1977年末,他要求方克成为他的遗著保管人,在他离世后生效。方克欣然接受这一挑战,这要求他负责弗洛姆所有未出版和已出版的著作,以及大量的信件。他开始明白,遗著保管人这一身份对弗洛姆的所有信件和其他文学作品享有全球性的权限,不管它们被收藏在哪里。这一重大的责任暗示了他对弗洛姆强烈的情感认同。甚至在弗洛姆去世之前,方克就开始在一些公众场合为他代劳。方克决定在图宾根的家中建立一个大型的弗洛姆档案馆,这表明弗洛姆已经成为他职业生涯的中心。[63]

早在1956年,弗洛姆在写给朋友伊泽特·德·弗雷斯特的一封信中,就描述了他打算写一本关于弗洛伊德的书。他认为,作为一位精神分析学家,他毕生都在区分自己与弗洛伊德的贡献,因此他是一名可靠的弗洛伊德思想的评估者,这是成问题的。他将概述"弗洛伊德决定性的和卓有成效的思想",批评那些他认为有问题的观点,同时赞扬那些经得起时间考验的观点。1976年年末至1977年年初,在他的第二次心脏病发作之前,他写出了155页的《弗洛伊德思想的贡献与局限》(*Greatness and Limitations of Freud's Thought*)的最初草稿,基本上总结了他此前多次重复的对弗洛伊德的思考。但是,他的精力跟不上,短时记忆缺乏,在第二次心脏病发作尤其是第三次发作之后,他还显得难以集中注意力。很明显,弗洛姆没有条件独自完成这本书,他经常允许自己接受方克的引导。例如,弗洛姆接受了方克的建议,将《被遗忘的语言》中对梦的解释的部分包括进来,以充实《弗洛伊德思想的贡献和局限》一书。方克还建议,《人类的破坏性剖析》的开头部分[1]可以呈现弗洛姆对弗洛伊德的本能生活理论的批判。他认真编辑了弗洛姆这155页的打印稿,并执笔撰写了一个结论。在私下里,方克声称"我精心制作了这本书",同时他也承认"这不是一本带着新思想的新书",而是弗洛姆以前出版的材料的摘要。事实上,这是一本摘要重述的书——这才是关键所在。"因为我对弗洛伊德的批判有它自己的连续性,"弗洛姆在开始这份工作时说,"我无法不提及我之前对这个主题所做的陈述。"这是他对弗洛伊德所做的最终评价,弗洛姆强调了弗洛伊德的思想对他的持续影响,他接受其中的一些,拒绝了另一些,带着复杂且变化的情感对弗洛伊德的许多观点做出回应。不幸的是,与他的社会性格概念相比,疾病阻止了他更清晰、更全面地解释自己在晚年如何致力于弗洛伊德的性欲驱力理论。如果这是可能的,《弗洛伊德思想的贡献与局限》将是一本极其重要的最后著作。[64]

斯里兰卡的佛教徒朋友如耶那婆尼卡长老,是弗洛姆的洛迦诺朋友圈的定期参与者,他鼓励弗洛姆在疾病恶化时保持"内心的自由":"即使你的身体生病了,你的大脑不应该生病。"弗洛姆回应如耶那婆尼卡说,他完全是这样做的——"在疾病或身体不适的期间,从来没有'浪费'时间。"这些正是"深化体验和精神复原"的重要场合。在医院和家里卧床休息时,正如弗洛姆告诉芒福德的,他大部分时间都在"冥想和分析自己"。弗洛姆正在"有效利用"这个"非常有益的机会"。他进行了"相当多的思考,尽管这不是真正意义上的'工作'"。同样,弗洛姆告诉恩斯特·西蒙,卧床在某种意义上也是一件幸事,因为它有利于"安静地思考"。他向哈伊姆·卡普兰解释说,尽管在晚年阅读和写

---

[1] 原文为epilogue,意为收场,但可能为prologue(开场)的误写,因为从最终的成书来看,弗洛姆在开头部分谈论了本能理论。——译者注

作都非常困难，但他仍然喜欢反思经典的犹太教文献。在去世的三个星期前，弗洛姆描述了他如何将自己充分地置于这一存在模式中——安静思考，自我反省，将自己限制于生活的必需品。[65]

在1978年严重的心脏病发作之后，弗洛姆并没有期望再活多长时间。1978年末，弗洛姆以前的一位分析对象，杰勒德·库利（Gerard Khoury）提议对弗洛姆进行一次长时间的访谈，用录音记录下来，弗洛姆可以讲述他的人生故事，包括那些对他非常重要的人物，比如拉比诺、霍克海默和里斯曼。库利来自黎巴嫩的一个富裕家庭，后来开始在法国定居，成为一名成功的商人、翻译家和历史学家，他将弗洛姆的《希望的革命》翻译成法语。他经常去黎巴嫩看望家人和朋友，所以他对中东冲突非常了解，并设法让弗洛姆了解法塔赫及其他阿拉伯组织与以色列国的交战现状。他准备了简报文件，并与弗洛姆进行了详细的讨论，他们都觉得这些材料非常有用。两个人的友谊和信任逐步加深。弗洛姆认识到，这次访谈将会颠倒他们以前的临床关系，因为现在库利在打探他的分析师的生活和感受。但是，弗洛姆打消了这一顾虑，同意接受这次采访，因为这可能代表了他的生活、思想和价值观的最后一次延伸。就像他的书一样，这次访谈的文字稿也将会成为后世的一份文献。在安妮斯的出席和照看下，库利终于完成了两场访谈：一场是在1978年12月，在他的第三次心脏病发作之后不久；另一场是1979年2月，也就是弗洛姆去世的前一年。弗洛姆告诉安妮斯，尽管他身患疾病，但他希望在访谈中"完全在场"和保持灵活，以他特有的热情和说服力表达他的想法。他如愿以偿，在各个方面都非常成功。[66]

库利为这次访谈做了大量准备，它们后来被转录成文字并最终出版。尽管弗洛姆有时会偏离库利的问题，也许是因为他的短期记忆受损，但他的回应通常是连贯的。当库利请他回顾自己的早年经历时，弗洛姆详细地回答了这个问题，为我们了解他的童年提供了宝贵的原始资料。他父母之间艰难的关系使他感到疏远和边缘化。《犹太法典》学者和拉比补偿了他在家中所缺乏的稳定，他们向弗洛姆展示了如何过一种扎根于伦理、学术和承诺社群的生活。奇怪的是，弗洛姆并没有透露关于拉比诺、诺贝尔或其他导师的更多信息。相反,他强调了他们的集体重要性——把他从家里的"熔炉"中拉出来，走向更有生产性的生活。

特别值得注意的是，弗洛姆对于他在法兰克福研究所那些年的经历所谈甚少。也许，他对霍克海默和阿多诺解雇他的怨恨从未平息。弗洛姆对于他与精神分析的相遇有很多话要说，他以清晰而又有些微妙的方式讨论了这个话题。多年来，弗洛姆一直打算写一本详细的、多卷本的关于不同的精神分析技术发展的著作，但最终他把其他写作计划放在了更优先的位置。在他与库利的访谈中，弗洛姆似乎打算谈论这一长期研究的方方面面，并重申弗洛伊德对无意识的发现一直是他思想的基础。事实上，在开始任何项目之前，他都会转向弗洛伊德的理论基础，包括参与弗洛伊德的现代主义议程。弗洛姆认为，自己的临床方法类似于在20世纪二三十年代在巴登－巴登遇到的两位非正统的分析师——乔治·格罗代克和桑多尔·费伦齐。他们的方法，以及自己的方法，都是专心和富有同情心地观察和倾听病人生活的各个方面，目的是了解自己内心的感觉，这种感觉接近病人的故事，并与他自己的心理产生共鸣。

在他与库利访谈的最后一个小时，弗洛姆提出了他对当代精神分析学家的批评，并强调了从占有到存在这一社会转型的必要性。占有模式在社会中如此根深蒂固，以至于转化为存在模式困难重重。尽管如此，《占有还是存在》引起的强烈反响使他成为许多欧洲人心中的导师，这表明仍有希望——许多人寻求与内在灵性和自我认知的更大融合，只是不知道如何实现这个状态而已。接着，弗洛姆推测了一个他在《占有还是存在》中没有强调过的问题——在早期的母权制社会，如巴霍芬所描述的,是否可能更多是以存在而不是占有倾向为基础的？弗洛姆想知道，存在模式是否可以被女性创造和维持生命的能力所提升？他提出这个想法，将它作为这个被占有模式支配的混乱世界的一线希望。在结束访谈时，弗洛姆表达了一种信念：如果人类没有通过核战争摧毁自己，那么在未来的岁月，他们将会在洞察力和伦理方面经历"巨大的发展"。

在反思这次访谈的内容时,库利认为,尽管弗洛姆的写作岁月已经结束,但他仍然是一位不可忽视的社会评论家,他仍然能够清晰地表达人本主义的精要。他对自己的生活和经历的描述有些杂乱无章,但是在对精神分析思想和技术的长篇大论中,他是相当有说服力的,有时甚至是细致入微的。弗洛伊德在他脑海中出现的次数比马克思更多,也许弗洛伊德对他的影响一直都更大。他的结束语恰如其分地关注了人类的现在和未来,对那些仍然相信有可能建立人本社会的人来说,这既是一种探索和痛苦,也是一种鼓舞。在弗洛姆去世几年后,安妮斯向库利讨要了一份访谈录音,这样她就能听到他的声音,也许还能想象他正以一种鼓舞人心的方式在说话。

死亡和葬礼

在去世前的几个月里,弗洛姆病得相当重,有时反复无常。他几乎不能阅读,也不再写作了。他常常在晚上醒来,也许并没有完全清醒,谈论全球的紧张局势并批评国家元首有问题的举措。他反复地听巴赫的唱片,因为他觉得它们令人宽慰。1980年2月中旬,弗洛姆的身体状态非常虚弱,因此鲍里斯·路班-普利斯和伊凡·伊里奇在洛迦诺提前为他举办了一场80岁的生日派对。弗洛姆总是以欢快的方式庆祝,当路班-普利斯和伊里奇以极大的热情和爱意总结他的成就时,他感到非常高兴,也许有一点兴奋,微笑着迎接这一时刻。作为回应,弗洛姆面带笑容清晰地讲了几则非常活跃气氛的笑话和轶事。弗洛姆在与库利的访谈期间所表现出来的尊严和风度,在他去世前的几周里仍然势头不减。也许从他自己的角度来说,弗洛姆正在与迫近的死亡进行一场拉力赛。[67]

1980年3月18日的早晨,在他80岁生日的五天前,安妮斯发现她的丈夫躺在客厅的沙发上,呼吸非常困难。这是他第四次心脏病发作,在几分钟内就离世了。安妮斯打电话给格特鲁德·亨齐克·弗洛姆,她很快就乘火车前往洛迦诺。他们俩都手足无措,传唤伊凡·伊里奇前来指导。伊里奇以前是一名牧师,在举办葬礼方面经验丰富,于是他接管了弗洛姆的后事。弗洛姆曾要求一切从简。在安妮斯和亨齐克·弗洛姆的帮助下,伊里奇准备了一份宾客名单,只邀请了 13 位朋友和同事参加葬礼。弗洛姆在附近的亲密朋友,鲍里斯·路班－普利斯和汉斯·尤尔根·舒尔茨(Hans Jürgen Schultz)接到了邀请。还有露丝·利普曼(Ruth Liepman),她是弗洛姆长期的著作经纪人。方克毫无疑问在列。他的能干体贴的秘书琼·休斯也在名单上。除了格特鲁德·亨齐克·弗洛姆外,没有邀请任何家庭成员。伊里奇在贝林佐纳附近的一个火葬场组织了葬礼,该火葬场靠近一个犹太人社区和墓地。尽管火葬与犹太传统背道而驰,但弗洛姆在一生中大部分时间里并不是一个虔诚的犹太人,他要求把他的骨灰撒到马焦雷湖里。伊里奇遵从这两项要求,并主持了相关事宜。遵照瑞士的传统,四位穿制服的护柩者把盖满鲜花的棺材抬进火葬场。伊里奇和路班－普利斯陪同着安妮斯,他们注意到在整个葬礼上她一直很悲伤。伊里奇和舒尔茨向来宾致辞,伊里奇说得很简短,舒尔茨的陈述要长一些。他们都提到了弗洛姆最具精神性的著作——《像上帝一样生存》,并试图解释弗洛姆的人本主义如何与不同的宗教和哲学传统交织在一起,也许这就是他指引的方向。路班－普利斯请求市政府官员以弗洛姆的名字为某座公园、街道或其他公共场所重新命名,但是没有成功。由于弗洛姆在社区里的低调,他能够得到保证的就是贴在公寓楼前面的一小块金属牌匾。[68]

弗洛姆离世后,安妮斯度过了一段艰难的时光。他们拥有 27 年的幸福婚姻,在生活中关注彼此的需要。弗洛姆对安妮斯的热情激发了《爱的艺术》,这是他最受欢迎的一本书。安妮斯收到了许多吊唁信,包括私人关系的和职业关系的。如耶那婆尼卡长老承认,弗洛姆的去世让他感"深切悲痛",并鼓励安妮斯"平静地承受这一丧失并保持健康"。相比之下,哈佛神学院教授詹姆斯·路德·亚当斯(James Luther

Adams）写信告诉安妮斯，她丈夫的作品集在德国出版是多么重要，关于弗洛姆著作的文章大量出现在重要的参考资料中。史蒂文·施瓦茨席尔德（Steven Schwarzschild）在圣路易斯的华盛顿大学教授哲学和犹太研究，他的父亲从小就在法兰克福犹太社区认识弗洛姆，他写道，弗洛姆是"我父亲般的朋友"。

但是，这些吊唁信和其他信件似乎并没有使她高兴起来。她总爱抽一两根烟，但在弗洛姆去世后，她变成了一个烟鬼。她试图与欧洲和美国的朋友们保持联系，并撤销方克的遗著保管人身份，因为她不喜欢他。但她在这两件事上都没有成功。瑞士南部地区既没有人讲德语，也没有人讲意大利语。随着友谊日渐稀少，安妮斯决定回到亚拉巴马州的蒙哥马利市，她姐姐仍然住在那儿。纽约的一位医生朋友对她进行药物治疗，也许是一种抗抑郁药，她告诉这位医生"弗洛姆的去世让我无法自拔"。由于对弗洛姆离世的持续悲伤、大量吸烟和癌症史，安妮斯于1983年死于结肠癌。[69]

大量的讣告、悼念词和其他关于弗洛姆离世的消息出现在各大报纸上，比如：《法国世界报》和《费加罗报》（巴黎），《一加一报》和《至上报》（墨西哥城），《纽约时报》《华盛顿邮报》《泰晤士报》（伦敦），《法兰克福新报》，《星期六报》（罗马），《忠诚报》（荷兰），《首都日报》（赫尔辛基，芬兰首都），《Nin杂志》（塞尔维亚），《蒂罗尔日报》（因斯布鲁克，奥地利西部城市）和许多世界各地的其他报纸。尽管弗洛姆一直都在批判以色列，但是《以色列新闻报》（特拉维夫市）刊登了一篇很长的赞许性讣告。在弗洛姆去世的时候，他已经是一个具有全球重要性的人物。他并不认为自己是德国人、美国人、墨西哥人或瑞士人，而是与世界各地的人们有着千丝万缕的联系。大多数公告都简要地回顾了他的一两种"生活"和他的一些书籍。一些人讨论了他对真诚和原则的热情。另一些人则观察到他与弗洛伊德的不同，弗洛伊德主要从个体自我的角度看待人类，而弗洛姆认为人类与社会环境和经济环境是不可分割的。一些讣告评论说，弗洛姆试图在概念上把弗洛伊德和马克思联系起来。还有一些人提到他无限的精力和他对人本社会的颂扬。大多数人都提到了他公开倡导人本主义价值观，有几个人引用了他的显著观点："爱是解决人类生存问题的唯一令人满意的答案。"一些人强调他反对军国主义，攻击消费文化，并对人类问题的技术解决方案持保留态度。只有少数人提到他是一个民主社会主义者。有几个人讨论了他反对一切形式的权威主义，并把《逃避自由》作为对这一现象的深刻清算。不幸的是，很少有人尝试呈现一种全局观的弗洛姆，一种把他的生活和存在与他的著作结合起来的观点。心理学家大卫·埃尔金德（David Elkind）在那些尝试过的人当中脱颖而出，他坚持认为，弗洛姆在根本上关心的是我们作为人类的特殊品质和"友谊伦理"（ethics of friendship）。根据埃尔金德的看法，弗洛姆不仅在他的著作中，而且在他的存在中，努力促成一个理想的世界——在其中人们密切联系、相互帮助和支持，并细心倾听彼此的观点。如果他质疑别人的观点，他的提问会带着温情、礼貌和支持。在埃尔金德看来，弗洛姆的人本主义就像是一个"道德触点"（ethical touching），每个人在自己的内心深处都与全人类有着深刻和充满爱的联结。[70]

也许最令人动容的回忆来自露丝·施皮格尔（Rose Spiegel），她曾经与弗洛姆一起在威廉·阿兰森·怀特研究所接受训练。施皮格尔强调，弗洛姆对她的智力和情感发展有过很大的帮助。在弗洛姆去世几天后，她做了一个梦，梦里有人告诉她弗洛姆"身体很好，正在写另一本书"。这个梦显示弗洛姆对她的影响是刻骨铭心的。[71]

相关书目

这本书是我的作品中最难完成的一部，主要是因为埃里希·弗洛姆的妻子在他去世后销毁了他的许多私人信件。雷纳·方克保护了许多未被破坏的文件，在图宾根的弗洛姆档案馆是本书的主要资料来源。我花了近十年的时间研究档案馆中几乎所有的文件。纽约公共图书馆收藏的弗洛姆文档中有一些文件弥补了弗洛姆档案馆的空白。但是，还有一些其他的重要资料。哈佛大学档案馆中大卫·里斯曼的文献涵盖了弗洛姆和里斯曼之间的数十封信件。这些信件透露了许多信息，包括他们两个人、他们的同事以及他们几十年来的重要友谊。法兰克福大学的马克斯·霍克海默资料馆中有一封小而重要的信件，揭示了弗洛姆在法兰克福学派中的重要角色。夏洛特·塞尔弗在弗洛姆和他的第二任妻子赫妮·格兰德的生活中扮演了重要的角色，她的大部分文件都收藏在加州大学圣巴巴拉分校的档案馆里。阿克伦大学美国心理学史档案中出现的材料一直让我感到惊讶不已。这一次，我在亚伯拉罕·马斯洛的文献中找到了关于弗洛姆的有趣资料。弗洛姆的堂妹格特鲁德·亨齐克从小就跟他很亲近。她每年都会邀请我到她苏黎世的家中做客，十多年从未间断。我们一起检查并讨论了她与弗洛姆之间大量且深度的通信，内容大多涉及家庭和个人生活。美国国会图书馆的玛格丽特·米德文献是关于弗洛姆在文化与人格运动中表现的最佳来源之一，同时也展现了他与许多同事的融洽关系。多年来，米德的女儿玛丽·凯瑟琳·贝特森与我一起回顾这些材料，并帮助我理解弗洛姆和米德之间的重要关系。

由于许多私人文件被销毁，关于这个项目的访谈变得至关重要。结果证明，最有帮助的是我对维也纳的玛丽安·罗斯巴赫（Marıan Rothbacher）做的采访。这次采访让我看到了来自柏林的苏菲·恩格兰德的精彩信件，罗斯巴赫将它们保存了下来。在纳粹时期，这些书信在世界各地流亡的弗洛姆家族中流传。它们就像胶水一样把一个大家庭聚在一起。罗斯巴赫在为期两天的访谈中向我展示的所有信件的复印件，现在收藏在弗洛姆档案馆里，这份家庭档案对所有研究希特勒年代的人来说是一个宝库。多年来，弗洛姆人生后期最亲密的同事——迈克尔·麦科比和雷纳·方克向我展示了丰富的故事，起初是正式访谈，后来是直接的对话、邮件和电话。这些年来，我还对卡伦·霍妮的女儿玛丽安·埃克卡特进行了四五次访谈。如此，我一共收集了几十个人的回忆。弗洛姆继子的妻子多丽丝·格兰德（Doris Gurland），回忆了她与弗洛姆的许多谈话，大多都是私人性质的谈话。弗洛姆遗产的一般执行人莫什·巴德莫，也提供了许多他与弗洛姆的谈话。弗洛姆在怀特研究所的同事米蒂亚德·扎菲罗普洛斯（Mitiades Zaphiropoulos）透露了许多关于弗洛姆临床工作的信息。我在墨西哥城的采访包括了弗洛姆最亲密的同事——豪尔赫·席尔瓦·加西亚和阿尼塞托·阿拉莫尼。在席尔瓦的家里见面讨论弗洛姆时，我发现，席尔瓦在西班牙内战期间曾与我的父亲并肩作战，并且两人都是亚伯拉罕·林肯旅的枪手。萨尔瓦多·米兰和桑娅·米兰是紧随其后的一代临床医生。他们告诉了我自己在墨西哥从弗洛姆那里获知的一切，并给了我关于弗洛姆的每一份文件的复印件。多年来，我与萨尔瓦多的电子邮件往来频繁，有时也会打电话交谈，这些交流总是于我有益。弗洛姆的分析对象杰勒德·库利告诉我很多关于弗洛姆的事。库利还给了我一份转录的文件，它是这本传记最重要的来源之一：在弗洛姆人生的最后几年，库利对弗洛姆进行了许多小时的访谈，在其中弗洛姆回顾了自己整个一生的过程。我采访了许多不同背景的认识弗洛姆的人，通常是同事，但也有与他有过经济交易的人、秘书、厨师以及其他多年来关心他的人。

学者们已经写了很多关于弗洛姆的文章，本质上以阅读他的书籍和文章为基础，但不幸的是，并没有进行档案调查。还有一个问题在于，这些学术研究没有多少借鉴了《埃里希·弗洛姆作品集》（方克主编的12卷德语版的弗洛姆著作）。关于弗洛姆的学术研究质量参差不一，我只关注了其中几本著作：唐·豪斯多夫（Don Hausdorff）的《埃里希·弗洛姆》（*Erich Fromm*，1972）是一系列知识传记中的第一本。在密歇根州立大学短暂的教学生涯中,豪斯多夫是弗洛姆的同事之一。这本书在数据和分析上比较薄弱,但说句公道话,是一种值得赞赏的努力。约翰·沙尔(John Schaar)在1961年撰写了《逃避权威》(*Escape from Authority*),这是对弗洛姆的著作《逃避自由》的一种严厉而又重要的批评,当时弗洛姆正处在他作为社会评论家的巅峰时期。但是,沙尔却颇为恰当地拒绝给弗洛姆一张"自由通行证"。如果从一个相当僵化的马克思主义视角来看,哈里·威尔斯的《精神分析的失败》(*The Failure of Psychoanalysis*,1963)对当时的弗洛姆更为挑剔,但它缺少了沙尔的细微入微。丹尼尔·伯斯顿(Daniel Burston)的《埃里希·弗洛姆的遗产》(*The Legacy of Erich Fromm*,1991)是最有影响力的综合性知识传记。我从中学到了很多东西,而且多年来与伯斯顿的交谈也让我受益无穷。迈克尔·麦科比和毛里西奥·科尔蒂纳(Mauricio Cortina)的选集——《一位预言分析家:埃里希·弗洛姆对精神分析的贡献》(*A Prophetic Analyst: Erich Fromm's Contribution to Psychoanalysis*,1996)收录了一些关于弗洛姆思想的具有影响力的学术论文,其中最重要的是麦科比的《埃里希·弗洛姆的两种声音》(*The Two Voices of Erich Fromm*)。劳伦斯·王尔德(Lawrence Wilde)的《埃里克·弗洛姆和寻求团结》(*Erich Fromm and the Quest for Solidarity*,2004),周全而简明地展示了弗洛姆的政治和哲学遗产。斯万特·伦德格伦(Svante Lundgren)的《反抗偶像》(*Fight Against Idols*,1998)聚焦于弗洛姆关于宗教的著作。它比约翰·S. 格伦(John S. Glenn)的《弗洛姆:新教批判》(*Fromm: A Protestant Critique*,1966)更强有力。G. P. 克纳普(G. P. Knapp)的《生活的艺术》(The Art of Living,1989)则显示了在不参考档案收藏资料或《埃里希·弗洛姆作品集》的情况下,试图将弗洛姆的生活与其作品整合起来的危险。尼尔·麦克劳克林撰写了一系列精彩的探索文章,后来汇集成一本关于弗洛姆为何在学者中失去价值的书。例如,参见《如何成为一个被遗忘的知识分子》(*How to Become a Forgotten Intellectual*),社会学论坛(Sociology Forum),1998,13(2):215-246。凯文·安德森(Kevin Anderson)

和理查德·奎宁（Richard Quinney）的《埃里希·弗洛姆与批判犯罪学》（*Erich Fromm and Critical Criminology*，2000）展现了弗洛姆关于社会偏见的一些重要论文，并认为这些论文是值得赞赏的。道格拉斯·凯尔纳（Douglass Kellner）撰写了许多关于弗洛姆的有趣、有料和敏锐的网络文章。另外，凯尔纳那本令人敬佩的书籍《赫伯特·马尔库塞和马克思主义危机》（*Herbert Marcuse and the Crisis of Marxism*，1984）也揭示了与弗洛姆相关的信息。斯蒂芬·布朗纳（Stephen Bronner）在他的著作《批判理论及其理论家》（*Of Critical Theory and Its Theorists*，1994）中的某一章对弗洛姆的论述，令人激动且意义深远。

20世纪30年代弗洛姆在法兰克福研究所任职，是他作为一位著名学者的关键时期。该研究所有三段杰出而全面的历史记录对弗洛姆进行了大量解释。其中之一是马丁·杰伊（Martin Jay）精彩的《辩证的想象》（*The Dialectical Imagination*，1973），其次是罗尔夫·魏格豪斯的信息宝库《法兰克福学派》（*The Frankfurt School*，1986），还有托马斯·惠特兰（Thomas Wheatland）重要的《流亡中的法兰克福学派》（*The Frankfurt School in Exile*，2009）。人们还可以从弗洛姆的老朋友兼同事利奥·洛文塔尔的两本书中了解很多东西。其中最有帮助的是他的《批判理论和法兰克福理论家》（*Critical Theory and Frankfurt Theorists*，1989），但是《未被遮掩的过去》（*An Unmastered Past*，1987）也是很有用的。亨利·帕切特（Henry Pachter）的《魏玛研究》（*Weimar Studies*，1982）从参与观察者的角度对魏玛文化和政治进行了极其敏感的描绘。我从德特勒夫·克劳森（Detlev Claussen）的《西奥多·阿多诺》（*Theodor W. Adorno*，2003，2008）中获益颇多，它澄清并梳理了批评理论的出现，以及在研究所时弗洛姆与阿多诺关系中冲突的一面。另外，塞拉·本哈比德（Seyla Benhabid）的《批判、规范与乌托邦》（*Critique, Norm and Utopia*，1986）也很值得我们探讨批判理论的知识基础。

在这部人生和时代的传记中，围绕着弗洛姆的精神分析世界是非常重要的。在这一领域，我感激已故的保罗·罗森（Paul Roazen），他撰写了《弗洛伊德及其追随者》(*Freud and His Followers*, 1976)以及其他一些书籍和文章, 它们为理解弗洛姆提供了很多帮助。罗森的著作与伊利·扎列茨基(Eli Zaretsky)的《灵魂的秘密》(*Secrets of the Soul*, 2004)很好地将精神分析运动的文化连接起来。我重读菲利普·里夫的两本书: 《弗洛伊德》(*Freud*, 1959)和《治疗的胜利》(*The Triumph of the Therapeutic*, 1966), 仍然从中获益良多。马克·埃德蒙森(Mark Edmundson)是一位非常有趣的思想史学家和文化批评家, 我发现他的《西格蒙德·弗洛伊德之死》(*The Death of Sigmund Freud*, 2007)非常有助于理解弗洛伊德在其晚年与弗洛姆的智力关系是多么有趣。从道格拉斯·科什那(Douglas Kirshner)的《不自由的协会》(*Unfree Associations*, 2002)中, 我们可以了解到弗洛姆在处理美国正统精神分析机构的琐碎政治时遇到的挫折。但是, 如果没有彼得·盖伊(Peter Gay)杰出的《弗洛伊德:我们时代的生命》(*Freud : A Life for Our Time*, 1988), 我几乎无法完成本书。我也不能丢弃内森·G. 黑尔(Nathan G. Hale)的两本关于美国精神分析史的著作:《弗洛伊德和美国人》(*Freud and the Americans*, 1971)及其姐妹篇《美国精神分析的兴起和危机》(*The Rise and Crisis of Psychoanalysis in the United States*, 1995)。

关于弗洛姆身边人物的传记比比皆是, 这里只参考了其中的少数著作。盖尔·霍恩斯坦撰写了关于弗里达·里奇曼的唯一传记,《拯救一个人就是拯救全世界》(*To Redeem One Person Is to Redeem the World*, 2000)。安-路易斯·西尔弗(Ann-Louise Silver)的选集《精神分析与精神病学》(*Psychoanalysis and Psychosis*, 1989)收集了许多关于里奇曼担任临床医生时的有趣材料, 并由一位异常敏感的里奇曼学者整理而成。克努特·安德森(Knud Andresen)出版了海因茨·勃兰特的唯一传记, 并且是一本精彩的著作: 《矛盾的生活原则》(*Widerspruch als Lebensprinzip*, 2007)。伯纳德·帕里斯(Bernard Paris)那本杰出的传记, 简单地命名为《卡伦·霍妮》(*Karen Horney*, 1994), 精彩地描绘了弗洛姆和霍妮的关系。苏珊·奎因(Susan Quinn)的《她自己的心灵》

（*A Mind of Her Own*，1987）则是一本有力的、稍显笼统的霍妮传记。哈里·斯塔克·沙利文唯一完整的传记是由海伦·佩里（Helen Perry）撰写的《美国精神病学家》（*Psychiatrist of America*，1982）。帕特里克·穆拉哈也是一位沙利文学者，在探讨他的《哈利·斯塔克·沙利文的贡献》（*The Contribution of Harry Stack Sullivan*，1995）时仍能获益。尽管弗洛姆的好朋友威廉·富布赖特是一位政治家，而不是临床医生，但可以从兰德尔·伍兹（Randall Woods）的《富布赖特：传记》（*Fulbright: A Biography*，1995）中看到，为什么弗洛姆受到这位参议员的重视。

有大量的书籍和文章广泛地描述了二战以及战后的知识环境，在那些年，弗洛姆和他那一代的公共知识分子是最为活跃的。保罗·戈尔曼（Paul Gorman）的《20 世纪美国左派知识分子与大众文化》（*Left Intellectuals and Popular Culture in Twentieth-Century America*，1996），威尔弗雷德·麦克莱（Wilfred McClay）的《无主》（*The Masterless*，1994）和罗素·雅各比（Russell Jacoby）的《最后的知识分子》（*The Last Intellectuals*，1987）特别使人受益。大卫·霍林格（David Hollinger）关于弗洛姆那一代知识分子的一系列文章和霍林格的著作《后种族时期的美国》（*Post-Ethnic America*，1995）帮助我"框定了"基本话题。另外三本杰出的作品对我来说尤其重要，它们的意义是我在此无法描述的：艾伦·纳德尔（Alan Nadel）的《遏制文化》（*Containment Culture*，1995），理查德·金的《种族、文化和知识分子》（*Race, Culture, and the Intellectuals*，2004）以及埃伦·赫尔曼（Ellen Herman）的《美国心理学的浪漫史》（*The Romance of American Psychology*，1995）。

还有一些非常有用的书籍，涉及 20 世纪五六十年代的政治和文化氛围，那时是弗洛姆最为活跃和重要的事情。关于这一时期的全球和平运动的著作，劳伦斯·威特纳（Lawrence Wittner）的《抵制炸弹》（*Resisting the Bomb*，1997）是最为杰出的。艾伦·彼得尼（Alan Petigny）的《宽容的社会》（*The Permissive Society*，2009）和斯蒂芬·怀特菲尔德（Stephen Whitfield）的《冷战的文化》（*The Culture of the Cold War*，1991）广泛地涵盖了20世纪50年代的状况,并且有很多深刻见解。丹尼尔·霍罗威茨(Daniel Horowitz)的《万斯·帕卡德和美国社会批评》(*Vance Packard and American Social Criticism*,1994)和丹尼尔·吉尔里(Daniel Geary)对C. 赖特·米尔斯的研究——《激进的雄心》(*Radical Ambition*,2009),是关于20世纪五六十年代两位重要社会评论家的优秀传记。像弗洛姆一样,他们也是美国社会经济现状的强烈反对者。托德·吉特林的《六十年代》(*The Sixties*,1987)回顾了我们两人在学生争取民主社会组织(Students for a Democratic Society,SDS)工作的那十年。布鲁斯·舒尔曼(Bruce Schulman)的杰出著作《七十年代》(*The Seventies*,2001)再次回顾了20世纪60年代的状况,帮助我了解到弗洛姆最后几年里美国的政治文化。

在我准备这本传记的最近几年里,我一直在阅读迈克尔·雪莉(Michael Sherry)的《战争的阴影》(*In The Shadow of War*,1995)。这本书精巧地描述了美国文化的军事化趋势,这种趋势正是弗洛姆坚决反对的。相比之下,尤里·斯莱兹肯(Yuri Slezkine)的《犹太人的世纪》(*The Jewish Century*,2004)对20世纪的全球犹太人进行了精辟的分析——弗洛姆正是在这个世界中长大。斯莱兹肯提出了一个令人信服的例子,说明当时的犹太人作为创业的少数群体,在社交和智识上对现代性做出了杰出的适应,并在某种意义上成为现代性的符号表征。约翰·库迪(John Cuddihy)的经典之作《文明的考验》(*The Ordeal of Civility*,1974)与《犹太人的世纪》十分相像。库迪描绘了20世纪犹太知识分子如何批判占主导地位的异邦文化,这种文化限制了犹太人的创新和机会,包括专业阶层、普通工人阶级和殖民地的犹太人。在我研究斯莱兹肯和库迪的著作时,弗洛姆的生活和思想反复出现在我的脑海里。

致　谢

　　本书所花费的时间及其难度超过了我所写的任何一本书。因此，我有许多要一一感谢的人。首先，我要感谢雷纳·方克（Rainer Funk）——德国图宾根弗洛姆档案馆的主管。我在那里花费了好几年时间查阅弗洛姆的大量信件。

　　安克·施赖伯（Anke Schreiber），也许是我最聪明的学生。在过去的44年里，我与她一起工作，她从所有参与者中脱颖而出。最初，我授权她纠正我那些有问题的德文翻译。在几年之内，我们俩就传记的基本概念性结构和弗洛姆生活上的细微之处进行日常讨论。我一直很期待那些激动人心的对话。安克的表现远超过了一个学生，她变成了一位值得信赖的同事。事实上，我几乎把安克看作一位合著者。这是一次卓越非凡的合作。

　　在这本书四易其稿的过程中，我拜访了许多评论家。首先，我40年的好友史蒂芬·惠特菲尔德（Stephen Whitfield）提出了一个关键问题：在弗洛姆的经典作品《逃避自由》之后，他还做了什么来吸引我们的注意力？理查德·金（Richard King），就是他把我介绍给史蒂芬的，也问了一个同样重要的问题：这本传记会给读者带来什么新的概念上的洞察？史蒂芬和理查德中肯地对每次草稿进行评论，一直鼓励我，让我距离他们问题的答案越来越近。很快，杰克·菲茨帕特里克（Jack Fitzpatrick）也加入进来，他是我研究生时就认识的一位朋友，现在是一位临床医生，他审阅了手稿的两份草稿，向我提供了一份均衡的弗洛姆心理档案。另外四位临床医生朋友，詹姆斯·克拉克（James Clark）、琳恩·林顿（Lynne Layton）、戴维·乐透（David Lotto）和皮特·劳勒（Peter Lawner）均对此档案有所补充。安娜-路易斯·斯特朗（Anne-Louise Strong）帮助我理解了弗洛姆与弗里达·里奇曼的婚姻关系的动力学。

　　很久以前，伊莲·西尔弗曼（Eliane Silverman）告诉过我历史进程中性别的重要性，凡是书稿中我对弗洛姆的需求方式和对待他生命中的女性不够敏感的地方，她都一一进行了标注。苏珊·赫舍尔[1]（Susannah Heschel）对我的帮助也很大，她仔细审阅了每个章节，使我能够理解弗洛姆作为一个犹太人那复杂且多变的风格。在剑桥大学，与同事霍华德·加德纳[2]（Howard Gardner）的讨论超出了我的想象。霍华德坚持认为我不能忽视基本的故事情节，不然整本书会走向失败。唐纳德·迈耶（Donald Meyer）曾指导我的论文并教我提出一些重要的问题，很久之后他又再次帮助我——这次是帮助我改正那些有问题的章节。唐纳德像45年前一样，提出了严厉但公正的、有深刻见解的批评。我以前指导过的一些学生，现在已是渊博的学者，他们对我的书稿也提供了帮助，正如我以前帮助他们一样。的确，斯科特·埃伯勒（Scott Eberle）、马克·麦加威（Mark McGarvie）、大卫·安德森（David Andersen）、米尔顿·宾利（Milton Bentley）、安德烈雅·劳伦斯（Adrea Lawrence）、约瑟夫·格尔森（Joseph Gerson）和达蒙·弗里曼（Damon Freeman）似乎对我的书稿要求甚高，超出了我以前对待他们的论文。

在过去九年里，我尝试着了解弗洛姆，并经历了一些非常特别的时刻。在布斯贝港口，我与伯特伦（Bertram）和安妮·维特-布朗（Anne Wyatt-Brown）在他们的走廊上度过了美妙的日夜，在那里，我们对本书章节的内容和文体进行了讨论。在我寻求对传记进行概念化和重构时，我与罗伯特·杰伊·利夫顿[3]（Robert Jay Lifton）在韦尔弗利特（Wellfleet）和剑桥进行了令人兴奋的讨论，这也是我把他称为"教练"的原因。遇到尼尔·麦克劳克林是另一种情况，他是一位研究弗洛姆的学者，当我们在他那堆满复印件和摘录文件的起居室里寻找资料和想法时，"神奇时刻"会不经意地到来。几十年前，丹尼尔·布斯顿写了一本更权威

---

[1] 苏珊·赫舍尔，美国学者、公共知识分子、美国达特茅斯学院教授。——译者注
[2] 霍华德·加德纳，世界著名的发展和认知心理学家，"多元智能理论"的创始人。——译者注
[3] 罗伯特·杰伊·利夫顿，美国精神分析学家，作家。——译者注

的关于弗洛姆的书[1]，在那激动人心的谈话中，他与我分享了他的发现和独特的想法。马丁·杰伊有一部关于法兰克福研究所的经典著作[2]，他对我所写的关于法兰克福研究所和《逃避自由》创作背景的章节，进行了严厉的但令人愉悦的预见性批评。我与我的老朋友罗伯特·阿布则（Robert Abzug）进行了一次公平交易：他仔细审阅了我所写的关于弗洛姆的章节，我也认真检查了他所写的关于罗洛·梅——弗洛姆的分析对象的内容。我与在纽约半退休状态的医生肯尼斯·弗里德伯格（Kenneth Friedberg）也有过交流，他向我解释了关于弗洛姆长期健康问题的大量细节。史蒂芬·博格（Stephen Berger）审阅了那些有问题的章节，以检查它们是否符合要求。在一些令人兴奋的对话中，艾伦·派蒂格尼[3]（Alan Petigny）与我分享了他对20世纪50年代的理解。邦妮·斯特纳（Bonnie Sturner）是一位人格理论专家，她在弗洛姆思想的结构方面，既有令人信服的见解又带有绝妙的幽默感。我还常常与查尔斯·罗森伯格[4]（Charles Rosenberg）在远离哈佛广场的地方吃午餐并进行交流，众所周知，他总是知道用什么来阐明论点。

由于弗洛姆的许多个人信件被他的第三任妻子销毁了，因此，与他的朋友和同事进行探讨就变得很有必要。最重要的人之一是迈克尔·麦科比，他与弗洛姆在墨西哥有过亲密合作，一起开展反对核武器的运动。自从准备开始写这本书，我就非常喜欢与迈克尔自由地谈论弗洛姆。他还与我分享了他与弗洛姆的通信，并帮助我理解每一封信的背景。在撰写此书的早期，桑迪·李·麦科比（Sandy Lee Maccoby）使我注意到了弗洛姆私生活的许多方面，否则我很可能会忽略它们。当我在墨西哥

---

[1] 此书指《埃里希·弗洛姆的遗产》（The Legacy of Erich Fromm），哈佛大学出版1991年版，国内尚未见中文版。——译者注
[2] 此书有中文版，马丁·杰伊著，单世联译，《法兰克福学派史》，广东人民出版社1996年版。——译者注
[3] 艾伦·派蒂格尼，佛罗里达大学历史系教授，著有《放任型社会：1941~1965的美国》（The Permissive Society: America, 1941-1965）。——译者注
[4] 查尔斯·罗森伯格，美国历史学家，哈佛大学社会科学教授。——译者注

城做研究的时候，萨尔瓦多·米兰（Salvador Millan）和桑娅·米兰（Sonya Millan）为我提供食宿并向我介绍了弗洛姆在他们国家23年的许多事情。萨尔瓦多拿出了一些他拍摄的很棒的照片——并且作为辅料，分享了许多笑话。我每年至少去苏黎世一次，与弗洛姆深爱的堂妹格特鲁德·亨齐克·弗洛姆坐一坐。她比任何人都细致地向我解释了弗洛姆早年生活的详情，并与我分享了多年来弗洛姆写给她的信和送她的书。弗洛姆的遗嘱执行者兼朋友莫什·巴德莫（Moshe Budmore）也很好地帮助我理解了弗洛姆生活的微妙之处，特别是他最后几十年的生活。玛丽安·霍妮·埃克卡特（Marianne Horney Eckardt）——卡伦·霍妮的女儿，也是弗洛姆的分析对象——她告诉我许多关于弗洛姆的临床技术和他与母亲的事情。我在巴黎和法国南部遇见了弗洛姆的另一个分析对象杰勒德·库利，将他在弗洛姆接近死亡时与其进行的访谈录音文字化。

埃伦·迈耶（Ellen Meyer）曾在数十年前教过我如何针对大众读者写作，如今在我完成最后一稿的时候，她又重新给我上了一课。黛安·宾汉姆（Diane Bingham）也在我书稿即将完成之际帮助我做了许多重要决定。哥伦比亚大学出版社的编辑詹妮弗·派瑞罗（Jennifer Perillo）是一个可以满足作者所有想象的人：友善、专业、博学并且能够为她的作者"留心"。艾伦、黛安和詹妮弗在一起，使我确信这部书稿已经足够完善，而我应该开始下一本的项目了。哥伦比亚大学出版社的其他三位朋友——罗伯特·费尔曼（Robert Fellman）、米歇尔·哈斯克（Michael Haskell），特别是史蒂芬·卫斯理（Stephen Wesley）为本书的出版付出了艰辛，他们也解释了出版社为什么会选择这本书。如果没有我的"电脑专家"——詹森·沃克（Jayson Walker），哥伦比亚大学出版社可能没有机会出版此书，他多次救下了我的部分手稿。

尽管我在过去十年得到了许多朋友和同事的帮助，但罗纳德·高木[1]

---

[1] 罗纳德·高木，日裔学者，代表作《来自不同海岸的陌生人：亚裔美国人的历史》（Strangers from a Different Shore: A History of Asian Americans）。——译者注

（Ronald Takaki）却没有在我身边指导我完成这个项目。从 1966 年起，罗纳德就是我的挚友。我们一起写了很多书。事实上，如果罗纳德最后几年在场的话，我可以更快地完成这个项目，并为其呈现更完美的手稿。我们有时开玩笑说我们写了彼此的书。我经常感觉如此。"这是一个美好的过程，也许我们还可以拥有更多。"这是罗纳德在他的第一本书刚出版时写下的。我很荣幸与罗纳德一起度过了数十年这样"美好的历程"。

注 释

PI = Personal interview; TI = Telephone interview; TRI = Tape-recorded interview; LJF = Lawrence J. Friedman

第1章 心性未定的学徒

1. "I felt quite at home": "Autobiographical Sidelights by Erich Fromm," *International Forum on Psychoanalysis* 9 (2000): 251. Fromm on "a medieval atmosphere": Gérard Khoury, interviews with Erich Fromm, Locarno, 1978–1979, transcript in Fromm Archive. On Seligmann Bamberger, see Leo Jung, ed., *Jewish Leaders, 1750-1940* (New York: Bloch 1953,1964), 179–195; and Leo Jung, *The Bamberger Family: The Descendants of Rabbi Seligman Bär Bamberger*, 2nd ed. (Jerusalem, 1979), ix, x, xi. Admitting to his "idealized" portrayal of Bamberger: Erich Fromm to Ernst Simon, Oct. 9, 1973. On Bamberger's centrality to Fromm: Gertrud Hunziker-Fromm, TRI by LJF, Zurich, May 9, 2004.

2. Jung, ed., *Jewish Leaders*, 183–195; Hunziker-Fromm, TRI by LJF, May 10, 2004.

3. Gertrud Hunziker-Fromm, TRI by LJF, Zurich, May 9, 2004, detailing the early generations of the Bamberger and Fromm family.

4. See Miriam Rothbacher, TRI by LJF, Vienna, May 18, 2004; and Gertrud Hunziker-Fromm, TRI by LJF, Zurich, May 10, 2004, for details of the family history.

5. Erich Fromm, TRI by Gérard Khoury, 1978–1979, especially on defending Rosa against Naphtali. Family photographs in the Fromm Archive in Tubingen assisted me greatly in understanding Erich's relationship with both parents, as did the Rothbacher and Hunziker-Fromm interviews. The Fromm archivist did not allow the author to publish the childhood photographs. Finally, it is extremely important to study Erich's autobiographical essay, "Some Personal Antecedents," in *Beyond the Chains of Illusion* (New York: Continuum, 1962, 1990); and Rainer Funk, *Erich Fromm: His Life and Ideas* (New York: Continuum, 2000), chap. 1.

6. Erich Fromm, TRI by Gérard Khoury, 1978–1979. The 1978–1979 interview Fromm gave to Gérard Khoury houses his retrospective remarks on his father and rich detail on the evolving father-son relationship. Dorothy Gurland, PI by LJF,

Providence, RI, August 23, 2009 on Fromm's memory of his father as "a sick man" and "a very odd man" and likely mentally ill.

7. On his "suffering" childhood: Erich Fromm to Annelie Brandt, Sept. 10, 1963. On being an "unbearable, neurotic child": Fromm, *Beyond the Chains of Illusion*, 5. On Erich in relation to Gertrud's father, Emmanuel: Gertrud Hunziker-Fromm, TRI by LJF, Zurich, May 9–10, 2004.

8. The most detail I have received on Ludwig Krause was from Miriam Rothbacher, TRI by LJF, Vienna, May 18, 19, 2004. The interview is supplemented nicely by portions of Fromm, "Some Personal Antecedents"; and Funk, *Erich Fromm*, esp. 14.

9. The abundant photograph collection in the Fromm Archive is telling on family dynamics. Erich Fromm to Annelie Brandt, Sept. 10, 1963, Fromm Archive.

10. On Sussman: Funk, *Erich Fromm*, 20, 32. On the suicide of the young woman: Fromm, *Beyond the Chains of Illusion*, 4.

11. On the suspension of humanistic values in the German gymnasium, such as the Woehlerschule he attended: Fromm, *Beyond the Chains of Illusion*, 7–9; Fromm to Lewis Mumford, April 29, 1975, Fromm Archive; Fromm to Albert Speer, Feb. 13, 1974, Fromm Archive.

12. On "partisanship and objectivity": Fromm, *Beyond the Chains of Illusion*, 6–7; and Fromm to Clara Urquhart, July 10, 1967, Fromm Archive. On "a deeply troubled": Fromm, *Beyond the Chains of Illusion*, 9.

13. Rainer Funk, "The Jewish Roots of Erich Fromm's Humanistic Thinking," 1988, unpublished mss., Fromm Archive, 2–4; Funk, *Erich Fromm*, 37–43; Daniel Burston, *The Legacy of Erich Fromm* (Cambridge, Mass.: Harvard University Press, 1991), 12–13.

14. Funk, "Jewish Roots," 3–5; Funk, *Erich Fromm*, 37–39.

15. Funk, *Erich Fromm*, 40–43; Burston, *The Legacy of Erich Fromm*, 12.

16. Funk, *Erich Fromm*, 40–41.

17. Ibid. Funk, *Erich Fromm*, 38–42, is particularly helpful on the Nobel circle. Fromm's obituary for Nobel is found in the Frankfurt *Neue Jüdische Presse* (February 2, 1922).

18. Copies of Fromm's transcripts at the University of Heidelberg are available in the Fromm Archive. Funk, *Erich Fromm*, 44, 50–52, is very helpful on the decision to study in Heidelberg.

19. Erich Fromm to Alfred Weber, Dec. 23, 1975, Fromm Archive, with his retrospective feelings on Weber. Burston, *The Legacy of Erich Fromm*, 100–101, places Alfred Weber's social thought in perspective.

20. Erich Fromm, *Das Jüdische Gesetz: Ein Beitrag Zur Soziologie des Diaspora-Judentums* (Ph.D. dissertation, University of Heidelberg, 1922). First published under this title posthumously in 1989 by the Munich publishing house of Wilhelm Heyne and edited by Rainer Funk. It is noteworthy that Jorge Silva, Fromm's student at the Mexican Psychoanalytic Society and Institute, will soon be bringing out a Spanish edition of Fromm's dissertation.

21. Ibid. (1989 ed.), 70–92, 134–156. See also Rainer Funk, *Erich Fromm's Kleine Lebensschule* (Freiburg: Herder, 2007), 60–62.

22. Ibid. (1989 ed.), 157–187. Funk, *Erich Fromm's Kleine Lebensschule*, 62–64.

23. Recalling Naphtali's fear he would commit suicide at his dissertation defense: Frieda Fromm-Reichmann, "Reminiscences of Europe," in *Psychoanalysis and Psychosis*, ed. Ann-Louise Silver (Madison, Conn.: International Universities Press, 1989), 480–481; and Erich Fromm, TRI by Gérard Khoury, 1978–1979, in Fromm Archive. On Weber suggesting an academic career: Erich Fromm to Alfred Weber, Dec. 23, 1975, Fromm Archive. See also Funk, *Erich Fromm*, 52–53.

24. One of the best sources on Rabinkow is J. J. Schacter, ed., "Reminiscences of Shlomo Barukh Rabinkow," in *Sages and Saints*, ed. Leo Jung (Hoboken, N.J.: Ktav Publishing House, 1987). In it, Fromm has a short essay (99–105) underscoring Rabinkow's centrality to his life and reviewing those qualities that impressed him most. Fromm, "Memories of Rav Zalman Baruch Rabinkow" (ca. 1964); and Fromm, "Memories of Rabbi Salman Baruch Rabinkow" (1971), both in the Fromm Archive, have even more detailed comments. "Rabinkow influenced my life": Fromm to Frau T. E. Rabinkow-Rothbard, July 9, 1964, Fromm Archive. An almost identical remark on Rabinkow as his principal influence appears in Fromm's reminiscence in Schacter, "Reminiscences," 103. See also Fromm to Ernst Simon, Oct. 9, 1973, Fromm Archive, recalling their time together with Rabinkow. Finally, see Fromm to Leo Jung, June 10, 1970, Fromm Archive, citing discussion of Rabinkow in *The Autobiography of Nahum Goldmann* (New York: Holt, Rinehard, and Winston, 1969), 45–47, as very much the mentor Fromm remembered.

25. Fromm, "Memories of Rav Zalman Baruch Rabinkow"; and Fromm, "Reminiscences of Rabinkow," in Jung, *Sages and Saints*, 99–105, detailing his study with Rabinkow. In *Sages and Saints*, 98–99, Abraham Frankel described how Rabinkow used the Lithuanian rather than the Hungarian method of Talmudic study.

26. Ibid., plus Funk, *Erich Fromm's Kleine Lebensschule*, 61–63.

27. Ibid. In all three of his reminiscences on Rabinkow, Fromm often implicitly and explicitly compares his qualities with Rabinkow's. On Rabinkow's hands, cleanliness, and other personal qualities: Fromm to Rose Cohn-Wiener, May 10, 1973, Fromm Archive. Fromm to Lewis Mumford, Apr. 29, 1975, Fromm Archive, compares himself to Rabinkow as both became disenchanted with Zionism.

28. The best attempt to connect Fromm's 1922 dissertation with Rabinkow's 1929 article is Rainer Funk, "Humanism in the Life and Work of Erich Fromm: A Commemorative Address on the Occasion of His Ninetieth Birthday," 1990, Fromm Archive. Funk astutely underscores how Fromm corrected a draft of an essay on Rabinkow so that it spoke more to the mentor-student relationship than how they were always "studying together" (6).

29. S. B. Rabinkow, "Individuum und Gemeinschaft im Judentum," in *Die Biologie der Person*, ed. T. Brugsch and F. H. Levy (Berlin: Urgan & Schwarzenberg, 1929), 799–824.

30. Rainer Funk has written two very thoughtful and richly documented papers that, in part, underscore how central Rabinkow's humanistic Judaism was to

Fromm even as Fromm turned from Judaism and became a secular humanist. See his "The Jewish Roots of Erich Fromm's Humanistic Thinking" (1988) and "Humanism in the Life and Work of Erich Fromm" (1990), both in Fromm Archive. Although I see Fromm's 1922 dissertation reflecting differences as well as similarities with Rabinkow and his 1929 article—suggestive of a fruitful early 1920s tension between them—Funk sees this difference emerging later, when Fromm distanced himself from Judaism (without Rabinkow's disapproval). However, Funk is also attentive to a collegial quality in their relationship.

31. "Frieda Fromm-Reichmann Autobiographical Tapes" (1956). Transcript in Fromm Archive.

32. Fromm-Reichmann, "Reminiscences in Europe," 469–481; "Frieda Fromm-Reichmann Autobiographical Tapes" (1956); Klaus Hoffmann, "Notes on Frieda Fromm-Reichmann's Biography," *Fromm Forum* 2 (1998): 24–25, is especially good on Reichmann's early professional background.

33. Ibid. The rape and the romance with Fromm is treated in Gail Hornstein, *To Redeem One Person Is to Redeem the World: The Life of Frieda Fromm-Reichmann* (New York: The Free Press, 2000). Hornstein claims (61–62) that Fromm seduced Reichmann during the analysis and that he was then a "ladies' man." Hornstein's shortage of primary evidence on Fromm on these matters makes somewhat problematic her characterization of his sexual life as a young man.

34. "Frieda Fromm-Reichmann Autobiographical Tapes" (1956) provides much detail on the origins and activities of the therapeuticum and her secret affair with Erich. See also Fromm-Reichmann, "Reminiscences of Europe," 479–480.

35. All of the Reichmann quotations: "Frieda Fromm-Reichmann Autobiographical Tapes" (1956). See also Hornstein, *To Redeem One Person*, 61–62; and Ann-Louise Silver, "Introduction to Fromm-Reichmann's 'Female Psychosexuality' and 'Jewish Food Rituals,'" *Journal of the American Academy of Psychoanalysis* 23, no. 1 (1995): 4.

36. Frieda Fromm-Reichmann, "Das Jüdische Speiseritual," *Imago* 13 (1927): 235–246; Erich Fromm, "Der Sabbath," *Imago* 13 (1927): 234. "We announced": Fromm-Reichmann, "Reminiscences of Europe," 481. See also Silver, "Introduction," 5.

37. On Frieda's memory of Erich having told her "Having a child is nothing": Hornstein, *To Redeem One Person*, 69. On Fromm confiding to Silva that Frieda could not have children: Jorge Silva García, TRI by LJF, Mexico City, March 21, 2004. Ann-Louise Silver, "Frieda Fromm-Reichmann and Erich Fromm," *International Forum on Psychoanalysis* 8, no. 1 (April 1999): 22, cogently argues that Frieda deeply wanted a child, while Erich wanted enhanced professional productivity instead. On the stillbirth or myoma and her reaction to its physical dimensions: Frieda Fromm-Reichmann to Georg Groddeck, July 31, August 16, 1932 (Fromm Archive). Hornstein, *To Redeem One Person*, 69, citing only the Fromm-Reichmann letter of July 31, 1932, to Groddeck, discounts the possibility of a stillbirth and claims it was entirely a myoma. On her closeness to Groddeck amid the troubled marriage: see also Fromm-Reichmann to Groddeck, August 23, 1933, Fromm Archive. On the import of Fromm being an only child in his decision to avoid having a child: Gertrud Hunziker-Fromm, TRI by LJF, Zurich, July 30, 2003, and May 10,

2004. Mauricio Cortina, PI by LJF, Washington, D.C., Feb. 1, 2003, recalls Fromm telling him that having children attached one to the current culture and values. On Fromm breaking up emotionally when asked if he regretted having no children: Rainer Funk, PI by LJF, Tubingen, July 25, 2003.

38. An excellent account of Groddeck's life and thought, particularly his relation to Freud, is provided by Martin Grotjahn, "George Groddeck: The Untamed Analyst," in *Psychoanalytic Pioneers*, ed. Franz Alexander (New York: Basic Books, 1966), 308–320. See also Romano Biancoli, "Georg Groddeck, the Psychoanalyst of Symbols," *International Forum of Psychoanalysis* 6 (1997): 117–125. An insightful discussion of the relationship between Groddeck on the "it" and Freud on the "id" is provided in Jaap Bos, David Park, and Petteri Pietikainen, "Strategic Self-Marginalization: The Case of Psychoanalysis," *Journal of the History of the Behavioral Sciences* 41, no. 3 (Summer 2005): 212–213.

39. Funk, *Erich Fromm*, 62–63; Fromm to Sylvia Grossman, Nov. 12, 1957, Fromm Archive; Fromm to Jack L. Rubins, Sept. 26, 1972, Fromm Archive.

40. Fromm to Groddeck, Aug. 15, 1934, Fromm Archive; Fromm to Grossman, Nov. 12, 1957, Fromm Archive.

41. On the formation of the Southwest German Psychoanalytic Study Group and its key participants: Erich Fromm to Jack L. Rubins, Sept. 26, 1922, Fromm Archive. See also Thomas Plankers and Hans-Joachim Rothe, "'You Know That Our Old Institute Was Entirely Destroyed . . . ': On the History of the Frankfurt Psychoanalytical Institute 1929–1933," *Psychoanalysis and History* 1, no. 1 (1998), esp. 103–109.

42. Romano Biancoli, "Mother Fixation and the Myth of Demeter," *International Forum of Psychoanalysis* 6, no. 1 (April 1998): 28–29; Burston, *The Legacy of Erich Fromm*, 15–16; Hendrik M. Ruitenbeek, ed., *Heirs to Freud* (New York: Grove Press, 1966), 7, 87–94.

43. Erich Fromm, "Psychoanalyse und Soziologie," in *Zeitschift für Psychoanalytische Pädagogik* 3 (1929): 268–270.

44. Hornstein, *To Redeem One Person*, 67; Gertrud Hunziker-Fromm, TRI by LJF, Zurich, May 10, 2004; Silver, "Fromm-Reichmann and Fromm," 21–22. Rainer Funk to Bernard Paris, July 19, 1990, Fromm Archive, is particularly instructive, noting what Fromm told him about Groddeck's interpretation of his tuberculosis in 1931.

第 2 章 法兰克福学者

1. Rolf Wiggershaus, *The Frankfurt School: Its History, Theories, and Political Significance* (Cambridge, Mass.: The MIT Press, 1995), chaps. 1 and 2, represent a very thorough coverage of the origins of the Institute for Social Research. For further analysis, see Martin Jay's *The Dialectical Imagination: A History of the Frankfurt Institute of Social Research* (Boston: Little & Brown, 1973).

2. Ibid., plus Thomas Plankers and Hans-Joachim Rothe, "'You Know That Our Old Institute Was Entirely Destroyed . . . ': On the History of the Frankfurt

Psychoanalytic Institute 1929–1933," *Psychoanalysis and History* 1, no.1 (1998): 101–114, on the overlap between the Institute for Social Research and the Frankfurt Psychoanalytic Institute during Fromm's early years in both.

3. Erich Fromm, "Psychoanalyse und Soziologie," *Zeitschrift für Psychoanalytische Pädagogik* 3 (1928–1929): 268–270.

4. Erich Fromm, "Memorandum for Dr. Kurt Rosenfeld" [1939], Fromm Archive, Tubingen. Rainer Funk, *Erich Fromm: His Life and Ideas* (New York: Continuum, 2000), 72–73.

5. Erich Fromm, *The Dogma of Christ, and Other Essays on Religion, Psychology, and Culture* (London: Routledge & Kegan Paul, 1963), includes the English translation of the 1930 essay.

6. Horkheimer to Sigmund Freud, Mar. 18, 1932, Fromm Archive and also Fromm Collection, New York Public Library.

7. These two Fromm essays on criminology are presented in English translation in Kevin Anderson and Richard Quinney, eds., *Erich Fromm and Critical Criminology: Beyond the Punitive Society* (Urbana: University of Illinois Press, 2000). 123–156.

8. Ibid., plus Wiggershaus, *The Frankfurt School*, 118–120.

9. Ibid. For a helpful critique of Frromm's posture here, see Richard Quinney, "Socialist Humanism and the Problem of Crime: Thinking About Erich Fromm in the Development of Critical Criminology," *Crime, Law, and Social Change* 23, no. 2 (1995): 147–156.

10. Ibid. There is also profit in noting Martin Jay, *Permanent Exiles: Essays on the Intellectual Migration from Germany to America* (New York: Columbia University Press, 1986), 23–24, 109.

11. Erich Fromm, "Politik und Psychoanalyse," *Psychoanalytische Bewegung* 3, no. 5 (September–October 1931): 440–447.

12. Erich Fromm, "The Method and Function of an Analytic Social Psychology: Notes on Psychoanalysis and Historical Materialism," *Zeitschrift für Sozialforschung* 1 (1932): esp. 39–40, 53.

13. Erich Fromm, "Psychoanalytic Characterology and Its Relevance for Social Psychology," is found in English translation in Fromm's *The Crisis of Psychoanalysis* (New York: Holt, Rinehart and Winston, 1970), 163–187; and in German in *Zeitschrift für Sozialforschung* (Hirschfeld-Leipzig, 1932). I used the article as it appeared in the Fromm Papers of the New York Public Library.

14. Ibid., 177–187.

15. Ibid., esp. 183–184 and n. 21.

16. Ibid., and focused on 185–187.

17. Ibid., esp. n. 30 and n. 37.

18. For a most cogent summary of the essence of early Critical Theory, see Wilfred M. McClay, *The Masterless: Self and Society in Modern America* (Chapel Hill: University of North Carolina Press, 1994), 205–206.

19. Wolfgang Bonss, ed., *The Working Class in Weimar Germany: A Psychological and Sociological Study* (Warwickshire: Berg, 1984), does an excellent job of introducing the principal actors in the study, contextualizing it, and, most importantly,

publishing the study for the first time. Bonss's introduction (1–33) is especially helpful.

20. Ibid., 13–14.

21. Ibid., 24–26; Wiggershaus, *Frankfurt School*, 170–172. See also recollections of the German worker study in Erich Fromm to Martin Jay, May 14, 1971, Fromm Archives; and Erich Fromm and Michael Maccoby, *Social Character in a Mexican Village: A Sociopsychoanalytic Study* (Englewood Cliffs, N.J.: Prentice-Hall, 1970), 23–26.

22. Ibid., plus Wiggershaus, *Frankfurt School*, 171.

23. Ibid. See also David Smith, "The Ambivalent Worker: Max Weber, Critical Theory, and the Antinomies of Authority," *Social Thought and Research* 21, no. 1–2 (1998): 64–67, for especially cogent commentary on Fromm's unrepresentative sampling.

24. Wolfgang Bonss, editor of the 1980 published version of the German worker project, was able to construct his text from Fromm's surviving materials. Bonss maintains (*The Working Class*, 8) that 584 of the 1,100 completed questionnaires survived the institute's move to New York in 1934. Since Bonss was able to inspect the materials physically, this seems to be a credible finding. However, in Erich Fromm to Martin Jay, May 14, 1971, Fromm Archive, Fromm denied that any of the questionnaires were lost and that his staff analyzed seven hundred (not 584) of them. In all likelihood, either Fromm's memory was playing tricks on him concerning the loss of materials or he meant to refer to the 1,100 questionnaires that were initially returned in Germany.

25. Bonss, *The Working Class*, esp. 28, 228–230; Wiggershaus, *Frankfurt School*, 173; Fromm to Charles A. Pearce, June 22, 1938, Fromm Archive.

26. Bonss, 228–230; Fromm to Michael Maccoby, April 11, 1974, Maccoby private papers, reflects in detail on the German workers project and the different estimates of surviving questionnaires.

27. Wilhelm Reich to Erich Fromm, June 5, 1932, Fromm Archive; Funk, *Erich Fromm*, 74. In the third edition of *The Mass Psychology of Fascism* (New York: Farrar, Straus & Giroux, 1970), 219, it is noteworthy that Reich discussed Fromm and chastised him for disregarding how sexual repression of the masses augmented their craving for authority. Perhaps rooted in a clash between two large egos, neither Fromm nor Reich acknowledged intellectual kinship with the other. Only a few of Fromm's articles cited Reich on fascism and authoritarianism, even after he published *Mass Psychology*. Conversely, although Reich knew of Fromm's German worker investigation in its preliminary stages, he did not refer to it in his book. To be sure, *Mass Psychology* rooted working-class authoritarianism in a patriarchal family structure that promoted sexual repression, economic exploitation, and a fear of freedom. Fromm critiqued *Mass Psychology* in a 1936 report on his German workers study and praised it as a pioneering work. He noted (as few other critics had) that the Reich volume had overemphasized the importance of genital sexuality.

28. Max Horkheimer to Charles P. Muller, Nov. 12, 1938; Friederich Pollock to Fromm, Oct. 10, 1932, both in Fromm Archive. The most comprehensive study of the move to Columbia, which established Fromm's central role in the relocation, is

Thomas Wheatland, "Critical Theory on Morningside Heights: From Frankfurt Mandarins to Columbia Sociologists," *German Politics and Society* 22, no. 4 (Winter 2004): 1–85. See also Wiggershaus, *Frankfurt School*, 143–148; Funk, *Erich Fromm*, 74–77; and Fromm to Horkheimer, Nov. 4, 1938, Horkheimer Archive, Frankfurt.

29. Fromm, "The Theory of Mother Right and Its Relevance for Social Psychology" (1934), in *Love, Sexuality, and Matriarchy* (New York: International Publishing Corporation, 1997), 21–37.

30. Ibid., 38–45.

31. Fromm, "On the Theory of Mother Right and Its Relevance for Social Psychology" (1934), "The Male Creation" (1934), and "Robert Briffault's Book on Mother Right" (1933), plus some subsequent Fromm papers on Bachofen in *Love, Sexuality, and Matriarchy*, 19–84 but esp. 30–45.

32. Fromm, *Love, Sexuality, and Matriarchy*, 38–45; Funk, *Erich Fromm*, 75. Fromm, "The Social Psychological Significance of the Theory of Matriarchy," *Zeitschrift für Sozialforschung* 3 (1934): 215.

33. Fromm, "Robert Briffault's Book on Mother Right" (1933), in *Love, Sexuality, and Matriarchy*, 76–84.

34. Erich Fromm to Tom Bottomore, Mar. 26, 1974, Fromm Archive; Wiggershaus, *Frankfurt School*, chap. 3; Wheatland, "Critical Theory on Morningside Heights," 1–3.

35. Fromm, "Sozialpsychologischer Teil," in *Studien über Autorität und Familie, Forschungsberichte aus dem Institut für Sozialforschung* (Paris: Felix Alcán, 1936), 78–134. Wiggershaus, *Frankfurt School*, 151.

36. Fromm, "Sozialpsychologischer Teil," 95, 123.

37. Ibid., 109–116.

38. Ibid., 109, 113–116.

39. Ibid., 111, 120–125.

40. Ibid., 125.

41. Ibid., 128–134.

42. Ibid., 114 n. 30.

43. Ibid., 131–135. See also Wiggershaus, *Frankfurt School*, 270.

44. The most detailed account of Fromm's travel to seek recovery from illness during the 1930s is in Funk, *Erich Fromm*, 74–88.

45. On his four-hundred-dollar monthly salary: Erich Fromm to Whom It May Concern, Dec. 31, 1936. On contract conditions, salary, and expenses: Frederick Pollock to American Consul General, Berlin, Jan. 6, 1939, Société Internationale de Recherches Sociales; and Erich Fromm, Agreement, June 1937, Fromm Archive. In the Fromm Archive, one finds expense statements Fromm submitted to the Institute during the late 1930s. See the Horkheimer-Fromm correspondence in the Horkheimer Archive, Frankfurt, esp. Horkheimer to Fromm, Dec. 10, 1935; and Fromm to Horkheimer, Nov. 4, 1938. Fromm memorandum to Kurt Rosenfeld, Nov. 16, 1939, Fromm Archive.

46. Fromm to Kurt Rosenfeld, Nov. 19, 1939; and Fromm to Friederich Pollock, Nov. 7, 1939, Fromm Archive. Horkheimer to Fromm, Nov. 7, 11, 1939, in

Horkheimer Archive. Wiggershaus, *Frankfurt School*, 271; Martin Jay, *Dialectical Imagination*, 167–168.

47. Ibid.

48. Fromm to Rosenfeld, Nov. 16, 1939, Fromm Archive; Wiggershaus, *Frankfurt School*, 271–272; Fromm to Harcourt, Brace, and Company, Apr. 27, 1937, Fromm Archive.

49. Wiggershaus, *Frankfurt School*, 265–271; Fromm to Martin Jay, May 14, 1971, Fromm Archive. "The manner of a girlfriend": Adorno to Horkheimer, Nov. 2, 1934, Horkheimer Archive.

50. Adorno to Horkheimer, Sept. Nov. 2, 1934, Horkheimer Archive; Fromm to Jay, May 14, 1971, Fromm Archive; Wiggershaus, *Frankfurt School*, 270–271; Jay, *Dialectical Imagination*, 116–117.

51. Erich Fromm to Karl A. Wittfogel, Dec. 18, 1936, Fromm Archive; Fromm to Max Horkheimer, Sept. 10, 1937, Horkheimer Archive.

52. Erich Fromm, "A Contribution to the Method and Purpose of Analytical Social Psychology" (1937), Fromm Papers, New York Public Library, and Fromm Archive, 2–9. This essay was published for the first time in the *Yearbook of the International Erich Fromm Society* 6 (1995): 189–236, but I am quoting from the original 1937 draft that Fromm translated into English.

53. Ibid., 23, 33, 42 (mentioning Marx), 44.

54. Wiggershaus, *Frankfurt School*, 265–267; Adorno to Horkheimer, Mar. 21, 1936, Horkheimer Archive; Fromm to Raya Dunayevskaya, Oct. 2, 1976, Fromm Archive, recalling how he described Adorno as "a puffed up phrase-maker." Richard H. King, *Race, Culture, and the Intellectuals* (Washington, D.C.: Woodrow Wilson Center Press, 2004), 75.

55. Wiggershaus, *Frankfurt School*, 268; Martin Jay, "The Frankfurt School's Critique of Marxist Humanism," *Social Research* 39 (1972): 301.

56. Jay, "Frankfurt School's Critique," 294–305, brilliantly discusses this difference between Fromm on the one hand and Adorno and Horkheimer on the other. Wiggershaus, *Frankfurt School*, 268. Adorno to Fromm, Nov. 16, 1937, Fromm Papers, New York Public Library, seems to defer to Fromm in the Institute hierarchy but already indicates a marked difference between the two in their perspectives on social psychology. "On account of grave scientific differences . . . ": Theodor Adorno, *Letters to His Parents, 1939–1951* (Cambridge: Polity Press, 2006), 62–63 (July 23, 1940, letter).

第 3 章　一位欧洲知识分子的美国化

1. Wilhelm Reich to Erich Fromm, March 9, June 5, July 12, August 3, Sept. 3, 5, Oct. 31, 1932, Fromm Archive, Tubingen. Louise Hoffman, "Psychoanalytic Interpretations of Adolf Hitler and Nazism, 1933–1945: A Prelude to Psychohistory," *Psychohistory Review* 11, no. 1 (Fall 1982): 76–77, linking Reich's *Mass Psychology* to Fromm's *Escape from Freedom*. Fromm recounting early worries of the Nazi menace: Gerard

Khoury, TRI by LJF, Aix-en-Provence, Oct. 24, 2005. See also Martin Jay, *The Dialectic Imagination: A History of the Frankfurt School and the Institute of Social Research, 1923–1950* (Boston: Little, Brown, 1973), 94–97.

2. Fromm to Margaret Mead, Dec. 26, 1936, Fromm Archive; Fromm to Gustav Bally, Oct. 10, 19, 1936, Jan. 4, Mar. 4, 1937, May 24, 1938, Fromm Archive. See also Fromm to Karl Wittfogel, Dec. 18, 1936, Fromm Archive.

3. Fromm to Otto Rühle, Dec. 29, 1937; and Fromm to Horkheimer, Feb. 1938, Fromm Archive. Fromm to Horkheimer, Nov. 7, 1938, Max Horkheimer Archive, Frankfurt.

4. Gertrud Hunziker-Fromm, TRI by LJF, Zurich, May 9, 2004, on the import of giving the canary the option of freedom. Fromm to Robert Lynd, Mar. 1, 1939, Fromm Archive. Alexis de Tocqueville, *Democracy in America* (New York: Vintage, 1945), 2:347. See also Charles Pearce to Fromm, Mar. 17, 1937; and Fromm to Charles Pearce, June 22, 1938, Fromm Archive. On "finally" being cured of tuberculosis: Rainer Funk, *Erich Fromm: His Life and Ideas* (New York: Continuum, 2000), 87. Lynd's efforts are acknowledged in Fromm to Lynd, Mar. 1, 1939, Fromm Papers, microfilm reel, New York Public Library. See also Thomas Wheatland, "Critical Theory on Morningside Heights: From Frankfurt Mandarins to Columbia Sociologists," *German Politics and Society* 22, no. 4 (Winter 2004): 1–87.

5. Fromm to Carl Müller-Braunschweig, Mar. 11, 1936, Archive of the British Psychoanalytic Society, and reprinted in Funk, *Erich Fromm*, 128. On the 1938 Davos meeting where she and Erich discussed the threat to their relatives: Gertrud Hunziker-Fromm, TRI by LJF, Zurich, May 10, 2004.

6. Funk, *Erich Fromm*, 77; Erich Fromm, "Declaration of Intention," Nov. 21, 1934, and "Petition, for Naturalization," Jan. 5, 1940, Certificate #4768531. Copies of both were ordered from the U.S. Citizenship and Immigration Services. Rainer Funk commented that Fromm's library contained very few volumes from his time in Germany.

7. Funk, *Erich Fromm*, 48; Rosa Fromm to Erich Fromm, Apr. 2, 1935, Fromm Archive; Erich Fromm to Harold Lasswell, Nov. 21, 1936, Fromm Archive.

8. U.S. individual income tax returns filed by Fromm for 1937, 1938, and 1939, Fromm Archive. Fromm to Frankfurter Sparkasse, June 26, 1936; and Fromm to Charles Somlo & Co., Jan. 7, June 22, Dec. 14, 1937, Fromm Archive. Miscellaneous receipts for money orders sent to Rosa Fromm, Fromm Archive. The exact 2008 equivalents of the 1936 amounts are $77,670.63 to $93,204.76 (the Frankfurt Institute salary), $31,068.25 from the psychoanalytic practice, and $3,184.50 in monthly payments to Fromm's mother. These amounts represent the purchasing-power equivalents and were calculated with the help of www.measuringworth.com. I had to make rough estimates without the existence of a revised formula for Fromm's income in 2012 dollars, but these cannot be far off the mark.

9. Funk, *Erich Fromm*, 48–49; Fromm to Max Horkheimer, Dec. 1, 1938; and Horkheimer to Fromm, Dec. 1, 1938 (cable), Horkheimer Archive; Bella Fromm to Erich Fromm, Apr. 27, 1939, Fromm Archive. Bella was from the National Coordinating Committee.

10. Affidavit of Support for Heinz Brandt (by Fromm), New York County Clerk, Mar. 5, 1941; Fromm Papers, New York Public Library, promising Ludwig Krause to help his grandchildren.

11. Knud Andresen to LJF (e-mail), Dec. 13, 14, 2005; and especially Andresen, *Widerspruch als Lebensprinzip: Der Undogmatische Sozialist Heinz Brandt, 1909–1986* (Bonn: Dietz, 2007), 82–139, detailing (as Heinz Brandt's biographer) his sundry imprisonments and deportations. See also Fromm, "Heinz Brandt as a Man of Faith" (1963); Fromm to Clara Urquhart, Feb. 27, 1964; EF memo about Mr. Gotsche's letter, Jan. 2, 1964; all in Fromm Archive. Miriam Rothbacher, TRI by LJF, Vienna, May 19, 2004.

12. Knud Andresen to LJF, Dec. 13, 14, 2005 (e-mail); Miriam Rothbacher, TRI by LJF, Vienna, May 19, 2005.

13. Charles Somlo to Fromm, Nov. 17, 1936, Jan. 6, 1937; Fromm to Max Horkheimer, Dec. 22, 1938, Horkheimer Archive, Frankfurt; Hermia Neild to Fromm, Apr. 5, 1939; and Fromm to Neild, n.d. (1939); Madame Favez to Fromm, Feb. 17, 1939; all in Fromm Archive. Miriam Rothbacher, TRI by LJF, Vienna, May 19, 2004. Knud Andresen, e-mail to LJF, Dec. 13, 2005.

14. Madame Favez to Fromm, Jan. 26, Feb. 28, 1940; Fromm to Favez, Apr. 25, 1940; all in Fromm Archive. Fromm to Ernest Levy, June 19, 1940 (Fromm Archive) asking for Shanghai money from him and William Reichart in Boston at Gertrud Brandt's request. Fromm's affidavits of support (Fromm Archive) are dated Jan. 1939, Dec. 19, 1940, and March 5, 1941. The 1941 affidavit contains Fromm's "Since this young man has lost his father" remark. See also Knud Andresen to LJF, Dec. 13, 14, 2005.

15. Fromm, "Heinz Brandt as a Man of Faith" (1963), and Fromm to Clara Urquhart, Feb. 27, 1964, both in Fromm Archive. Miriam Rothbacher, TRI by LJF, Vienna, May 19, 20, 2004. Correspondence between Gertrud Brandt and Lisa Jacob, largely covering the year 1941, was held for decades by Lili Brandt but eventually made its way to Miriam Rothbacher, who allowed me to make copies. Another set of copies are in the Fromm Archive. Knud Andresen, e-mail to LJF, Dec. 13, 14, 2005. Andresen quotes Brandt's "luck, luck, and luck again" remark. See also Andresen, *Widerspruch als Lebensprinzip*, 127–158.

16. Ibid., plus Knud Andresen, e-mail to LJF, June 16, 2004, Dec. 14, 2005 (detailing Fromm's correspondence with and support for Brandt from 1945 on).

17. I deposited copies of all of Sophie Krause Engländer's letters to Eva Engländer Krakauer between 1939 and 1942 in the Fromm Archive. Archivist Rainer Funk provides a wonderful contextual introduction to the larger Krause family and reproduces some of Sophie's letters in "Erleben von Ohnmacht im Dritten Reich," *Fromm Forum* 9 (2005): 35–79.

18. Miriam Rothbacher, TRI by LJF, Vienna, May 19, 2004. Sophie Engländer to "Meine Kinder" (Eva and Bernhard Krakauer), May 1, 1939; David Engländer to "Meine Kinder," June 18, 1939.

19. Rothbacher, TRI by LJF, Vienna, May 18, 19, 2004.

20. Sophie Krause Engländer to Eva Krakauer, Jan. 1, 1940 (on no "rich" American relative); Aug. 8, 1939 (hoping "Erich would chip in"); Aug. 12, 1940; and June 20,

1941 (on Fromm helping Heinz Brandt and implying that he should also help her more). Miriam Rothbacher, TRI by LJF, Vienna, May 18, 19, 2004, recalling that her mother, Eva Krakauer, felt that the childless Fromm lacked a sense of family responsibility and preferred the politically active Heinz Brandt over Sophie and David.

21. Sophie Engländer to Eva Krakauer and family, Apr. 18, May 1, May 6, May 10, June 6, June 28, 1939. Although Sophie's letters to Eva reveal details on these family migrations, the most comprehensive account is provided in Miriam Rothbacher, TRI by LJF, Vienna, Mar. 18, 2004.

22. See, e.g., Sophie Krause Engländer to Eva Engländer Krakauer, Mar. 30, 1939, June 5, 1939, Nov. 16, 1941. Miriam Rothbacher, TRI by LJF, Vienna, May 19, 2004. Erich Fromm "Affidavit of Support" (for Martin and Johanna Krause), May 1941, Fromm Archive.

23. Sophie Krause Engländer to Eva Engländer Krakauer, July 13, Aug. 29, 1942; Sept. 30, 1939; Nov. 2, 1940.

24. Sophie Krause Engländer to Eva Engländer Krakauer, May 5, July 11, Oct. 10, Oct. 17, Nov. 10, 1939; Mar. 9, Aug. 12, 1940; June 20, 1941. Miriam Rothbacher, TRI by LJF, Vienna, May 18, 19, 2004.

25. Sophie Krause Engländer to Eva Engländer Krakauer, Oct. 10, 1939; Jan. 11, Oct. 20, 1940; Nov. 11, 16, 1941.

26. For Fromm's efforts in the Peter Glück case, see Fromm to Glück, Feb. 5, 1940; Fromm Affidavit of Support for Glück, Aug. 1940; Fromm to Sheba Stronski, Dec. 5, 1940; Fromm to John Norman, June 3, 1943; Eva Wiegelmesser to Erich Fromm, Dec. 12, 1940; Catherine Fitzgibbon to Erich Fromm, Aug. 10, 1940. All of this correspondence on Fromm's role in specific emigration cases is found in the Fromm Archive.

27. Fromm to Joe Stone, Oct. 1, 1936; and John Dollard to Fromm, Feb. 8, 1938, both in Fromm Archive; Rainer Funk to LJF, Nov. 23, 2005. On Fromm's enthusiastic acquisition of English: Funk, PI by LJF, Tubingen, Jan. 1, 2004.

28. Joanne Meyerowitz, "'How Common Culture Shapes the Separate Lives': Sexuality, Race, and Mid-Twentieth-Century Social Constructionist Thought," *Journal of American History* 96, no. 4 (2010): 1057–1084.

29. Ibid. For one of the stronger presentations on the "modernist" and heavily Freudian turn in early and mid-twentieth-century thought and values, see Dorothy Ross, *After Freud Left: New Reflections on a Century of Psychoanalysis in America* (Chicago: University of Chicago Press, 2011).

30. Funk, *Erich Fromm*, 104; Marianne Horney Eckardt, "Karen Horney: A Portrait," unpublished paper (1950), 5; Eckardt, PI by LJF, Laguna Woods, Calif., Dec. 17, 2005.

31. Renate Horney, PI by LJF, Laguna Woods, Calif., June 26, 2004, recalls Fromm visiting the Horney house in Berlin almost as a family member. For the beginnings of the break from psychoanalytic orthodoxy in Berlin, see Funk, *Erich Fromm*, 104; Bernard J. Paris, *Karen Horney: A Psychoanalyst's Search for Self-Understanding* (New Haven, Conn.: Yale University Press, 1994), 144; Janet Sayers, *Mothers of Psychoanalysis: Helene Deutsch, Karen Horney, Anna Freud, Melanie Klein* (New York: W. W. Norton, 1991), 88–102.

32. Sayers, *Mothers*, 102–111; Funk, *Erich Fromm*, 76–77.

33. Erich Fromm to Paul Roazen, Sept. 5, 1973, Fromm Papers, recalling his admiration of Horney as "a rather courageous person" and her bold critique of psychoanalytic orthodoxy. Sayers, *Mothers*, 105; While Paris, *Horney*, chap. 21, treats Horney's sex life in some detail, especially the particulars of her relationship with Fromm, one learns no little amount from Marianne Horney Eckardt, PI by LJF, Laguna Hills, Calif., Sept. 9, 2006, Feb. 3, 2007; Daniel Burston, *The Legacy of Erich Fromm* (Cambridge, Mass.: Harvard University Press, 1991), 23.

34. Karen Horney, *The Neurotic Personality of Our Time* (New York: Norton, 1937), esp. 290; Sayers, *Mothers*, 113.

35. Karen Horney, *New Ways in Psychoanalysis* (New York: Norton, 1939); Karen Horney, *Self-Analysis* (New York: Norton, 1942). See also Sayers, *Mothers*, 122–126, 130–133.

36. On insisting he was not a formal member of the Zodiac circle but recalling these early friendships: Funk, *Erich Fromm*, 105; Fromm to Jack L. Rubins, Sept. 26, 1972, Fromm Archive. On Fromm explicating to the Zodiac circle the psychological basis of the Nazi appeal: Helen S. Perry, *Psychiatrist of America: The Life of Harry Stack Sullivan* (Cambridge, Mass.: Harvard University Press, 1982), 354–355.

37. Horney, *Self-Analysis*, 205–238; Paris, *Horney*, 145–147. Sayers, *Mothers*, 130–133.

38. For a very cogent discussion of building distance in the Fromm-Horney relationship, see Paris, *Horney*, 145–148.

39. Marianne Horney Eckardt, PI by LJF, Laguna Woods, Calif., July 4, 2003, Dec. 17, 2005; and Eckardt, TI by LJF, June 17, 2004, for her analysis with Fromm and its considerable impact on her relationship with her mother.

40. Paris, *Horney*, 144–147. On recalling seeing firsthand the presence of Dunham as Fromm's "girl friend": Patrick Mullahy to Helen Swick Perry, Aug. 8, 1965, Perry private collection.

41. Paris, *Horney*, 147–155; Fromm to Jack L. Rubins, Sept. 26. 1972, Fromm Archive; Marianne Horney Eckardt, PI by LJF, Laguna Woods, Calif., Dec. 17, 2005. See also Douglas Noble and Donald L. Burnham, "A History of the Washington Psychoanalytic Institute and Society," in *Psychoanalysis and Psychosis*, ed. Ann-Louise Silver (Madison, Conn.: International Universities Press, 1989), chap. 26.

42. In his rich biography of Horney, Paris clearly recognizes (146–150) that the course of the Horney-Fromm relationship both helped shape and was shaped by *Escape from Freedom*. As Fromm's biographer, my emphasis on this connection naturally differs somewhat from his.

43. Fromm, *Escape from Freedom* (New York: Henry Holt, 1941, 1965); Fromm to Harry Stack Sullivan, Nov. 29, 1939, Fromm Archive. For the eight reviews of *Escape from Freedom*, see *Psychiatry* 5 (1942): 109–134.

44. Perry, *Psychiatrist of America*, remains the most thorough and sensitive work on Sullivan's life, even though his relationship with Fromm could have been expanded. Chapter 23 covers his work with schizophrenics at Sheppard-Pratt.

45. Sullivan initially sketched out his theoretical position in 1932–1933, and it is available in his *Personal Psychopathology* (New York: Norton, 1972). See also Sullivan's *Schizophrenia as a Human Process* (New York: Norton, 1962), which contains selected Sullivan papers published between 1924 and 1935. Clara Thompson, "Sullivan and Fromm," *Contemporary Psychoanalysis* 15, no. 9 (1979): 195–200, brilliantly elaborates Sullivan's interpersonal psychoanalysis and shows how it overlaps decidedly with Fromm's perspectives. See also Stephen A. Mitchell and Margaret J. Black, *Freud and Beyond: A History of Modern Psychoanalytic Thought* (New York: Basic Books, 1995), chap. 3. Fromm summarized Sullivan's essential theory in "Harry Stack Sullivan's *Conceptions of Modern Psychiatry*" (1940), Fromm Archive.

46. Indications of Fromm's early response to Sullivan's thought are suggested in Funk, *Erich Fromm*, 108, 112–114; Fromm, "Harry Stack Sullivan's *Conceptions of Modern Psychiatry*" (1940), Fromm Archive; and Thompson, "Sullivan and Fromm," 195–197, 199. See also Patrick Mullahy to Helen Swick Perry, Aug. 7, 1965, Perry private papers. Direct Fromm-Sullivan correspondence is not in evidence before 1936.

47. Thompson, "Sullivan and Fromm," 195–197; Fromm, "Sullivan's Conceptions," Fromm Archive.

48. Perry, *Sullivan*, 380–388, shows Sullivan's support for Fromm at a consistent level.

49. Harry Stack Sullivan to Erich Fromm, Oct. 21, 1939; and Fromm to Sullivan, Oct. 27, 1936, Fromm Archive. Funk, *Erich Fromm*, 105–108.

50. Sullivan to Fromm, June 21, 1936; Fromm to Sullivan, June 26, 1936, Fromm Archive, on the nomination to the *Biographical Directory*. On praising the journal *Psychiatry* "covering the field": Fromm to Victor Gollancz, Nov. 3, 1942. On love as "readinesses" and illustrating how Sullivan helped Fromm frame theoretical issues: Fromm to Sullivan, Nov. 29, 1939, Fromm Archive. In gratitude, Fromm sent him Alsatian wine. See also Fromm to Sullivan, Apr. 31, 1936; and Sullivan to Fromm, Oct. 28, 1940, both in Fromm Archive.

51. Perry, *Sullivan*, 201–212.

52. Thompson's "Freud and Sullivan" essay came to be framed in the 1930s as she brought them together, but it was not completed until 1956. It appeared in M. R. Green, ed., *Interpersonal Psychoanalysis: The Selected Papers of Clara Thompson* (New York: Basic Books, 1964), and was reprinted in *Contemporary Psychoanalysis* 15, no. 9 (1979): 195–200.

53. Ibid.

54. Fromm to Margaret Mead, July 28, 1935, Jan. 18, 1939, May 20, 1946, Margaret Mead Papers, Library of Congress. Mead to Fromm, Jan., 1936, Feb. 2, 1936, Fromm Archive.

55. David Engerman, *Know Your Enemy: The Rise and Fall of America's Soviet Experts* (New York: Oxford University Press, 2009), is perhaps the top recent study of the emergence and progression of the field of Soviet studies and includes the Mead group as one of the constituencies. Mead wrote interesting letters to Erikson on the background of her group's Russian project and encouraged his involvement (Feb. 1, 8, Aug. 19, Mead Papers, B4, Library of Congress).

56. Mari Jo Buhle, *Feminism and Its Discontents: A Century of Struggle with Psychoanalysis* (Cambridge, Mass.: Harvard University Press, 1998), esp. 99–124, is one of the few studies to flesh out the feminist link between the neo-Freudians and Mead's cultural anthropologists. Clara Thompson summarized the three gender premises of the neo-Freudians in her book *Psychoanalysis: Evolution and Development* (New York: Thomas Nelson & Sons, 1950), which summarized the evolution of their thought. See also Thompson's *On Women*, ed. Maurice Green (New York: Mentor, 1971); it is noteworthy that Fromm wrote the foreword to the book.

57. A good deal of information on Dunham's early career is provided in Jennifer Dunning, "A Katherine Dunham Celebration," *New York Times* (January 14, 1979), D14; and Sally Sommer, "Katherine Dunham,"www.pbs.org/wnet/freetodance/biographies/dunham.html.

58. Fromm to Katherine Dunham, Feb. 20, 1937; and Dunham to Fromm (telegram), Feb. 24, 1937, both in Fromm Archive, on Fromm helping with her New York performances. Fromm to Dunham, June 25, 1940 (telegraph) shows Fromm wiring her money. On recalling the events leading to Sullivan taking Dunham into his house: Fromm to Sullivan, Oct. 6, 1939, Fromm Archive. See also Patrick Mullahy to Helen Swick Perry, Aug. 7, 1965, Perry private papers, recalling as a student residing in Sullivan's house how Fromm had persuaded Sullivan to let Dunham live there.

59. Fromm to Dunham, Feb. 20, 1937; and Fromm to Sullivan, Oct. 6, 1939, both in Fromm Archive.

60. There is a wonderful correspondence file in the Fromm Archive covering the Fromm-Dunham relationship after their affair ceased. Letter exchanges actually picked up in the 1960s, and these letters recounted earlier years.

61. "I see more and more": Dunham to Fromm, Dec. 9, 1966; "I thank you": Fromm to Dunham, Jan. 1, 1967, in Fromm Archive. On recollections of her relationship with Fromm and the evolution of her health and career: Dunham to Fromm, Nov. 30, Dec. 2, Dec. 21, 1966, Jan. 20, 1967. See also Fromm to Dunham, Dec. 16, 1966, on his heart troubles, advising her against using LSD, and offering to send her a safe antidepressant medication. All of these letters are in the Fromm Archive.

第 4 章 《逃避自由》

1. Fromm to Robert Lynd, Mar. 1, 1939; Fromm to Stanley Rinehart Jr., Nov. 12, 1940; Fromm to David Riesman, Dec. 5, 1940, all in Fromm Archive, Tubingen.

2. Erich Fromm, *Escape from Freedom* (New York: Owl Books edition of Henry Holt and Co., 1994), ix–xi. The pagination of this paperback edition is identical to the original 1941 Holt, Rinehart, and Winston edition. For the best discussion of positive and negative freedom, see Isaiah Berlin, "Two Concepts of Liberty" in *Four Essays on Liberty* (London, 1969).

3. Ibid.

4. Ibid., 8 n. 3, 10, 12, 12 n. 6, 17, 20.

5. "Our aim is to show": Ibid., 104.
6. Ibid., 25–32.
7. Ibid.
8. Ibid., 39–43.
9. Ibid., 39–45, esp. 39–40 n.1 on periodization and 46–47 n. 5 deploying Burckhart to understand early capitalism with the "growing competitive struggle for self-advancement." Fromm to Thomas Lewis Merton, Dec. 8, 1954, Fromm Archive.
10. Ibid.
11. Ibid.
12. Fromm, *Escape*, 46–48, 73–74.
13. Ibid., 78, 81, 83.
14. Ibid., 85, 87–91, 93.
15. "Destroyed the confidence": ibid., 97–98, 100–101. "Compulsion to work": 101–102. "In a closed world": 62.
16. For a sampling of the many reviews taking issue with *Escape from Freedom* on early Protestantism, see those by Anton Boisen, Patrick Mullahy, and M. F. Ashley Montagu in Harry Stack Sullivan's journal *Psychiatry* 5 (1942). Fromm acknowledged several of the failings of *Escape* in his remarkable letter to Thomas Merton, Dec. 8, 1954, Fromm Archive.
17. Fromm, "Selfishness and Self-Love," *Psychiatry* 2 (1939): 507–514, 523; Fromm, *Escape*, 110–117 (114 n. 2 on Sullivan).
18. Fromm, *Escape*, 116; and Fromm, "Selfishness and Self-Love," 521, both present the "the person who is not fond of himself" remark. For other remarks on how the absence of self-regard creates a depleted and greedy, always acquisitive personality, see Fromm's "Selfishness and Self Love," 518–523; and *Escape*, 119–121. It is instructive that much the same appraisal of the depleted self is presented half a century later in Philip Cushman's seminal article "Why the Self Is Empty: Toward a Historically Situated Psychology," *American Psychologist* 45, no. 5 (1990), esp. 600.
19. Fromm, *Escape*, 104–105, 107, 123–125.
20. Ibid.
21. Ibid.
22. Ibid., 118–119, 125.
23. Ibid., 125–126.
24. Ibid., 126–128.
25. "Style," "powerful though smooth," "fall in": ibid., 131. "A reflex," "compelled to conform": 203. See 183–204 for Fromm's fullest discussion of "automaton conformity."
26. Ibid., 149–156, 162–169, delineating sadomasochism. "He admires": 162. "That life is determined": 169.
27. Ibid., 220–235, analyzing *Mein Kampf* as the major source for the Nazi sadomasochist appeal. Fromm to Dr. Hartshorne, Jan. 8, 1940, Fromm Archive, acknowledging that "the theme of the Jews is so complex that it really requires a longer discussion" than he provided in *Escape*.

28. Fromm, *Escape*, 207–219. Timothy S. Brown, *Weimar Radicals: Nazis and Communists Between Authenticity and Performance* (Oxford: Berghahn Books, 2009), argues cogently that communist and Nazi extremisms in the Weimar Republic overlapped a great deal in its appeal, undermining Fromm's claim of working-class hostility toward the Nazi regime and ideology. Richard F. Hamilton, *Who Voted for Hitler* (Princeton, N.J.: Princeton University Press, 1982), takes on the lower-middle-class hypothesis and demonstrates through massive electoral statistical and other data that it does not hold up.

29. Fromm, *Escape*, 177–183. 179 n. 11, citing Horney. "The more the drive," "an intense envy": 182.

30. Ibid., 228–236.

31. Ibid., 236. "This respect for," "there is no higher power": 262–263.

32. Ibid., 270–274.

33. Ibid., p. 238 on "the authoritarian systems." For amplification of how Germany would ultimately throw off the Nazis: Fromm to Dr. Hartshorne, Jan. 8, 1941, Fromm Archive.

34. Fromm, *Escape*, 236–237.

35. Thomas Harvey Gill's review of *Escape*, in *Psychiatry* 5 (1942): 111.

36. Ibid.; Otto Fenichel, "Psychoanalytic Remarks on Fromm's Book *Escape from Freedom*," *Psychoanalytic Review* 31 (1944): 147–149, 152; Victor White, review of *Escape from Freedom* in *The Dublin Review* 212 (January 1943): 69. Russell Jacoby, *The Repression of Psychoanalysis: Otto Fenichel and the Political Freudians* (New York: Basic Books, 1983), provides the context for Fenichel's critique of Fromm.

37. Martin Jay's *The Dialectical Imagination: A History of the Frankfurt Institute of Social Research* (Boston: Little & Brown, 1973), 65, brilliantly presents Arendt's critique not only of Fromm but of most participants in the Frankfurt Institute.

第 5 章 临床医师和伦理学家

1. Erich Fromm, *Man for Himself: An Inquiry Into the Psychology of Ethics* (repr.; New York: Owl Books edition of Henry Holt, 1990), vii, 244. See also Fromm to Clara Urquhart, Dec. 20, 1971, Fromm Archive, Tubingen, for a clear continuation of his 1940s orientation. For a very cogent explication of "ethical" or "socialist" humanism, see Martin Halliwell and Andy Mousley, *Critical Humanism: Humanist/Antihumanist Dialogues* (Edinburgh: Edinburgh University Press, 2003), chap. 3.

2. K. A. Cuordileone, *Manhood and American Political Culture in the Cold War* (New York: Routledge, 2005), 6–9, 99–100, argues compellingly that through *Escape from Freedom*, Fromm profoundly influenced the immediate postwar generation of liberal public intellectuals, including Schlesinger Jr., Lindner, and Tillich. Correspondence in the Fromm Archive, however, indicates that during the decade after *Escape*, he engaged in somewhat more limited exchanges with such figures.

3. Marianne Horney Eckardt, "Organizational Schisms in American Psychoanalysis," in *American Psychoanalysis: Origins and Development*, ed. Jacques Quen and Eric Carlson (New York: Brunner/Mazel, 1978), 144–149. Clara Thompson,

"History of the White Institute," *William Alanson White Newsletter* 8, no. 1 (Fall 1973): 3–5.

4. Ibid., plus Eckardt, TRI by LJF, Laguna Hills, Calif., July 4, 2003.

5. Helen Swick Perry, *Psychiatrist of America: The Life of Harry Stack Sullivan* (Cambridge, Mass.: Belknap Press of Harvard University Press, 1982), 385–391; Thompson, "History of the White Institute." Marianne Eckardt, TI by LJF, June 17, 2004, reviewing the origins of the White Institute.

6. Thompson, "History of the White Institute." Recalling Fromm as director of clinical training in the late 1940s: Robert M. Crowley, "Tribute to Erich Fromm," *Contemporary Psychoanalysis* 17, no. 4 (1981): 441–443. On Fromm's de facto marginalization at the White Institute: Marianne Eckardt, TI by LJF, June 17, 2004. Erich Fromm, "Foreword" (1964), Fromm Papers, New York Public Library (an introduction to the Clara Thompson papers), acknowledges that Thompson essentially ran White in its early years and did it well. For his reflections on the White Institute's first decade, see also Fromm to Clara Thompson, Apr. 12, 1956, Fromm Archive.

7. Harry K. Wells, *The Failure of Psychoanalysis: From Freud to Fromm* (New York: International Publishers, 1963), 191–196; Clara Thompson, *Psychoanalysis* (1950; repr. New Brunswick, N.J.: Transaction, 2003), 209–210. Fromm's paper, "Die gesellschaftliche Bedingtheit der Psychoanalytischen Therapie," in *Zeitschrift für Sozialforschung* (1935), is the first and perhaps the most comprehensive articulation of his clinical approach. This paper was published in English under the title "The Social Determinants of Psychoanalytic Theory," *International Forum of Psychoanalysis* 9, no. 3–4 (October 2000): 149–165.

8. Edward S. Tauber, "Erich Fromm: Clinician and Social Philosopher," *Contemporary Psychoanalysis* 15 (1970): 202–205, excellently summarizes the productive and unproductive orientations delineated in Fromm's *Man for Himself* (1947).

9. Erich Fromm, "The Social Order and Its Relation to Psycho-Analytic Therapy," *Zeitschrift für Sozialforschung* 4, no. 3 (1935): 365–397.

10. Fromm address at Memorial Meeting for Harry Stack Sullivan, White Institute, May 17, 1949, 5, Fromm Archive, distinguishing the "core" from the "periphery" and reacting "with our human core" even with psychotic patients. Fromm to Clara Urquhart, June 29, 1964, Fromm Archive. For witnesses to and elaborations of Fromm's "center to center" approach, see Leonard Feldstein, "The Face of Erich Fromm," *William Alanson White Newsletter* 15, no. 1 (Winter 1981): 5; Enzo Lio, "Erich Fromm: Psychoanalyst and Supervisor," *Fromm Forum* 2 (1998): 31–34; David E. Schecter, "Contributions of Erich Fromm," *Contemporary Psychoanalysis* 17, no. 4 (1981): 475; Marianne Horney Eckardt, "The Core Theme of Erich Fromm's Writings and Its Implication for Therapy," *Journal of the American Academy of Psychoanalysis* 11 (1983): 397–398. On center-to-center relatedness and "So that's you. And that's me too": Erich Fromm, "The Aim of the Psychoanalytic Process," *Fromm Forum* 2 (1998): 17–18 (reprint of presentation to William Alanson White Institute). Marco Bacciagaluppi, "Erich Fromm's Views on Psychoanalytic 'Technique,'" *Contemporary Psychoanalysis* 25, no. 2 (April 1989): 233, quoting Fromm's

"The analyst understands the patient only...." See also Gérard Khoury, interview of Fromm, *Fromm Forum* 12 (2008): 35.

11. Fromm to Gertrud Hunziker-Fromm, Mar. 29, 1964, Hunziker-Fromm private papers, Zurich, reviewing the evolution of his technique for restoring "authentic thinking" in the patient. "In rational thought": Erich Fromm, "Remarks on the Problem of Free Association," *Psychiatric Research Reports* 2 (December 1955): 3.

12. Erich Fromm, *Greatness and Limitations of Freud's Thought* (New York: Harper & Row, 1980), 40, recalling his Berlin training with the couch and "this boredom," which he changed by "face to face" analysis. For comments on the timing of Fromm's transition to the chair, see Marianne Horney Eckardt, "From Couch to Chair," in *The Clinical Erich Fromm: Personal Accounts and Papers on Therapeutic Technique*, ed. Rainer Funk (Amsterdam: Editions Rodopi, 2009), 71–72. On Fromm's frequent questions for his analysands: Fromm, "Remarks on the Problem of Free Association," 4–5. For Fromm's pressing sense of urgency in his clinical work, see Bacciagaluppi, "Erich Fromm's Views on Psychoanalytic 'Technique,'" 234–235.

13. Fromm's students and colleagues differ on the import of his downplaying the transference issue. Michael Maccoby argues that it limited his clinical effectiveness in his essay "The Two Voices of Erich Fromm," in *A Prophetic Analyst*, ed. Michael Maccoby and Mauricio Cortina (New York: Aronson, 1996), chap. 2. Salvador Millan differs, arguing that Fromm was sufficiently attentive to transference ("The Social Dimension of Transference," in *A Prophetic Analyst*, chap. 9). Militiades Zaphiropoulos, TI by LJF, Nov. 14, 2005, substantially agrees with Maccoby. Interestingly, Ruth Lesser points out in her essay, "There Is Nothing Polite in Anyone's Unconscious," in *The Clinical Erich Fromm*, 91–99, that Fromm discouraged a focus on the broad analytic relationship, that is, transference and countertransference.

14. There is a file in the Fromm Archive of correspondence between Schecter and Fromm that points to Schecter's dependency and inability to foster his own autonomy (see, e.g., Fromm to Schecter, March 28, 1974). But the file affords only a few clues on why he committed suicide after Fromm's death. Some of Schecter's articles on Fromm indicate that he could not separate his conceptual and clinical work from Fromm's. See, e.g., Schecter's "Contributions of Erich Fromm," *Contemporary Psychoanalysis* 17, no. 4 (1981): 468–480; Schecter, "Awakening the Patient," in *The Clinical Fromm*, 73–83; and esp. Schecter, "On Human Bonds and Bondage," *Contemporary Psychoanalysis* 11, no. 4 (October 1975): 435–455 (which focuses on dependency and autonomy in a tribute to Fromm).

15. For Fromm on direct intervention versus potential transference distortions, see Erich Fromm, *Psychiatric Research Reports* 2 (December 1955): 3–6; Schecter, "Contributions of Erich Fromm," 475–478; Bacciagaluppi, "Erich Fromm's Views on Psychoanalytic 'Technique,'" 234–236; and especially Michael Maccoby, TRI by LJF, Washington, D.C., Feb. 2, 2003. Greta Bibring had warned Maccoby before his own analysis with Fromm that Fromm was reticent to analyze patient transference.

16. Fromm to David Schecter, Mar. 28, 1974, Fromm Archive. Erich Fromm, *The Forgotten Language: An Introduction to the Understanding of Dreams, Fairy Tales,*

and Myths (1951; repr. New York: Grove, 1957), 47, 109, defining his view of what a dream reveals as against Freud's and Jung's views. See 167–168 on the dream "like a microscope" but with no "quantitative" dimension. See also Biancoli, "The Humanism of Erich Fromm," *Contemporary Psychoanalysis* 28, no. 4 (1992): 720–721, for a cogent comment on Fromm's approach to dream interpretation.

17. Fromm, *The Forgotten Language*, 47,109–110, 167–174.

18. Ibid., esp. 185, 192, 157 ("What is important"), 263 (apprehensions of death). On Fromm's approach to dream interpretation, see also Jay Kwawer, "A Case Seminar with Erich Fromm," *Contemporary Psychoanalysis* 11, no. 4 (October 1975): 454.

19. Fromm, *The Forgotten Language*, 9–10. On going into detail on Fromm's eclectic approach to dream interpretation: Gertrud Hunziker-Fromm, TRI by LJF, Zurich, May 10, 2004. See also Gérard Khoury's interview of Fromm published in *Fromm Forum* 12 (2008): esp. 35. Sales figures come from 1997 estimates by Rainer Funk, Fromm's literary executor.

20. Miltiades Zaphiropoulos, TI by LJF, Nov. 14, 2005; Tauber, "Erich Fromm," 206–207; Schecter, "Contributions of Erich Fromm," 470–473; Rose Spiegel, "Tribute to Erich Fromm," *Contemporary Psychoanalysis* 17, no. 4 (1981): 438–439; Ralph M. Crowley, "Tribute to Erich Fromm," *Contemporary Psychoanalysis* 17, no. 4 (1981): 443–444; Edward Tauber and Bernard Landis, "On Erich Fromm," *Contemporary Psychoanalysis* 11, no. 4 (October 1975): 414–417.

21. Ibid., especially the comments of Zaphiropoulos, Spiegel, and Tauber.

22. Ibid., particularly comments in my interview with Zaphiropoulos.

23. Helen Lynd interview by Mrs. Walter Gelhorn, 1973, transcript, 27–28, Columbia Oral History Project, Butler Library. Marianne Horney Eckardt, "Reflections on 'What Helps a Patient?'" unpublished 1980 lecture to Nassau County Psychoanalytic Group, esp. 4–9 on her analysis with Fromm. That analysis was also covered in some detail in Eckardt, TRI by LJF, Laguna Hills, Calif., July 4, 2003; and Eckardt, TI by LJF, June 17, 2004.

24. Eckardt, TRI, July 4, 2003.

25. Eckardt, TRI, July 4, 2003; and Eckardt, TI, June 17, 2004.

26. Rollo May to Fromm, Oct. 16, 1940, June 15, 1942, and Nov. 6, 1942, all in Fromm Archive in and the Fromm Papers. I have also drawn heavily on Robert Abzug's excellent biography in process on May and on his thoughts on Fromm's analysis of May. On May cribbing material from Fromm's analytic sessions: Daniel Burston, *The Legacy of Erich Fromm* (Cambridge, Mass.: Harvard University Press, 1991), 164–165. May's book, *Man's Search for Himself* (1954) lends some credence to Burston's charge of cribbing. See also May, *Power and Innocence: A Search for the Sources of Violence* (New York: Delta, 1972), 227.

27. Fromm to May, Sept. 28, 1951, May Papers, University of California at Santa Barbara, expressing warmth toward May. See May on Fromm at the White Institute, and favorable to Fromm's approach, in *Pastoral Psychology* 6, no. 56 (September 1955): 10. May to Fromm, Oct. 9, 1965, holding up Tillich and on Fromm's "superficial writing"; Fromm to May, Oct. 18, 1965, on "angry mood," both in May Papers.

28. Two outstanding sources on Riesman's early life and his analysis with Fromm are David Barboza, "An Interview with David Riesman," *Partisan Review* (1994): 574–585; and Wilfred M. McClay, *The Masterless: Self and Society in Modern America* (Chapel Hill: University of North Carolina Press, 1994), 238–255, 336 n. 30. See also Steven Weiland's very stimulating article "Social Science Toward Social Criticism: Some Vocations of David Riesman," *Antioch Review* 44 (Fall 1986): esp. 446–454. Although I have reviewed the extensive Fromm–Riesman correspondence in the Fromm Archive, it offers only suggestive glimmerings into the analysis.

29. Barboza, "An Interview with Riesman," 575–576, 582–584; McClay, *Masterless*, 336 n. 30.

30. Barboza, "An Interview with Riesman," 575–577; McClay, *Masterless*, 253–255. Robert J. Lifton, TI by LJF, Aug. 13, 2008, recounts in some detail what Riesman told him about being analyzed by Fromm. Erich Fromm, "Individual and Social Origins of Neurosis," in *Personality in Nature, Society, and Culture*, ed. Clyde Kluckhohn and Henry A. Murray (New York: Knopf, 1949), esp. 11. See also parts of Riesman to Rainer Funk, Oct. 10, 1980, Fromm Archive. Although the evidence on Robert Lynd's wife, Helen, is fragmentary for her analysis with Fromm, it had an intellectual quality, like Riesman's (i.e., he "cured" her writing block). See Mrs. Walter Gellhorn, interview of Helen Lynd, 1973, transcript, 27–28, Columbia Oral History Project.

31. Mauricio Cortina, PI by LJF, Washington D.C., July 30, 2009.

32. Joseph Gurland, "The Story of My Mother: Henny (Meyer) Gurland, 1900–1952," 3–5, Fromm Archive.

33. Ibid., 5–9.

34. Ibid., 13–16; plus Joseph Gurland to Rainer Funk, Dec. 28, 1992; and Gurland to Rolf Tiedemann, June 25, 1981, both in Fromm Archive. On the metal in Henny's side: Doris Gurland, PI by LJF, Providence, R.I., Aug. 23, 2009.

35. Joseph Gurland, "The Story of My Mother," 17–18; Rainer Funk, *Erich Fromm: His Life and Ideas* (New York: Continuum, 2000), 122.

36. Joseph Gurland, "The Story of My Mother," 18; J. H. Coler to Erich Fromm, Nov. 13, 1941, Fromm Archive (Fromm helping Henny through the National Refugee Service). "I am no longer homesick": Henny Gurland to Izette de Forest, Nov. 26, 1943, Fromm Archive. Burston, *The Legacy of Erich Fromm*, 25, emphasizes the rapidity of the development of the Fromm–Henny Gurland relationship and Fromm's early offer to fund Joseph's education.

37. Henny Gurland to Izette de Forest, Feb. 20, 1944. Joseph Gurland, "Application for Federal Employment," n.d. (1946), Fromm Archive, details his wartime duties with the army.

38. On her photography work, the pending move to Bennington, and how "Erich wants to finish his book": Henny Gurland to Izette de Forest, June 5, 1946, Fromm Archive. On Selver's impression of Fromm, his busy schedule in New York, and the move to Bennington: Funk, *Erich Fromm*, 122–126.

39. Henny Gurland to Izette de Forest, June 5, 1946, Fromm Archive. On Henny's "searching and penetrating mind": Erich Fromm, *Psychoanalysis and Religion* (New Haven, Conn.: Yale University Press, 1950), v.

40. On Binger telling him of Henny as schizophrenic: Michael Maccoby, PI by LJF, Cambridge, Mass., May 6, 2005. Detail on the new Bennington home (the address at the time was 228 Murphy Road) is provided in a residential listing form when it was put up for sale (Fromm Archive). Fromm mentions the loan from Riesman in a letter dated Sept. 10, 1976.

41. Lewis Webster Jones to Erich Fromm, June 17, July 8, 1942 and Fromm to Jones, July 10, 1942, all in the Fromm Archive and covering many aspects of his teaching at Bennington, including his self-doubts which he expressed to Jones. A long obituary appearing in the Bennington *Quadrille* (March 1980), described Fromm's teaching there and his selection as commencement speaker. On Fromm's almost letting the baby slide off his lap: Doris Gurland, PI by LJF, Providence, R.I., Aug. 23, 2009. The exact 2008 equivalent of $2,500 1946 dollars is $27,546.44, based on purchasing-power equivalents, and was calculated using www.measuringworth.com. Fromm to Frances Davis, Aug. 18, 1948; and Davis to Fromm, Sept. 3, 1948, Fromm Archive. On preparing to teach a second Bennington course on interpersonal relations: Fromm to Ernest Oppenheimer, Dec. 3, 1948, Fromm Archive. Fromm was also very much in demand at the New School. When he decided not to teach there in 1949, the New School's president, Bryn Hovde, strongly urged him to reconsider.

42. Funk, *Erich Fromm*, 126–127; Joseph Gurland, "Henny Gurland," 19 (underscoring Henny's elevated blood pressure problem, which others have omitted). For evidence of Erich Fromm attending to Henny night and day while rejecting invitations and opportunities, see, e.g., Fromm to M. F. Ashley Montagu, Dec. 31, 1947; and Fromm to Lucien Hanks, Oct. 14, 1948, both in Fromm Archive. Doris Gurland, PI by LJF, Providence, R.I., Aug. 23, 2009, on Henny's treatment. Gertrud Hunziker-Fromm, PI by LJF, Zurich, July 30, 2003, on Henny's depression being more debilitating than her pain.

43. On Gurland's 1948 marriage and the honeymoon gift: Rainer Funk, "Joseph Gurland" (obituary), *Fromm Forum* 9 (2005): 49. On the trip to the ocean: Fromm to William Gutman, Mar. 29, 1949, Fromm Archive. Fromm to Henry Pachter, Dec. 5, 1949, hopeful of a get-together; and Fromm to Djane Herz, Dec. 23, 1949, declining a concert invitation (both letters in Fromm Archive). The foreword of Fromm's published Yale lectures (*Psychoanalysis and Religion*) thanked Henny for her suggestions. Funk, *Fromm*, 126, quoting Fromm's June 3, 1949, letter to his sister-in-law.

44. Funk, *Erich Fromm*, 127; On Joseph and Dorothy Gurland living in Boston and Fromm staying with them: Fromm to Clyde Kluckhohn, March 22, 1949. On Henny being unable to complete the photograph order: Fromm to David Riesman, Nov. 29, 1949. All letters are found in the Fromm Archive. Doris Gurland, PI by LJF, Providence, R.I., Aug. 23, 2009.

45. Jorge Silva Garcia, TRI by LJF, Mexico City, March 21, 2004; and Renate Horney, PI by LJF, Laguna Hills, Calif., June 26, 2004. Fromm to Mr. Spratling, March 17, 1937; Fromm to Otto Rühle, Nov. 16, 1937, May 3, 1940; Fromm to Mrs. Durieux, May 14, 1937; Fromm to Señor Guadalupe, May 14, 1937; all in Fromm Archives.

46. Silva Garcia, TRI by LJF, Mexico City, March 21, 2004; Gertrud Hunziker-Fromm, PI by LJF, Zurich, July 30, 2003; Rainer Funk, PI by LJF, Tubingen, March 16, 2003; Fromm to Djane Lavois Herz, Dec. 23, 1949, Fromm Archive.

47. Rainer Funk, PI by LJF, Tubingen, March 16, 2003; Funk, *Erich Fromm*, 127. The Fromm-Selver correspondence of the early 1950s after the move to Mexico is in the Selver Papers, Special Collections, University of California, Santa Barbara. See especially Fromm to Selver, Sept. 29, Oct. 2, Oct. 7, Oct. 28, Nov. 2, Nov. 12, 1952; Selver to Fromm, Oct. 16, 1952.

48. Funk, *Erich Fromm*, 127, on Henny's health and the trips and ultimate move to Mexico City. On his "hope that Mexico will help to bring about her recovery": Fromm to Djane Herz, Dec. 23, 1949. On the birth of his first child and its effect on Erich: Joseph Gurland, "Henny Gurland," 19. Here Joseph attributed Henny's death to "heart failure" though he almost certainly knew otherwise. Funk, PI by LJF, Tubingen, March 16, 2003, presenting his account and private archival data indicating that death came when Henny slit her wrists. Doris Gurland confirmed this to Funk. For a reference to Erich Fromm's discovery of Henny after her suicide, see also Rainer Funk, "Meet Erich Fromm," in Erich Fromm, *The Art of Loving* (New York: Harper Perennial, 2006), 16. For an additional reference to Fromm's discovery of Henny and the quote "Now I am quite sure," see Fromm to Izette de Forest, July 22, 1952. For Charlotte Selver's recollection and contextualization of Fromm's statement that he could not help Henny, see Charlotte Selver, PI by Rainer Funk, St. Ulrich, Aug. 10, 1997, Fromm Archive. Translated from the German original ("Ich konnte Henny nicht helfen") by Anke Schreiber.

49. On Henny's final years and death and their effect on Fromm: Funk, *Erich Fromm*, 136; and Funk, PI by LJF, Tubingen, March 18, 2003. Acknowledging the affairs after Henny's death: Fromm to Annis Freeman, March 25, 1953. Robert Coles sensitively recounts helping Horney when he was a medical student at Columbia-Presbyterian Medical Center in New York as she was dying of cancer; see Coles's *The Secular Mind* (Princeton, N.J.: Princeton University Press, 1999), 83–85. Fromm to Charlotte Selver, Feb. 26, 1953; Selver to Fromm, Oct. 16, 1953, Selver Papers, University of California, Santa Barbara. For strong suggestions of an affair between Fromm and Charlotte Selver, see Fromm to Selver, Dec. 6, 19, 1952, Feb. 15, 1953, Fromm Archive.

50. Erich Fromm to Ashley Montagu, May 7, Dec. 31, 1947, Fromm Papers, on a book concerning Freud's publications. The UNESCO project and Fromm's potential role in it are covered in Fromm to Pendleton Herring and Herbert Abraham, Jan. 1, 1949; Fromm to O. A. Oesar, May 20, 1949 ("more complicated"); Fromm to Charles Dollard, March 4, 1949 (on Carnegie Foundation funding and "authoritarianism versus independence"). All letters in Fromm Archive.

51. Fromm, *Man for Himself*, 213–214, 244. Menninger's negative review in K. Menninger, "Loneliness in the Modern World," *The Nation* (March 14, 1942): 154.

52. Fromm, *Man for Himself*, 206, 210–213.

53. Ibid., 187–191, 206, 216.

54. Ibid.

55. Ibid., *Man for Himself*, 212 n. 67, suspecting criticism from Niebuhr. Reinhold Niebuhr, review of *Man for Himself* in *Christianity and Society* 13, no. 2 (Spring 1948): 26–28.

56. Erich Fromm, "Psychoanalytic Characterology and Its Application to the Understanding of Culture," in *Culture and Personality*, ed. S. Stansfeld Sargent and Marian W. Smith (New York: Viking, 1949), 1–12.

57. Fromm, *Man for Himself*, 62–63, 114.

58. Ibid., 64–65, 115.

59. Ibid., 65–67, 115.

60. Ibid., 67–78.

61. Ibid., 248.

62. Maslow's fully annotated copy of *Man for Himself* is in the Archives of the History of American Psychology, University of Akron. For astute reviews showing how *Man for Himself* anticipated Rieff's *The Triumph of the Therapeutic: Uses of Faith After Freud* (1966) and Rieff's earlier book, *Freud: The Mind of the Moralist* (1959), see, e.g., Asher Brynes, "End of Psychological Man Proclaimed," *Saturday Review* 31 (July 2, 1948): 25–26; and Milton Singer essay's on *Man for Himself* in *Ethics* 58 (1947–1948): 220–222.

63. Fromm, *Psychoanalysis and Religion*, v. Sales figures come from 1997 estimations by Rainer Funk, Fromm's literary executor.

64. Ibid., 1–2, 35–37.

65. Ibid., 94–95.

66. Ibid., 96–99, 91–92.

67. Ibid., 38–41 (especially 41 n. 4 on Suzuki).

68. Ibid., 41–42, 47–48.

69. Ibid., 49–50. Like Feuerbach, Fromm had a strong affinity to a younger and more flexible Marx than appeared in *Das Kapital*. In some ways, however, the young Marx was more determined to render historical change than Fromm and assuredly more so than Feuerbach.

70. Ibid., 84. Perhaps an indicator of Fromm's increasing popularity, *Psychoanalysis and Religion* was reviewed favorably by three popular psychology ("how to") reviewers—H. A. Overstreet in the *New York Times Book Review* 29, no. 10 (1950): 5–6; Andrea Nobile in *Filosofia Torino* 17 (1966): 124–126; and M. H. Maskin in *The New Republic* 124 (1951): 21–22.

第 6 章　爱与启蒙

1. David Riesman to Fromm, Nov. 2, 1960 (Riesman Papers, Harvard University), on an unpublished study conducted at UC Berkeley in 1959 by Hilde Himmelweig of the London School of Economics, asking whether students were vaguely familiar with the works of a number of leading "names." Students were more familiar with Freud, Faulkner, and Berlin than Fromm, but less with Jack Kerouac, Gide, William Whyte, and Riesman.

2. Jorge Silva Garcia, "Fromm in Mexico: 1950–1973," *Contemporary Psychoanalysis* 25, no. 2 (April 1989): 246–249; John Reichert, TRI of Alfonso Millán, circa 1985, transcript in Fromm Archives, Tubingen.

3. Ibid., plus Aniceto Aramoni, TRI by LJF, Mexico City, March 17, 2004; and Michael Maccoby to LJF, Sept. 29, 2011 (e-mail).

4. Maccoby to LJF, Sept, 28, 29, 2011 (e-mails). See also Marie Langer, *From Vienna to Managua: Journey of a Psychoanalyst* (London: Free Association Books, 1989), 131–133.

5. Maccoby to LJF, Sept. 29, 2011 (e-mail); and Maccoby, PI by LJF, Cambridge, April 13, 2012.

6. Ibid., plus Silva Garcia, TRI by LJF, Mexico City, March 21, 2004.

7. Silva Garcia, "Fromm in Mexico," 245; Silva Garcia, TRI by LJF, Mexico City, March 21, 2004. See also Michael Maccoby, TRI by LJF, Washington, D.C., Feb. 2, 2003.

8. Alfonso Millán, TRI by John Reichert, Mexico City, circa 1985, transcript in Fromm Archive; Salvador Millán, PI by LJF, Mexico City, March 16, 2004; Silva Garcia, "Fromm in Mexico," 248–250; Silva Garcia, TRI by LJF, Mexico City, March 21, 2004. Salvador Millán, "Mexican Time: Erich Fromm in Mexico—A Point of View," initially appeared in the *Jahrbuch der Internationalen Erich Fromm Gesellschaft* (1995) and has been modestly revised. It brilliantly discusses the contrast between Fromm's precise German sense of time, punctuality, and exactitude and the more joyous, less disciplined qualities in the culture that his Mexican students knew.

9. Alfonso Millán, TRI by Reichert, circa 1985, Fromm Archive; Salvador and Sonja Millán, PI by LJF, Mexico City, March 17, 2004; Silva Garcia, "Fromm in Mexico," 251; Silva Garcia, TRI by Reichert, circa 1985, Fromm Archive.

10. Ibid.

11. Alfonso Millán, TRI by Reichert, circa 1985; Aniceto Aramoni, TRI by LJF, Mexico City, March 17, 2004; Rebecca Aramoni Serrano, PI by LJF, Mexico City, March 21, 2004.

12. Alfonso Millán, TRI by Reichert, circa 1985, Fromm Archive.

13. Rainer Funk, *Erich Fromm: His Life and Ideas* (New York: Continuum, 2000), 131–132.

14. Aniceto Aramoni, TRI by LJF, Mexico City, March 17, 2004; Rebecca Aramoni Serrano, PI by LJF, Mexico City, March 21, 2004.

15. Fromm to Aniceto Aramoni, Oct. 8, 1973 ("I have always felt badly"); Feb. 7, 1967 ("It is important that the group learns . . . The main thing is that the group really learns to function without me"); Aramoni to Fromm, July 2, 1973, Sept. 26, 1973, Jan. 25, 1976, Nov. 5, 1975, July 9, 1979; all in Fromm Archive. There are many more letters in the Aramoni files in the Fromm Archive that underscore the problems inherent in this dependency relationship. See also Aramoni, TRI by LJF, March 17, 2004.

16. A. Irwin Switzer, *D. T. Suzuki: A Biography* (London: The Buddhist Society, 1985), provides a very comprehensive account of Suzuki's life and thought.

17. D. T. Suzuki, *Zen Buddhism: Selected Writings of D.T. Suzuki* (New York: Anchor, 1956), 103–108. See also D. T. Suzuki, *An Introduction to Zen Buddhism* (1934), republished with a foreword by C. G. Jung (London: Rider & Co, 1948); D. T. Suzuki, *The Training of the Zen Buddhist Monk* (repr. New York: University Books, 1959); D. T. Suzuki, *Zen and Japanese Culture* (New York: Pantheon, 1959).

18. Fromm to D. T. Suzuki, Oct. 18, 1956, Fromm Archive, on the dinner in New York, the December trip to Cuernavaca, and an offer of a permanent residence for Suzuki at Fromm's expense. See also Suzuki to Fromm, Sept. 9, 1955, May 7, 1956, Fromm Papers, New York Public Library.

19. Suzuki to Fromm, n.d. (Nov. 1956); Fromm to Suzuki, Nov. 15, 18, 1956, all in Fromm Papers, NYPL.

20. Suzuki to Fromm, Feb. 14, March 13, 1957; Fromm to Suzuki, Jan. 29, Feb. 25, March 3, 1957, all in Fromm Papers, NYPL.

21. Fromm, "Memories of Dr. D. T. Suzuki," 1–3, Fromm Archive.

22. Funk, *Erich Fromm*, 134, underscores the importance of spiritual religion in Fromm's life.

23. Fromm, "Psychoanalysis and Zen Buddhism" (the 1959 revised edition of Fromm's 1957 conference paper), 3–8, Fromm Papers, NYPL.

24. Ibid., 9–10.

25. Ibid., 10–11.

26. Ibid., 14–19.

27. Ibid., 17–20.

28. Ibid., 21.

29. Ibid., 3, 8, 11, 21.

30. Fromm to Maurice Green, Dec. 13, 1958; Fromm to Suzuki, Nov. 19, 1960, on sales and royalties. Both letters are in the Fromm Archive. See also Fromm to Suzuki, July 3, 1958, June 15, 1960 (listing Suzuki as senior author), Fromm Papers. Sales figures are 1997 estimations by Rainer Funk, Fromm's literary executor.

31. On the increasingly personal support each gave to the other since the 1957 conference: Fromm, "Memories of Dr. D. T. Suzuki." On Suzuki's gifts of trees and seeds: Fromm to Suzuki, July 3, 1958. On his hearing loss and need to focus on writing: Suzuki to Fromm, July 21, 1959. On how "irksome" it was to accomplish tasks in old age: Suzuki to Fromm, April 27, 1966. All in Fromm Archive. On traveling to New York for advice on Annis's potential breast cancer: Fromm to Suzuki, Aug. 2, 1958, Fromm Archive.

32. Funk, *Erich Fromm*, 136–138; Gertrud Hunziker-Fromm, TRI by LJF, Zurich, May 9, 10, 2004; Funk, PI by LJF, Tubingen, March 18, 200.

33. In Funk, *Erich Fromm*, 138, the Fromm archivist Rainer Funk published one of many notes of deep affection Fromm wrote to Annis Freeman. It typifies the epistles Fromm wrote to Annis not only while they were engaged to be married but for the next several decades.

34. Ibid.

35. Gertrud Hunziker-Fromm, TRI by LJF, May 9, 2004 (including reference to the suicide pledge after Annis was operated on for cancer); Hunziker-Fromm, PI

by LJF, Zurich, July 30, 2003; Maccoby, TRI by LJF, Feb. 2, 2003; Dec. 18, 19, 2008. Funk, PI by LJF, Locarno, May 8, 2004, Hernando Ibarra, TRI by LJF, Cuernavaca, March 19, 2004, corroborating the cancer surgery and describing differences between Annis and Erich that seemed to endear them to each other. Sandy Lee Maccoby, TRI by LJF, Washington, D.C., Feb. 2, 2003, recalling as next-door neighbors in Cuernavaca how Annis was glamorous, worshipped Erich, and taught the principles of astrology. Fromm to Selver, Dec. 2, 1952, on initial contact with Annis, Fromm Archive.

36. Jorge Silva Garcia, "Fromm in Mexico," 245; Silva Garcia, TRI by LJF, Mexico City, March 21, 2004. See also Michael Maccoby, TRI by LJF, Washington, D.C., Feb. 2, 2003.

37. The best source on Fromm's food and drink and cigar favorites in Mexico is one of Alicia Garcia's son's, Hernando Ibarra. See Ibarra, TRI by LJF, Cuernavaca, March 19, 2004. On Fromm's love for Hassidic music and the piano: Silva Garcia TRI by LJF, Mexico City, March 21, 2004; and Silva Garcia to John Reichert, June 1, 1985. On Fromm's Buick, cigars, and Hassidic music: Michael Maccoby, TRI by LJF, Washington, D.C., Feb. 2, 2003. On New Year's Day Alaskan salmon: Rainer Funk, PI by LJF, Tubingen, May 15, 2004. On "Erich Fromm punch" and the love of baked goods: Salvador Millán, PI by LJF, Mexico City, March 21, 2004.

38. Carmen Delachica owned the Fromm's Cuernavaca house from 1976 until her death in 2005, and she let me walk through it and the grounds leisurely in March 2004 and answered a great many of my questions about the estate. See also Delachica, TRI by LJF, Cuernavaca, March 19, 2004.

39. Ibid., plus Hernando Ibarra, TRI by LJF, Cuernavaca, March 19, 2004.

40. These particulars of Fromm's joyous everyday life in Cuernavaca are reported in Michael Maccoby, TRI by LJF, Washington D.C., Feb. 2, 2003; and especially Maccoby, PI by LJF, Cambridge, April 14, 2012. Salvador Millán, PI by LJF, Mexico City, March 20, 21, 2004. Jorge Silva Garcia TRI by LJF, Mexico City, March 21, 2004.

41. Rainer Funk, "Titles by Erich Fromm," Fromm Archive, lists the sales figures and translations of all of Fromm's books by 1997 (at which time, *The Art of Loving* had been translated into thirty-three languages). In Funk, *Erich Fromm*, 139, Funk writes that the book had been translated into fifty languages. *The Art of Loving* was by far the best seller and the most frequently translated volume.

42. Fromm, *The Art of Loving* (repr. New York: Continuum Centennial Edition, 2000), 97–120.

43. Ibid., chap. 3, addressed why love was so difficult to fathom in modern Western capitalist society. Fromm took issue with Freud on 83; see 93 on love only occurring when "two people experience themselves from the essence of their existence." Maslow made extensive notes between 1957 and 1968 on Fromm's writings, especially *Man for Himself* but also *The Art of Loving*, as evident in the Maslow collection in the History of American Psychology Archive at the University of Akron.

44. Fromm, *The Art of Loving*, 24.

45. Ibid., 42, 52 n. 13, responding to Tillich. John N. Schaar, *Escape from Authority: The Perspectives of Erich Fromm* (New York: Basic Books, 1961), 134–136, makes

a very cogent case against Fromm's conflation of self-love, love of another, and love of humankind. Love, Schaar insists, is not an embrace of all of humanity but of particular human beings with unique characteristics in specific contexts.

46. Fromm, *The Art of Loving*, 42–44.
47. Ibid., 36–41, 44–47.
48. Ibid., 48–52.
49. Ibid., 57–74, esp. 63, 73–74. Fromm's secularism and his cultural Judaism from this point on in his life were well characterized in Moshe Budmor, TI by LJF, April 22, 2008; and Rainer Funk, PI by LJF, Tubingen, July 15, 2003.
50. Fromm, *The Art of Loving*, 95–96.
51. Joshua Loth Liebman, *Peace of Mind* (New York: Simon & Schuster, 1946). For perhaps the most penetrating of all discussions of Liebman and his book, see Andrew R. Heinze, *Jews and the American Soul: Human Nature in the Twentieth Century* (Princeton, N.J.: Princeton University Press, 2004), 217–239.
52. Fromm, *The Art of Loving*, 97–100.
53. Ibid., 107–109.
54. Ibid., 111–115.
55. Ibid., 115–116.
56. Ibid., 117–120.
57. Clara Thompson to Erich Fromm, Nov. 24, 1956, Fromm Archive.
58. For sales figures on *The Art of Loving*, the most comprehensive data comes from the Fromm Archive. Various editions of the book advertise sales figures on the book jackets. Rainer Funk synthesized much of the sales data in a May 6, 2008, letter to me; other figures are available in Funk, *Erich Fromm*, 139. I personally saw the volume in the window of the Harvard Cooperative on Valentine's Day 2008 and in all subsequent years. Indeed, a month before February 14, 2012, the Coop had stocked dozens of copies, anticipatory of Valentine's Day purchases.

第 7 章　政治与文章

1. Lawrence S. Wittner, *Resisting the Bomb: A History of the World Nuclear Disarmament Movement, 1954–1970* (Stanford, Calif.: Stanford University Press, 1997), 52; and Rainer Funk, *Erich Fromm: His Life and Ideas* (New York: Continuum, 2000), 141, on Fromm's role in the founding of SANE.
2. Long-term sales figures for *The Sane Society* are noted in Rainer Funk, "Titles by Erich Fromm," Fromm Archive, Tubingen. On the growing number of lectures he was asked to give after *The Sane Society*: Fromm to Richard Schifter, July 29, 1960, Fromm Archive. Fromm's summary of the book ("The Present Human Condition") appeared in *Perspectives* 16 (Summer 1956): 71–77. On the Gay lecture: *New York Times* (April 26, 1957). On *The Sane Society* and the widespread currency of the arguments Fromm made in it: Fromm to Thomas L. Merton, April 13, 1955; Merton to Fromm, Sept. 12, 1955, Fromm Archive.
3. Erich Fromm, *The Sane Society* (New York: Rinehart and Winston, 1955; repr. Owl Books, 1990), vii–viii, 3–21.

4. Ibid., 30–36. "Love is": 31.

5. "To create" and "if I cannot create life": ibid., 37. On matriarchy, patriarchy, and brotherly love: 44–45. "An inalienable right": 57. On identity: 60–62. On a frame of orientation with "an object of devotion": 63–65.

6. "As a business grows": Fromm, *Sane Society*, 86, 94–99. Quoting Stevenson and asserting "We do not submit": 102.

7. Ibid., 131–134, citing and deploying the 1844 Marx.

8. On Marx's utopianism: ibid., 236. On the current embrace of humanist activities: 207. Delineating the qualities of a sane society: 276.

9. Ibid., 295–336, esp. 295, 331, 335–336; Fromm, "The Present Human Condition," *The American Scholar* 25 (Winter 1955–1956): esp. 35.

10. Fromm, *Sane Society*, 339–343.

11. "Here again": ibid., 350. "Act out" and the meaning of "collective art": 347–348.

12. On education: ibid., 344–346. On humanistic religion: 349–352.

13. Although there is a good deal of scholarship on the young Marcuse, perhaps the most penetrating remains Richard King, *The Party of Eros: Radical Social Thought and the Realm of Freedom* (Chapel Hill: University of North Carolina Press, 1972), chap. 4.

14. For excellent discussions on *Dissent*'s early years and positions, and especially the perspectives of Howe and Coser on Fromm and related matters, see Maurice Isserman, *If I Had a Hammer: The Death of the Old Left and the Birth of the New Left* (Urbana: University of Illinois Press, 1993), 89–108; and Joanne Barkan, "Cold War Liberals and the Birth of Dissent," *Dissent* (Summer 2006): 95–102.

15. Herbert Marcuse, "The Social Implications of Freudian 'Revisionism,'" *Dissent* 2, no. 3 (Summer 1955): 221–240; Paul Goodman, "The Political Meaning of Some Recent Revisions of Freud," *Politics* 2, no. 7 (July 1945): 198–202.

16. Marcuse, "The Social Implications of Freudian 'Revisionism,'" 231–234, 238–239.

17. Erich Fromm, "The Human Implications of Instinctive 'Radicalism,'" *Dissent* 2, no. 4 (Autumn 1955): 342–349.

18. Ibid.

19. Herbert Marcuse, "A Reply to Erich Fromm," *Dissent* 3, no. 1 (Winter 1956): 79–81.

20. Erich Fromm, "A Counter-Rebuttal," *Dissent* 3, no. 1 (Winter 1956): 81–83.

21. For prominent intellectuals who largely reiterated Marcuse's critique of Fromm, see, e.g., H. Stuart Hughes, *The Sea Change: 1930–1965* (New York: Harper & Row, 1975); Paul Robinson, *The Freudian Left* (New York: Harper & Row, 1969); Russell Jacoby, *Social Amnesia: Conformist Psychology from Adler to Laing* (Boston: Beacon Press, 1975); Christopher Lasch, *The Culture of Narcissism* (New York: Basic Books, 1979). Neil McLaughlin's remark is from his article "Origin Myths in the Social Sciences: Fromm, the Frankfurt School, and the Emergence of Critical Theory," *Canadian Journal of Sociology* 24, no. 1 (1999): 109–139.

22. On Fromm's recall of the train incident with Marcuse: Gertrud Hunziker-Fromm, TRI by LJF, Zurich, May 10, 2004. On Marcuse asking for a review of

One-Dimensional Man and Fromm politely refusing: Marcuse to Fromm, Dec. 8, 1963; Fromm to Marcuse, January 8, 1964, Fromm Archive. Fromm to Raya Dunayevskaya, July 31, 1968; Fromm to Margit Norell, June 28, 1971, Fromm Papers, New York Public Library. In a letter to Fromm, Nov. 30, 1976, Fromm Archive, Dunayevskaya suggested that the fact that Fromm had been far more critical of Israel during the 1950s than Marcuse may have been an unstated factor in his attack on Fromm.

23. Fromm detailed his income and some of his donations during the 1950s and early 1960s in letters to his attorney Richard Schifter, April 17, 1959; July 29, 1960; June 3, 1960, Fromm Archive. Schifter put much of this data together in a memorandum: "In the Matter of Erich Fromm—Memorandum of Law and Fact" (1960), Fromm Archive.

24. A copy of Fromm's full FBI file (where his name is misspelled "Erick") was procured under the U.S. Freedom of Information Act and can be found in the Fromm Archive. Fromm to Norman Thomas, John Bennett, Lewis Mumford, Clarence Pickett, Max Lerner, Daniel Bell, Stephen Siteman, April 22, 1955, Fromm Archive, fashioning the public letter to the president on America's China policy. David Riesman to Rainer Funk, Oct. 10, 1980, Fromm Archive, outlining in considerable detail his work with Fromm and Fromm's funding for AFSC and the Committee on Correspondence. See also Fromm to Adam Schaff, May 8, 1962; Fromm to Thomas Merton, Nov. 3, 1960; Karl Polanyi, June 22, 1960; and Fromm to Polanyi, Nov. 21, 1960; Fromm to Bertrand Russell, Nov. 6, 1962; and Russell to Fromm, July 22, 1966, all in Fromm Archive.

25. Erich Fromm to Adlai Stevenson, Nov. 15, 1952, Fromm Archive. Fromm to Charlotte Selver, Nov. 15, 1952, Fromm Archive, indicates he had donated to the 1952 Stevenson campaign.

26. Adlai Stevenson to Erich Fromm, Nov. 26, 1952, Fromm Archive.

27. Fromm to Stevenson, March 24, 1954, Fromm Archive.

28. Ibid.

29. Ibid.

30. David Riesman to Rainer Funk, Oct. 10, 1980, Fromm Archive, notes the details of his and Fromm's 1956 meeting with Stevenson.

31. Stevenson to Fromm, Oct. 23, 1961; Fromm to Stevenson, January 20, 1961, Fromm Archive.

32. Stevenson to Fromm, May 1, 1962; Fromm to Stevenson, May 31, 1962, Sept. 15, 1962, Fromm Archive. Emphasizing how Fromm got documents on Germany unavailable to high U.S. officials and how he used this material to explain the Soviet relationship to the United States: Riesman to Funk, Oct. 10, 1980, Fromm Archive.

33. For a few illustrations of the strong personal dimension in the Riesman-Fromm political activist correspondence, see Riesman to Fromm, June 18, 1973, March 20, 1974; Fromm to Riesman, Oct. 9, 1947, April 19, 1955 (on life insurance), Feb. 1, March 6, 1975, Feb. 12, 1976. All letters are in the Fromm Archive.

34. On Riesman's background in law and the public sphere: Wilfred M. McClay, *The Masterless: Self and Society in Modern America* (Chapel Hill: University of

North Carolina Press, 1994), 236. On his and Fromm's early efforts in countering Zionism and pushing for a binational state in Palestine: Riesman to Rainer Funk, Oct. 10, 1980. On the *Commentary* article: Riesman to Fromm, Oct. 19, 1947. Recalling their work to secure a change in U.S. policy toward Israel: Riesman to Fromm, Dec. 17. 1973. On Israel's "Sampson [sic] complex": Riesman to Fromm, January 13, 1975. All letters are in the Fromm Archive.

35. Riesman to Funk, Oct. 10, 1980, Fromm Archive, provides the most detailed information available on how Riesman guided Fromm into a diversity of political activist ventures over the course of the 1950s and early 1960s, especially the Committee on Correspondence. See also Riesman to Brian R. Betz, Aug. 15, 1972, Fromm Archive.

36. On how Congressmen "find their relations with the Jewish community": J. William Fulbright to Erich Fromm, Nov. 25, 1975. "Your observations" and how to "be persuasive with the American Jewish community": Dec. 22, 1973. Urging Fromm to write to the *New York Times*: n.d. (1973). Urging Fromm to publish in a variety of national publications: Fulbright to Fromm, Aug. 21, 1975. All letters between Fulbright and Fromm are in both the Fulbright Papers at the University of Arkansas and in the Fromm Archive.

37. Fulbright to Fromm, May 7, 1968, and April 1, 1974, acknowledges Fromm's substantial contributions to the Fulbright reelection campaigns. Offering advice on campaign themes: Fromm to Fulbright, n.d. (Spring 1968). On testifying before Senate Foreign Relations Committee hearings: Fulbright to Fromm, April 11, 1972; Fromm to Fulbright, June 10, 1974. On the centrality of Fromm to Fulbright's intellectual stimulation: Fulbright's biographer, Randall Wood, to LJF, Dec. 17, 2008. See, pertinent to this point, Tristram Coffin to David Riesman, Oct. 10, 1966; Coffin to Fromm, Nov. 6, 1966, both in Fromm Archive.

38. "We did enjoy so much seeing you and Annis": Fulbright to Fromm, April 25, 1968. On health issues and surgeries for their wives and the zest for life evident in Erich and Annis: Fulbright to Fromm, Nov. 24, 1975. "Tocqueville was right": Fulbright to Fromm, n.d. (1973). On Fromm's finding an "inner questioning" in America: Fulbright to Fromm, Oct. 31, 1967. "You are so much a man resting in himself": Fromm to Fulbright, June 10, 1974. On Fromm contributing to the campaign and on sources for the Fulbright defeat: Tristram Coffin to David Riesman, March 30, June 23, May 18, 1974. All in Fromm Archive. On donating to the campaign: Fromm to Michael Maccoby, April 11, 1974 (Maccoby private papers).

39. Erich Fromm, "The Case for Unilateral Disarmament," *Daedalus* (Fall 1960), reprinted in *Arms Control, Disarmament, and National Security*, ed. Donald G. Brennan (New York: George Braziller, 1961), 187–197. Much of the exchange between Kennedy and *Daedalus*'s editor Gerald Holton is available in the archival holdings of the American Academy in Cambridge and supplemented by several discussions I had with Holton in June 2009 and May 2012. Discussions with Michael Maccoby in April 2011 focused on what Kennedy had read of Fromm's, the 1960 *Daedalus* article, and Fulbright and Stevenson acquainting Kennedy with Fromm's foreign policy perspectives.

40. Michael Maccoby elaborates the "Harvard connection" quite cogently in Maccoby, TRI by LJF, Washington, D.C., Feb. 2, 2003; Maccoby, TI by LJF, Jan. 16, 2007; Maccoby, PI by LJF, Apr. 14, 2012.

41. On Maccoby's thoughts on Kennedy's contact with Fromm: Maccoby, TI by LJF, Jan. 16, 2007; Maccoby, PI by LJF, Cambridge, April 14, 2012.

42. On several occasions in the 1990s, both Riesman and Kaysen told me that Kennedy contacted Fromm soon after the Cuban Missile Crisis. Riesman showed me his notes to that effect and was known for his accuracy and his memory. Kaysen's account of the Kennedy contact comported in all essentials with Riesman's. While Fromm never recounted to Maccoby the direct Kennedy contact with him, Maccoby felt it was entirely possible. Maccoby, PI by LJF, Apr. 14, 2012. Also see Riesman to Funk, Oct. 10, 1980, Fromm Archive.

43. Robert Dallek, *An Unfinished Life: John F. Kennedy, 1917–1963* (Boston: Little, Brown, 2003), 613–623; "far more security and far fewer risks": 620. I am especially indebted to Professor Dallek for helping me to understand how Bundy saw to it that the president knew of all perspectives (including Fromm's) on international relations concerns.

第 8 章　为乱世预言

1. Sales figures are 1997 estimates by Rainer Funk, Fromm's literary executor.

2. Erich Fromm, "Credo," in *Beyond the Chains of Illusion: My Encounter with Marx and Freud* (New York: Simon & Schuster, 1962; repr. New York: Continuum, 2001), 175–177.

3. Ibid., 178.

4. Ibid., 179–181.

5. Ibid., 180–182.

6. Rainer Funk, *Erich Fromm: His Life and Ideas* (New York: Continuum, 2000), 136, reproduces Fromm's 1953 wedding dinner photograph. It and other photographs of Fromm with his mother are found in abundance in the Fromm Archive, Tubingen. On bringing Rosa to his Cuernavaca home owing to her depression: Fromm to Izette de Forest, Oct. 31, 1957, Fromm Archive. The Hessisches Hauptstaatsarchiv in Wiesbaden has extensive records of Fromm's restitution actions (register no. W 54353) through Paul Simon on Rosa's behalf beginning in 1958 and extending to 1965, several years after her death. Beyond official documents, it houses several very revealing letters written by Simon to German authorities explaining the course of the legal actions and underscoring Fromm's distress with the process. On Fromm's sense of relief and energy with Rosa's death in 1959, confirming my own sense of the sparse documentary record: Rainer Funk, e-mails to LJF, Oct. 12, 13, 2006.

7. Rainer Funk, "Krankheiten": an incomplete list of Fromm's bouts of illness from 1932 to 1978, based on letters in the Fromm Archive. Fromm's correspondence with Adam Schaff, Angelica Balabanoff, and Clara Urquhart reveals considerably more illnesses, hospitalizations, and general periods of convalescence during

the 1960s than Funk's long list indicates. Funk, *Erich Fromm*, 150, reports Annis's bout with breast cancer, and it is alluded to in several of Fromm's letters to friends. Salvador Millán, PI by LJF, Mar. 17, 2004, Mexico City, discusses Annis's breast cancer in some detail and her limited diet, which Fromm shared for a year as a token of support.

8. Paul Roazen, "The Exclusion of Erich Fromm from the IPA," *Contemporary Psychoanalysis* 37, no. 1 (2001): 5–42, is the most detailed account. It is based heavily on Fromm–Eissler correspondence in the Fromm Archive. The most important letters in this correspondence are Fromm to Eissler, May 28, 1953; Eissler to Fromm, Jun. 11, 1953; Fromm to Eissler, Jun. 29, 1953 ("my psychoanalytic views do not correspond"); Eissler to Fromm, Jul. 27, 1953; Fromm to Eissler, Aug. 26, 1953.

9. For Fromm's growing difficulties with the Washington Psychoanalytic Society, see, e.g., Stanley Olinick to Fromm, May 20, 1955; Fromm to Olinick, May 31, 1955; Fromm to Sidney Berman, March 5, 1959; and Berman to Fromm, Mar. 30, 1959, all in Fromm Archive. For Fromm's efforts in establishing the International Federation of Psychoanalytic Societies, see Funk, *Erich Fromm*, 134–135; Roazen, "Exclusion of Fromm," 37.

10. The evolution of Fromm's critique of the three-volume Jones biography of Freud is clearly indicated in Fromm to Izette de Forest, Oct. 31, Nov. 14, Dec. 10, 1957, Jun. 14, 1958; de Forest to Fromm, Feb. 18, Oct. 22, Nov. 6, Dec. 17, 1957, May 25, 1958, all in Fromm Archive. On praising *Sigmund Freud's Mission*: David Riesman to Fromm, Feb 10, 1959, Riesman papers, Harvard Archives.

11. Erich Fromm, *Sigmund Freud's Mission: An Analysis of His Personality and Influence* (New York: Harper and Row, 1959), 115–117.

12. Ibid., 117–119, 106–108.

13. Ibid., 107–111, summarizes his critique of Freud and his movement, especially the four essential problem areas discussed earlier in the manuscript.

14. Erich Fromm, *Marx's Concept of Man* (New York: Frederick Ungar, 1961), 1 n. 1, 43.

15. Ibid., 33–39, 41–43, 69.

16. Ibid., 80–83. Some of the strongest scholarship on Marx is available in Theodor von Laue's books and articles, which are more comprehensive than Fromm's characterization.

17. Fromm, *Beyond the Chains of Illusion*, 88–89, 100–101.

18. Ibid., 71–78.

19. Ibid., 12, 26, 43–44 n. 1, 45–47, 49.

20. Ibid., 67–70. Fromm to Thomas Louis Merton, Oct. 6, 1961, Fromm Archive.

21. "Comes so close to my own feeling": Fromm to Merton, Oct. 9, 1961, Fromm Archive.

22. Fromm to Karl Polanyi, Apr. 14, 1960, Fromm Archive.

23. Fromm to Robert J. Alexander, Aug. 29, 1958, Fromm Archive, accepting membership on the Socialist Party-Social Democratic Federation National Committee and agreeing to write *What Is Socialism?* Fromm to Karl Polanyi, Apr. 14, May 4, Nov. 21, 1960, Fromm Archive, recalling his decision to join the Socialist

Party and concerning his lectures to students based on early drafts of the manifesto. See also Fromm to Werner Thonnessen, Jan. 23, 1960, Fromm Archive, sending a draft of the manifesto for translation and publication in Germany.

24. Erich Fromm, *Let Man Prevail: A Socialist Manifesto and Program* (New York: The Call Association, 1960), 10–11, 18–19.

25. Ibid., 12, 14.

26. Ibid., 21–23.

27. Ibid., 25–28, 33.

28. Ibid., 26, 32.

29. Ibid., esp. 3. See Fromm to Miss Larry Gulotta, Aug. 22, 1969, Fromm Archive, on how he was "puzzled" that his manifesto "has been bought by so many people, and yet the number of people within the Socialist Party who would stand for its ideas, is so small."

第 9 章　人生得意须尽欢

1. Fromm to Clara Urquhart, Sept. 29, 1962, Fromm Archive, Tubingen.

2. Erich Fromm, "War Within Man: A Psychological Inquiry into the Roots of Destructiveness" (Philadelphia: American Friends Service Committee, 1963), 4–8. This manuscript was initially titled "On the Psychological Causes of War," which can be found in both the Fromm Papers, New York Public Library, and the Fromm Archive.

3. Ibid., 9–11.

4. Ibid., 14–16.

5. For Merton and Fromm: ibid., 28, 33. For Tillich, Morgenthau, and Fromm: 20–21, 31. For Frank, Sorokin, and Fromm: 19, 25–26, 32.

6. Erich Fromm, *The Heart of Man: Its Genius for Good and Evil* (New York: Harper & Row, 1964, 1968), esp. 37–61, 108–114, 148–150.

7. Sales figures are a 1997 estimation by Rainer Funk, Fromm's literary executor.

8. Fromm, *The Heart of Man*, esp. 37–61, 108–114, 148–150.

9. Ibid., 150.

10. Ibid., 20. Fromm to Ernst Simon, Jan. 7, 1977, Fromm Archive.

11. Fromm to Angelica Balabanoff, Jul. 16, 1964; Fromm to Thomas Merton, Feb. 7, 1966, both in Fromm Archive.

12. Fromm to Balabanoff, Jul. 16, 1964; Fromm to Clara Urquhart, Jul. 16, 1964; Fromm to Adam Schaff, Jan. 13, 1965; Fromm to Urquhart, Jan. 10, 1966. All in Fromm Archive.

13. Sales figures come from 1997 estimations by Rainer Funk, Fromm's literary executor.

14. Erich Fromm, "For a Cooperation Between Jews and Arabs," *New York Times* (April 18, 1948). Drafts of this Fromm-written public statement are in the Fromm Archive. On the Eichmann trial: Fromm letter to the editor, *New York Times* (June 17, 1960); Fromm to Balabanoff, Oct. 29, 1962, Fromm Archive. "Prophetic Messianism has always been": Fromm to Schaff, Mar. 21, 1966. On "my deep roots in the humanistic tradition of Judaism, which, as I see it, the Israelis are thoroughly destroying by a reversal of all values": see also Fromm to Mumford, Apr. 29, 1975, Fromm Archive.

15. Erich Fromm, *You Shall Be as Gods: A Radical Interpretation of the Old Testament and Its Tradition* (New York: Holt, Rinehart and Winston, 1966), 13.

16. Ibid., 6–9, 15.

17. Ibid., 31, 40, 42–44. For a very helpful discussion of this chain of Fromm's thought, see Svante Lundgren's *Fight Against Idols: Erich Fromm on Religion, Judaism, and the Bible* (Frankfurt: Peter Lang, 1998).

18. Fromm, *You Shall Be as Gods*, 57–62, 81, 226–227.

19. Ibid., 202–203, 207–208, 220.

20. Ibid., 220–221. For a brilliant comment on Fromm's chapter on the psalms, see Marianne Horney Eckardt, "The Theme of Hope in Erich Fromm's Writing," *Contemporary Psychoanalysis* 18, no. 1 (1982): esp. 145–46. See also Rainer Funk, *Erich Fromm: His Life and Ideas* (New York: Continuum, 2000), 53–54, on Rabinkow's lifelong importance to Fromm.

21. Fromm, *You Shall Be as Gods*, 197–99. Also see Erich Fromm, "Meaning of the Sabbath," in *Jewish Heritage Reader*, ed. Lily Edelman (New York: Taplinger, 1965), 138–141.

22. Fromm, *You Shall Be as Gods*, 117–118. In addition to Camus' *The Rebel* (1951), I am underscoring a persisting theme in Robert J. Lifton's writing: the revolutionary "totalist" who felt compelled to do more than bump against societal ills.

23. For cogent discussions of SANE during the years of the Vietnam War and Fromm's role in the organization, see Milton S. Katz, *Ban the Bomb: A History of SANE* (New York: Greenwood Press, 1986); and Lawrence Wittner, *Resisting the Bomb: A History of the World Nuclear Disarmament Movement, 1954–1970* (Stanford, Calif.: Stanford University Press, 1997). Wittner to LJF (e-mail), April 27, 28, 2011, was exceedingly helpful in understanding schisms within SANE at the time and other internal issues. So was Swarthmore College Peace Collection Curator Wendy Chmielewski, TI, April 29, 2011.

24. Erich Fromm, "The War in Viet Nam and the Brutalization of Man," delivered at SANE Madison Square Garden Rally, Dec. 8, 1966, Fromm Papers. The address may also be found in the Fromm Archive.

25. Michael Maccoby, telephone interview by LJF, Jan. 16, 2007, recalling the details of the Madison Square Garden rally and the subsequent heart attack. See also Funk, *Erich Fromm*, 153.

26. Fromm to Aniceto Aramoni, Feb. 7, 1967; Fromm to Adam Schaff, Apr. 10, 1967, both in Fromm Archive. Fromm to Schaff, Apr. 26, June 24, 1967, Fromm Archive, on his short trips from Locarno. See also Funk, *Erich Fromm*, 153; and Salvador Millán, "Tangible Memories" (2008). 1967 Executive Sessions of the Senate Foreign Relations Committee were made public in 2007, and the session where Fromm was discussed is to be found in vol. 19 of the proceedings of the 1st session of the 90th Congress.

27. On cardiac "repetitions": Fromm to Adam Schaff, Aug. 29, 1967, Fromm Archive. Much of the data on Fromm's health problems and concerns and those of his wives have been reviewed in earlier chapters. Two of his close friends viewed the 1966 heart attack heavily in this larger health context. See, e.g., Marianne Horney Eckardt, PI by LJF, Laguna Hills, Calif., Feb. 3, 2007; and Gertrud Hunziker-Fromm, TRI by LJF, Zurich, May 9, 2004.

28. Erich Fromm, "The Psychological Problem of Aging," *Journal of Rehabilitation* (October 1966), reprinted in Erich Fromm, *On Disobedience and Other Essays* (London: Routledge & Kegan Paul, 1984), 117–132. The article may also be found in the Fromm Papers.

第 10 章　爱与死

1. Aniceto Aramoni, TRI by LJF, Mexico City, Mar. 17, 2004; Salvador Millán, PI by LJF, Mexico City, Mar. 21, 2004; Aniceto Aramoni to Fromm, Feb. 1, 1967, Fromm Archive, Tubingen.

2. Aramoni, TRI by LJF, Mexico City, Mar. 17, 2007; Salvador Millán, PI by LJF, Mexico City, Mar. 20, 21, 2004; Rebecca Aramoni Serrano, PI by LJF, Mexico City, Mar. 21, 2004; Michael and Sandy Lee Maccoby, TRI by LJF, Washington, D.C., Feb. 2, 2003; Hernando Ibarra, TRI by LJF, Cuernavaca, Mar. 19, 2004.

3. Aniceto Aramoni, TRI by LJF, Mexico City, Mar. 17, 2007; Jorge Silva, TRI by LJF, Mexico City, Mar. 22, 2004; Salvador Millán, PI by LJF, Mexico City, Mar. 17, 18, 2004; Rebeca Aramoni Serrano, PI by LJF, Mexico City, Mar. 21, 2004. For the arrival of the Buenos Aires contingent of orthodox psychoanalysts, see Marie Langer, *From Vienna to Managua: Journal of a Psychoanalyst* (London: Free Association Books, 1989), 132–133. A cogent discussion of the Argentine psychoanalytic context at the time is provided in Jorge Balan, *Cuentame tu Vida: Una Biografia Colectiva del Psicoanalysis Argentino* (Buenos Aires: Planeta Argentina, 1991), 228–236.

4. Aramoni to Fromm, Feb. 1, 1967; Fromm to Aramoni, Feb. 7, 1967, both in Fromm Archive. See also Rebeca Aramoni Serrano, PI by LJF, Mar. 21, 2004; and Salvador Millán, PI by LJF, March 19, 20, 21, 2004.

5. Rainer Funk, PI by LJF, Tubingen, Mar. 16, 2003; Michael Maccoby, TRI by LJF, Washington, D.C., Feb. 2, 2003; Fromm to Aniceto Aramoni, Sept. 1, 1973, Fromm Archive; Moshe Budmore, TI by LJF, Apr. 22, 2008; Fromm to Clara Urquhart, Aug. 4, 1969, Fromm Archive. On the Swiss tax benefits as one of several motives for the move: Fromm to Gail Bashein, May 15, 1975, Fromm Archive.

6. Rainer Funk to LJF, June 24, 2008; Rainer Funk, *Erich Fromm: His Life and Ideas* (New York: Continuum, 2000), 162–163. Gertrud Hunziker-Fromm, TRI by LJF, Zurich, May 9, 2004. On Kreutzberger's backgound: Fromm to Karl Darmstadter, Feb. 13, 1974, Fromm Archive. On the Fromm-Illich relationship, see Brian Betz to Ivan Illich, June 29, 1972, Fromm Archive; and Illich's reply on the same letter. For data on Nyanaponika Mahathera in the Fromm Archive, see Max Kreutzberger to Fromm, Jan. 11, 1972; Fromm to Nyanaponika, Dec. 4, 1972, Sept. 4, 1973, May 2, Dec. 1, 1975; and Nyanaponika to Fromm, Aug. 28, Oct. 13, Dec. 31, 1972, Mar. 21, Oct. 31, 1973, Apr. 6, Nov. 13, 1975.

7. Aramoni to Fromm, Feb. 1, 1967, Aug. 26, 1973, Mar. 3, Aug. 27, 1974, all exemplifying how Aramoni acknowledged that his generation needed to run the Mexican Psychoanalytic Institute's affairs while somehow keeping Fromm involved in those affairs. On being away from institute affairs: Fromm to Aramoni, Feb. 7, 1967. On the benefits of writing in the Swiss Alps: Fromm to Aramoni, Sept. 1, 1973. "So completely immersed in my work": Fromm to Aramoni, Sept. 27, 1974. On putting his Cuernavaca house up for sale: Fromm to Aramoni, Feb. 11, 1976.

All correspondence in the Fromm Archive. On the transporting of books and correspondence to Locarno: Moshe Budmore, TI by LJF, Apr. 22, 2008.

8. Funk, PI by LJF, Tubingen, Mar. 16, 2003. On his relationship to Beatrice Mayer: Fromm to de Forest, July 21, 1958, Tavis de Forest private collection. Fromm to Aramoni, Feb. 11, 1976, Fromm Archive; Rebecca Aramoni Serrano, PI by LJF, Mexico City, Mar. 21, 2004; Annis Freeman to Clara Urquhart, Mar. 24, 1970, Fromm Archive.

9. In 2006, I visited the Locarno-Muralto area and, from the fifth floor of Casa La Mondo, mixed joy with envy as I witnessed the arresting view that Fromm saw daily. Relevant to this Muralto apartment is Rainer Funk's "Erich Fromm's Kleine Lebensschule," (Freiburg: Herder, 2007), 7–27.

10. Fromm to Kaplan, Feb. 14, Apr. 11, 1972, Fromm Archive.

11. See, e.g., Fromm to Kaplan, Feb. 17, 1973, on Kaplan's inspiration in the completion of *Anatomy of Human Destructiveness*.

12. Erich Fromm, *The Crisis of Psychoanalysis: Essays on Freud, Marx, and Social Psychology* (New York: Henry Holt, 1970), chap. 1. It is instructive to note that in the *Dissent* exchange of 1955, Marcuse had accused Fromm, Sullivan, and Horney of betraying Freud through promotion of social conformity.

13. See the brilliantly succinct three-page epilogue in Fromm's *Crisis of Psychoanalysis*. For Fromm's 1966 critique of Horney and Sullivan, see Richard Evans, ed., *Dialogue with Erich Fromm* (New York: Harper & Row, 1966), 59.

14. Charles O. Lerche's brilliant volume *The Cold War and After* (1965) argued this point of first strike becoming a nonoption of the American and the Soviet leadership after 1963. The preponderance of scholarship since has, with important qualifications, sustained his argument.

15. Annis Freeman to Clara Urquhart, Mar. 24, 1970, Fromm Archive, reporting how her husband "sighed yesterday and said he needed another 30 years to write all the things that he hasn't written yet." On Brams and Fromm moving into wholly new areas of research: Maccoby, e-mail to LJF, June 15, 2011.

16. Fromm to J. William Fulbright, Mar. 19, 1974, Fromm Archive, recounting Fulbright's initial and very favorable response to Lorenz. Erich Fromm, *The Anatomy of Human Destructiveness* (New York: Holt McDougal, 1973), 23, notes how the arguments in the Ardrey and Morris books approximated Lorenz's argument.

17. Konrad Lorenz, *On Aggression* (New York: Harcourt Brace, Jovanovich, 1966), which closely parallels Konrad Lorenz, *Evolution and Modification of Behavior* (Chicago: University of Chicago Press, 1965), in its essential argumentative structure.

18. Fromm to David Riesman, Nov. 2, 1973; Fromm to Ernst Simon, Apr. 12, 1975 (both in Fromm Archive). Fromm, *Anatomy*, 38–39.

19. Fromm, *Anatomy*, 38–54, 499–501, 515–517.

20. Fromm to Fulbright, Mar. 19, 1974, Fromm Archive.

21. B. F. Skinner most fully amplified his neobehaviorism in *Science and Human Behavior* (New York: Macmillan, 1953) and *Beyond Freedom and Dignity* (New York: Knopf, 1971).

22. Fromm, *Anatomy*, 56–68, esp. 63–65.

23. Fromm presents these anti-Skinner sources in his case against Skinner in footnotes in *Anatomy*, esp. 56–68. It is interesting to note that Chomsky was given

the annual Erich Fromm Award of the International Fromm Society in March 2010, in Stuttgart, for his intellectual affinity with Fromm.

24. Fromm to Clara Urquhart, Aug. 3, 1971, Fromm Archive.
25. Fromm, *Anatomy*, 133–142.
26. Ibid., 204–205, 208.
27. Ibid., 213–245.
28. Ibid., 246, 252.
29. Ibid., 302–313.
30. Fromm to Clara Urquhart, Sept. 18, 1963, Fromm Archive, discussing Arendt's *New Yorker* articles that preceded *Eichmann in Jerusalem*. Fromm, *Anatomy*, 334–335. Arendt and Fromm maintained a modest correspondence, which one can find in the Fromm Archive.
31. Fromm, *Anatomy*, 336–344; Bradley F. Smith, *Heinrich Himmler: A Nazi in the Making, 1900–1916* (Stanford, Calif.: Hoover Institute, 1971); Josef Ackermann, *Heinrich Himmler als Ideologe* (Göttingen: Musterschmidt, 1970); Bradley Smith, "Diaries of Heinrich Himmler's Early Years," *Journal of Modern History* 31, no. 3 (1959): 206–224. Peter Loewenberg, "The Unsuccessful Adolescence of Heinrich Himmler," *American Historical Review* 76, no. 3 (June 1971): 612–641. Fromm probably did not recognize the partial similarity between young Himmler's situation at home and Fromm's own parents: a mother who treated the son as younger than he was and a less-than-respectable and weak father.
32. Fromm, *Anatomy*, 345–346.
33. Ibid., 350–351.
34. Ibid., 353–355.
35. Ibid., 358–359.
36. Ibid., 360–361.
37. Ibid., 446–450, 476, 479. The propensity of Hitler and others in the Nazi command to regard homosexuals as "defective" people is covered well in Richard Plant, *The Pink Triangle: The Nazi War Against Homosexuals* (New York: Henry Holt, 1986).
38. Fromm, *Anatomy*, 470–471, 474–475, 479–480.
39. Ibid., 482–485.
40. Fromm to Robert M. W. Kempner, Sept. 15, 1972, Fromm Archive; Fromm to Maccoby, Oct. 11, 1972 (sent to me courtesy of Maccoby).
41. Fromm to Speer, June 1, 23, 1973, Fromm Archive.
42. Fromm to Speer, Oct. 11, 20, 1972; Nov. 3, 28, 1973; Sept. 20, Oct. 7, 1974; August 7, 1975, all in Fromm Archive.
43. "Sales Figures and Translations of Fromm's Books" (estimates to 1997) and "Book Titles by Erich Fromm and their Translations" (on translations to 2011), both in Fromm Archive. These and other materials in the Archive pinpoint sales figures for *The Anatomy of Human Destructiveness* rather precisely. A global array of reviews of the book, including those referenced here, are available in archival files for *Anatomy*.
44. Fromm to Karl Darmstädter, Jan. 27, 1975; Fromm to Lewis Mumford, Apr. 29, 1975; Fromm to Fulbright, Feb. 11, 1976; Fromm to Ernst Simon, Jan. 7, 1977;

Fromm to Angelica Balabanoff, Oct. 29, 1962; Fromm to Hans Krause, May 27, 1971, all in Fromm Archive.

45. Fromm to Michael Maccoby, June 22, Sept. 27, 1973; David Riesman to Michael Maccoby, Dec. 20, 1973; all reflecting Fromm's continued interest and concern over international affairs, including Yugoslavia and Chile, Michael Maccoby collection. Fromm to Aniceto Aramoni, Feb. 13, 1974; Fromm to Lewis Mumford, Oct. 16, 1973, both in Fromm Archive. The 1974 paper for the Senate Foreign Relations Committee, "Remarks on the Policy of Détente," appeared in the *New York Times* (December 11, 1975) as "Paranoia and Policy."

46. Fromm to Karl Darmstädter, Jan. 27, Nov. 3, 1975, Fromm Archive.

47. Fromm to Tristram Coffin, Oct. 25, 1974, Fromm Archive.

48. See, e.g., Fromm to Raya Dunayevskaya, Feb. 12, 1974; and (summarizing the collaboration) Dunayevskaya to Fromm, Mar. 13, 1974; and Fromm to Dunayevskaya, Feb. 18, 1976, all in Fromm Archives. The research she did for him is very well exemplified by Dunayevskaya to Fromm, Mar. 13, 1974; and Fromm to Dunayevskaya, July 8, 1975, Fromm Archive. See also Kevin Anderson, "On the 100th Anniversary of His Birth: Erich Fromm's Marxism Dimension," *Theory and Practice Newsletter* (August–September 2000): 3–4.

49. Fromm to Rainer Funk, June 27, 1973, July 3, 1974, Nov. 7, 1975, April 24, 1976. I learned the most about the evolving Fromm-Funk relationship through conversations with Funk over many years and particularly in two long e-mail letters he wrote to me (Jan. 21, 2007; May 31, 2008).

50. Fromm to Funk, Nov. 7, 1975; Fromm to Clara Urquhart, Mar. 18, 1975; Fromm to Dunayasakya, Feb. 18, 1976; Joan Hughes to Funk, Apr. 24, 1976; Aramoni to Fromm, Jan. 25, 1976, Fromm Archive.

51. Erich Fromm, *To Have or to Be?* (New York: Harper & Row, 1976), 1–11. Philip Cushman, "Why the Self Is Empty: Toward a Historically Situated Psychology," *American Psychologist* 45, no. 5 (May 1990): 559–611.

52. Fromm, *To Have or to Be?* 20–25. For the difference between *ser* and *estar*, see http://www.wordreference.com/es/en/translation.asp?spen=ser.

53. Fromm, *To Have or to Be?* 29–34.

54. Ibid., 34–44.

55. Ibid., 56.

56. Ibid., 55–61.

57. Ibid., 144–146.

58. Ibid., 157–159.

59. Abundant sales figures for *To Have or to Be?* over a long period of time are found in the Fromm Archive. Supplementary sales data was reported in e-mails from Fromm archivist Rainer Funk in May 2008 and November 2009. See also reports on sales from Michael Maccoby to LJF, Dec. 19, 2008. For a few examples of Fromm's guru status, see *Roth-Hilpoltsteiner Volkszeitung* (March 2, 1977) and *Deutsches Allgemeines Sonntagsblatt* (March 20, 1983).

60. Funk to LJF (e-mail), Jan. 31, 1977; Funk, PI by LJF, Tubingen, Mar. 22, 2009; plus Funk's compilation of all of Fromm's book sales to 1999.

61. Erich Fromm, *The Working Class in Weimar Germany: A Psychological and Sociological Study* (Cambridge, Mass.: Harvard University Press, 1984), came out a few years after the German edition. The Bonss background is noted in his introduction to the volume. Additionally, the Fromm Archive now houses information on Bonss and all of the elements that Bonss assembled to form the book.

62. Rainer Funk, *Erich Fromm: His Life and Ideas* (New York: Continuum, 2000), 164; Fromm to Fulbright, June 2, 1976, Fulbright Papers, University of Arkansas. Fromm to Annelie and Heinz Brandt, Apr. 28, 1978; Joan Hughes to David Riesman, July 31, 1975; to Funk, June 22, 1978; to Paul Roazen, July 31, 1978; and to Helen Hatchett, Mar. 11, 1980; Fromm to Aniceto Aramoni, June 28, 1979, all in Fromm Archive. Funk, PI by LJF, Tubingen, Mar. 18, 2003. Annis Fromm to Aniceto Aramoni, Sept. 26. 1979, Fromm Archive, reporting on Erich being able to do very little since the 1978 heart attack.

63. Fromm to Funk, Nov. 16, 1977, asking Funk to take charge of his writings and be his literary executor; Funk to Erich and Annis Fromm, Feb. 10, 1978, typifying Funk's extensive work on Fromm's manuscripts; Annis Fromm to Gérard Khoury, Nov. 28, 1979, on Funk standing in for Fromm in public occasions, all in Fromm Archive. Funk, PI by LJF, Tubingen, Mar. 18, 2003, Oct. 10, 2009, reviewing all of his activities with Fromm in Fromm's final years and underscoring Funk's broad construction of his duties as literary executor. Funk's e-mails to LJF, Dec. 15, 2011, January 6, 11, 22, 23, 2012, underscore a global vision of the executor function and a deep commitment to the acquisition of Fromm materials.

64. Fromm to Izette de Forest, Nov. 26, 1956, Taves de Forest private collection, outlining what eventually became *Greatness and Limitations*. Funk e-mail to LJF, May 31, 2008, acknowledging that "I prepared the book" and discussing how he had. Funk to Fromm, Oct. 2, 1978, Fromm Archive, discussing what he had done to complete the book and to bring it toward publication. Funk, e-mail to LJF, June 13, 2010, reviewing his considerable role in "not really a new book." The statement regarding the continuity and repetitious quality of Fromm's critique of Freud can be found in the preface (xi) of the 1980 Harper & Row edition.

65. Nyanaponika Mahathera to Fromm, Dec. 4, 1977; Fromm to Nyanaponika Mahathera, June 1, 1978; Fromm to Lewis Mumford, Nov. 7, 1975, Dec. 14, 1977; Fromm to Ernst Simon, Oct. 24, 1977; Fromm to Funk, Nov. 7, 1975; Fromm to Chaim Kaplan, Jan. 24, 1980, all in Fromm Archive.

66. A full audio copy and transcript of Khoury's interview of Fromm has been deposited in the Fromm Archive. See also Khoury, PI by LJF, Oct. 24, 2005, Oct. 7, 2009, on the nature and conditions of the 1978–1979 interviews. Helpful too is Gérard Khoury, "A Crucial Encounter," in *The Clinical Erich Fromm*, ed. Rainer Funk (Amsterdam: Rodopi, 2009), 161–168; and interviews in France that I conducted with Khoury in 2005 and 2009.

67. Annis Freeman to Aniceto Aramoni, Sept. 26, 1979, Fromm Archive, describing much of her husband's condition before the death. *Locarno Giornale del Popolo* (February 18, 1980) provides a comprehensive description of Fromm's birthday party.

68. Gertrud Hunziker-Fromm, TRI by LJF, May 10, 2004, provided an extensive and touching discussion of Fromm's death and the memorial service. See also Funk, *Erich Fromm*, 164; *Fromm Forum* 7 (2003): 60. The only photographs of the ceremony from unidentified Swiss newspapers are in the Fromm Archive.

69. Annis's health history before Erich's death is recounted in Fromm to Funk, June 22, 1978; and Fromm to Aramoni, Aug. 29, 1977, both in Fromm Archive. The examples of letters of condolence are Nyanaponika Mahathera to Annis Freeman, Mar. 24, 1980; and James Luther Adams to Annis Freeman, July 18, 1980, Fromm Archive. On her medication and how Erich's death continued to disturb her: Annis Freeman to Isadore Rosenfeld, Mar. 16, 1984.

70. A list of newspaper and other notices of Fromm shortly after his death is to be found in the Fromm Archive. See David Elkind, "Erich Fromm," *American Psychologist* 36, no. 5 (May 1981): 521–522, for the complete text; a shorter version appeared in the *Newsletter of the William Alanson White Institute* 15 (Winter 1980–1981). See also Elkind's obituary for Fromm in the *New York Times* (March 19, 1980).

71. Rose Spiegel, "Reminiscence of Erich Fromm," *Contemporary Psychoanalysis* 17, no. 4 (October 1981): 436–441.

索 引

Abraham, Karl, 147, 148
Ackerman, Josef, 309, 390
Ackerman, Nathan, 161
Adams, James Luther, 336, 393
Adenauer, Konrad, 282
Adler, Alfred, 160, 221
Adorno, Theodor, xxiii, xxv, 49, 58, 60–62, 113, 134, 191, 193, 198, 329, 333, 341, 353; *Authoritarian Personality*, 113, 329; and negative dialectic, 61; therapeutic approach of, 60
Alexander, Franz, 45, 78, 79, 80, 158, 160, 349
alienation, xxii, xxiv, 29, 30, 81, 83, 123, 167–68, 188–90, 195, 197, 223, 239, 240, 245, 319
American Communist Party, 192, 199
American Friends Service Committee, 184, 200, 206, 256, 289, 382
American Institute for Psychoanalysis, 120, 121
American Psychoanalytic Association, 219
American Socialist Party, 184, 200, 209, 217, 227–29, 342, 378
Amnesty International, xii, xxi, 184, 200, 206, 248; Heinz Brandt affair, 248, 250, 381
Anatomy of Human Destructiveness, The (Fromm), 98, 114, 297, 299, 300–317, 328, 331, 389, 390; on benign aggression, 307; criticism of biological determinism and behavioral conditioning, 301; Himmler in, 308–14, 390; Hitler in, 308–16, 319; influence of Hannah Arendt on, 308–9, 311, 361, 390; interdisciplinary research, 300, 303, 305, 306; on malignant aggression, 306, 307–14; reviews of, 316, 390; sales of, 316, 317; Speer's assistance with, 313–17, 346, 390; theory of human destructiveness in, 305, 306
anti-Semitism, 34, 42, 46, 51, 63, 113
Aptheker, Herbert, 192
Aramoni, Aniceto, 158, 161–63, 266, 290, 293–95, 318, 321, 330, 340, 369, 383, 386–89, 391–93
Aramoni, Rebecca, 162, 293, 369, 388–89
Ardrey, Robert, 300, 389
Arendt, Hannah, xxv, 103, 117, 189, 258, 308–9, 311, 361, 390; on "absolute evil" 311; *Eichmann in Jerusalem*, 308, 309, 390; on "radical evil," 258; *Origins of Totalitarianism*, 258, 308–11
Aristotle, xxii, 144, 160
Art of Loving, The (Fromm), xiii, xxii, xxviii, 145, 156, 170–83, 171–74, 178–79, 181–83; brotherly love in, 176, 373; comparison to *Peace of Mind* (Liebman), 178; context of, 171, 173, 179; critique of, 182; erotic love in, 177, 182; fatherly love in, 176, 177; departure from Freud, 177; limitations on love in, 181; love of God in, 177–78; love of humanity in, 174, 181; love of self in, 175, 181; mismatch between Fromm's life and text, 177, 181–83; motherly love in, 176–77, 187; popular appeal of, 182, 183; practice of love in, 179–80; printings, 183; and religious revival, 178; sales of, 183–84, 327–28; as self-help literature, 174, 178, 181
Association for Jewish People's Education, 11
Association for the Advancement of Psychoanalysis, 83, 120–21
attachment theory, 50
Auer, Alfons, 320

authoritarianism, xx, xxii, xxviii, xxix, xxxii, xxxiv, 3, 42, 45, 48, 51–54, 62, 65–67, 72, 81, 92, 97, 107, 112, 115–16, 133, 142–46, 151–54, 185–86, 201, 282, 319, 337, 351, 367; psychological advent of, 54; as a psychological escape mechanism, 66, 97, 99, 102, 105, 112, 114–15; and sadomasochism, 112–14. *See also Escape from Freedom* (Fromm); psychological mechanisms

Bachofen, Johann Jakob, 46–50, 52, 59, 78, 187, 306, 319, 334, 352; influence on Fromm, 47–50
Baeck, Leo, xxxiii, 11, 12, 260
Balabanoff, Angelica, 238, 240, 259, 317, 376–79, 382, 391
Balint, Michael, 161, 294
Bally, Gustav, 66, 354
Bamberger, Rahel, 4
Bamberger, Seligmann Bar, 4, 345
behaviorism, 304–5
Bell, Daniel, 199, 374
Benedict, Ruth, 58, 77, 78, 81, 84, 89–92, 100, 102, 268
Benenson, Peter, 248–49, 381, 382
"benign" aggression, 307
Benjamin, Walter, 33, 34, 50, 134, 135
Bennington, VT, 136–40, 365–66
Bennington College, 136, 138–39, 143, 366
Berlin: and the Cold War, 203–4, 206, 208, 210, 230, 235, 253, 258; Berlin Wall, 230, 253; crisis of 1961, 210, 230, 235, 253; and psychoanalysis, 19, 24–27, 30, 32, 45, 65, 68, 76–81, 126–27
Berlin Psychoanalytic Institute, 25, 32, 65, 78, 126
Bernfeld, Sigfried, 30, 32
Beyond the Chains of Illusion: My Encouter with Marx and Freud (Fromm), xxvii, 215, 216, 224–26, 251, 345–46, 377; credo in, 215, 218, 223, 226, 376; Freudian influence on, 224–26; fusion of Freud and Marx in, 226; goals of, 215–16; influence of nuclear arms race on, 216; sales and translations, 215; subject-object split in, 226; Zen Buddhism in, 226
Binger, Carl, 137, 366
Biographical Directory of American Men of Science, 88, 358; Fromm's nomination by Sullivan, 88
Black Atlantic exchange, 94

Bloch, Ernst, 241
Boehme, Jakob, 166
Bonss, Wolfgang, 329, 350–51, 392
Boorstin, Daniel, 189
Bose, Nirmal, 245
Bottomore, T. B., 222, 239, 240–41, 244, 251, 352, 379
Brams, Jerome, 300, 320–21, 389
Brandeis, Louis, 132
Brandt, Annelie, 8, 246–50, 346, 381, 382, 392; communication with Fromm, 8, 247–50, 346, 381–82, 392; Fromm's coordination with, to free Heinz Brandt, 247–50, 381
Brandt, Gertrud, 71–72, 355
Brandt, Heinz, 70–72, 75, 105, 200, 246–50, 342, 355–56, 381–82, 392; Amnesty International Prisoner of the Year, 248, 250, 381; at Auschwitz, 71–72, 179, 247; incarceration in East Germany, 246–50, 355; rescue of 200, 246, 248–49, 271; *Search for a Third Way*, 250, 381
Breslauer, Wilhelm, 74
Breslauer, Anna Ruth, 74
Briffault, Robert, 49, 352
Buber, Martin, xxxiii, 11, 12, 20, 125, 206, 260
Bundy, McGeorge, xx, 204, 209, 210, 283, 376
Burckhardt, Jacob, 98, 103
Butler, Nicholas Murray, 46

Calvin, John, 98, 106, 107, 108
Calvinism, 38, 106, 113, 114, 152, 232
Camara, Dom Helder, 239
Camus, Albert, xxix–xxx, 264, 383; *The Rebel*, xxix, 264, 383
Cardenas, Lazaro, 240, 379
Carnegie, Dale, 174, 179, 182
Carnegie Foundation, 142, 367
Chicago Psychoanalytic Institute, 45, 79, 158
Chiconcuac, 276–91, 386
Chomsky, Noam, 305, 389
Christianity, 33, 154, 239
Coffin, Tristram, 319, 375, 378, 391
Cohen, Herman, 10, 11, 16, 261
Columbia University, xii, xxv, 29, 45–46, 50, 55, 63, 71, 76, 97, 109, 132, 164, 192, 352, 354, 364–65; and Frankfurt Institute, xii, 29, 45, 46
Commentary, 206, 375

Committee of Correspondence, 217, 374–75
communism, 216, 226, 236, 244, 268
consumerism, xiii, xxix, xxxii, 138, 185, 190, 232, 240, 275, 319, 327, 337, 379; Fromm critique of, xiii, xxxii, 185, 190, 275, 319, 329, 337, 379
Coser, Lewis, 192–93, 195, 197, 373
countertransference, 126–27, 363
Critical Theory, 3, 32, 39–40, 61, 191, 329, 341, 350–54, 373
Crisis of Psychoanalysis, The (Fromm), 298–99, 341, 350, 389; bureaucratization of psychoanalysis in, 298; epilogue, 298; humanistic psychoanalysis in, 297; necrophilia in, 299; planning the volume, 297–98; prophetic tone of, 299; sales, 298
Cuban Missile Crisis, xx, 210, 235, 253, 258, 299, 376
Cuernavaca, xxviii, 63, 141, 165, 169, 172, 173, 218, 250, 266, 277, 278, 282, 283, 284, 288, 290, 294, 295, 296, 370, 371, 376, 382, 388; house and grounds, 172, 295, 296, 370, 371, 388
Culture and Personality movement, 58, 66, 76–78, 81–89, 91, 97, 100–102 117, 120, 286, 306, 339, 368
Cushman, Philip, 322, 360, 385, 391

Daedalus, xxi, 209, 210, 211, 318, 375, 378
Danielou, Jean, 239
Darmstadter, Karl, 318, 388, 390–91
Darwin, Charles, 100–101, 113, 303
Davila, Guillermo, 158
Defoe, Daniel, 38; *Giving Alms No Charity*, 38
de Forest, Izette, 136–37, 331, 365, 367, 376–77, 389, 392
de la Fuente, Ramon, 158
Democratic Convention of 1968, 272
deterrence theory/policy, 230–31, 256
de Toqueville, Alexis, 66, 354; *Democracy in America*, 66, 354
Deutsch, Helene, 79, 356
Dewey, John, 58
Diaz, Jose, 157
diplomacy, Fromm's capacity for, 200, 250–51; and Heinz Brandt affair, 200, 246–50
Dissent debate, xxiii, 184, 191–98, 208, 220, 373, 389; disagreement over Freudian drive theory, 191–98; Fromm's counter-rebuttal, 193, 195, 196; Fromm's first response, 194, 195; impact on the Fromm-Marcuse relationship, 197, 244; implications of, 196, 197, 198; Marcuse's response, 195; reasons for Marcuse's attack, 193, 374; support for Fromm, 198, 208; support for Marcuse, 194
Dogma of Christ, The (Fromm), 32–33, 350
Dolci, Danilo, 289
Dollard, Charles, 142, 367
Dollard, John, 45, 76–77, 81, 100, 356
Dunayevskaya, Raya, 197, 220, 224, 240, 319, 320, 353, 374, 379, 380, 391; contribution to *Humanist Studies*, 240; correspondence with Fromm, 197, 379, 380; Marxist scholarship and sympathies, 220, 224, 319, 320; research for *Marx's Concept of Man*, 319, 320, 391
Dunham, Katherine, 82, 92–96, 97, 134, 135, 357, 359; affair with Fromm, 82, 93, 94; Black Atlantic exchange, 94; as civil rights activist, 95; dance career, 82, 92, 93, 94, 95; Dunham School of Arts and Research, 94; friendship with Fromm, 94; marriage to John Pratt, 93; training, 93

Eckardt, Marianne, xvii, 82, 89, 130–31, 340, 356–57, 361–64, 383–84
Eckhart, Meister, 166, 268, 319, 321, 325–26
ego, 23, 25, 47, 51–54, 85, 153, 168, 225, 262, 274, 302, 325–26; -boundedness, 326; depletion, 52, 108, 147; ideal, 16, 47; strength, 51–54, 225
Ehrlich, Paul, 298
Eichmann, Adolf, 260, 266, 308–9, 311, 382, 390
Einstein, Albert, xxii, xxv, 243, 260
Eisenhower, Dwight D. 199, 201–2, 211
Eissler, Ruth, 219–20, 377
Elkind, David, 337, 393
Ellis, Charles, 250, 381
Emerson, Ralph Waldo, 58, 153
Engels, Friedrich, 49, 50, 223, 306
Englander, David, 5, 73, 75, 355
Englander, Sophie, 5, 72–75, 105, 339, 355–56
Enriques, Raul Gonzales, 157
Erikson, Erik, 91, 107, 128, 187, 205, 358

Escape from Freedom (Fromm), xi, xv, xvi, xx, xxii, xxv, xxvi, xxx, xxxii, 1, 3, 28, 38, 51, 54, 55, 62, 65–67, 72, 73, 76–78, 81–88, 90, 92–93, 95, 97–120, 137, 140–43, 149, 156–57, 164, 182, 185, 188, 190, 192, 198, 201–2, 209–10, 237, 239, 248, 251, 300, 308, 310, 324, 337, 340, 351, 354, 357, 359–61; and authoritarianism, 106–7, 115; on authoritarianism and automaton conformity, 108–12, 115–16, 149, 150, 186, 360; critique of, 104, 116; and Culture and Personality movement, 77–92; Katherine Dunham influence on, 92–96; foundations of, 65–66, 354; historical coverage, 99, 102–4; history of capitalism in, 38, 103–7, 360; and Holocaust, 68, 76, 97, 111; Karen Horney influence on, 78–84; impact of monopoly capitalism, 38, 108–12; individuation in, 101–2; Harry Stack Sullivan influence on, 84–90, 100; Margaret Mead influence on, 90–92; Nazism in, 62, 65, 66, 68, 95, 99, 106, 112–14, 115; optimism of, 114–18, 149; personal context behind, 67–76, 105; planned sequels, 98, 137; popular appeal, 96, 98, 118; on Protestantism, 38, 98, 104–5, 106–9, 112–14, 360; Riesman and "other direction," 111; sales and translations, xxii, 118; on self-love, 107–8, 145, 360; social character in, xxv, xxvi, 38, 86, 88, 98, 100, 112, 116; socialism in, 115; source material for, 98–99; universalist assumptions in, 102, 116
"ethical humanism," 119, 120, 162, 178; love for self and humanity, 178. *See also* socialist humanism

Federal Bureau of Investigation, 199, 374; file on Fromm, 374
Federn, Paul, 32
Fellowship of Reconciliation, 206
Fenichel, Otto, 26, 32, 78, 116, 361
Ferenczi, Sandor, 24, 60, 77, 86, 89, 123, 160, 221, 333
Feuerbach, Ludwig, 154, 368
Forgotten Language, The (Fromm), 127, 129, 131, 138, 331, 363, 364; deemphasis of theory in, 128; "latent" dream content in, 128; "manifest" dream content in, 128; sales, 129; symbolic language in, 127, 128, 129

Foundations Fund for Research in Psychiatry (Yale), 278
Fournier, Roberto, 161
Frank, Jerome, 257, 382
Frankfurt, xxxiii, 1–19, 25–31, 42, 56, 68–69, 79, 134, 246–50, 346, 354; economic and political center, 3, 7, 8; and Jewish culture, 4, 10–14, 17
Frankfurt Institute for Social Research, xii, xvi, xxiii, xxv, xxvi, xxxi, xxxii, 3, 28–31, 39, 40, 45–46, 50–51, 54, 58–59, 61, 63, 66, 69–71, 76, 79, 84, 87–90, 96–97, 117–20, 133–35, 143–44, 188, 190–91, 196–98, 220, 222, 251, 279, 284, 290, 304, 311, 329, 333, 341, 349, 354, 361; assists Holocaust refugees, 56, 70, 71; aversion to political participation, 34; on Critical Theory, 3, 32, 39–40, 61, 191, 329, 341, 350–51; exploratory negotiations, 31; financial problems, 46; foundation of, 29–30; Fromm's break from, 56–57, 76, 88, 191; Fromm's conflict with colleagues, 44, 49, 57–62, 76, 191, 333, 341, 353; Fromm's tenure/employment at, 28, 30–46, 50–62, 56; in Geneva, 34; and German worker study, xxvi, xxxi, 28–32, 39–45, 46, 50, 53, 57, 87, 112–13, 279, 290, 329, 351; *Studies on Authority and the Family*, 44, 50; in the United States, xii, 45–46, 50, 57, 76
Frankfurt Psychoanalytic Institute, 25, 27, 30, 349–50
Franklin, Benjamin, 38, 174
Free Jewish Teaching Institute, 11
Freeman, Annis, xviii, xxviii, 170–83, 201, 208, 218, 250, 254, 266–67, 277, 292–96, 300, 322 330–36, 367, 369, 370–71, 375, 377, 389, 392–93; background, 170; cancer, 172, 267, 330, 336, 370, 377; correspondence with Fromm, 170–71; courtship, 170–73, 201; death of, 336; health, 172, 267, 330, 336, 370, 377; marriage to Fromm, 170; mourning for Fromm, 336
Freire, Paulo, 240, 289, 379
Freud, Sigmund, xii, xix, xx, xxi, xxiii, xxiv, xxvi, xxviii, xxxii, 3, 9, 14, 19, 23–26, 30–39, 45–50, 53–54, 58–61, 66, 78, 79–81, 84, 86, 89, 90, 98, 100, 116, 123–24, 127–28, 130–32, 142–44, 147–48, 150, 157, 159, 160, 166, 167, 175, 177, 187, 191–97, 215, 219, 220–26, 251,

254, 255, 283, 297, 298, 302, 303, 305, 307, 319, 323, 327, 331, 333, 334, 337, 341, 349–50, 364, 367, 368, 371, 377, 389, 392; *Beyond the Pleasure Principle*, 302; centrality to Fromm, 333, 334; *Civilization and its Discontents*, xx, 80, 307; developmental theory, 37, 148; drive (instinct) theory, 36–39, 45–46, 55, 58, 61, 65, 66, 84, 100, 123, 143, 144, 187, 191, 193, 196, 215, 222, 225, 254, 255, 297, 302, 305, 307, 331; Freudian orthodoxy, xii, xxxi, xxxiv, 24, 26, 32, 37, 46, 48, 55, 59, 60, 61, 62, 77, 79, 80, 81, 83, 87, 89, 91, 92, 100, 120, 121, 123, 126, 141, 143, 153, 158, 160, 161, 165, 169, 185, 194, 219, 220, 221, 223, 224, 278, 293, 298, 316, 341, 388; Fromm's dialogue with, 127, 130, 142, 159, 160, 187, 215, 220, 222; Fromm's early interest in, 8–9; *The Ego and the Id*, 23; *The Interpretation of Dreams*, 127

Freudianism, xii, xxxi, xxxiv, 24, 26, 32, 37, 46, 48, 55, 59, 60–61, 62, 77, 79, 80–81, 83, 87, 89, 91–92, 100, 120, 121, 123, 126, 141, 143, 153, 158, 160–61, 165, 169, 185, 194, 219, 220–24, 278, 293, 298, 316, 341, 388; dissenters from, 221; Fromm's view of, 37, 48, 60, 77, 221; Fromm's fusion with Marxism, 3, 26, 28, 30–36, 39, 40, 45–49, 60–62, 194, 215, 221, 222–26, 251, 283, 319, 334, 337; orthodox vs. neo-orthodox, 158, 194, 219, 388

Fromm, Emmanuel, 7, 8, 12, 346

Fromm, Erich: as analyst, 57, 62, 120, 122–33, 139, 217; on "being" modality, 275, 319, 322–26, 332, 334; binary constructs of, xxxii, xxxiii, 215, 223, 254, 256–58, 307, 319, 324–25; on biophilia, xxii, xxxii, 213, 215, 253–58, 267, 273, 302, 307, 319; on capitalism, 4, 34, 38–40, 47, 51, 54, 99, 103–12, 116, 133, 174–75, 180–81, 188, 194–95, 203, 213, 216–17, 223, 225, 227, 236–39, 245, 269, 278, 326, 360, 378–79; childhood, xiii, xxx, 3–12, 79, 262, 333, 346; on civil rights, 94; collected works, 328–29, 336, 340–41; conferences attended, 165–69, 199, 204, 242, 248, 266, 268, 270, 370; credo, 143, 148, 215, 218, 223, 226, 239, 376; on criminal justice, 34–35; as critic and social commentator, xix, xxi, 28, 29, 34, 96, 144, 150, 182, 189, 191, 196, 207, 222, 273, 284, 298, 300, 313, 329, 334, 340; dissertation under A. Weber, 13–18, 117, 347–48; education, 3, 6–18, 19, 20, 21, 24–27, 30; emigration to the U.S., 68; employment and salary (income), 31, 33, 55, 56, 57, 58, 69, 88, 137, 184, 188, 199, 297, 352, 354, 374; on "exuberance," xxviii, xxx–xxxii, xxxiv, 70, 88, 116, 147, 263; family ties, xxxi, 73, 75, 250, 294, 335, 356; at Frankfurt Institute, 28, 30–46, 50–62; freedom, concept of, xxix–xxxv, 13, 18, 54, 61–63, 66–68, 72, 75–78, 82–84, 90–92, 94–119, 146, 153–54, 167, 175, 186, 191–93, 205, 225, 228, 231, 236–38, 242, 247–49, 255, 258–61, 271, 325, 332, 351, 354, 359, 379; Freud and Marx, conceptual fusion of, 3, 26, 28, 30–36, 39, 40, 45–49, 60–62, 194, 215, 221, 222, 224–26, 251, 283, 319, 334, 337; on Freudian orthodoxies, 24, 30, 34, 39, 45–46, 55, 65–66, 77, 79, 86, 100, 124–28, 143, 222, 225, 305; identification with utopianism, 49, 186; intellectual support groups, 31, 66, 81, 89, 90, 159, 294, 332; as Jew, xii, xvi, xxiv, 3, 6–12, 16, 18–22, 61, 68, 73, 75, 94, 117–19, 129, 159, 178–79, 199, 207, 219, 255–61, 268, 278, 301, 316–17, 332, 335, 343, 346–48; late-life reflections on childhood, 8, 262, 333, 346; left politics of, xxiii, 43–45, 54, 156–57, 174, 180, 184, 192–96, 205, 269–73, 295; legacy, 328–30, 332–34; lifestyle, 254, 263; life and text mismatch, 177, 181–83; as Marxist, 8, 12, 14–16, 26, 28–36, 39, 46–49, 61–62, 86, 98, 104, 160, 188–91, 194, 195, 199, 220–26, 232, 239, 240–44, 283, 306, 319, 337, 340, 353, 368; mood and demeanor, xxxi, xxxii, 159, 163, 173, 262, 264, 290; on nationalism, xxiii–xxiv, 3, 9, 11–12, 16, 216, 232, 260, 302–3, 313, 317; on necrophilia, xxxii, 9, 213–15, 253–58, 262–63, 271–73, 299, 302, 307–8, 311–15, 319; as neo-Freudian, 153, 192–94; on nuclear disarmament, 199; optimism, 14–19, 140, 147, 149–50, 181–82, 205, 240, 273, 290; on paternal punishment, 32, 34, 53; on pathos, 70, 81, 116; on patriarchy, 24, 46–54, 59, 65, 79, 92, 187, 320, 351; in peace movement, xii, xxi, 185, 200, 205–7, 213, 217, 219, 233, 246–47, 251, 264, 269, 274, 342; on popular culture, 29, 58, 76,

Fromm, Erich (*continued*)
81, 95; philanthropist, 184, 199; political agendas, 199; popular appeal, xiii, 58, 76, 95–96, 142, 155–56, 174, 180, 197–98, 224, 242, 258, 271, 274, 279, 287, 318, 327, 336, 368; priorities in late life, 217, 299; prophetic leanings, xix, xx, xxi, xxii, xxviii, xxix, xxxiv, 45, 82, 115, 116, 118, 119, 131, 132, 134, 138, 143, 144, 151, 155, 186, 190, 199, 202, 205, 209, 215, 216, 218, 222, 223, 224, 226, 227, 228, 229, 230, 235, 236, 237, 251, 252, 256, 257, 258, 263, 264, 267, 271, 276, 290, 299, 313; as public intellectual, xxi, xxiv, xxv, 3, 28, 99, 102, 116, 124, 182–84, 197–99, 208, 213, 276, 310, 318, 328–29, 342, 361; psychoanalytic training, 19–21, 24–28, 30, 46–47, 60, 77–78, 86, 333; research methodologies, 28, 31, 40, 41, 45, 46, 142, 278, 329; as self-referential, xxxii, 119, 120, 122, 198, 251, 256, 257, 284; as social critic, xix, xxi, 28–29, 34, 96, 99, 117, 144, 150, 174, 182, 186, 189, 191, 196, 207, 222, 273, 284, 298, 300, 313, 329, 334, 340; spirituality, xxxiii–xxxiv, 258, 260–61, 263, 268, 276, 334, 384; as teacher, 121, 126, 129, 138, 157, 159–61, 199, 217, 366; totalist tendencies, xxix, xxviii, 163, 282; view of instincts, xxvi, 38, 39, 46, 49, 55, 58–59, 100, 191, 254, 302, 305, 307; at William Alanson White Institute, 119, 126, 129, 136, 139, 157, 160, 198, 217, 337. *See also individual book titles*

Fromm, Erich, affiliations: American Friends Service Committee, 184, 200, 206, 256; American Socialist Party, 184, 209, 217, 227, 229; Association for the Advancement of Psychoanalysis, 83, 120; Bennington College, 136, 138–39, 366; Committee for a Sane Nuclear Policy, xii, xxi, 184, 199, 200, 217, 264–65, 372, 383; Committee of Correspondence, 217, 374–75, 379; Frankfurt Psychoanalytic Institute, 25, 27, 30, 349–50; Frankfurt University, 12; Heidelberg University, 12–17; Institute for Social Research, xii, 3, 27, 31, 350; International Psychoanalytic Association, 219–20; Mexican Psychoanalytic Society, 158, 160–65, 169, 217, 220, 260, 282, 292–93; Michigan State University, 157, 199, 217, 340; National Autonomous University of Mexico, 157, 161; New School for Social Research, 135–36, 139, 157, 366; Southwest German Psychoanalytic Study Group, 25, 27, 349; Washington Psychoanalytic Society, 219–20, 377; William Alanson White Psychoanalytic Foundation, 119, 129, 136, 139, 143, 157, 160, 198, 217, 362; Yale University, 77, 139, 151, 366; Zodiac group, 77, 81, 97, 120, 357

Fromm, Erich, aid to Jewish relatives: collaboration with international rescue agencies, 71, 73, 135, 365; correspondence with relatives, 72, 73, 74, 75, 339, 355, 356; financial assistance, 56, 68, 70–76

Fromm, Erich, amorous interests, 123, 141; Katherine Dunham, 82, 92–96, 134; Annis Freeman, xxviii, xxxi, 159, 164, 170–83, 201, 218, 254, 296, 330, 334–36, 367, 370–71, 377, 392–93; Golde Ginsburg, 18; Henny Gurland, xxviii, 133–42, 199, 365–67; Beatrice Meyer (Trixie), 296, 389; Frieda Reichmann, xv, 3, 18–28, 70, 78, 79, 93, 130, 133, 342, 348; Charlotte Selver, 141–42, 367

Fromm, Erich, on character structure, 18, 37, 43, 45, 51, 53, 60, 99, 106, 138, 142, 146, 149, 205, 279, 289, 308; anal character, 39, 51; automaton conformity, 111–12, 116, 149, 150; exploitive character orientation, 124, 147–48, 150; hoarding orientation, 124, 148; malignant aggression, 306–14; marketing character, 87, 111, 133, 148–51, 175; matricentric character, 51; nonproductive character type, 146–50; patricentric character, 51; productive character type, 80, 93, 146–49, 167, 182, 205, 224, 255, 286; receptive orientation, 124, 147, 150; revolutionary character, 51, 53. *See also* social character

Fromm, Erich, clinical thought and technique, xi, xxvi, xxx, 26–27, 31, 56–57, 62, 88, 120, 122–33, 139, 217, 275, 282, 323, 333, 362; analytic couch, 125, 131, 363; "authenticity," 123–24; central relatedness, xxxiii, 124–29, 134; clinical supervision, 120–22, 127, 136, 156, 160, 162, 294, 316, 362; confidentiality, 285, 298; "dancing," xii, xix, xx, xxxiii, 124, 323; dream interpretation, 123, 127–29, 130, 158–59, 197, 221, 279, 331, 363–64; free association, 123, 125, 323, 363; humanism, xxxiii, 119, 125, 134, 155, 162, 167; on interpersonal relationship, 35, 126; on therapeutic effectiveness, 133; on therapeutic neutrality, 123–26, 130

Fromm, Erich, on culture, xii, xiii, 13, 65, 77, 79, 86–87, 90–91, 102, 115, 133, 146, 149, 170, 224, 279–81, 301, 306; American, 29, 57, 79, 111–12, 150, 174, 182, 277, 343; consumer, xxii, 63, 110, 150, 188, 337; and personality, 58, 66, 76–78, 81, 84, 89, 91, 97, 100, 117, 120, 286, 306, 339, 368; of poverty, 281, 287; Jewish, 14, 34, 179, 260, 262, 335; Mexican, 159, 292, 293

Fromm, Erich, death of, 334–37; funeral, 335; obituaries and remembrances, 329, 336–37; preoccupation with, 268, 291; preparation for, xvii, 331–34

Fromm, Erich, education, 3, 6–18, 19, 20, 21, 24–27, 30; early years, 3, 8, 9, 12; psychoanalytic training, 19–21, 24–30, 46–47, 60, 77–78, 86, 333; Talmudic studies, 6–15, 22, 125, 178, 268, 347; university studies, 12–15

Fromm, Erich, illnesses, xvi, xxx, xxxi, xxxiv, 27–28, 33, 39, 46–47, 55–56, 67, 142, 218, 254–55, 265–68, 276–77, 285–86, 290, 294, 298, 318, 321, 330–35, 352, 354, 370, 376, 383–85, 392; bronchitis, 255; cataracts, 330; depression, xxx–xxxiv, 142, 277, 318, 321, 330; flu, 255, 265, 266; glaucoma, 330; hearing loss, 330, 370; heart attacks, 266–68, 285, 290, 294, 298, 330–35, 383–84, 392; kidney, 55; tuberculosis, 27–28, 33, 39, 46, 47, 55–56, 67, 218, 330, 354

Fromm, Erich, marginalized, xxvii, xxx–xxxii, 28, 45, 57, 122, 160, 194, 196, 219–20, 231, 278, 285, 310, 333, 362; empathy with marginalized groups, 278; exclusion from academe, xiii, 95, 196–97, 231, 278, 285, 310; exclusion from orthodox psychoanalytic societies, 219–20

Fromm, Erich, as political activist, xix–xxiv, 16, 35, 63, 72, 184–85, 198–211, 219, 238, 246, 250, 283, 290, 374; and Heinz Brandt, 246–50;. and Fulbright, 200, 207–9; idealism, 202, 230, 270, 276, 299; and J. F. Kennedy, xx–xxi, 184, 200, 203, 209–11, 318; and Eugene McCarthy, 270–72; nuclear disarmament, xx, 203, 210, 253, 268, 283; on participatory democracy, 189–90, 202, 270, 272, 276; with David Riesman, 205–7, 217; and Adlai Stevenson, 200–205; and U.S. State Department, 200

Fromm, Erich, public lectures and speeches, xix, xxi, 24, 26, 45, 127, 131, 139, 142–43, 151, 157, 162, 184–85, 198, 202, 209, 217, 227, 251, 264–66, 272, 327, 330, 336; George W. Gay Distinguished Lecturer, 185; "The Healing of a Case of Lung Tuberculosis During Psychoanalytic Treatment," 24; interview with Frederick Roevekamp, 272; "Psycho-analysis of the Petty Bourgeoisie," 26; SANE anti–Vietnam War rally, 264–66; Yale Lecture Series, 45, 79

Fromm, Erich, sales and translations of publications, xxiii, xxii; *Anatomy of Human Destructiveness*, 316–17; *Art of Loving*, 183–84, 327–28; *Beyond the Chains of Illusion*, 215; *Crisis of Psychoanalysis*, 298; *Escape from Freedom*, xxii, 118; *Forgotten Language*, 129; *Gesamtausgabe*, 328–29; *The Heart of Man*, 258; *Man for Himself*, 151; *May Man Prevail*, 230; *Psychoanalysis and Religion*, 151; *Revolution of Hope*, 272; *Sane Society*, 185; *Social Character in a Mexican Village*, 286–87; *Socialist Humanism*, 243; *To Have or to Be*, 320, 327; *You Shall Be as Gods*, 260; *Zen Buddhism and Psychoanalysis*, 169

Fromm, Erich, sources of personal stability: xxxii–xxxv, 7, 80, 83, 135, 258, 263, 268, 294; binaries, xxxii; convivial colleagues, xxxiii, 294; female companionship, 80, 83, 94, 135; Freud and Marx, xxxii; spirituality, xxxii–xxxiv, 258, 263, 268, 277; writing, xxxii, 277

Fromm, Naphtali, xii, xxvii, 4, 5, 6, 7, 8, 15, 19, 21, 68, 79, 177, 258, 263, 268, 277, 294, 345–47; business of, 4, 6; death of, 68, 79; marriage, 5, 8; relationship with Erich, 6, 15, 21, 345

Fromm, Rosa (Krause) 5–8, 56, 68–72, 74, 75, 176, 177, 218, 354, 376; death of, 176, 218, 376; depression of, 218, 376; family background, 5, 8, 72, 73, 74, 75; Fromm's care for, 56, 69, 218, 354; marriage to Naphtali Fromm, 5, 8; move to the United States, 56, 68–70; relationship with Erich, 5, 6 , 176, 218

Fromm, Seligmann Pinchas, 4

Fulbright, J. William, xi, xxi, xxvii, xxxii, 161, 184, 200, 206–9, 234, 267, 269, 299–300, 303, 317, 342, 375, 378, 389–92; as Senate Foreign Relations Committee chair, 208, 209, 267; correspondence with Fromm, xxvii, 208, 317, 342, 375; Fromm's financial support for, 184, 208–9, 375; political relationship with Fromm, 200, 206–9, 234, 267, 317; reelection campaign (1974), 208–9, 375

Funk, Rainer, xv, xxvii, 23, 320, 321, 322, 328, 331, 335, 336, 339, 340, 391, 392; Fromm's collected works, 328; Fromm's impact on, 331; literary executor, 328, 331, 392; relationship with Fromm, 320, 331, 391; research experience, 320; work on *To Have or to Be*, 320–22; work with Fromm, 321–22, 328

Galbraith, John Kenneth, 156

Garaudy, Roger, 244, 380

German Emergency Committee of the Society of Friends, 71

German Psychoanalytic Society, 19, 68, 219

German workers study, 351, 39–45, 50, 53, 57, 87, 113, 142, 279, 290, 329, 351; disputed validity of, 42–44, 57, 329; influence of Levenstein study, 41; "manifest" vs. "latent" beliefs, 43; outcome findings, 43–45; and psychoanalytic inquiry, 41–43, 279; research methodology, 40–42, 279; *Studies on Authority and the Family*, 44, 50

Germany, xi, xii, xxix; Cold War concerns, Fromm's, 233–35, 317; Fromm on German politics, xi, 200, 204, 209–10, 233–35, 237, 374; National Socialism, 34, 40, 56, 63, 69–74, 95, 112–14, 313; psychoanalysis in, 19–20, 25, 28. *See also* Berlin; Frankfurt

Gesamtausgabe (Fromm, collected works), 328, 336, 340, 341

G.I. Bill of Rights, 121

Gide, Andre, 156, 368

Gill, Thomas Harvey, 116, 361

Gilligan, Carol, 50

Gitlin, Todd, 198, 342

Glueck, Peter, 75, 356

Goethe, Johann von Wolfgang, xxii, 3, 7, 315, 318

Goffman, Erving, 149, 171, 323

Goldmann, Lucien, 240–41

Gomulka, Wladyslaw, 241

Goodman, Paul, 193, 298, 373

Gorer, Geoffrey, 91

Graham, Martha, 130

Gramsci, Antonio, 241

Greatness and Limitations of Freud's Thought, The (Fromm), 331, 363, 392

Grinker, Roy, 161

Groddeck, Georg, 23–27, 46, 47, 77, 78, 333, 348, 349; *Der Seelensucher*, 23; influence on Fromm, 25, 60, 77, 333; psychoanalytic community, 24, 25; psychosomatic perspective, 24

Gruenberg, Carl, 29

Gurland, Henny, xxviii, 133–42, 157–58, 170, 199, 201, 294, 339, 365, 367; arthritis pain, 135, 137, 139, 141; care of, 138–40, 158; death of, 141, 157, 170, 201, 367; diagnosis of, 137, 366; health of, 135, 136, 138–41, 199, 367; life before Fromm, 134, 135; marriage to Fromm, 133, 136; photography, 134–36, 365; political leanings, 134

Gurland, Joseph, 134–41, 294, 365; Fromm's support of, 135, 138, 365; marriage to Doris Hurwitch, 139–41

Gurland, Rafael, 134–36

Halacha, 4

Hart, Philip, xxi, 184, 206

Hartmann, Heinz, 220

Hartoch, Anna, 41

Hasidic singing, 16, 81, 172, 263, 318

Hasidim, 13–15, 117, 154, 166

Hayden, Tom, 184, 185

Heart of Man, The: Its Genius for Good and Evil (Fromm), 255–58, 298–99, 307, 382; biophiliain , 255, 258; critique of, 256–57; limitations of binary construct in, 256; necrophilia in, 255, 257–58; sales, 258

Hegel, Georg Wilhelm Friedrich, 40, 160, 191, 264

369

Herzog, Herta, 41
Hillel (Rabbi), 143
Himmler, Heinrich, 308–14, 390
Hirschfeld, Charlotte (née Stein), 8, 74
Hirschfeld, Leo, 74
Hitler, Adolph: Fromm on: xx, xxii, xxvi, 1, 39–50, 63–70, 75–76, 98–99, 105, 107–14, 134, 150, 185, 219–21, 231, 234, 255, 301, 308, 309–19, 329, 339, 353, 390; anti-Semitism, 42, 63, 113; character structure, 311; *Mein Kampf*, 99, 113, 360; necrophilia, 311–15
Hofstadter, Richard, xxv, 186
Holocaust, xxiii, 68, 97, 111, 136, 157, 179, 206, 221, 254, 259, 265, 310
Hook, Sidney, 205
Horkheimer, Max, xxiii, xxvi, xxxi, 27, 28, 29, 30, 31, 32, 33, 34, 39, 40, 41, 44, 45, 46, 49, 50, 51, 55, 56, 57, 58, 59, 60, 61, 65, 70, 71, 191, 198, 284, 329, 333, 350
Horney, Karen, xvii, xxiv, xxxiii, 22, 24–27, 45, 47, 54, 56, 59, 62, 70, 76–84, 86–89, 93, 97, 100, 114, 119–21, 130–35, 140–41, 147, 160, 194, 198, 340, 342, 356, 357; affairs of, 79, 83; and the AAP, 83, 120–21; arguments on roots of neurosis, 80, 81, 82; at the Berlin Psychoanalytic Institute, 26, 78; at the Chicago Psychoanalytic Institute, 45, 79; Fromm's affair with, 22, 27, 78–84, 93, 121, 134, 140, 342, 356; Fromm's analysis of daughter Marianne, xvii, 82, 89, 130; Fromm's break from, 82, 83, 93, 121, 135; influence on *Escape from Freedom*, 78, 83; "magic helper" concept, 80, 82, 147; *Neurotic Personality of our Time*, 80, 357; *New Ways in Psychoanalysis*, 80, 357; at the New York Psychoanalytic Institute, 77, 79, 80, 83, 120, 121; perspective on gender, 47, 92; *Self-Analysis*, 80, 82, 357
Howe, Irving, 192
Huberman, Leo, 192
Hughes, H. Stuart, 196, 373
Hughes, Joan, 296, 335, 391, 392
Huizinga, Johan, 98, 287
humanism, xiii, xxix, xxxiii, xxxv, 9–12, 16, 18, 29, 31, 47, 61, 86, 115, 117, 119–20, 125, 132, 134, 146, 152–55, 162, 167, 178, 185, 187, 190, 195, 202, 213, 215–18, 226, 227, 228, 238–43, 250, 260–63, 270, 274, 283, 305, 317, 324, 326, 334–37, 361; Marxist, 29, 31, 61, 86, 241–43; socialist, xxix, 47, 119–20, 195, 213, 226–28, 250, 270, 283, 361
humanist credo, 134, 148, 215, 218, 223, 226, 239, 376. *See also* Fromm, Erich, credo
humanistic ethics, 144, 146, 151, 153, 157–58
humanistic psychoanalysis, 297–99
Humanist Studies, 239–40, 243, 379; aims of, 239; editorial board, 239; failure of, 240, 243
Humphrey, Hubert, 271, 273, 274, 277, 385
Hunziker-Fromm, Gertrud, 66, 68, 122, 139, 172, 272, 294–95, 335, 339, 354
Hurston, Zora Neale, 94
Hurwitch, Doris, 139, 140–41, 340, 365–67
Hyde Foundation, 297
hypomania, xxx, xxxi, 251

Illich, Ivan, xxxiii, 294, 295, 335, 388
Imago, 22, 348
International Federation of Psychoanalytic Societies, 217, 220, 377
International Psychoanalytic Association, 160, 219, 220, 377
Israel, xxv, xxxiii, 206, 207, 260, 261, 290, 294, 317, 332, 336, 374, 375; Fromm's criticism of, 206, 207, 336, 260, 374
Isserman, Maurice, 198, 373

Jacoby, Russell, 196, 342, 361, 373
James, C. L. R, 94
James, William, 58, 153
Janet, Frieda, 121
Jefferson, Thomas, 144
Jewett, Stephen, 120, 121
Jewish Diaspora communities, 13, 14, 346; Hasidim, 13, 14; Karaites, 13; Moral-ethical unity, 13; Reform Jews, 13
"Jewish Law: A Contribution to the Study of Diaspora Judaism" (Fromm, dissertation), 13–18, 117, 347–48
Jewish Newsletter, 206
Jewish orthodoxy, 4, 10, 14, 18
Johnson, Lyndon, 264–65, 268–71, 384
Jones, Ernest, 221, 377
Jones, Lewis Webster, 138, 366
Journal of Rehabilitation, 267, 384
Juedische Hilfsverein, 71, 73
Jung, Carl, 46, 123, 127, 160, 165–66, 221, 345–47, 364, 370

Kabala, 166
Kahn, Herman, 254
Kangrga, Milan, 241

Kaplan, Chaim, 296–300, 304, 332, 389
Karaites, 13
Kardiner, Abram, 77, 81, 92
Kaysen, Carl, 210, 376
Kazin, Alfred, 192
Kennedy, Edward, 299
Kennedy, John F., xi, xx, xxi, 184, 200, 203–4, 209–11, 230, 233, 253, 264, 269, 318, 375; American University speech, 210–11; Fromm's influence on, 209–11
Kennedy, Robert, 270, 272
Kerouac, Jack, 156, 368
Khoury, Gerard, xvii, 332, 333–35, 340
Khrushchev, Nikita, 203, 227, 230, 232, 239, 241, 248–54, 378; Fromm on, 203, 378
Kierkegaard, Søren, 107, 132
King, Martin Luther, Jr., 272
Kolakowski, Lester, 241, 243
Korsch, Karl, 29–30, 241
Kraepelin, Emil, 21
Krakauer, Eva, 72–75, 355–56
Krause, Johanna, 74, 356
Krause, Ludwig, 7, 8, 13, 70, 117, 346, 355
Krause, Martin, 74, 356
Kremlinology, 91, 231, 358
Kreutzberger, Max, xxxiii, 294–95, 388
Kris, Ernst, 220
Kristallnacht, 56, 69, 73, 75
Krutch, Joseph Wood, 185

Landauer, Karl, 25, 27, 30
Langer, Walter, 312
Lasch, Christopher, 196, 373
Laswell, Harold, 45, 81
Lazarsfeld, Paul, xxiv, 41
Lenin, Vladimir, 231, 320; Marxism-Leninism, 29, 232, 241
Lerche, Charles O. 235, 378, 389
Lerner, Max, 199, 374
Let Man Prevail: A Socialist Manifesto (Fromm), 217, 227–29, 378; nuclear disarmament in, xi, xx, 210, 228, 268, 283; socialist humanism in, xxix, 47, 119, 195, 213, 226–28, 250, 270, 283
Levenstein, Adolf, 41–43
Levine, Robert, 286
Lewis, Oscar, 281, 386–87
libidinal development (drives), xii, xxiii, xxvi, 36–39, 77–78, 86, 92, 116, 148, 192–94, 222, 225–26, 298, 331
Liebman, Joshua (rabbi), 178–79, 372
Liepman, Ruth, 335
Lifton, Robert Jay, xvi, 233, 365, 378, 383

Lillia Hyde Foundation, 297
Lindner, Robert, 120, 361
Locarno, xxxiii, 266–68, 277, 294–96, 300, 321–22, 329, 332, 335; Fromm moves to, 294–96; Fromm's recuperation from heart attack in, 266–68, 294
London Peace Conference, 242
Lonely Crowd, The (Riesmann), xxiv, 111–12, 133, 205, 283, 323; Fromm's influence on, 111, 133
Lorenz, Konrad; 300–305, 316, 389
Los Angeles Times, 272, 273, 385
Lowenthal, Leo, 11, 18, 21, 28, 30, 33, 51, 55, 60–62, 284, 341
Luban-Plozza, Boris, xxxiii, 294, 335
Luban-Plozza, Wilma, 294
Lukacs, Georg (Gyorgy) 29, 30, 241
Luther, Martin, 98, 105–8, 112, 144
Luxemburg, Rosa, 320
Lynd, Helen, 130, 364
Lynd, Robert, xii, xxv, 45–46, 66–67, 97, 130, 354, 359

Maccoby, Michael, xvii, xxix, 123, 126, 209–10, 268, 272, 277, 283–91, 297, 300, 314, 317, 321, 340, 371, 375, 376, 383, 385, 387; friendship with Fromm, 268, 283; interest in psychoanalysis, xxix, 284; training and scholarly interests, 283; work on the Mexican village study, 277, 284–91
MacCorquodale, Kenneth, 305
MacDonald, Dwight, 273
Magnes, Judah, 206
Mahathera, Nyanaponika, 295, 332, 336, 388, 392–93
Mailer, Norman, 202
Man for Himself (Fromm), xxv, 98, 119, 136, 138, 140, 142–53, 164, 182, 188, 198, 362, 371; character types in, 146–50; conceptual alternative to Freudianism in, 143, 148; critique of, 145–47; definition of productivity in, 144–45; dialogue with Karl Menninger/rejection of drive theory in, 143; idealized reality in, 140; influence of, 150; sales, 151; universal ethics in, 143–44
Mann, Thomas, 132
Marcuse, Herbert, xii, xxiii, xxiv, 33, 51, 60–62, 149, 184, 191–98, 208, 224, 244, 373–74; *Dissent* debate, xxiii, 184, 191–98, 208, 220, 373, 389; *Eros and*

Civilization, 192, 197; Fromm's dislike of, 197, 244; *One-Dimensional Man*, 149, 197, 374; *Reason and Revolution: Hegel and the Rise of Social Theory*, 191; "The Social Implications of Freudian 'Revisionism,'" 192, 373

marketing character, 87, 111, 133, 148–51, 175

Markovic, Mihailo, 240–41, 380

Marx, Karl, xxi, xxxii, 3, 8, 14, 16, 28–33, 39, 46, 49, 50, 60–62, 98, 160, 188–91, 194, 215, 221–26, 239, 240–42, 245, 251, 259, 283, 306, 319, 320–21, 325–26, 334, 337; *Economic and Philosophical Manuscripts* (1844 Paris Manuscripts), 188–89, 222–24, 241, 245; and Fromm's credo, 223; Fromm's characterization of, 223–24; Fromm's early interest in, 8, 12; influence on *The Sane Society*, 188–89; groundwork for a "third way" 223

Marx's Concept of Man (Fromm), 222–24, 242, 251, 320, 377

Maslow, Abraham, 150–51, 339, 368, 371

masochism, 52–53

matriarchy, 24, 46–50, 54, 79, 187

May, Rollo, xvi, 131–32, 151

May Man Prevail? (Fromm), 229–37, 251, 378; on American deterrence policy, 230–31; arguments in, 235–37; on Chinese concerns and U.S. foreign policy, 232–35; on disarmament, 235–36; on Germany and Cold War politics, 233–34; policy recommendations in, 233–35; sales, 230; source materials, 230, 233, 236; on Soviet history, 230–32; on Soviet reception of American policy, 232; on "third way" 236–37

McCarthy, Eugene, xxi, 184, 200, 268–77, 290, 342, 384–85; early career, 269–70; Fromm's financial support for, 200, 269, 270, 272; *Memo on Political Alternatives*, 270, 384; participatory democracy, 270, 272, 274, 276; policy positions, 269; presidential campaign, 269–73, 276–77, 290, 385; similarities with Fromm, 271–76, 290, 332; "Why I Am for McCarthy" essay (Fromm), 272, 385

McCarthyism, 63, 111, 156, 185, 192, 199, 201, 224

McLaughlin, Neil, xvi, 197, 341, 373

Mead circle, xxv, 91–92

Mead, George Herbert, 85

Mead, Margaret, xxv, 58, 65–66, 77–78, 81, 89, 90–92, 100, 102, 120, 198, 280, 281, 282, 286; Fromm's correspondence with, 65, 286; marriage to Gregory Bateson, 91; Mead circle, xxv, 91, 92; mediation between Fromm and the Schwartzes, 281, 282, 286; recommendation of Theodore and Lola Schwartz, 280; *Sex and Temperament in Three Primitive Societies*, 90

Meng, Heinrich, 25

Menninger, Karl, 143, 367

Menninger, Roy, 256

Merton, Robert, 185, 259

Merton, Thomas Louis, 104, 226, 239, 256, 257, 360, 372, 374, 377, 382

Mexican Psychoanalytic Institute, xxviii, xxx, 162, 266, 292–95, 346, 388; factionalism in, 293; foundation of, 162; Fromm's centrality to, 163, 294; orthodox challenges to, 293

Mexican Psychoanalytic Society, xxviiii, xxx, 160, 162–69, 172, 217, 220, 266, 278, 282, 292–93, 295, 346, 388

Mexican village study, 276–91, 386; aims of, 278; Chiconcuac's Boys' Club, 289; CONASUPO program, 288–89; conflict over confidentiality, 281, 285; conflict with the Schwartzes, 281–83, 285; culture of poverty, 287; Father William Wasson and, 288, 289, 387; village life, 278, 284; grant support for, 278–79; loss of collective customs, 278; *Nuestros Pequeños Hermanos*, 288–89; reform agenda, 280; research methodology, 279, 280, 284–85, 290; similarities with German worker study, 279, 290; staff, xxix, 280, 284. *See also* Chiconcuac

Mexico, xiii, xvii, xxviii, xxix, 55, 140–41, 156–60, 165, 169, 170, 198–201, 220, 267, 273, 285–87, 292–96, 328, 340, 367; cultural barriers, 158–59, 293; Fromm's fascination with, 140

Meyer, Beatrice ("Trixie"), 296

Michigan State University, 157, 199, 217, 340

Millan, Alfonso, 158, 162, 293, 369

Millan, Salvador, xvii, 340, 363, 373

Mills, C. Wright, xxv, 109, 230, 235, 342, 378

Montagu, Ashley, 84, 142, 316, 360, 366–67

Monthly Review, 192

Morgenthau, Hans, 257, 382
Morningside Heights (New York), 29, 46, 50, 57, 61, 76, 79, 135
Morris, Desmond, 300, 389
Moscow show trials, 66
Mullahy, Patrick, 93, 342, 360
Mumford, Lewis, xxxii, 199, 270, 273, 275–76, 316, 318–19, 332, 385
Muste, A. J., 206, 240, 379

narcissism, xxviii, xxxiv, 59, 108, 131, 180, 186, 201, 258, 262, 271
National Autonomous University of Mexico, 157–58, 161, 165, 202, 279, 292
National Committee for a Sane Nuclear Policy, xii, xxi, 184, 199–200, 204, 209, 217, 264, 265, 372, 383
National Coordinating Committee for Aid to Refugees and Emigrants Coming from Germany, 70
National Socialism, xii, 28, 39–45, 56, 61–75, 81, 95, 99, 106, 112–14, 115, 124, 133, 135, 188, 241, 246, 250, 260–61, 265–66, 295, 301, 302, 308–10, 314, 315–17, 339; psychological appeal of, 39, 42, 51, 65, 81, 113, 357, 361; psychological avoidance (escapes), 68, 71–75, 79, 133–35; and sadomasochism, 53–54, 83, 112–14, 190, 310, 360
necrophilia, xxxii, 9, 213, 215, 253, 254–58, 262–63, 271, 273, 299, 302, 307, 308, 311–15, 319; similarity with thanatos, 215, 254–55, 302
Neild, Hermia, 71, 355
neo-behaviorism, 304, 389
neo-Freudianism, xxviii, xxxii, xxxiii, 62, 76–77, 83, 87, 90, 92, 102, 120, 153, 158, 192–94, 220, 359; AAP-AIP nexus, 120–21; Fromm's interaction with, 90; gender premises, 47, 92, 359; interpersonal theory of psychoanalysis, 58, 62, 85–90, 100; Karen Horney, xxxiii, 26, 47, 54, 59, 62, 76, 79–81; Mead circle, 92; Harry Stack Sullivan, xxxiii, 58, 62, 76, 84, 100; Clara Thompson, xxxiii, 81, 88–90, 97, 120, 123, 359
Neumann, Franz, 33
New Left, 184, 198, 271, 373, 378
New School for Social Research, 135–36, 139, 157, 366
Newsweek, 207, 224
New Yorker, The, 390

New York Intellectuals, xxiii, 192, 194
New York Medical College, 83, 120
New York Psychoanalytic Institute, 79
New York Psychoanalytic Society, 77, 83, 120–21
New York Review of Books, 197, 273, 385
New York Times, 131, 173, 185, 199, 203, 207, 209, 230, 232, 260, 292, 316, 318, 336; Fromm writings in, 199, 203, 260, 318
Niebuhr, Reinhold, 145–47, 150, 368
Nixon, Richard, 274, 277, 290
Nobel, Rabbi Nehemia, xxxiii, 10–13, 117, 125, 261, 333, 346
Norell, Margit, 197, 374
nuclear arms race, xi, xx, xxv, 9, 185, 200, 205, 219, 228, 256; disarmament, xi, xx, xxv, 203–4, 209–10, 229, 232, 236, 248, 254, 268, 283; Fromm's opposition to nuclear arms, 228, 243

Oedipus complex, 9, 24, 32, 46, 48, 59, 79, 92, 193
Old Testament, Fromm on: xxvii, xxxiii, 7, 12, 46–49, 117, 258, 259, 260, 261, 262, 263; as ethical anchor, 259; childhood interest in, xxvii, xxxiii, 7, 117; prophetic writings, 7, 49, 117, 260–61
Oppenheimer, Robert, 239–40
optimism, 114–19, 140, 147, 149, 150, 181–82, 205, 240, 273, 290
Oswaldo, 251–52
Ozbekhan, Hasan, 305

Pacem in Terris Conference (Geneva), 266, 268
Packard, Vance, 110, 342
Partisan Review, 192, 365, 385
Peale, Norman Vincent, 174, 178, 179, 182
Perspectives, 185, 372
Petrovic, Gajo, 240, 380
Pinochet coup, 317
Polanyi, Karl, 227, 238, 374; *The Great Transformation*, 238
Pollock, Friedrich, 29, 32, 33, 56–58, 62, 352–53
Pope John XXIII, 243, 269
Pope John Paul II, xxiv, 327
Pope Paul VI, 264
Port Huron statement, 184–85
Praxis, 240–41
Psychiatry, 84, 107, 357, 358, 360, 361
psychoanalysis, xii, xxi, xxiii, xxviii, 19, 20, 21, 26, 28, 30, 34–36, 45, 76, 83, 87–89,

92, 117, 120–23, 129, 138–39, 143, 151–54, 157–60, 163–69, 178, 191–93, 198, 220, 224, 242, 243, 277, 281, 296–99, 333, 341, 358
psychological mechanisms, to escape freedom, 111–14, 116, 127; authoritarianism, 62, 66, 112, 116; automaton conformity, 111–12, 116, 149–50
Psychoanalysis and Religion (Fromm), 143, 151–55, 365, 366, 368; authoritarian religion, 152, 154; humanistic religion, 151, 152–54, 190; psychology of religious experience, 152–53; sales, 151
"Psychoanalysis and Zen Buddhism," 166–69, 370; alienation, 168; conference on, 165–69; plan for publication, 165; similarities between the two, 167, 168

Rabinkow, Salman Baruch, 14–18, 21, 22, 75, 86, 117, 125, 133, 143, 170, 188, 261, 263, 268–69, 317, 319, 332–33, 347–48
Rado, Sandor, 45
Rahner, Karl, 239, 379
Randolph, A. Philip, 94
Redfield, Robert, 93, 283
red scare. *See* McCarthyism
Reformation, 48, 98, 105, 107–8, 116
Reform Jews, 13
Reich, Wilhelm, 26, 30, 32, 45, 54, 65, 78, 351, 353
Reichmann, Frieda, xv, 3, 18–27, 28, 70, 77–79, 93, 124, 130, 133, 160, 342, 347–49; marriage to Fromm, 21–22; marital trouble and divorce, 23, 78, 133; medical studies, 19, 21; psychoanalytic training, 19
Reik, Theodor, 25–26, 32
Revolution of Hope, The (Fromm), 271–76, 290, 332; participatory democracy in, 274–76; mega-machine in, 275; sales, 272; questionnaire in, 274
Rieff, Philip, 150, 341
Riesman, David, xii, xxiii, xxiv, xxvii, xxx, xxxii, 98, 111, 132–33, 137, 140, 150, 156, 186, 202, 205–7, 209–10, 217, 221, 251, 254, 277, 282–84, 286, 301, 317, 323, 332, 339, 359, 365, 368, 374–75; analysis with Fromm, 132–33; correspondence with Fromm, 98, 205, 301, 339; influenced by Fromm's "marketing personality" 111, 133; inner and other direction, 111, 205, 283, 323; mediation between Fromm and the Schwartzes, 282–83, 286; political activism with Fromm, 205–7, 217; *The Lonely Crowd*, xxiv, 111–12, 133, 283, 323; work with Fromm, 205–7, 217, 374; work toward non-Zionist alternative in Middle East, 206
Riesman, Eleanor, 132
Rioch, David, 121
Robeson, Paul, 94
Robinson, Paul, 196, 373
Roevekamp, Frederick, 272
Rogers, Carl, 305
Rosenfeld, Kurt, 56, 350, 352–53
Rosenthal, Otto, 134
Rosenzweig, Franz, 11–12
Rühle, Otto, 140, 354, 366
Rusk, Dean, 204
Russell, Bertrand, xxii, 200, 239, 243, 248–50, 254, 374, 379, 381

Sachs, Hanns, 19, 25–26, 28, 221
sadism, 308, 309, 310, 312, 314
sadomasochism, 53, 54, 83, 112–14, 190, 310, 360
Salzberger, Georg, 11
San Jose Purrua, 140–41
Sane Society, The (Fromm), xi, 184–90, 192, 196, 198, 202, 237, 270, 275–76, 372; context, 185; elements of "sane" society in, 186–87; elements of "insane" society in, 188; on Freud's dual-instinct theory, 187; impact of patriarchal society in, 187; individuation vs. symbiosis in, 186; Marxist influence on, 188–89; marketplace society and estrangement in, 188–89; pathology of conformity in, 186; sales, 185; spiritual and emotional depletion in postwar democracies in, 186; steps to a sane society in, 189–90
Sartre, Jean-Paul, 254
Sapir, Edward, 58, 77, 90, 92, 100
Schachtel, Ernst, 41
Schaff, Adam, 220, 239, 241–44, 251, 259, 261, 266–67, 272, 316; Fromm's correspondence with, 244, 261, 266–67, 272; Fromm's friendship with, 242, 316; fusion of psychoanalysis and Marxism, 242
Schecter, David, 126–27, 362–64
Schiller, Friedrich, xxii, 7, 315
Schlesinger, Arthur, Jr., xii, 120, 202, 361

374

Scholem, Gershom, xxxiii, 11, 346
Schultz, Hans Juergen, 335
Schwartz, Lola, xxix, 280–86, 386–87
Schwartz, Theodore, xxix, 280–86, 289, 386–87; conflict with Fromm, 281–82, 285–86
Schwarzschild, Steven, 336
Schweitzer, Albert, 239, 243
Scott, J. P. 306
Selver, Charlotte, 136, 141, 339, 367
Senghor, Leopold, 244–45
Sereny, Gitta, 314
Shachtman, Max, 245
Sherfrey, Mary Jane, 50
Showalter, Elaine, 50
Sigmund Freud's Mission: An Analysis of His Personality and Influence, 221–22, 224–25, 377
Silva Garcia, Jorge, 158–59, 162, 172, 293, 295, 340, 346, 348, 366–69, 371, 388
Silverberg, William, 81
Simon, Ernst, 11, 21, 259, 302, 332, 345, 347, 382, 389–90, 392
Skinner, B. F., 300, 304–5, 389; Fromm's criticism of, 304, 305
Smith, Fr. Bradley, 309, 390
social character, xii, xxiv, xxv, xxvi, xxvii, xxviii, xxxii, 9, 13, 15–16, 18, 28, 32, 37, 38–39, 46, 47, 53, 55, 58, 60, 61, 66, 81, 86, 88, 91, 98, 100, 112, 116, 120–24, 133, 139, 142–43, 146–47, 149, 151, 156, 158, 161–62, 167, 175, 191, 194, 196, 205, 215, 221, 223, 225–26, 278–79, 281–84, 286–89, 297–98, 304, 307, 308, 310, 319, 321, 323, 326, 331; early formulations of, 13, 15, 37; in *Escape from Freedom*, xxv, xxvi, 38, 86, 88, 98, 100, 112, 116; in *Man for Himself*, 146–50; productive social character, 9, 16, 81, 120, 124, 139, 146, 151, 161, 175, 215, 223, 226, 319, 323, 326; attitude toward authority, 112; authoritarian social character, 53–54; "unproductive" social character orientations, 123, 146–50
Social Character in a Mexican Village (Fromm), 276–92, 351, 386–87; Chiconcuac's Boys' Club, 289; CONASUPO program, 288, 289; culture of poverty in, 287; influence of the Culture and Personality movement on, 286; Maccoby's role in writing, 284, 286; *Nuestros Pequenos Hermanos*, 288–89; as predictor of social character, 287; productivity in, 289; reception of, 286–87; reformist institutions in, 288–90; sales, 286–87; social stratification in, 288. *See also* Mexican Village Study
Social Democrats, 40, 42–44, 61, 134, 240
socialism, xxii, 1, 15, 47–48, 61, 115, 192, 198–99, 203, 217, 223, 226, 228–29, 232, 236, 238–39, 241, 242–47, 269, 326
socialist humanism, xxii, xxix, xxxv, 47, 119, 195, 213, 217, 223, 226–28, 236, 241, 245, 250, 270, 283, 316; as alternative to Western and Soviet models, 216, 227
Socialist Humanism: An International Symposium (ed. Fromm), 243–46, 320; contributors, 243–44; coordination of, 243, 244; sales, 243
Sociedad Psyicoanalitica Mexicana, 156; Fromm's role in, 158, 162–63, 165, 217, 266, 282, 292–93. *See* Mexican Psychoanalytic Society
Sohn-Rethel, Alfred, 33
Sorensen, Theodore, 211
Sorokin, Pitirim, 257, 382
Southwest German Study Group, 25, 27, 349
Speer, Albert, 313–17, 346, 390; Fromm's liking of, 314–16; Fromm's meetings with, 313–15; *Inside the Third Reich*, 314; remorse, 314
Spencer, Herbert, 113
Spengler, Oswald, 132
Spiegel, Rose, 337, 364, 393
Spinoza, Baruch, 120, 154, 160
Stalin, Joseph, xxii, xxiii, 61, 66, 150, 185, 199, 221, 231, 233, 238, 240–48, 255, 316, 378
Staudinger, Ruth, 135
Stein, Bernhard, 5, 74
Stein, Charlotte. *See* Hirschfeld, Charlotte
Stein, Fritz, 74
Stein, Martha, 5, 8, 74
Steinberg, Jizchok, 15
Stevenson, Adlai, xi, xxi, 161, 174, 184, 200–205, 207, 209, 269, 271; Fromm's financial support for, 184, 200; Fromm's meetings with, 202; Fromm's political advice to, 200, 202, 204; views of nuclear armament, 203
Stojanovic, Svetozar, 240
Stojic, Ljuba, 240
Stone, I. F. 205

Strasser, Gregor, 309
Sullivan, Harry Stack, xxxiii, 58, 62, 76–78, 81, 83–90, 93–95, 97, 100, 108, 120–21, 194, 198; as editor of *Psychiatry*, 84; and interpersonal theory, 58, 84–90, 100; organization of the Washington-Baltimore Psychoanalytic Society, 77, 85; personal life, 78, 89, 94; and William Alanson White Psychoanalytic Foundation, 85, 87, 121; work with schizophrenics, 84, 85, 89
Sumner, William Graham, 113
Supek, Rudi, 240
superego, xxiii, 23, 47, 52
Sussman, Oswald, 8, 10
Suzuki, Daisetz Teitaro, xxxii, xxxiii, 154, 159, 161, 163–70, 172, 295, 319; correspondence with Fromm, 164, 169; death of, 295
Sweezy, Paul, 192

Talmud, 3, 129, 130, 259, 262
Talmudic studies, 3, 6, 7, 8–12, 14–18, 22, 125, 178, 268, 347; Lithuanian emphasis, 15, 347; and Salman Rabinkow, 14–18, 117, 261, 269, 317, 347, 383
Tauber, Edward, 161, 362, 364
Tawney, R. H. 98, 104, 107
Taylor, Elizabeth, 130, 384
Tet Offensive, 272
Therapeuticum, 20–25, 28; demise of, 21, 22–25, 28; therapeutic philosophy, 20
Theravada Buddhism, 295
"third way," xxii, xxxv, 131, 213, 217, 223, 227, 236–38, 241, 244–45, 250, 316; aim of, 239; countries, 213, 217, 236–38, 240–41, 244; Fromm's building of, 217, 238, 240; and *Marx's Concept of Man*, 223; and *May Man Prevail?*, 237; Praxis School, 240, 241; unifying element, 239, 245. *See also* humanist studies; *Socialist Humanism: An International Symposium*
Thomas, Norman, 200, 227, 239, 242, 254, 374, 380
Thompson, Clara, xxxiii, 76, 77, 81, 83, 84, 88, 89, 90, 97, 120–23, 161, 182, 358, 359, 362; analysis with Ferenczi, 89; analysis with Fromm, 83, 84, 89; fusion of Fromm and Sullivan, 88, 89, 90; *Psychoanalysis: Evolution and Development*, 123, 359; psychobiology, 88; residency at Phipps Clinic, 88

Thoreau, Henry David, 58
Tillich, Paul, xxiv, 83, 120, 132, 152, 161, 175, 185, 239, 257
Time (magazine), 208
Titmuss, Richard, 239
Tito, Josip Broz, 241, 380
To Have or To Be (Fromm), xxiv, 317–28, 330, 334, 391; "being" modality in, xxxii, xxxiii, 14, 213, 275, 319, 320, 322, 323, 324, 325, 326, 327, 332, 334; differences between having and being in, 323, 324, 325; Eckhart's influence on, 325, 326; externalization of being in, 322, 323; "having" orientation in, xxxii, xxxiii, 14, 213, 318–20, 322–27, 334; humanism in, 324, 327; Marxist influence on, 319, 326; popular appeal of, 327; sales and translations, 320, 327
totalitarianism, 14, 61, 66, 99
transference, 20, 25, 85, 126, 127, 130, 363
Treaty of Versailles, 313
Trilling, Lionel, 192
Trotsky, Leon, 197, 231, 240, 320
Tse-tung, Mao, 233

Ulbricht, Walter, 246–49, 253, 381
UNESCO, 142, 170, 367
"unproductive" social character orientations, 146–50; exploitive orientation, 124, 147, 148, 150; hoarding orientation, 124, 148; marketing personality, 87, 111, 133, 148, 149, 150, 151, 175; receptive orientation, 124, 147, 150. *See also* social character
Urquhart, Clara, 125, 239, 247, 248, 250, 251, 254, 259, 294, 305, 346, 355, 376; Fromm's correspondence with, 247, 254, 305
U.S. Senate Foreign Relations Committee, 200, 208–9, 234, 267, 269, 317–18; Fromm's expert testimony for, 208, 209, 234, 267, 317–18; "Remarks on the Policy of Détente," 317–18, 391
U.S. State Department, 91, 200, 204, 210, 230

van der Vat, Dan, 314
Vietnam War, xxi, xxiii, 213, 264, 265–70, 272, 277, 290, 327, 383
Vranicki, Predrag, 240

Washington-Baltimore Psychoanalytic Institute, 77, 85, 121

Washington Psychoanalytic Society, 219, 220, 377
Washington School of Psychiatry, 77, 87, 121
Wasson, Father William, 288–89, 387
Watson, John B., 304
Weber, Alfred, 12–15, 17, 39, 41, 117, 346–47
Weber, Max, 12, 38, 39, 41, 98, 103, 104, 106–7, 109
Weil, Felix, 29, 40
Weimar Republic, xxix, 1, 22, 26, 34, 41, 43–45, 54, 58, 61, 78, 142, 227, 279, 329, 341, 361, 386
Weiss, Hilde, 41–43
Weisser Hirsch, 19
Wells, Harry K., 123, 340, 362
White, Victor, 116, 361
Whyte, William, 109, 149–50, 156, 186, 368
Wiggershaus, Rolf, 51, 341, 349, 350, 351, 352–53
William Alanson White Institute, 119, 121, 126, 129, 131, 136, 139, 157, 160–61, 165, 198, 217, 220, 337, 362; Fromm's tenure at, 119, 126, 129, 136, 139, 157, 160, 198, 217, 337
William Alanson White Psychoanalytic Foundation, 85, 87, 121
Wittenberg, Wilhelm, 19, 21, 25
Wittfogel, Karl, 58, 353, 354
White, Victor, 116, 361
Whyte, William, 109, 149–50, 156, 186, 368
Wohlerschule, 9, 12
World Congress for General Disarmament and Peace, 254
World War I: 3–9, 19, 29, 40, 46, 113, 234, 261, 265, 309, 313; and Fromm's interest in public affairs, 9, 10

World War II, 67, 108, 121, 164, 204, 232, 250, 265, 310, 311, 342

Yale University, 76–77, 139, 151, 227, 314; and Fromm's "Lectures on Psychoanalysis and Religion," 77, 139, 151, 366
You Shall Be as Gods (Fromm), 258–62, 264, 335, 383; as attempt at textual commentary, 261; Book of Psalms in, 262; emotions and mood in, 262–63; Hebrew Bible in, 258–63; on Israel, 260–61; link to Fromm's experience, 262; necrophilia in, 262; prophet's role in, 263, 264; sales, 260; X experience in, 262–63

Zaphiropoulos, Militiades, 126, 130, 340, 364
Zeitschrift für Sozialforschung, 33, 36, 56, 57, 62, 87, 362
Zen Buddhism, xxxii, xxxiii, 154, 159, 163–70, 173–74, 226, 262, 295, 319; comparison to the X experience, 262; enlightenment, 168, 169; Fromm's exposure to, 159, 164, 165; Fromm's seminar on psychoanalysis and Zen, 165–69, 370; *satori*, 166, 167; similarities with psychoanalysis, 165–69
Zen Buddhism and Psychoanalysis (Fromm), 165–69
Zionism, 11, 16, 206–7, 317; Fromm's early interest in, 11, 317; Fromm on non-Zionist alternative in the Middle East, 206; Fromm's rejection and criticism of, 16, 207, 317
Zodiac Circle, 77, 81, 97, 120, 357
Zozaya, Jesus, 157, 158, 161, 278

译后记

弗洛姆有一个抑郁的母亲，名叫罗莎。弗洛姆是独子，而罗莎偏爱女儿；因此，在同龄男孩开始男性化着装时，她仍然给弗洛姆穿长裙、留长发。而且，罗莎坚持认为弗洛姆擅长钢琴，并希望他日后成为一位钢琴家，尽管弗洛姆对小提琴有强烈的兴趣。据弗洛姆回忆，罗莎更多将他看作一份珍贵的财产而不是一个人。

弗洛姆有一个焦虑的父亲，名叫纳夫塔利。在纳夫塔利眼里，弗洛姆永远是一个长不大的孩子。他坚持不让弗洛姆在恶劣天气外出，因为担心他会感冒。他经常试图将弗洛姆与同龄人隔离，并且还否定了他出国学习的愿望——最远不要超过海德堡市。在弗洛姆博士论文答辩那天，纳夫塔利跑到海德堡大学等候，他害怕弗洛姆答辩不通过，然后自杀。

弗洛姆的第一任妻子是精神分析学家里弗里达·里奇曼，她比弗洛姆大 11 岁。在弗里达给弗洛姆做分析的时候，两个人不知不觉相爱了；于是，他们停止了分析，然后结婚了。几年后，弗洛姆得了肺结核。他们共同的医生朋友建议，弗洛姆最好与弗里达分开，这个结核病就是他们令人困扰的关系表现出的症状。

后来，弗洛姆与另一位精神分析家卡伦·霍妮建立了情人关系，后者大他 15 岁。弗洛姆欣赏霍妮的直率、朴实以及她的激情。霍妮则认为弗洛姆是她的"魔幻帮手"，在白天支持她对精神分析的挑战，在晚上又与她相伴而眠。霍妮还把她的女儿交给弗洛姆分析，后来大概是弗洛姆知道的太多了，他跟霍妮分手了。

当然，分手也有可能跟弗洛姆认识了年轻的黑人舞蹈家凯瑟琳·邓翰有关。弗洛姆无法抗拒邓翰那张美丽和光芒四射的脸孔。尽管学者们倾向于把他们的关系视作一种跨种族的性欢愉，但邓翰无疑让弗洛姆见识到一位非裔美国女艺术家的创造力、生产力以及她对生活的热情，后来弗洛姆将此描述为"生产性性格"。

在弗洛姆与弗里达离婚，与卡伦·霍妮和凯瑟琳·邓翰的恋情分别结束后，他与来自纳粹德国的同胞赫妮·格兰德举行了婚礼。这段婚姻给他带来了许多欢乐，但也带来了大量的痛苦。尽管弗洛姆放弃了很多专业实践和写作的时间，对赫妮悉心照顾，但八年后，赫妮仍然由于抑郁情绪和身体疾病的折磨，选择了自杀。

皇天不负有心人。当弗洛姆从失去第二任妻子的悲痛中恢复过来时，他终于找到了自己一生的挚爱——安妮斯，这位女性在弗洛姆的最后三十年中至关重要。当时，弗洛姆住在墨西哥城，而安妮斯住在纽约，所以他们的关系依靠大量的通信。这些长长短短的信件充满了激情和欢乐，事实上，弗洛姆利用它们架构了《爱的艺术》（1956）一书。

弗洛姆很少对任何人敞开心扉，但安妮斯是一个例外。他们之间的爱是自由流动的。甚至结婚以后，无论在家还是在外，他每天都会写几封短信给安妮斯以表达喜爱之情。他经常以日程安排为由写下这样的话："现在是十点钟，我准备去办公室，也许你会在喝第一杯茶后想起我。我最迟在两点钟回家。我完全属于你。——弗洛姆。"

他们的生活习惯其实有很大的差异。弗洛姆通常起得很早，而安妮斯睡到很晚，因此弗洛姆会在她的枕头旁放上一张纸条表达他的爱意；他称她为"小懒虫"。几乎没有哪一天，他们不拥抱和亲吻彼此。后来，安妮斯被诊断出患有乳腺癌时，这个时候，弗洛姆无法想象没有安妮斯的生活，他表示如果安妮斯的癌症复发，他将会和她共赴黄泉。

正如弗洛姆在《爱的艺术》中所说："不成熟的爱、幼稚的爱是'我爱你，因为我需要你'；而成熟的爱是'我需要你，因为我爱你'"。至此，弗洛姆从儿时并不完美的成长经历以及几次并不成功的恋爱经历中逐渐成长，终于成就了爱的艺术。"一个人要走过多少路，才可以称他为男人？"显然，答案不再在风中飘荡，答案就在这本传记里面。

这本弗洛姆传记的中文版能够跟大家见面，要感谢的人有很多。首先，要感谢的是斯坦威图书公司的朱红坤和张倩倩两位老师，是她们发现了这本书的原著并将它交到了我手中。她们给予我极大的信任,但感到抱歉的是,在交稿时间上我一再辜负了她们的期望。各位没有更迟一点见到这本书,大概得益于朱红坤老师最后的疯狂催稿,我十分担心自己和她友谊的小船会不会随时翻掉,于是,默默地把自己睡觉的时间调到了凌晨两点。当然,仍然要感谢她顶住了跳楼的压力,一再给我宽限,经过数月奋战,终于交稿了!

其次,要感谢的就是参与这本书翻译的朋友们。此书翻译最初由我和计羚两人承担,她翻译序言至第 7 章,我翻译第 8 至 12 章,最后由我来统稿和审校。计羚老师大概由于学校工作繁忙,往往不能按时交稿;我则因为忙于其他书籍,没有及时催促,当然也没有完成自己的那部分。危急存亡之际,张春琼老师伸出援手帮我翻译了第 11 章,春琼的英文和中文俱佳,她的参与为本书增色不少。此外,张潇涵老师也帮忙翻译了第 12 章的部分内容,为我减轻了不少负担。在此对她们的热心帮助表示真诚的谢意!

尽管如此,此书最后的统稿和审校工作仍然花费了大量时间。一来因为文字活儿特别是翻译,本身就是非常耗时磨人的工作;二来则是因为本书的翻译难度和厚度超出了原来的估计。说实话,我这个人比较"八卦",最感兴趣的是心理学家的个人成长经历以及这一经历与其思想的关联。然而,这本传记远不只介绍了弗洛姆的个人生活,还包括了他的学术经历和众多著作的思想内容,涉及了哲学、心理学、社会学、精神分析、国际政治等领域,无疑这是一部全面记录弗洛姆生活和工作的传记,但同时这也给翻译和审校工作增添了相当大的难度。

在本书翻译的过程中,我产生了一些幻想,当然,它有别于精神分裂症的幻想。我曾幻想自己是愚公,不管何年何月能把眼前这座大山移走,我告诉自己要做的就是每天坚持干一点儿。当然,这事儿指望不上子子孙孙,只能靠我和小伙伴们。又有一天,我幻想自己要是拥有一种超能力就好了,比如化身为蝙蝠侠什么的,你知道,那样的话,干起活儿来可就快多了。但后来细想,其实自己已经具备了蝙蝠侠的一个特征,那就是在夜晚行动的能力——他是在暗夜里打击犯罪，我则是挑灯夜战爬格子。

有一个不幸的消息是，苦战数月交稿之后，朱红坤老师提醒我，还有文后的"相关书目""注释"没有翻译。不译不知道，一译吓一跳，注释竟然有6万多字，而且其中有不少德语单词。我请计羚老师翻译相关书目，张春琼老师翻译注释部分，德语单词交给了刘梦老师。然而，由于时间紧迫，春琼只好又请她的朋友余灿和焉红帮忙，又经过几个星期的苦战，我们终于完成了任务。她们边翻译，我边审校，这种感觉就像欧文·亚隆的一位病人曾说的："我知道，我们是各自在黑暗中穿行的船只，我们每个人都是一只孤独的船，但是，看到另一个附近的船只上摇晃的灯光，我依然感到巨大的宽慰。"（尽管最后出版方为了严谨起见，注释仍使用了原文，但这个过程真的让我收获很多。）

没有各位同仁的帮忙，这本厚重的著作我是无论如何也完成不了的！请允许我在此再次提及她们的名字：计羚、张春琼、余灿、焉红、张潇涵、刘梦，向她们致以深深的谢意！还有好友杨立华，每当遇到翻译的难题，我都会向他请教，与他讨论。这本书中也有不少疑难之处，是在我们讨论之后定夺的，在此也向立华表示感谢！

最后，需要感谢的是各位读者，任何一本著作都离不开读者的支持、包容与批评。作为唯一的中文版弗洛姆传记，尽管编辑对此译稿表示满意，但我仍然诚惶诚恐。朱红坤老师说这是她见过的最好的译稿了，当然这可能是为了安慰或鞭策我。正如陈道明所说："有人说这个角色没有人比你演得更好了。我说如果是我再演一遍呢？"如果让我再校一遍，译稿的质量自然会更好。但这本书在我手里耽误太久，我已无颜再要求多一点时间。书中难免存在错讹，希望各位读者包涵，同时批评指正！

郑世彦

2018年7月7日